रामराज्य

रामराज्य

आशुतोष राना

Kautilya

ISBN : 978-81-944845-2-3

मूल्य : ₹ 699.00

पहला संस्करण : 2020
दूसरा संस्करण : 2020
तीसरा संस्करण : 2021
चौथा संस्करण : 2021
पाँचवाँ संस्करण : 2022
छठा संस्करण : 2022
सातवाँ संस्करण : 2023
आठवाँ संस्करण : 2024
नौवा संस्करण : 2025

प्रकाशक : कौटिल्य बुक्स
ई-2/59, सेक्टर-11, रोहिणी, नई दिल्ली-110 085
फ़ोन : 011-47534346, +91 99115 54346
ई-मेल : mail@kautilya.in

आवरण चित्र : दिनेश शर्मा, जिला : छतरपुर (म.प्र.), मो. : 9009430192

आवरण सज्जा : रेमाधव आर्ट

मुद्रक : विकास कम्प्यूटर्स एण्ड प्रिंटर्स, ट्रोनिका सिटी, गाज़ियाबाद

Ramrajya
by Ashutosh Rana

समर्पण

दद्दाजी

गुरु ब्रह्मा की भाँति अपने शिष्यों में सृजन की शक्ति देते हैं, गुरु विष्णु की भाँति उनकी सृजनशीलता का रक्षण करते हैं, गुरु महादेव शिव की भाँति शिष्यों के हृदय में उत्पन्न होनेवाले विकारों का शमन करते हैं, इसलिए गुरु को ब्रह्मा, विष्णु, महेश व परमब्रह्म कहा जाता है। मेरे हृदय का रामराज्य मेरे गुरुदेव गृहस्थ संत परमपूज्य पंडित श्री देवप्रभाकर जी शास्त्री 'दद्दाजी' को समर्पित है।

जितना महत्व जीवनदाता का होता है उतना ही महत्व जन्मदाता का भी होता है इसलिए माता-पिता को परमात्मा का साकार स्वरूप कहा जाता है। यह रामराज्य मेरी पूज्य माँ श्रीमती सीतादेवी जी व पूज्य पिता श्री रामनारायण जी को समर्पित है जो मेरे जन्म, जीवन, शिक्षा और संस्कारों के हेतु हैं।

पत्नी सहधर्मिणी ही नहीं सहगामी भी होती है जो जीवन की प्रत्येक परिस्थिति में दृढ़तापूर्वक अपने पति को थामे रहती है। यह रामराज्य समर्पित है मेरी धर्मपत्नी परमप्रिय उमा (रेणुका शहाणे जी) को जो मेरी मित्र, मंत्री, सेवक और स्वामिनी भी हैं।

यह रामराज्य समर्पित है मेरे दोनों पुत्रों प्रिय शौर्यमन व प्रिय सत्येन्द्र को, इस आशा और विश्वास के साथ कि मर्यादा पुरुषोत्तम श्रीराम का जीवनचरित उनके चित्त, चरित्र और चिंतन में एक मार्गदर्शक के रूप में सदैव वर्तमान रहते हुए उन्हें स्वा और संसार के कल्याण के लिए प्रेरित करता रहेगा।

और अंत में यह रामराज्य उन्हीं मर्यादा पुरुषोत्तम श्रीराम को समर्पित है जिनकी ऊर्जा से ही इस सृष्टि का प्रत्येक कण प्रकाशित हो रहा है, जो इस सृष्टि का आरम्भ भी हैं और अंत भी हैं, जिनकी कृपा मात्र से मृण्मय भी चिन्मय हो जाता है। जय श्री सीताराम! हर हर महादेव!

–आशुतोष राना

अनुक्रम

·॥ मेरे राम ॥·

सर्वप्रथम अपने गुरुदेव गृहस्थ संत परमपूज्य पंडित श्री देवप्रभाकरजी शास्त्री 'दद्दाजी' के श्रीचरणों में दण्डवत प्रणाम करता हूँ। परमपूज्य गुरुदेव के आराध्य *अखंड मंडलाकारम व्याप्तम येन चराचरम* वाले श्रीकृष्ण हैं, किंतु उन्होंने भारत भूमि में एक सौ बत्तीस बार सवा करोड़ पार्थिव शिवलिंग निर्माण महारुद्र यज्ञ का सफलतापूर्वक आयोजन करके छह सौ करोड़ (छह अरब) के ऊपर शिवलिंगों का निर्माण हम शिष्यों, भक्तों और लाखों-लाख श्रद्धालुओं के माध्यम से करवाकर *हर हर महादेव* के जयघोष को *घर-घर महादेव* में रूपांतरित कर दिया है।

भारत भूमि को पूरा विश्व आध्यात्मिक ज्ञान का उद्गम मानता है। इसे यदि विश्व का बीजपुंज भी कहा जाए तो अतिशयोक्ति नहीं होगी क्योंकि विश्व की सभी सभ्यताएँ, संस्कृतियाँ, भाव, भाषा, व्यवहार, रीति-रिवाज भारत में अपने पूर्ण सौंदर्य के साथ पुष्पित और पल्लवित होते हैं। यही भारत रूपी उपवन की विशेषता और शोभा है। इसलिए भारतवर्ष मात्र एक भूखंड ही नहीं है अपितु यह वैश्विक चेतना का भावखंड भी है। सनातन धर्म का उद्घोष करनेवाली इस भूमि में परमसत्ता तक पहुँचने के शैव, वैष्णव, शाक्त इत्यादि विभिन्न मार्ग हैं, किंतु परमपूज्य गुरुदेव दद्दाजी ने, जो हरिहरात्मक चेतना के विलक्षण पुरोधा हैं, हर का निर्माण, हरि की कथा और शक्ति की साधना को एक ही यज्ञ में समाहित करते हुए सनातन की विभिन्न धाराओं के अमृतयोग का अनुपम उदाहरण प्रस्तुत किया है।

यूँ तो भारत भूमि में जन्म लेनेवाले प्रत्येक व्यक्ति का कंठ हो या कान, नेत्र हों या मन श्रीराम के जीवनचरित से परिचित है, क्योंकि रामायण व रामचरितमानस जैसे कालजयी ग्रंथों के पठन-पाठन-श्रवण व रामलीला के माध्यम से उसके मंचन की परम्परा के कारण श्रीराम हमारे चित्त, चरित्र, चिंतन का अविभाज्य अंग हैं। पृथ्वी के हजारों वर्षों के जीवनकाल में मनुष्य ने अपने जीवन को सुचारू रूप से संचालित करने के लिए विभिन्न शासन व्यवस्थाओं का निर्माण किया। इस जगत में सदैव वर्तमान उस परम चेतना ने समस्त चराचर जगत के उत्थान के लिए मनुष्य के रूप में भी जन्म लिया। ईश्वरीय अवतारों ने समाज को दिशा देने के लिए देश, काल, परिस्थिति को ध्यान में रखते हुए कई-कई सारी शासन, प्रशासन प्रणालियों से हमारा परिचय करवाया, कितनी सभ्यताओं-संस्कृतियों का जन्म हुआ और कालांतर में वे सभी समय के साथ काल के गर्भ में समा गयीं, किंतु 'रामराज्य' रूपी व्यवस्था, जो मर्यादा पुरुषोत्तम श्रीराम द्वारा स्थापित की गयी थी, वह कालखंड की सीमाओं को तोड़ते हुए आज भी एक आदर्श व्यवस्था के रूप में हमारी भावभूमि में वर्तमान है। हम मनुष्य जब भी एक व्यवस्थित, कल्याणकारी व्यवस्था की कल्पना करते हैं तब रामराज्य हमारे आदर्शों के प्रतिमान में पहले पायदान पर खड़ा दिखाई देता है। वह इसलिए क्योंकि रामराज्य के बारे में कहा जाता है कि–

दैहिक दैविक भौतिक तापा। राम राज नहिं काहुहि ब्यापा ॥
सब नर करहिं परस्पर प्रीती। चलहिं स्वधर्म निरत श्रुति नीती ॥

रामराज्य में दैहिक, दैविक और भौतिक ताप नहीं व्यापते अर्थात ये होते तो हैं किंतु इनके दुष्प्रभाव से लोग बचे रहते हैं। सब मनुष्य एक दूसरे से परस्पर प्रेम करते हैं और वेदों में बताई हुई नीति के अनुसार मर्यादापूर्वक अपने-अपने धर्म का पालन करते हुए अपना जीवन व्यतीत करते हैं।

चारिउ चरन धर्म जग माहीं। पूरि रहा सपनेहुँ अघ नाहीं ॥
राम भगति रत नर अरु नारी। सकल परम गति के अधिकारी ॥

धर्म के चार चरण होते हैं सत्य, शौच, दया और दान (शौच अर्थात शुचिता, शुद्धता, शुद्धि, विशुद्धता, पवित्रता और निर्मलता। शौच का अर्थ शरीर और मन की बाहरी और आंतरिक पवित्रता से है।)

रामराज्य में यह जगत धर्म के चारों चरणों से परिपूर्ण होता है, स्वप्न में भी कहीं पाप नहीं होता, स्त्री और पुरुष सभी रामभक्ति में रत होते हैं, प्रकृति के रोम-रोम में प्रकाशित होनेवाली चेतना के प्रति आदर और आस्था के भाव से भरे हुए होते हैं व सभी परमगति (मोक्ष) को प्राप्त करने के अधिकारी होते हैं।

अल्पमृत्यु नहिं कवनिउ पीरा। सब सुंदर सब बिरुज सरीरा ॥
नहिं दरिद्र कोउ दुखी न दीना। नहिं कोउ अबुध न लच्छन हीना ॥

अल्पायु में (छोटी अवस्था में) मृत्यु नहीं होती, न किसी को कोई पीड़ा होती है। सभी के शरीर सुंदर, निरोगी और वज्र के जैसे होते हैं। न कोई दरिद्र है, न दुखी है और न ही कोई दीन है। न कोई बुद्धिहीन है और न ही शुभ लक्षणों से हीन है।

सब निर्दंभ धर्मरत पुनी। नर अरु नारि चतुर सब गुनी ॥
सब गुनग्य पंडित सब ग्यानी। सब कृतग्य नहिं कपट सयानी ॥

सभी दम्भरहित (अहंकार हीन) हैं, धर्मपरायण और पुण्यात्मा हैं। पुरुष और स्त्री सभी चतुर और गुणवान हैं। सभी जन गुणों का आदर करनेवाले और पंडित हैं तथा सभी ज्ञानी हैं। सभी कृतज्ञ हैं, दूसरे के किए हुए का उपकार माननेवाले हैं, कपट-चतुराई, धूर्तता किसी में नहीं है।

ऐसी अनुपम, कल्याणकारी *सर्वजन हिताय सर्वजन सुखाय* वाली व्यवस्था किस समाज या राष्ट्र को अपेक्षित नहीं होती? संसार में ऐसा कौन है जिसे राम के जैसा पुत्र, राम के जैसा मित्र, राम के जैसा भाई, राम के जैसा पति (जो जीवनपर्यंत मन, कर्म, वचन से अपनी पत्नी के प्रति पूर्णतः समर्पित रहा हो), राम के जैसा पिता, राम के जैसा राजा यहाँ तक कि राम के जैसा मर्यादित शत्रु नहीं चाहिए है? ऐसे विलक्षण मर्यादा पुरुषोत्तम श्रीराम से मेरा प्रथम परिचय तब हुआ था जब मेरी उम्र करीब

तीन-साढ़े तीन वर्ष की थी। गाडरवारा (म.प्र.) के हमारे घर में पार्थिव शिवलिंग निर्माण की परम्परा थी। मिट्टी के महादेव प्रतिदिन बनाए जाते थे। मेरी माँ श्रीमती सीतादेवीजी व मेरे पिता श्री रामनारायणजी नित्य ही महादेव शिव के पार्थिव स्वरूप का निर्माण करते व परम विद्वान पंडित श्री नारायण प्रसादजी द्विवेदी के सान्निध्य में उनका रुद्राभिषेक सम्पन्न होता था। एक दिन रुद्राभिषेक के समय पूज्य पंडितजी ने मंत्र पढ़ा *ॐ आशुतोषाय नमः*। मैं अपनी माँ की गोद में बैठा हुआ था। मैंने बाल सुलभ जिज्ञासा में पंडितजी से पूछा, "इसका मतलब क्या होता है?"

पंडितजी ने मुस्कुराते हुए कहा, "यह भगवान शंकर का नाम है, जिसका अर्थ होता है शीघ्र प्रसन्न होनेवाला, थोड़े में संतोष करनेवाला। महादेव शिव जल्दी से खुश और संतुष्ट हो जाते हैं इसलिए इनका एक नाम आशुतोष भी है।"

मैंने शिवलिंग के सामने रखी हुई भगवानजी की एक फोटो उठाई जिसमें भगवानजी धनुष-बाण लेकर खड़े हुए थे। उस फोटो को दिखाते हुए पंडितजी से पूछा, "क्या ये शिवजी हैं?"

पंडितजी ने हँसते हुए कहा, "नहीं, ये श्री रामचंद्रजी हैं।"

मैंने आश्चर्य से कहा, "ऐसा क्यों? आप पूजा शिवजी की कर रहे हैं और फोटो रामचंद्रजी की रखी हुई है?"

मेरे प्रश्न को सुनकर पंडितजी सहित माँ और बाबूजी मुस्कुरा उठे। श्रद्धेय नारायण प्रसादजी बोले, "वह इसलिए क्योंकि भगवान शिव को रामचंद्रजी बहुत प्रिय हैं और रामचंद्रजी को भगवान शिव से बहुत प्रेम है। ये दोनों ही एक दूसरे को अपना ईश्वर मानते हैं।"

यह सुनकर मेरे आश्चर्य का ठिकाना ना रहा कि कोई भगवान किसी दूसरे भगवान को अपना भगवान मानता है! मैंने अपनी माँ की ओर देखकर कहा, "आ गया पसंद।"

माँ ने हँसते हुए पूछा, "क्या पसंद आ गया?"

मैंने कहा, "नाम" और घोषणात्मक स्वर में बोला—आज से मेरा नाम आशुतोष है।

और इस तरह मैं महादेव शिव, मर्यादा पुरुषोत्तम श्रीराम व अपने माता-पिता (सीतादेवीजी, रामनारायणजी) और पंडित श्री नारायण प्रसादजी द्विवेदी की उपस्थिति में रानाजी से आशुतोष राना हो गया।

हमारे बड़े बुजुर्ग कहते हैं कि मनुष्य के जीवन में उसके नाम का, पारिवारिक वातावरण, देश, काल, परिस्थिति, सभ्यता, संस्कृति का प्रभाव पड़ता है। सम्भवतः इसलिए बचपन से मेरी रुचि मेरे नगर गाडरवारा में होनेवाली रामलीला, रामसत्ता व अखंड रामायण के पाठों में होने लगी। जैसे-जैसे उम्र बढ़ती गयी वैसे-वैसे मेरी भी सक्रियता इन आयोजनों में बढ़ती गयी।

श्रीराम का चरित, उनकी कथा हृदय को आनंद देने के साथ-साथ कई प्रश्नों को भी खड़ा करती थी। ये सभी प्रश्न ऐसे थे जिनसे मेरे हृदय और बुद्धि में निरंतर घर्षण होता रहता था। किंतु माँ के देहावसान के बाद अपनी किशोरावस्था में जब मुझे अपने परमपूज्य गुरुदेव दद्दाजी की कृपा और सान्निध्य प्राप्त हुआ, तब एक-एक करके मेरे प्रश्नों को निस्तार मिलता गया।

कुछ वर्ष पहले एक दिन परमपूज्य गुरुदेव दद्दाजी व्यासपीठ से एक कथा सुना रहे थे—महादेव शिव के तीनों पुत्र देव, दानव और मानव अपने पिता शिव के पास पहुँचे और उनसे प्रार्थना करने लगे कि वे अपनी सम्पत्ति का बँटवारा बराबर-बराबर अपने तीनों पुत्रों में कर दें। महादेव के पास एक करोड़ श्लोकों की सम्पदा थी। उन्होंने देव, दानव और मानव को तैंतीस-तैंतीस लाख श्लोक दे दिए और उनसे कहा अब जाओ। किंतु तीनों पुत्र कहाँ माननेवाले थे! वे बोले, "हे पिता अभी आपके पास एक लाख श्लोक और बचे हुए हैं, आप उन्हें भी हमें दे दीजिए। महादेव ने बचे हुए एक लाख श्लोकों में से तैंतीस-तैंतीस हजार श्लोक फिर अपने तीनों पुत्रों में बाँट दिए और उनसे पूछा अब संतुष्ट हो?"

तीनों पुत्रों ने परस्पर विमर्श किया और अपने पिता महादेव से कहा, "पिता, आपके पास अभी भी हजार श्लोकों की सम्पदा और शेष है, आप इसका भी बँटवारा कर दीजिए।"

महादेव ने हजार को तीन सौ तैंतीस के हिसाब से फिर बाँटा और अपने तीनों पुत्रों को देते हुए बोले, “पुत्रो, मुझे विश्वास है कि अब तुम सभी प्रसन्न होगे? मैंने अपनी पूरी सम्पदा तुम तीनों में बराबरी से वितरित कर दी है अब मेरे पास मात्र एक ही श्लोक बचा हुआ है।”

किंतु पुत्र कहाँ माननेवाले थे! उनकी आत्मा उस एक श्लोक पर चिपकी हुई थी। वे बोले, “पिता, आप इस एक का भी क्या करेंगे? इसे भी हम तीनों को दे दीजिए।”

महादेव तो महादेव हैं, *“घन-घन भोलेनाथ तुम्हारे कौड़ी नहीं खजाने में। तीन लोक बस्ती में बसाए स्वयं बसे वीराने में॥”* अपने पुत्रों की इच्छा जानकर वे मुस्कुरा दिए व सोचने लगे कि एक को तीन भागों में कैसे विभक्त किया जा सकता है? उन्होंने पल भर विचार किया। इस एक श्लोक में बत्तीस अक्षर थे जिसमें से उन्होंने दस-दस अक्षर अपने तीनों पुत्रों में बाँट दिए और बाकी के बचे हुए दो अक्षर ‘रा’ और ‘म’ को अपने पास रखते हुए बोले, “अब सुखपूर्वक रहो पुत्रो। मैंने अपनी पूरी सम्पत्ति तुम तीनों को देते हुए शेष बचे हुए दो अक्षर ‘राम’ को अपने पास रख लिया है। अब मैं इन्हीं राम के सहारे अपना सम्पूर्ण जीवन सुख से व्यतीत करूँगा।”

परमपूज्य गुरुदेव के श्रीमुख से इस अनुपम कथा को सुनकर मेरा हृदय आनंद और विश्वास से भर गया और मैं सोचने लगा कि जब मर्यादा पुरुषोत्तम श्रीराम के नाम, उनके कृतित्व, उनके चरित्र और उनके दर्शन में इतनी शक्ति है कि वे मात्र महादेव शिव की ही कालकूट विष से रक्षा नहीं करते अपितु वे समस्त चराचर जगत् का त्रितापों से रक्षण कर सकते हैं तब हम श्रीराम रूपी औषधि के होते हुए विभिन्न तापों से ग्रस्त और त्रस्त क्यों हैं? सम्भवतः इसलिए कि हम श्रीराम को तो मानते हैं किंतु श्रीराम की नहीं मानते। हमने उनके चरणों को तो पकड़ा हुआ है किंतु उनके आचरणों को धारण करने में हमसे कहीं चूक हो जाती है। यह मेरा विश्वास है कि जिस दिन हम मर्यादा पुरुषोत्तम श्रीराम के चरणों का ही नहीं, उनके आचरण का भी अनुसरण करेंगे, जिस दिन हम उनके चित्र को ही नहीं, उनके चरित्र को भी अपने चित्त में धारण करेंगे उस दिन सत्य ही

मात्र भारत भूमि में ही नहीं बल्कि सम्पूर्ण जगत में रामराज्य सच्चे अर्थों में स्थापित हो जाएगा।

मर्यादा पुरुषोत्तम श्रीराम का विश्वास साधनों में नहीं, साधना में है। वे साधन सम्पन्न होने की चाह से नहीं साधना सम्पन्न होने की चाहत से भरे हुए हैं। वे शासन के नहीं, अनुशासन के पक्षधर हैं। वे संसार को जीतने, उसे नियंत्रित करने में नहीं, स्वयं को जीतने और नियंत्रित रखने में विश्वास रखते हैं।

मैं उन्हीं मर्यादा पुरुषोत्तम श्रीराम से प्रार्थना करता हूँ कि वे समस्त चराचर जगत के रोम-रोम में प्रस्फुटित होते हुए हम सभी को साधनों के नहीं, साधना के मार्ग पर अग्रसर करें जिससे हम संसार को क्रंदन से मुक्त करते हुए संसार में, संसार के लिए वंदन-अभिनंदन की नीति को स्थापित कर सकें। परमपूज्य गुरुदेव दद्दाजी की कृपा से अपने हृदय के रामधन को अब मैं आप सुधि पाठकों से साझा कर रहा हूँ। जो अभी तक मेरे हृदय में रमण करनेवाले मेरे अपने राम थे वे अब आप सभी के हृदय में रमण करनेवाले सबके राम हैं। जय श्री सीताराम, हर हर महादेव।

–आशुतोष राना

·॥ 1 ॥·

·॥ कैकेयी ॥·

•॥ 1 ॥•

भरत नंदीग्राम में ही रुक गये थे। उन्होंने अपना निर्णय सुना दिया था कि प्रभु श्रीराम के अयोध्या लौटने तक उनकी चरण-पादुकाएँ[1] ही रघुवंश के सिंहासन पर रखी जाएँगी और स्वयं राजकुमार भरत, नगर में रहते हुए भी निर्वासित[2] जीवन जिएगा।

सम्पूर्ण प्रजा और राजपरिवार को शत्रुघ्न के साथ अयोध्या लौटा दिया गया था। अयोध्या के इतिहास में यह पहला अवसर था जब उसके गौरवशाली सिंहासन पर किसी पुरुष को नहीं बल्कि किसी प्रतीक को प्रतिष्ठित किया गया था। अनाथ हुई अयोध्या अपने इस दुर्भाग्य के लिए महारानी कैकेयी को दोष दे रही थी, जिसने अपनी कुत्सित[3] इच्छा की पूर्ति के लिए अयोध्या को कुंठित[4] करके छोड़ दिया था।

सात भाइयों की इकलौती लाड़ली बहन कैकेयी, पिता अश्वपति की, जो पक्षियों की भाषा भी समझ लेते थे, प्राणप्रिय बेटी कैकेयी आज अयोध्या के अपने महल में अपमानित, प्रवंचित[5]-सी एकाकी[6] खड़ी थिर[7] नेत्रों से शिवालय में जलनेवाले ज्योतिकलश की ज्योति को अपलक देख रही थी कि तभी उनके कानों में अपनी प्रिय दासी दीपशिखा का स्वर सुनाई दिया, "महारानी...महारानी सुमित्रा और राजरानी श्रुतकीर्ति आपके दर्शन करना चाहतीं हैं।"

---

1 जूता-चप्पल के समान पैरों में पहनी जानेवाली वस्तु

2 अपने रहने की जगह से निकाला हुआ

3 जिसकी निंदा की जाती हो, नीच

4 लज्जा संकोच के कारण जो आगे बढ़ने से रुक रहा हो/कुंद

5 धोखा खायी हुई/ठगी गयी

6 अकेले

7 जिसमें कोई हलचल न हो

रात्रि के तीसरे प्रहर[8] सुमित्रा और शत्रुघ्न की पत्नी श्रुतकीर्ति का अपने महल में आना सुनकर कैकेयी का चित्त[9] पल भर के लिए किसी अनहोनी की आशंका से भर गया, किंतु अगले ही क्षण उसने स्वयं को संयत किया और बिना कुछ कहे अपने महल के स्वागत कक्ष की ओर बढ़ गयी।

कक्ष में पहुँचकर उसने देखा कि प्रत्येक परिस्थिति में सहज रहनेवाली सुमित्रा आज थोड़ी असहज और आशंकित-सी है। सुमित्रा ने कैकेयी को आदर सहित प्रणाम किया। राम वनवास के बाद यह पहला अवसर था जब कैकेयी को किसी ने सम्मान दिया था, अन्यथा परिवार हो या प्रजा, चारों ओर से कैकेयी के लिए मात्र धिक्कार के स्वर ही उठ रहे थे। और क्यों न उठें? कैकेयी इस बात को बहुत अच्छे से जानती थी कि कैकेयी का मान, उसका सम्मान उसका प्राणप्रिय पुत्र राम ही है, इसलिए जब तक राम था, तब तक मान था। अब जब राम ही अयोध्या में नहीं है तो मान कहाँ से होगा? कैकेयी ने सुमित्रा के दोनों कंधों को स्नेह से पकड़ लिया। उसके स्पर्श में एक आश्वास[10] था।

यूँ तो इन दोनों के वय[11] में कुछ खास अंतर नहीं था किंतु जब से सुमित्रा इस घर में आयी थी, कैकेयी में उसे अपनी बहन की छवि ही दिखाई दी थी और कैकेयी ने भी अपने भाव-भाषा-व्यवहार से सुमित्रा के लिए सदैव बहन के दायित्व का ही निर्वाह किया था। पल भर के लिए भी उसके मन में सुमित्रा के लिए सहपत्नी का भाव नहीं आया। कैकेयी की उपस्थिति सुमित्रा में सुरक्षा का भाव उत्पन्न करती थी। सुमित्रा अक्सर उससे कहा करती थी, "जीजी, तुम इतनी सुंदर हो कि तुम्हें देखकर गूँगा व्यक्ति भी बोलने लगेगा।"

कैकेयी का कद सामान्यतः महिलाओं के कद की अपेक्षा लंबा था। गुलाबी वर्ण, नीलकमल जैसी आँखें और आँखों का रंग ऐसा जैसे एकदम ताजा शहद हो। उसके नेत्रों में एक अजीब-सी मोहिनी थी। थोड़ी-सी स्वर्णिम आभा लिए हुए लम्बे लहराते केश, सीधी उठी हुई नासिका और

---

8 तीन घंटे का समय। दिन के 24 घंटे में 8 प्रहर होते हैं

9 मन

10 भरोसा दिलाने का भाव

11 उम्र

होंठ ऐसे, जैसे कामदेव ने अपने दोनों धनुषों को आपस में जोड़ दिया हो। लम्बी, पतली ग्रीवा।[12] देह के प्रत्येक अंग की बनावट ऐसी जैसे किसी योद्धा और नर्तक का सिद्ध शरीर होता है। वय का तो जैसे कोई प्रभाव ही नहीं था कैकेयी पर! उसको देखकर कोई भी उसे नवयौवना ही मानने पर विवश हो जाता था। क्षत्रित्व और स्त्रीत्व का एक अनुपम उदाहरण था कैकेयी का व्यक्तित्व। कैकेयी को देखकर लगता कि जैसे रण और रंग को जीतनेवाला कोई महान साधक साकार हो गया हो। ऐसी कैकेयी के आत्मीय स्पर्श से सुमित्रा के अश्रुओं का बाँध जैसे फूट ही पड़ा और वह कैकेयी के कंठ से लगकर बोली, "जीजी, आज चार दिन हुए पुत्र शत्रुघ्न का कहीं पता ही नहीं है।" कैकेयी ने आश्चर्य से सुमित्रा को अपने कंठ से अलग करते हुए कहा, "शत्रुघ्न का कहीं पता नहीं है? यह क्या कह रही हो तुम? वह लौटने के बाद मेरे पास नहीं आया तो मुझे लगा कि वह भी भरत के जैसे ही मुझसे नाराज है। लेकिन मैं यह नहीं जानती थी कि वह तुम लोगों से भी नहीं मिला! भरत ने उसे अयोध्या की सुरक्षा का भार सौंपा है। वह ऐसे कैसे अपने दायित्व से मुँह मोड़ सकता है?" फिर कैकेयी ने राजोचित[13] संकोच में सिमटी हुई सुमित्रा के पार्श्व[14] में खड़ी हुई श्रुतकीर्ति की ओर देखते हुए कहा, "मेरी प्यारी बहू श्रुतकीर्ति से तो ऐसा कुछ नहीं हो गया जो पुत्र शत्रुघ्न को उचित न लगा हो?"

श्रुतकीर्ति ने मर्यादा का पालन करते हुए बेहद गम्भीरता से कहा, "नहीं छोटी माँ, मैं भूलकर भी ऐसा कोई अपराध नहीं करती जिससे मेरे सर्वस्व के मान को ठेस पहुँचे।" कैकेयी ने विचारते हुए कहा, "कहीं ऐसा तो नहीं कि वह बड़ी जीजी महारानी कौशल्या के महल में हो? क्योंकि भरत ने विदा करते समय उसे बड़ी माँ का विशेष रूप से ध्यान रखने का निर्देश दिया था।"

"वे बड़ी माँ के यहाँ भी नहीं हैं। बड़ी माँ ने ही हमसे कहा कि आपको अवश्य पता होगा कि स्वामी कहाँ हैं क्योंकि ये चारों बच्चे अपनी माँ की कोख से अधिक महारानी कैकेयी की गोद को मान देते हैं। हम तो मात्र

---

12 गर्दन

13 जो राजाओं के लिए उचित हो

14 बगल

उनके जन्म का आधार हैं किंतु कैकेयी उनके जीवन की निर्माता है। कैकेयी के होते हुए किसी भी अनिष्ट[15] की आशंका व्यर्थ है। कैकेयी उन बच्चों की मात्र माता ही नहीं, उनकी गुरु भी है। वह उन चारों की वृत्ति, प्रवृत्ति, भाव और स्वभाव को भलीभाँति जानती है। तुम कैकेयी के संज्ञान में इस बात को ले आओ। कैकेयी उन्हें पाताल से भी ढूँढ़ निकालेगी।"

श्रुतकीर्ति के मुख से अपने लिए कौशल्या के उद्‌गार[16] सुन कैकेयी वर्षों पुराने स्मृति-कोष में चली गयीं। उन्हें वह दिन याद आ गया जब वे राम और भरत को बाण-संधान[17] की प्रारम्भिक शिक्षा दे रहीं थीं। जब उन्होंने भरत से घने वृक्ष की डाल पर चुपचाप बैठे हुए एक कपोत[18] पर लक्ष्य साधने के लिए कहा तो भरत ने भावुक होते हुए अपना धनुष नीचे रख दिया था और कैकेयी से कहा था, "माँ, किसी का जीवन लेने पर यदि मेरी दक्षता निर्भर है तो मुझे दक्ष नहीं होना। मैं इस निर्दोष पक्षी को अपना लक्ष्य नहीं बना सकता। उसने क्या बिगाड़ा है जो उसे मेरे लक्ष्य की प्रवीणता के लिए अपने प्राण गँवाने पड़े?" कैकेयी बालक भरत के हृदय में चल रहे भावों को बहुत अच्छे से समझ रहीं थीं। यह बालक बिलकुल *यथा गुण तथा नाम ही है*—भावों से भरा हुआ, जिसके हृदय में प्रेम सदैव विद्यमान रहता है।

तब कैकेयी ने राम से कहा, "पुत्र राम, उस कपोत पर अपना लक्ष्य साधो।" राम ने एक क्षण भी नहीं लगाया और उस कपोत को भेदकर रख दिया था। राम के सधे हुए निशाने से प्रसन्न कैकेयी ने राम से पूछा था, "पुत्र, तुमने उचित-अनुचित का विचार नहीं किया? तुम्हें उस पक्षी पर तनिक भी दया नहीं आयी?" राम ने भोलेपन से कहा था, "माँ मेरे लिए किसी के जीवन से अधिक महत्वपूर्ण मेरी माता की आज्ञा है। उचित-अनुचित का विचार करना, यह माँ का काम है। माँ का संकल्प, उसकी इच्छा, उसके आदेश को पूरा करना ही मेरा लक्ष्य है। तुम मुझे सिखा भी रही हो और दिखा भी रही हो। तुम हमारी माँ ही नहीं, हमारी गुरु भी

---

15 जो वांछित न हो

16 मुँह से प्रकट बात

17 वाण से निशाना लगाना

18 कबूतर

हो। यह किसी भी पुत्र का, शिष्य का कर्तव्य होता है कि वह अपने गुरु, अपनी माँ के दिखाए और सिखाए गये मार्ग पर निर्विकार, निर्भीकता के साथ बढ़े, अन्यथा गुरु का सिखाना और दिखाना सब व्यर्थ हो जाएगा।" कैकेयी ने आह्लादित[19] होते हुए राम को अपने अंक में भर लिया था और दोनों बच्चों को लेकर राम द्वारा गिराए गये कपोत के पास पहुँची।

भरत आश्चर्य से उस पक्षी को देख रहे थे, जिसे राम ने अपने पहले ही प्रयास में मार गिराया था। पक्षी के वक्ष में बाण घुसा होने के बाद भी उन्हें रक्त की एक भी बूँद दिखाई नहीं दे रही थी! भरत ने उस पक्षी को हाथ में लेते हुए कहा, "माँ यह क्या? यह तो खिलौना है? तुमने कितना सुंदर प्रतिरूप बनाया इस पक्षी का! मुझे तो सच का जीवित पक्षी प्रतीत हुआ था, तभी मैं इसके प्रति दया के भाव से भर गया था। माया के वशीभूत होकर मैंने आपकी आज्ञा का उल्लंघन किया, इसके लिए क्षमाप्रार्थी हूँ।" तब कैकेयी ने बहुत ममता से कहा था, "पुत्रों, मैं तुम्हारी माँ हूँ...मैं तुम्हें बाण का संधान[20] सिखाना चाहती हूँ, वध का विधान[21] नहीं, क्योंकि लक्ष्य भेद में प्रवीण होते ही व्यक्ति स्वयं जान जाता है कि किसका वध करना आवश्यक है और कौन अवध्य[22] है। किंतु स्मरण रखो, जो दिखाई देता है आवश्यक नहीं कि वह वास्तविकता हो और यह भी आवश्यक नहीं कि जो वास्तविकता हो, वह तुम्हें दिखाई दे। कुछ जीवन, संसार की मृत्यु के कारण होते हैं, तो कुछ मृत्यु, संसार के लिए जीवनदायी होती हैं।"

तब भरत ने बहुत नेह[23] से पूछा था, "माँ, तुम्हारे इस कथन का अर्थ समझ नहीं आया। हमें कैसे पता चलेगा कि इस जीवन के पीछे मृत्यु है या इस मृत्यु में जीवन छिपा हुआ है?" वृक्ष के नीचे शिला पर बैठी हुई कैकेयी ने एक अन्वेषक[24] दृष्टि राम और भरत पर डाली। उन्होंने देखा कि

---

19 प्रसन्न

20 निशाना लगाना

21 तरीका

22 जो मारे जाने लायक न हो

23 प्रेम

24 खोजी

दोनों बच्चे धरती पर बैठे हुए बहुत धैर्य से उत्तर की प्रतीक्षा कर रहे हैं। धैर्य, विश्वासी चित्त[25] का प्रमाण होता है और अधीरता, अविश्वासी चित्त की चेतना। कैकेयी को आनंद मिला कि उसके बच्चे विश्वासी चित्त के हैं। उन्होंने बताया, "असार में से सार को ढूँढ़ना और सार में से असार को अलग कर देना ही संसार है। असार में सार देखना प्रेम दृष्टि है तो सार में से असार को अलग करना ज्ञान दृष्टि। पुत्र भरत, तुम्हारा चित्त प्रेमी का चित्त है क्योंकि तुम्हें मृण्मय[26] भी चिन्मय[27] दिखाई देता है। और पुत्र राम, तुम्हारा चित्त ज्ञानी का चित्त है क्योंकि तुम चिन्मय में छिपे मृण्मय को स्पष्ट देख लेते हो।"

राम ने उत्सुकता से पूछा, "माँ, प्रेम और ज्ञान में क्या अंतर होता है?" "वही अंतर होता है पुत्र, जो कली और पुष्प में होता है। अविकसित ज्ञान, प्रेम कहलाता है और पूर्ण विकसित प्रेम, ज्ञान कहलाता है।"

"हर सदगृहस्थ अपने जीवन में ज्ञान, वैराग्य, भक्ति और शक्ति चाहता है क्योंकि संतान माता-पिता की प्रवृति और निवृत्ति[28] का आधार होती है। इसलिए वह अपनी संतानों के नाम उनमें व्याप्त गुणों के आधार पर रखते हैं। तुम्हारी तीनों माताओं और महाराज दशरथ को इस बात की प्रसन्नता है कि हमारे सभी पुत्र *यथा नाम तथा गुण* हैं। भरत, राम तुम सभी भाइयों में श्रेष्ठ है। वह ज्ञान स्वरूप है क्योंकि उसमें शक्ति, भक्ति, वैराग्य सभी के सुसंचालन की क्षमता है। इसलिए तुम सभी सदैव राम के मार्ग पर, उसके अनुसार, उसे धारण करते हुए चलना क्योंकि वह ज्ञान ही होता है जो हमारी प्रवृत्तियों का सदुपयोग करते हुए हमारी निवृत्ति का हेतु होता है।"

तभी कैकेयी को अपने कानों में सुमित्रा के शब्द सुनाई दिए। वे कह रहीं थीं, "जीजी, परमात्मा ने महाराज दशरथ और हम सबके भाग्य में संतान-सुख नहीं लिखा था किंतु महाराज दशरथ ने अपनी

---

25 मन

26 मिट्टी का बना हुआ

27 पूर्ण ज्ञानमय

28 मुक्ति/अपना काम पूरा हो गया हो

धर्मपरायणता[29] से परमात्मा को विवश किया कि वह अपना विधान बदलते हुए हमें पुत्र-सुख प्रदान करें। हम तीनों के बीच इन चारों पुत्रों को प्राप्त कर महाराज हर्षातिरेक[30] में कहते रहते थे कि देखो धर्म में कितनी शक्ति होती है! धर्मनिष्ठ व्यक्ति की इच्छापूर्ति के लिए परमात्मा को भी अपना विधान बदलना पड़ता है।"

"लेकिन देखिए, ईश्वर की लीला बड़ी विचित्र है! उसने हमें पुत्र तो दिए किंतु संतान का सुख नहीं दिया। पुत्रों को देकर भक्त का मान भी रख लिया और सुख न देकर अपने विधान की रक्षा भी कर ली।" सुमित्रा भावावेश में रोती हुई बोलीं, "जीजी, इससे बड़ा दुर्भाग्य और क्या होगा कि हम चार पुत्रों की माता होते हुए भी निपूती-सा जीवन जी रही हैं? सब कुछ नष्ट हो गया जीजी!"

कैकेयी ने सुमित्रा के मुख को अपने दोनों हाथों से पकड़ते हुए उनके नेत्रों में झाँकते हुए कहा, "संतान के रुष्ट होने और उसके नष्ट हो जाने में बहुत अंतर होता है सुमित्रे। मैं विश्वासपूर्वक कह रही हूँ कि शत्रुघ्न मात्र रुष्ट[31] है क्योंकि जब भी ये बच्चे मुझसे रुष्ट होते थे या इन्हें मुझे प्रताड़ित करना होता था अथवा इनको अपनी कोई बात मुझसे मनवानी होती थी तब ये चारों मेरी आँखों के आगे से ओझल हो जाते थे। मुझे कष्ट देने के लिए यह इनका प्रिय खेल था। और मैं भी जब तक इनको ढूँढ़कर अपने सम्मुख न कर लेती मुझे चैन नहीं मिलता था। शत्रुघ्न वही खेल मुझसे खेल रहा है। वह मुझसे कोई बात कहना, सुनना चाहता है किंतु उसका पुत्रोचित अभिमान आड़े आ रहा है। इसलिए वह चाहता है कि मैं ही व्यथित होकर उसको ढूँढ़ निकालूँ, ताकि अपने हृदय के संचित भावों को वह भलीभाँति मुझ तक पहुँचा सके। ये बच्चे अपनी माँ कैकेयी के चित्त को अच्छे से पहचानते हैं। उन्हें पता है कि माँ व्यथा में ही बच्चों की कथा को मन से सुनती है। अब तुम दोनों निश्चिन्त मन से विश्राम करो। यह कैकेयी का वचन है कि हमारा शत्रुघ्न कल हमारे पास होगा।"

---

29 धर्म द्वारा बताये गये ढँग से काम करनेवाला

30 बहुत ज्यादा खुशी

31 नाराज

•॥ 2 ॥•

सुमित्रा और श्रुतकीर्ति के विदा होने के पश्चात कैकेयी महल के अस्तबल में पहुँची। उसने देखा कि शत्रुघ्न का सबसे प्रिय घोड़ा पवन अपने स्थान पर ही बँधा हुआ है। इसका मतलब है कि शत्रुघ्न जानता था कि उसकी अनुपस्थिति की सूचना कैकेयी तक पहुँचेगी, जो कैकेयी को बेचैन कर देगी और कैकेयी उसे निश्चित ही ढूँढ़ने का प्रयास करेगी। पशुओं में अपने स्वामी की गंध स्वयमेव[32] बस जाती है। वे गंध के सहारे अपने स्वामी तक सरलता से पहुँच जाते हैं, इसलिए शत्रुघ्न, पवन को अस्तबल में ही छोड़ गया। वह चाहता है कि माँ पवन के सहारे उस तक पहुँचे ताकि माँ को शत्रुघ्न को ढूँढ़ने में कोई कष्ट न हो। ये बच्चे कितने अच्छे से अपनी माँ के चित्त को पहचानते हैं! इस सुपरिचय का विचार आते ही कैकेयी अस्तबल की नीरवता में भी मुस्कुरा पड़ी।

तभी कैकेयी को अश्वशाला अधीक्षक का स्वर सुनाई दिया, "महारानी की आज्ञा हो तो रथ तैयार करूँ?" "नहीं, मैं पवन की सवारी का आनंद लेना चाहती हूँ, तुम विश्राम करो।"

कैकेयी, शत्रुघ्न के सबसे प्रिय घोड़े पवन के पास पहुँचीं। अपने स्वामी की माँ को अपने सम्मुख देख पवन आनंद से झूमने लगा। कैकेयी ने बहुत लाड़ से उसकी गर्दन, उसकी पीठ पर अपना स्नेहसिक्त[33] हाथ फेरा और उसकी गर्दन में अपने दोनों हाथ डालकर कुछ देर तक पवन के माथे पर अपने माथे को रखकर शांति से खड़ीं रहीं। पवन एक आज्ञाकारी बालक की भाँति चुपचाप खड़ा रहकर कैकेयी के मनोनिर्देशों को सुनता रहा।

पवन पर सवार होने के बाद कैकेयी का मस्तिष्क बहुत तेजी से शत्रुघ्न के भाव-स्वभाव का पुनर्मूल्यांकन कर रहा था और सोच रहा था कि इस समय शत्रुघ्न कहाँ हो सकता है। जब भी कैकेयी व्यथित या किसी अंतर्द्वंद्व[34] से ग्रसित होती तब बिना किसी प्रयास के उसकी बुद्धि और विवेक के बीच

---

32 अपने आप

33 प्रेम में डूबा हुआ

34 मानसिक संघर्ष

वार्तालाप आरम्भ हो जाता था। कैकेयी की बुद्धि ने कैकेयी के विवेक से प्रश्न करना आरम्भ कर दिया, "मनुष्य का सबसे बड़ा शत्रु कौन होता है?"

मनुष्य के हृदय में उत्पन्न होनेवाली शंका ही उसकी सबसे बड़ी शत्रु होती है।

ऐसा कौन-सा स्थान है जहाँ शंका को स्थान नहीं मिलता?

प्रेमी का चित्त।

प्रेमी के चित्त में किसका वास होता है?

निर्भयता का।

निर्भय कौन है?

शंका रहित व्यक्ति।

शत्रुघ्न का अर्थ क्या होता है?

शंकारूपी शत्रु का समूल नाश करनेवाला ही शत्रुघ्न होता है। व्यक्ति और वृत्ति रूपी शत्रु को नष्ट करनेवाला शत्रुघ्न होता है।

तब शत्रुघ्न को इस समय कहाँ होना चाहिए?

जहाँ प्रेम होता है वहाँ शंका का कोई स्थान नहीं होता...हो न हो शत्रुघ्न, भरत के आसपास ही कहीं होगा। चूँकि भरत प्रेम का साक्षात स्वरूप है, इसलिए शत्रुघ्न रूपी निर्भीकता सदैव उसके साथ होती है।

लक्ष्मण जैसे राम की प्रतिच्छाया है, वैसे ही शत्रुघ्न, भरत की प्रतिमूर्ति है।

जहाँ ज्ञान होता है वहाँ वैराग्य होता ही है और जहाँ प्रेम होता है वहीं निर्भयता का वास होता है। मेरा बड़ा पुत्र राम तो स्वयं ज्ञान है इसलिए, वैराग्य रूपी लक्ष्मण उसके साथ वन में विचरण कर रहा है। वहीं पुत्र भरत तो साक्षात प्रेम का स्वरूप है इसलिए निर्भयता की प्रतिमूर्ति शत्रुघ्न को उसी के समीप होना चाहिए। इस विचार के आते ही कैकेयी ने पवन को नंदीग्राम की ओर मोड़ दिया।

रात्रि की नीरवता में पवन हल्के कदमों से दुलकी चाल में चल रहा था, क्योंकि वह समझ रहा था कि इस समय उसपर सवारी करनेवाली अवध राज्य

की राजमाता है और किसी भी माँ को अपने बच्चों की निद्रा में व्यवधान[35] उपस्थित करना रुचिकर नहीं होता। अयोध्या पीछे छूट चुकी थी। जनशून्य क्षेत्र आरम्भ हो चुका था। कैकेयी इस सत्य को जानतीं थीं कि जब कोई राज्य, राजाविहीन होता है तो असामाजिक तत्वों और अराजकता में वृद्धि होती है। इसलिए सतर्कता के साथ किंतु निर्भीकतापूर्वक आगे बढ़ रहीं थीं।

•॥ 3 ॥•

अयोध्या से नंदीग्राम की ओर जानेवाला यह मार्ग सबसे सुरम्य[36] मार्गों में से एक था। मार्ग के दोनों ओर बड़े और घने वृक्ष रोपे गये थे जो ऊपर की ओर उठते हुए एक-दूसरे से ऐसे मिल जाते कि लगता जैसे पूरे मार्ग को पत्तों के वितान[37] से ढाँक दिया गया हो। किंतु इस समय वे ऋतु परिवर्तन की मार झेल रहे थे। वृक्षों से झड़े हुए पत्ते मार्ग पर बिखरे हुए थे। उन सूखे पत्तों को देखकर कैकेयी को वह दृश्य याद आ गया जब एक दिन प्रातःकाल महाराज दशरथ, कैकेयी से हँसते हुए बोले थे, “महारानी! यह देखिए, मेरे केश अब श्वेत होने लगे हैं। मैं अब वृद्धावस्था की ओर बढ़ चला हूँ। इससे पहले कि मैं अशक्त[38] हो जाऊँ, मुझे यह सारा राज-काज राम के सशक्त[39] हाथों में सौंप देना चाहिए। मैं आज ही इस विषय पर गुरुदेव वशिष्ठ और मंत्रिपरिषद से विमर्श करूँगा।”

दशरथ के जाने के बाद कैकेयी ने आनंदमग्न होकर मंथरा से कहा, “कुछ ही दिनों में रघुवंश के सिंहासन पर अभी तक का सबसे श्रेष्ठ राजा सुशोभित होगा। किसी भी माता के लिए सर्वाधिक गौरवशाली क्षण वह होता है जब उसका पुत्र राजसिंहासन पर बैठता है।” यह कहते हुए कैकेयी ने अपने कंठ में धारण किया हुआ माणिक्य का हार निकाला और मंथरा को पहना दिया।

---

35 बाधा

36 बहुत सुंदर

37 ऊपर से फैलायी जानेवाली चादर

38 दुर्बल

39 मजबूत

राम के राज्यारोहण की बात सुनकर कैकेयी का इतना प्रसन्न होना मंथरा को रास नहीं आ रहा था। वह चिंता से भरी हुई बोली, "तुम्हारा पुत्र? वह तो भरत है, जिसके भाग में महाराज ने राजसिंहासन नहीं, राजछत्र लिख दिया, जिसे पकड़कर वह राम के पार्श्व[40] में उपस्थित रहेगा। मुझे समझ नहीं आता कि इसमें इतना प्रसन्न होने की क्या बात है, जो महारानी ने अपना बहुमूल्य हार उतारकर मंथरा के गले में डाल दिया?"

कैकेयी ने बहुत मधुरता से कहा, "अरी मंथरा, जो स्वयं के गर्भ से जन्म लेते हैं क्या वही पुत्र कहलाते हैं? मातृत्व दैहिक नहीं, भावनात्मक अवस्था होती है। इसे गर्भ से जन्म लेने वाले माँसपिंड की सीमा में नहीं बाँधा जा सकता। माता का अर्थ बहुत व्यापक और गहरा होता है। धारण, कारण और तारण, ये तीनों गुण जिसमें विद्यमान रहें, वह माँ होती है। इसलिए चाहे आत्मा हो, महात्मा हो या परमात्मा हो, सभी को स्वयं की पूर्णता के लिए माँ रूपी गुण को आत्मसात करना आवश्यक होता है। कौशल्या ने यदि राम को अपने गर्भ में धारण किया है तो कैकेयी ने राम के अंतर्निहित[41] गुणों को अपने चित्त में धारण किया है। कौशल्या, राम रूपी चेतना को शरीर युक्त करने के कारण उसकी माता है, तो कैकेयी उसकी चेतना को शरीर से मुक्त कर उसकी चेतना के परिष्कार,[42] उसके विस्तार में सहायक होने के कारण उसकी माता है। कौशल्या ने राम के शरीर को धारण किया है तो कैकेयी ने राम के संकल्प को धारण किया है।"

"जन्म देनेवाली माता आवश्यक नहीं होता कि वह अपनी संतान के गुणों और उसकी क्षमता के परिष्कार का हेतु हो? माँ और मातृत्व, ये दोनों एक समान होते हुए भी भिन्न अवस्थाएँ होती है। माँ को प्रेम का ज्ञान होता है तो मातृत्व को ज्ञान से प्रेम होता है। कौशल्या राम के जन्म का हेतु हैं, तो मैं उसके जीवन का आधार हूँ। तूने भी तो मुझे जन्म नहीं दिया किंतु मेरे प्रति सदा ही माता के भाव से भरी रही। तो क्या मेरे प्रति तेरे

---

40 बगल

41 किसी के अंदर मौजूद

42 गंदगी हटाकर साफ करना

प्रेम और समर्पण को मुझे मात्र इसलिए संदेह की दृष्टि से देखना चाहिए क्योंकि तूने मुझे जन्म नहीं दिया?"

मंथरा ने बहुत शुष्क स्वर में कहा, "माता होने और राजमाता होने में बहुत अंतर होता है महारानी। मैं चाहती हूँ कि आप राजमाता के पद पर प्रतिष्ठित हों और यह तभी सम्भव है जब राजकुमार भरत अयोध्या के सिंहासन पर बैठें।"

मंथरा के मुख से इस विचार को सुनकर कैकेयी ठहाका मारते हुए हँस पड़ीं। फिर स्वयं को नियंत्रित करते हुए बोलीं, "चल ठीक है, कैकेयी राजमाता बन गयी...इससे मुझे क्या लाभ होगा, बता?" मंथरा ने कहा, "आपका प्रभाव बढ़ेगा महारानी। सब कुछ आपके नियंत्रण में रहेगा।" कैकेयी ने कहा, "प्रभाव तो मेरा आज भी सबसे अधिक है। महाराज दशरथ से लेकर मेरी दोनों बहनें व मेरे चारों पुत्र, सभी मेरे प्रभाव को मान देते हैं। अपने ऊपर मेरे नियंत्रण को वे कभी भी चुनौती नहीं देते।"

"मैं सम्पूर्ण राज्य पर आपके प्रभाव और शक्ति के बढ़ने की बात कर रही हूँ, महारानी।"

मंथरा के कथन को सुनकर कैकेयी ने एक भेदक[43] दृष्टि उस पर डाली और एक विराम के बाद बोलीं, "मंथरे, तब तो मुझे स्वयं ही सिंहासन पर बैठ जाना चाहिए? अच्छा होगा कि मैं राजभवन की अपेक्षा राजसभा से ही सम्पूर्ण तंत्र को नियंत्रित करूँ और अपने बढ़े हुए प्रभाव का प्रत्यक्ष सुख भोगूँ? क्या पता, राजमाता होते हुए कभी मेरा पुत्र मेरी ही किसी आज्ञा की अवहेलना कर दे और मैं उसके प्रति रोष से भरकर उसका नाश कर दूँ? क्या कहती हो, मुझे महाराज से स्वयं के लिए ही ये राजपाट माँग लेना चाहिए? जब मुझे ही अपनी इच्छाओं को पूरा करना है, अपने प्रभाव को बढ़ाना है, तो प्रभावशाली राजमाता होने से अधिक लाभदायक शक्तिसम्पन्न राजा होना होगा?

मंथरा ने अकचका कर कहा, "यह कैसे सम्भव है? यह कभी हो ही नहीं सकता।" कैकेयी ने भी उसी स्वर में कहा, "तो फिर यह भी सम्भव

---

43 भेदनेवाली

नहीं है मंथरा, यह भी कभी नहीं हो सकता। कैकेयी का कल्याण, उसका यश राजमाता होने में नहीं, अपितु राम की माता होने में है। मैंने अपने पुत्रों को, अपने परिवार को कभी खंडित दृष्टि से नहीं देखा। मेरे लिए मेरे पति, मेरे पुत्र, मेरा परिवार उस अखंड ब्रह्म के ही स्वरूप हैं और अखंड को खंडित दृष्टि से देखना ही पाखंड होता है। कैकेयी सब कुछ हो सकती हैं किंतु पाखंडी नहीं हो सकती।"

"हमारी देह में दिखनेवाला और न दिखनेवाला प्रत्येक अंग महत्वपूर्ण होता है। सभी का अपना विशेष महत्व होता है। यदि हमारी देह के सभी अंग एक दूसरे से प्रतिस्पर्धा[44] करते हुए मात्र स्वयं के महत्व को स्थापित करने में लग जाएँ तो यह प्रलय जैसा होगा, जो मात्र हमारे ही नहीं, सम्पूर्ण सृष्टि के विनाश का कारण होगा।"

"मंथरा, महाराज दशरथ सत्य ही *यथा नाम तथा गुण* हैं। वैसे देखा जाए तो इस धरती पर जन्म लेनेवाला प्रत्येक मनुष्य दशरथ ही होता है। हमारा देह रूपी रथ, पाँच तत्व और पाँच इंद्रियों के योग से बना दशरथ ही तो है, किंतु इसके बाद भी प्रत्येक मनुष्य के जीवन में राम रूपी ज्ञान, लक्ष्मण रूपी वैराग्य, भरत रूपी भक्ति और शत्रुघ्न रूपी साहस का अभाव रहता है, क्योंकि हम परमात्मा प्रदत्त इस शरीर रूपी दशरथ को भुला देते हैं और अपनी इंद्रियों को नियंत्रित करने के स्थान पर हम अपनी इंद्रियों से नियंत्रित होने लगते हैं।"

"महाराज दशरथ की हम तीन रानियाँ हैं, जिनमें कौशल्या अपने प्रत्येक कार्य को कुशलता से सम्पन्न करना चाहतीं हैं। उनके जीवन में कौशल का, युक्ति का विशेष महत्व है इसलिए वे सबसे अधिक कुशल हैं। मैं कर्म की शक्ति में विश्वास रखती हूँ इसलिए सबसे अधिक कर्मठ हूँ और सुमित्रा भक्ति को महत्व देतीं हैं इसलिए वह सबके प्रति मित्रता के भाव से भरी रहतीं हैं। वे सबसे अधिक सहृदय[45] हैं।"

"जैसे महाराज दशरथ ने हम तीनों के साथ सुंदर संतुलन बनाकर रखा है यदि वैसा ही संतुलन प्रत्येक मनुष्य अपने अंदर अवस्थित कुशलता

---

44 होड़

45 जो दूसरों के दुख-दर्द को अनुभूत करता हो

अर्थात युक्ति, कर्मठता अर्थात शक्ति, और मित्रता अर्थात भक्ति रूपी भावों से बनाकर रखे तो इस संसार की प्रत्येक देह में राम का अवतरण[46] हो जाएगा। तब इस संसार की प्रत्येक देह ही अयोध्या हो जाएगी। अयोध्या का अर्थ ही होता है जहाँ युद्ध नहीं होता या जिसे युद्ध में जीता न जा सके। हमारा जीवन भावों का समर नहीं, भावों का सागर है, इसलिए इसे भवसागर कहा जाता है। यह किसी स्त्री का सबसे बड़ा सुख होता है कि उसका पति, उसका पुत्र उसके अनुकूल हो। किसी माता का आनंद स्वयं को शक्तिसंपन्न करने में नहीं होता, अपितु अपनी संतानों को शक्तिशाली बनाने में होता है।"

"भरत भावुक है और राम संवेदनशील। राज्य की कुशलता के लिए राजा को भावुक नहीं, संवेदनशील होना चाहिए। भावुक व्यक्ति स्वानुभूति[47] को परानुभूति[48] बनाने में विश्वास करता है और वहीं संवेदनशील व्यक्ति परानुभूति को भी स्वानुभूति बना लेता है।"

कैकेयी ने हँसते हुए कहा, "तू सत्य ही अपने नाम को चरितार्थ[49] कर रही है। अपने नाम मंथरा का अर्थ जानती है?"

"जी महारानी, जो मंथर[50] गति से चले वह मंथरा।"

"मंथर गति से कौन चलता है?" कैकेयी के इस प्रश्न पर मंथरा चुपचाप उसे देखती रही। उसने कोई उत्तर नहीं दिया।

कैकेयी ने मुस्कुराते हुए कहा, "हमारी बुद्धि जब चिंता से युक्त होती है तब वह अति मंथर गति से चलती है। हमारी चिंता युक्त बुद्धि को ही मंथरा कहा जाता है। लेकिन जब वही बुद्धि चिंतन से युक्त होती है तब त्वरा[51] कहलाती है। किंतु ये सब तुझे समझ नहीं आएगा, क्योंकि न तो तूने विवाह किया और न ही किसी संतान को जन्म दिया।"

---

46 ऊपर से नीचे आना

47 अपने द्वारा अनुभव किया गया

48 दूसरों के दर्द को अपना अनुभव करना

49 जिसका अभिप्राय पूरा हो चुका हो

50 सुस्त/धीमी

51 शीघ्रता/तेजी

कैकेयी के वचनों से मंथरा व्यथित[52] होते हुए बोली, "महारानी, मैंने तुम्हारे जीवन के लिए अपने सम्पूर्ण जीवन की आहुति दे दी, क्या इसलिए कि तुम इस प्रकार के वचनों से मेरे हृदय को विदीर्ण कर दो?"

"तू दुखी होगी लेकिन आज कहती हूँ, सुन। तू कैकेयी के सुख में अपनी सुरक्षा देखती थी और मैं राम की सुरक्षा को ही अपना सुख मानती हूँ। तेरे लिए कैकेयी की सेवा स्वयं के अधिकारों, स्वयं की शक्ति के विस्तार का हेतु था और मेरे लिए राम के अधिकारों, उसकी शक्ति का विस्तार समाज की सेवा का हेतु है। मंथरा, तेरे इन विचारों को जानने के बाद, तू मेरी सहानुभूति की पात्र है किंतु मेरे सम्मान की अधिकारी नहीं है।" कैकेयी आधिकारिक स्वर में बोलीं, "मुझे एकांत चाहिए...जब तेरी आवश्यकता होगी, मैं तुझे बुला लूँगी। तुम जा सकती हो।"

मंथरा के जाने के बाद कैकेयी मंथरा के विचारों का सूक्ष्म अवलोकन करने लगीं। मनुष्य स्वभाव से ही महत्वाकांक्षी होता है। वह सदैव अपनी प्रभुता को लेकर चिंतित रहता है। यहाँ तक कि वह अपने प्रभुत्व की स्थापना के लिए उचित-अनुचित के बीच का भेद भी विस्मृत[53] कर देता है। कालान्तर में उसका अविवेक ही उसके गुणों को अवगुणों में रूपांतरित कर उसके पतन का कारण होता है।

यह महाराज दशरथ की विवेकशीलता ही है जो आज वे वृद्धावस्था की ओर बढ़ते हुए भी पूर्णतः निश्चिन्त हैं। कितनी सुंदर बात कही महाराज ने कि अशक्त होने से पहले ही सशक्त हाथों में शासन को सौंप देना चाहिए, इससे प्रजा के अंदर शक्ति और उत्साह बना रहता है।

सही तो है, अशक्त होने के बाद सत्ता का हस्तांतरण प्रजा के अंदर विश्वास नहीं, विवशता[54] के भाव का संचार करता है। इससे नये राजा की योग्यता के प्रति प्रजा शंकित बनी रहती है। प्रजा तक बिना बोले यह संकेत पहुँच जाता है कि पुराने राजा को सम्भवतः नए राजा की क्षमता

---

52 भय से ग्रस्त

53 भुलाया हुआ

54 मजबूरी

पर विश्वास नहीं था इसलिए उन्होंने नए राजा का अभी तक राज्याभिषेक नहीं किया था। दूसरी ओर पुराने राजा की सजगता और सेवाभाव को भी प्रजा उसकी राजलिप्सा मान लेती है।

•॥ 4 ॥•

अपने विचारों में मग्न कैकेयी को अपनी प्रिय दासी दीपशिखा का स्वर सुनाई पड़ा, "महारानी, संध्या हो गयी है, आज आपने भोजन भी नहीं किया। राजकुमार राम आपके दर्शन करना चाहते हैं। वे स्वागत कक्ष में आपके आदेश की प्रतीक्षा कर रहे हैं।" कैकेयी बिना कोई उत्तर दिए सीधे अपने स्वागत कक्ष में पहुँचीं तो देखा राम व्यथित[55] मुद्रा में खड़े हुए प्रतीक्षारत हैं। आते ही कैकेयी ने कहा, "पिता की अनुपस्थिति में पुत्रों को माँ के दर्शन के लिए अनुमति की आवश्यकता नहीं होती राम। यह कैसी औपचारिकता का निर्वाह करने लगे हो तुम?" उन्होंने बहुत ममत्व से राम का हाथ पकड़ा और खींचते हुए अपने अध्ययन-कक्ष में ले गयीं।

कैकेयी का अध्ययन-कक्ष एक छोटा-मोटा ग्रंथालय ही था, जिसमें विभिन्न विषयों से संबंधित बहुत सारे अतिमहत्वपूर्ण ग्रंथ रखे हुए थे। राम कुछ अनमनस्क[56]-से थे, किंतु वे एक बार फिर अपनी माँ कैकेयी के मन को पढ़ लेने की क्षमता से प्रभावित हो गये। राम ने किंचित मुस्कान के साथ कहा, "माँ, तुम मन पढ़ना जानती हो...तुम्हें कैसे पता चला कि मैं आज तुमसे, तुम्हारे अध्ययन कक्ष में बैठकर ही चर्चा करना चाहता था?"

कैकेयी ने हँसते हुए कहा, "मन की ग्रंथियाँ ग्रंथालय में ही सहजता से खुलतीं हैं पुत्र। तुम्हारे मुख पर व्यथा के भाव तुम्हारे हृदय की कथा कह रहे हैं। अयोध्या में यही तो एक मात्र कक्ष है जहाँ महाराज दशरथ भी बिना अनुमति के प्रवेश नहीं कर सकते। तुम मुझसे चर्चा करते समय पूर्ण एकांत चाहते थे।"

---

55 दुखी

56 जिसका ध्यान कहीं और हो

कैकेयी देख रहीं थीं कि राम चर्चा आरम्भ करने से पहले अपनी माँ से गोपनीयता की शपथ चाहता है। उन्होंने विषय की गम्भीरता को समझते हुए राम से पूछा, "पुत्र, तुम्हें मुझ पर विश्वास क्यों है?"

"क्योंकि तुम विश्वसनीय हो माँ, इसलिए राम तुम पर विश्वास करता है।"

कैकेयी ने दूसरा प्रश्न किया, "जो विश्वसनीय हो, उसके विश्वास को पुनः परखना किस श्रेणी में आता है?"

राम झेंपते हुए बोले, "मूढ़ता[57] की।"

कैकेयी ने फिर पूछा, "इसे मूढ़ता क्यों कहा जाता है?"

राम ने हँसते हुए कहा, "इसलिए, क्योंकि परखने के बाद ही तो विश्वास का जन्म होता है। परखे हुए को पुनः परखना अविश्वास को जन्म देता है। जो व्यक्ति विश्वास को अविश्वास में रूपांतरित कर दे वह मूढ़मति[58] ही माना जाता है माँ।"

कैकेयी ने उत्तर से संतुष्ट होते हुए कहा, "राम का अर्थ होता है ज्ञान और जहाँ ज्ञान होता है वहाँ संदेह का कोई स्थान ही नहीं होता पुत्र।"

राम बहुत गहरे नेत्रों से अपनी माँ को देखते हुए बोले, "माँ, राम तुम्हारे ऊपर जीवन में कभी अविश्वास नहीं कर सकता। प्रश्न अविश्वास का नहीं चिंता का है क्योंकि मैं जो कुछ तुमसे कहकर करवाना चाहता हूँ वह तुम्हारी कीर्ति[59], तुम्हारे कृतित्व[60], तुम्हारे ममत्व, तुम्हारी मर्यादा को युगों-युगों के लिए कलंकित कर सकता है। इसलिए संकोच आड़े आ रहा है कि क्या राम को अपनी स्वार्थपूर्ति के लिए अपनी माँ, अपने गुरु के सम्मान को ठेस पहुँचाना चाहिए? क्या मेरा सोचित कर्म तुम्हारे ऊपर लगनेवाले कलंक से अधिक कल्याणकारी होगा?"

कैकेयी का हृदय तीव्रता से धड़कने लगा, किंतु तभी उनके मन में विचार आया कि वे और राम, इस समय ग्रंथालय में उपस्थित हैं। यहाँ

---

57 मूर्खता

58 मूर्ख

59 यश/बढ़ाई/नाम

60 प्रशंसनीय काम

सरस्वती का वास है। इसे सरस्वती का मंदिर कहा जाता है, इसलिए इस स्थान पर उद्घाटित होनेवाली कोई भी योजना अकल्याणकारी नहीं हो सकती। यहाँ उच्चारित होनेवाला प्रत्येक शब्द सरस्वती के मुख से निकला हुआ शब्द होगा। जब सरस्वती स्वयं ही जिह्वा[61] पर बैठीं हों तब वे अकल्याण का मार्ग सुझा ही नहीं सकतीं।

वह देख रहीं थीं कि आज राम के विचार मंथरा की भाँति मंथर गति से रेंग रहे हैं! उन्हें आश्चर्य हुआ। राम तो त्वरा बुद्धि का उपासक है। उसकी बुद्धि मंथरा का आश्रय कब से लेने लगी? अपनी दासी मंथरा की स्मृति मात्र से कैकेयी को हास्य उत्पन्न हो गया। वे हँसते हुए बोलीं, "तुम निश्चिन्त मन से अपनी बात रखो पुत्र, इसका निर्णय मैं करूँगी कि यह राम का स्वार्थ है या परमार्थ? बच्चे जब माँ की गोद में मल, मूत्र का त्याग करते हैं तब वह माँ के लिए कलंक नहीं होता। बच्चे को स्वच्छ करती हुई माँ स्वयं अस्वच्छ हो जाती है और तब वह अपने सौंदर्य की चिंता नहीं करती। इसलिए आश्वस्त रहो पुत्र, तुम्हारे कल्याण के लिए यदि कैकेयी को कलंक भी धारण करना पड़ा तो भी कैकेयी पीछे नहीं हटेगी।"

कैकेयी के स्वर ने राम में अपार ऊर्जा का संचार किया। एक हल्के से विराम के बाद राम ने पूछा, "माँ, मुझे ज्ञात हुआ है कि मेरे राज्याभिषेक[62] की तैयारी चल रही है?"

"तो इसमें बुरा क्या है पुत्र? तुम सक्षम हो, उस अवस्था को प्राप्त कर चुके हो। तुम्हें चाहिए कि अब तुम सभी राजकीय दायित्वों[63] का निर्वाह करते हुए हमें भी वर्णाश्रम व्यवस्था के अनुरूप अपने जीवन को जीने के लिए स्वतंत्र करो।"

राम ने बहुत शांति से कहा, "जो कार्य कुश-आसन पर बैठकर सम्पन्न किये जा सकते हैं वे सिंहासन पर बैठकर सम्पन्न नहीं किये जा सकते माँ।"

राम के कथन में एक संन्यासी के भाव को अनुभूत कर कैकेयी ने अत्यंत सतर्कता के साथ कहा, "कुश-आसन पर बैठने की आयु में सिंहासन

61 जीभ

62 राजा के रूप में अभिषेक

63 जवाबदेह होने का भााव

पर बैठना और सिंहासन पर बैठने की आयु में कुश-आसन पर बैठना दोनों ही कल्याणकारी नहीं होते पुत्र। हमारे जीवन में संतुलन बना रहे, इसीलिए मनीषियों[64] ने हमें वर्णाश्रम व्यवस्था के अनुरूप जीवन जीने के मार्ग सुझाए हैं। तुमने अभी गृहस्थ आश्रम में प्रवेश किया है, इसलिए तुम कुश-आसन के नहीं, सुखासन पर बैठने के अधिकारी हो।"

राम ने गम्भीरता से कहा, "माँ, वर्णाश्रम व्यवस्था के अनुरूप जीवन जीना हमारे व्यक्तिगत उत्कर्ष[65] के लिए तो कल्याणकारी होता है किंतु यह सामाजिक उत्कर्ष का हेतु नहीं बन पता। आनंदपूर्वक किया गया श्रम ही आश्रम कहलाता है माँ, जिसमें आनंद के लिए नहीं, आनंद से किये जानेवाले कर्म समाहित[66] होते हैं। इसमें आनंद उपलब्धि नहीं, हमारी कर्मणाशक्ति[67] का अविभाज्य[68] अंग होता है। आनंद तो पहले से ही उपलब्ध है, किंतु भ्रम के वशीभूत होकर हम आनंद की प्राप्ति के लिए परिश्रम करते हुए अंत में थक कर शक्तिहीन हो जाते हैं और कहते हैं कि जीवन में आनंद ही नहीं है।"

"माँ, कर्म का सुसंचालन देह की शक्ति पर निर्भर होता है। हमारी देह पर आयु का प्रभाव पड़ता है जिससे देह की क्षमता सीमित हो जाती है। इससे व्यक्ति वृद्धावस्था में स्वयं की आत्मा का तो परिष्कार कर सकता है किंतु समग्र समाज की आत्मा का परिष्कार नहीं कर पाता। इसलिए जिनका लक्ष्य सामाजिक उत्थान होता है, वे युवावस्था में सिंहासन के स्थान पर कुश-आसन को स्वीकार करते हैं, क्योंकि धर्म, कर्म और मर्म को सिद्ध करने के लिए संकल्प शक्ति के साथ-साथ शरीर का शक्तिशाली होना भी आवश्यक होता है। जगत के दैहिक, दैविक और भौतिक तापों का नाश शक्ति से ही किया जाता है माँ किंतु विचित्रता देखिए, जब हम शक्तिसम्पन्न होते हैं तब त्रितापों[69] के आवेश से वशीभूत हो जाते हैं और

---

64 ज्ञानियों

65 ऊपर उठना

66 एक ही जगह जमा

67 काम करने की शक्ति

68 जिसे अलग न किया जा सके

69 दैहिक, दैविक और भौतिक—ये तीन ताप त्रिताप कहे जाते हैं

जब अशक्त हो जाते हैं तब इनके शमन के लिए प्रयास करने लगते हैं! जबकि इन तीनों तापों का शमन तभी किया जाना चाहिए जब इनका जन्म होता है। सुखासन में बैठकर इन तीनों तापों का नाश नहीं किया जाता माँ, अपितु इनका नाश करने के बाद ही हमें सुखासन उपलब्ध होता है।"

कैकेयी ने हल्के हास्य से कहा, "अब तुम बालक नहीं हो राम। कुश-आसन, बाल्यावस्था और वृद्धावस्था में मनुष्य के कल्याण का हेतु होता है, युवावस्था में नहीं। युवावस्था दायित्वों से पलायन करने के लिए नहीं, दायित्वों का पालन करने के लिए होती है।"

राम बहुत ममत्व से अपनी माँ को देखते हुए बोले, "आपने बिलकुल ठीक कहा माँ। युवावस्था तो हमारे जीवन के कल को कल से जोड़नेवाली बड़ी महत्वपूर्ण कड़ी है। युवावस्था हमारे बीते हुए कल अर्थात हमारे माता-पिता और हमारे आनेवाले कल यानी हमारी संतानों को जोड़नेवाला 'आज' अर्थात वर्तमान होता है, जिसके ऊपर अतीत को सहेजने और भविष्य को सँवारने का दायित्व होता है। इसलिए कहा जाता है कि जिसने अपने आज को सँवार लिया उसका अतीत और भविष्य स्वयमेव सँवर जाता है।"

"संन्यास संसार के प्रति पराजय से उत्पन्न भाव नहीं है माँ, अपितु यह उन्हीं व्यक्तियों के हृदय में जन्म लेता है जो संसार को जय करने की प्रेरणा से भरे होते हैं। संन्यास का अर्थ जीवन से पलायन नहीं अपितु अत्यंत सजगता के साथ जीवन का पालन करना होता है। संन्यस्थ जीवन साहस का विषय होता है माँ। जो युवावस्था में संसार में रहते हुए संन्यास को जी लेता है वह वृद्धावस्था में राजत्व को जीत लेता है, फिर उसके राज्य में दैहिक, दैविक और भौतिक तापों का अस्तित्व समाप्त हो जाता है।"

कैकेयी ने राम के नेत्रों में सीधे झाँकते हुए कहा, "पुत्र, रावण ने भी अपनी युवावस्था में घोर तपस्या करके महादेव शिव को प्रसन्न किया था। उसने भी कुश-आसन को सिद्ध किया था किंतु जैसे ही वह सिंहासन पर आरूढ़ हुआ उसने अपनी अर्जित शक्तियों का दुरुपयोग किया। और आज संसार साक्षी है कि परम विद्वान, ज्ञानी, ध्यानी और शक्तिशाली होते हुए भी रावण समाज के विकास का नहीं, विनाश का हेतु हो गया है।"

राम ने बहुत धैर्य से अपनी माँ के सचेत करनेवाले कथन को सुना और हलके-से मुस्कुरा पड़े।

कैकेयी ने देखा कि राम की मुस्कान में न तो कैकेयी के लिए उपहास[70] का भाव था और न ही स्वयं की तुलना रावण से किये जाने की बेचैनी...अपितु उसकी मुस्कान में अपनी माँ के विवेकपूर्ण कथन के लिए प्रशंसा थी। राम का यह भाव कैकेयी को बहुत भाता था। इस बच्चे को किसी भी प्रकार की तुलना व्यथित नहीं करती। राम का तुलना में विश्वास ही नहीं है इसलिए तो संसार राम को अतुलनीय[71] मानता है।

राम मुग्ध भाव से अपनी माँ को देखते हुए बोले, "किसी संन्यासी के चित्त में सिंहासन की आकाँक्षा जहाँ अकल्याणकारी होती है, वहीं किसी राजसी हृदय में संन्यास का भाव अत्यंत कल्याणकारी होता है माँ। रावण की साधना का हेतु त्रिलोक पर शासन करना था तो राम का लक्ष्य त्रितापों का शमन करना है। रावण और तुम्हारे राम में अंतर है माँ। वह कुश-आसन से सिंहासन की ओर बढ़ना चाहता था और मैं सिंहासन से कुश-आसन की ओर बढ़ना चाहता हूँ। रावण की साधना का लक्ष्य सत्ता थी और राम की साधना का लक्ष्य समाज है। रावण प्राप्ति के भाव से भरा हुआ था और राम परिष्कार की प्रेरणा से प्रेरित है। रावण को अपने ज्ञान, अपनी शक्ति का अहंकार है और तुम्हारे राम को अपनी शक्ति, अपने अहंकार का ज्ञान है। रावण अपनी साधना से शक्ति प्राप्त करना चाहता था और राम अपनी शक्ति को साधना में लगाना चाहता है।"

"माँ, जब भी कोई साधक सत्ता को लक्ष्य बनाता है तब वह विनाशकारी हो जाता है। वहीं दूसरी ओर, यदि किसी सत्ताधिकारी के हृदय में साधना का भाव उत्पन्न हो तो वह विकास का हेतु होता है। रावण प्राप्ति की प्रेरणा से प्रेरित था और राम त्याग के भाव से भरा हुआ है। रावण राजनीति के माध्यम से धर्म को नियंत्रित करना चाहता है और राम, धर्म के दंड से राजनीति को सही दिशा देने के लिए संकल्पबद्ध है। तुम निश्चिन्त रहो माँ, हम दोनों के उद्देश्य में बहुत अंतर है इसलिए हमें मिलनेवाले परिणाम भी भिन्न होंगे।"

---

70 मजाक

71 जिसकी तुलना न की जा सके

कैकेयी सोच में पड़ गयीं। यदि देखा जाए तो राम और रावण दोनों एक ही धरातल पर खड़ी दो भिन्न चेतनाएँ हैं। दोनों ही महान शक्तिशाली हैं। दोनों ही ज्ञान का पर्याय हैं। दोनों ही शिव के उपासक हैं। दोनों की ही आस्था तप, तपस्या, साधना, शक्ति और संकल्प में है। ये दोनों ही जन्मजात नायकत्व के गुणों से भूषित हैं किंतु इसके बाद भी इन दोनों में कितना भारी अंतर है! जहाँ राम को समाज के वंदन में सुख मिलता है, वहीं रावण को सामाजिक क्रंदन[72] में आनंद आता है। जहाँ राम नमन की शक्ति में विश्वास करता है, वहीं रावण दमन की नीति को प्रश्रय देता है। अपने इन्हीं गुणों के कारण आज राम अपने छोटे-से संसार में वंदनीय है तो रावण पूरे संसार में निंदनीय हो गया। राम के प्रति समाज में सत्कार का भाव है तो रावण के प्रति संसार धिक्कार के भाव से भरा हुआ है।

कितनी सरलता से राम ने कर्म और उद्देश्य के बीच निहित अंतर को स्पष्ट कर दिया! महानतम कर्म भी अपवित्र उद्देश्यों के साथ संलग्न होने के कारण अपकर्म की श्रेणी में आ जाते हैं और पवित्रतम उद्देश्य की पूर्ति के लिए किये गये अन्यथा कर्म भी कालान्तर में सदकर्म की प्रतिष्ठा को प्राप्त होते हैं।

तभी अध्ययन कक्ष के द्वार पर एक हलकी-सी थाप से कैकेयी की विचार-शृंखला टूटी और उन्होंने गरिमापूर्ण स्वर में पूछा, "कौन है द्वार पर?"

"महारानी, आपकी दासी दीपशिखा हूँ। गुरु वशिष्ठ ने कुछ महत्वपूर्ण ग्रंथ आपके लिए पहुँचाये हैं।"

"ठीक है, तुम अंदर आ सकती हो।"

महारानी का आदेश मिलते ही दीपशिखा ने अत्यंत क्षिप्रता के साथ कक्ष में प्रवेश किया और अपने हाथों में पकड़े हुए ग्रंथों को कैकेयी के पार्श्व में रखी हुई काष्ठ[73] की चौकी पर रखती हुई बोली, "महारानी की आज्ञा हो तो दासी कुछ निवेदन करे..."

कैकेयी ने बिना कुछ बोले ही उसे बोलने का संकेत किया।

---

72 रोने की क्रिया

73 लकड़ी

"महारानी, यदि आपकी इच्छा हो तो कुछ जलपान की व्यवस्था करूँ। आज आप निराहार[74] ही हैं।" कैकेयी ने प्रसन्नता से कहा, "दीपशिखे, अपने पुत्र को निहारना किसी भी माँ के लिए सर्वाधिक तृप्तिदायक होता है। और जब पुत्र ज्ञानवान हो तो उसके समुन्नत[75] विचार ही माँ के लिए आहार के जैसे होते हैं। और फिर राम की उपस्थिति का प्रभाव ही ऐसा है कि व्यक्ति को किसी भी अभाव का स्मरण ही नहीं रहता। तुम जा सकती हो।"

दीपशिखा के जाने के बाद राम ने कहा, "यह क्या है माँ? आज आपने भोजन ही ग्रहण नहीं किया?" कैकेयी हँसते हुए बोलीं, "इसमें आश्चर्य कैसा पुत्र? भोजन तो तुमने भी नहीं किया आज।" अब चकित होने का अवसर राम का था। उन्होंने मधुर मुस्कान से पूछा, "तुम्हें कैसे पता चला माँ, कि आज मैं भी निराहार ही हूँ?"

कैकेयी ने स्नेह से राम के सिर को सहलाते हुए कहा, "पुत्र, जब कोई चिंता से ग्रस्त हो या चिंतन में मग्न हो, आनंद में हो या अवसाद में हो तब मनुष्य की क्षुधा[76] समाप्त हो जाती है। जहाँ मुझे तुम्हारे राज्याभिषेक की सूचना ने आनंदमग्न कर दिया वहीं उसी सूचना ने तुम्हारे चिंतन को उद्दीप्त[77] कर दिया। किंतु अभी आहार पर चर्चा करने से अधिक महत्वपूर्ण तुम्हारे विचारों पर चिंतन करना है, इसलिए हमें विषय से भटकना नहीं चाहिए।"

राम ने चर्चा की दिशा को फिर से मोड़ते हुए कहा, "माँ, मैं चाहता हूँ कि आप पूज्य पिताजी से बात करें कि वे राम को अपने मन के मार्ग पर नहीं अपितु वन के मार्ग पर चलने दें।" कैकेयी ने बहुत गम्भीरता से राम के नेत्रों में झाँकते हुए कहा, "पुत्र, तुम वनगमन को लेकर इतने आग्रही क्यों हो?" राम के स्वर में करुणा थी। वे शून्य में देखते हुए बोलने लगे, "जब मैं गुरु विश्वामित्र के साथ सिद्धाश्रम गया था, तब ताड़का को देखकर मुझे लगा कि राम को अयोध्या की अपेक्षा अरण्य में रहना चाहिए। माँ, स्त्री तो

---

74 बिना भोजन के

75 बहुत ऊँचा

76 भूख

77 प्रज्वलित किया हुआ

संतति[78] और संस्कृति की तारक और उद्धारक होती है, किंतु वही स्त्री यदि तारक से ताड़का बन जाए तब वह रक्षक को राक्षसी चेतना में रूपांतरित कर देती है। पुरुष का स्खलन[79] किसी साम्राज्य के अस्त होने का कारण हो सकता है किंतु स्त्री का पतन संस्कृति और संतति को ध्वस्त कर देता है।"

"यह कार्य तो तुम अयोध्या के सिंहासन पर बैठकर भी कर सकते हो? अपनी शक्ति से साम्राज्य का विस्तार करो और अपनी सम्पूर्ण प्रजा का परिष्कार करो..." यह कहते हुए कैकेयी ने जल से भरा हुआ पात्र राम के सम्मुख रख दिया।

उस जलपात्र को देखकर राम मुस्कुरा दिए। वे समझ रहे थे कि कैकेयी उनकी विचारधारा को बदलना चाहतीं हैं क्योंकि बचपन में जब भी उन चारों भाइयों में से कोई कभी आवेश में आता, हठ पकड़ लेता या किसी अन्य की कोई बात सुनने को तैयार नहीं होता तो सबसे पहले माँ उनको जल पिलातीं थीं। उनका मानना था कि जल तरल और शीतल होता है। उसे पीते ही व्यक्ति भी सरल और शांत हो जाता है। तब वह अपने आग्रह को छोड़कर अन्य व्यक्ति की बात भी सुनने और समझने के लिए तैयार हो जाता है।

राम ने मुस्कुराते हुए पूरा जल पीने के बाद माँ की ओर देखा। कैकेयी भी बहुत ममता से उन्हें देखते हुए मुस्कुरा रहीं थीं। कैकेयी मुस्कुराहट के महत्व, उसकी उपयोगिता को बहुत अच्छे से समझतीं थीं। वे जानतीं थीं कि किसी स्त्री की स्निग्ध,[80] मनोहारी[81] मुस्कान वह औषधि है जो अपने पति, अपने प्रेमी के चित्त का हरण कर उसे विचारशून्य कर देती है, किंतु वही मुस्कान अपनी संतान के चित्त को स्वयं में धारण कर उसके विचार को पूर्ण बना देती हैं।

वे मुस्कुराते हुए राम से बोलीं, "निर्बल को सबल बनाने का, जनजातियों के उत्कर्ष का और अत्याचारियों के नाश का कार्य तो तुम सिंहासनासीन होने के बाद अधिक अच्छे से कर सकते हो पुत्र।"

---

78 बाल-बच्चे

79 अपने स्थान से नीचे गिरना

80 जिसमें स्नेह या प्रेम हो

81 मन को हरनेवाली

राम ने प्रतिप्रश्न कर दिया, "महाराज दशरथ रघुवंश के परम प्रतापी राजाओं में से एक हैं। क्या वे इस कार्य को सम्पन्न कर पाए? क्यों उनकी उपस्थिति में कोई स्त्री ताड़का हो जाती है? क्यों मारीच, सुबाहु जैसे राक्षसों का आतंक बढ़ता है? क्यों कोई रावण अपने ताप से तीनों लोकों में हाहाकार मचा देता है? क्यों ऋषि-मुनियों की यज्ञ-भूमि, युद्ध-भूमि में बदल जाती है? क्यों उन्हें स्वयं की सुरक्षा के लिए किसी राजा के सामने हाथ पसारने पड़ते हैं?"

"मात्र राजा और राजधानी का सबल होना 'राज्य' की सबलता नहीं मानी जाती माँ। किसी का 'राज' होने और किसी का 'राज्य' होने में अंतर होता है माँ। राजा की उपस्थिति में सब ठीक रहना राजा की राज करने की कुशलता का प्रमाण है किंतु उसकी अनुपस्थिति में भी उसकी प्रजा सबल, सुरक्षित, सृजनशील, सम्पन्न और सकारात्मक हो, यह उसके राज्य की सफलता का प्रमाण होता है। राज में राजा का महत्व होता है, किंतु राज्य में प्रजा महत्वपूर्ण हो जाती है। राज की धारणा निर्भरता की पोषक है तो राज्य की अवधारणा आत्मनिर्भरता को पल्लवित[82] करती है।"

"मैं रामराज को नहीं, रामराज्य को स्थापित करना चाहता हूँ। जहाँ व्यक्ति से अधिक महत्व विचार का, व्यवस्था का हो। जहाँ प्रजा के रक्षण और पोषण का कार्य कोई व्यक्ति नहीं, अपितु विचार करते हों। प्रजा व्यक्तिपूजक नहीं, विचारपूजक हो। वह हुतात्माओं[83] के चरणों को नहीं, उनके आचरणों को धारण करे। मैं व्यक्ति के नहीं, व्यवस्था के महत्व को बढ़ाना चाहता हूँ माँ। स्वयं के उत्थान के लिए व्यक्ति को नीतिनिपुण होना चाहिए किंतु समाज के उत्कर्ष के लिए उसका प्रीतिनिपुण होना आवश्यक होता है।"

"सिंहासन पर बैठकर किया गया आग्रह भी आदेश ध्वनित होता है किंतु समाज के साथ खड़े होकर दिए गये आदेश भी आह्वान सुनाई देते हैं। सिंहासन पर बैठा हुआ व्यक्ति विवश होता है अपनी नीति से प्रीति करने के लिए, किंतु समाज के बीच रह रहा व्यक्ति अपनी प्रीति को ही नीति बना सकता है। विशेष व्यक्तियों को अपनी सम्पूर्ण विशेषता

82 नये कोमल पत्ते निकलना

83 प्राण न्यौछावर कर चुकीं आत्मायें

के साथ शेष वर्ग के बीच में रहना चाहिए, इससे शेष वर्ग स्वयं को विशेष मान विशेषता को प्राप्त करने के लिए उद्यम[84] करने लगता है। भवन में रहकर भूमि का रक्षण, पोषण, संवर्धन नहीं होता माँ। इसके लिए भूस्वामी को अपने भवन की छाया छोड़कर स्वयं ही भूमि के ताप में तपना होता है माँ।"

कैकेयी अपने इस पुत्र की चेतना का परिष्कार देख आनंद से भर गयीं। वे बोलीं, "पुत्र, मुझे अपनी योजना समझाओ।"

"माँ, गुरु वशिष्ठ ने कल्याणकारी नीति का और तुमने अहेतुकी[85] प्रीति का पाठ मुझे पढ़ाया है। उस पर गुरु विश्वामित्र ने अपने पास संचित सम्पूर्ण शस्त्र और शास्त्र का ज्ञान मुझे दे दिया, इस अपेक्षा के साथ कि मैं उनके द्वारा दिए गये ज्ञान का उपयोग मात्र अवध के कल्याण के लिए नहीं, अपितु जगत के कल्याण के लिए करूँगा। मैंने भी उन्हें वचन दिया है माँ, कि राम संस्कृति के रक्षण, संवर्धन, उसके प्रसार और परिष्कार के लिए मर्यादित रहते हुए अपने जीवन के अंतिम श्वास तक सनद्ध[86] रहेगा।"

कैकेयी को इस पूरी चर्चा में रस आने लगा था। वे राम के चित्त और चिंतन की गहराई से अभिभूत थीं। उन्होंने राम को थोड़ा और खोलने की मंशा से राम के समक्ष प्रश्न रख दिया, "राम, संसार में सदा ही संस्कृति को लेकर विवाद होता रहता है, जबकि देखा जाए तो संस्कृति हो या सभ्यता, ये विवाद के नहीं, संवाद के हेतु होते हैं।"

राम अपनी माँ कैकेयी के मंतव्य[87] को बहुत अच्छे-से समझ रहे थे। वे जान रहे थे कि कैकेयी इस प्रश्न के माध्यम से स्वयं की शंका का निवारण नहीं चाहतीं, अपितु वे चाहतीं हैं कि राम स्वयं ही बहुत सूक्ष्मता से अपनी विचारधारा का अन्वेषण करे, क्योंकि कोई भी कर्म तब अधिक लाभदायक होता है जब उसे करने से पहले उसके सभी पक्षों पर समग्रता[88] से विचार किया गया हो।

---

84 उद्देश्य की प्राप्ति के लिए किया जानेवाला काम

85 जिसका कोई उद्देश्य न हो

86 तैयार

87 मन के विचार/मानने योग्य

88 शुरू से अंत तक जितना हो, वह सब

जो आपके सच्चे शुभचिंतक होते हैं वे अपने अच्छे प्रश्नों के माध्यम से आपको ही आपकी विचारधारा के और अधिक निकट खड़ा कर देते हैं। विचारों में स्पष्टता व्यक्ति को निर्द्वंद्व[89] बनाती है। और प्रत्येक माँ चाहती है कि उसकी संतान द्वंद्व से रहित हो। इससे उसके मन, वचन और कर्म में एकरूपता आ जाती है। तब उसकी कथनी और करनी में अंतर नहीं होता।

राम अपनी माँ कैकेयी के उद्देश्य को जान परम संतोष से भरे हुए बोले, "सभ्यता इस तथ्य को प्रकाशित करती है कि मनुष्य के पास क्या है और संस्कृति का अर्थ होता है कि मनुष्य कैसा है। सभ्यता दिखाई देनेवाला शरीर होता है, तो संस्कृति न दिखाई देनेवाली आत्मा। निराकार भाव को साकार करनेवाला कलाकार कहा जाता है माँ, इसलिए संस्कृति एक कला है और सभ्यता उसका कौशल। सभी गुणों को सम्यक्[90] रूप से धारण करना ही संस्कृति कहलाता है।"

"सभी गुणों से तुम्हारा तात्पर्य क्या है पुत्र?"

"माँ, इस सृष्टि का प्रत्येक कण सत, रज और तम इन तीन गुणों का योग है। इनका स्वरूप परिवर्तित किये बिना इन तीनों के बीच सुंदर संतुलन स्थापित करने की कला ही संस्कृति कहलाती है। माँ, संसार में मूलरूप से दो विचारधाराएँ होतीं हैं। एक सम्पत्ति को ही संस्कृति माननेवाले होते हैं और दूसरे वे, जिनके लिए संस्कृति ही सम्पत्ति होती है। एक उपभोक्तावादी वर्ग होता है और दूसरा उपयोगिता के सिद्धांत में विश्वास रखने वाला समुदाय।"

"उपभोक्ता संस्कृति को माननेवाला वर्ग, सम्पत्ति को ही संस्कृति मानकर उसका रक्षण और वर्धन करता है। सम्पत्ति को ही संस्कृति माननेवाले मनुष्य ही असुर कहलाते हैं। असुर अतिक्रमण में विश्वास करते हैं। वे सब कुछ लूट लेने के भाव से भरे होते हैं। ये संसार के समस्त वैभव को, सम्पत्ति को और संसाधनों को अपनी शक्ति के दम पर अपने अधीन कर उसपर आधिपत्य[91] स्थापित करना चाहते हैं।"

---

89 जिसमें कोई द्वंद्व नहीं हो

90 उचित

91 किसी वस्तु के संबंध में सबकुछ करने का अधिकार

"और उपयोगिता के सिद्धांत को माननेवाले अपनी संस्कृति को ही सम्पत्ति मानते हैं। वे संस्कृति के प्रसार, परिष्कार, विस्तार और वितरण में विश्वास करते हैं। ये संसार को अधीन नहीं, संसार को स्वाधीन[92] बनाने में विश्वास रखते हैं। ये अपने द्वारा अर्जित समस्त उपलब्धियों को लुटा देना चाहते हैं और ऐसे मनुष्य ही सुर कहलाते हैं। सुर और असुर, ये मनुष्यों की दो वृत्तियाँ ही हैं। एक दान में विश्वास रखते हैं तो दूसरे दमन में, एक मान में विश्वास रखते हैं तो दूसरे मर्दन में।"

"सम्पत्ति को ही संस्कृति माननेवाले मनुष्य, जिनमें आसुरी चेतना प्रबल होती है, पूरे विश्व को व्यापारिक केंद्र मानते हैं। वे संसार को व्यापार की दृष्टि से देखते हैं। वहीं संस्कृति को सम्पत्ति माननेवाले सुर, नर, मुनि पूरी वसुधा के प्रति एक कटुंब, एक परिवार की भावना से भरे होते हैं, इसलिए वे दमन में नहीं, मनन और नमन में विश्वास रखते हैं। सुर संस्कृति के प्रसार में विश्वास रखते हैं तो असुर विकृति के प्रचार में लगे रहते हैं। माँ, जोड़ने और तोड़ने; दमन और नमन; संस्कृति और विकृति तथा व्यापार और परिवार के बीच चल रहे इस संघर्ष में तुम्हारा राम संस्कृति के पक्ष को दृढ़ बनाना चाहता है। और इसके लिए मुझे नगर को छोड़कर सुदूर ग्रामों में बसे हुए नागरिकों के बीच रहना होगा। मनुष्यता के कल्याण के लिए सम्पत्ति के रक्षण से अधिक महत्वपूर्ण संस्कृति का रक्षण होता है।"

कैकेयी राम को अभिभूत होकर सुन रहीं थीं। उन्होंने राम के उद्देश्य की व्यापकता को समझते हुए उनसे कहा, "पुत्र, नागरिक तो नगरों में भी रहते हैं। तुम अपने इस कल्याणकारी अभियान को नगरों में रहनेवाली विपुल[93] जनशक्ति से क्यों नहीं आरम्भ करते?"

राम किंचित मुस्कान के साथ बोले, "माँ, बागवान को यदि किसी वृक्ष को पुष्पित, पल्लवित और स्वादिष्ट फलों से लदा हुआ देखने की इच्छा होती है तब वह उस वृक्ष के फलों, फूलों, पत्तों और तनों पर जल और उर्वरक

---

92 अपने अधीन

93 खूब

का सिंचन नहीं करता। वह उस भूमि को समुन्नत बनाता है जिस पर वृक्ष खड़े रहते हैं। वह उस वृक्ष की न दिखाई देनेवाली जड़ों पर काम करता है, उन्हें पोषित करता है। जड़ के पुष्ट होते ही वृक्ष स्वयमेव ही पल्लवित, पुष्पित[94] और फलित होने लगता है। संस्कृति रूपी जड़ जो सम्पूर्ण मनुष्यता का आधार है, वह नगरों में नहीं ग्रामों में बसती है।"

"माँ, नगरों का विकास नागरिकों का विकास नहीं माना जाता। साधन सम्पन्न होना और साधना सम्पन्न होने में अंतर होता है। हमारे पास जितने भी साधन उपलब्ध हैं वे साधकों की साधना का ही परिणाम हैं। हम किसी भी विकसित नगर को देखकर इस भ्रम से भर जाते हैं कि इसमें रहनेवाले नागरिक भी विकसित होंगे। साधन और सुविधा सम्पन्न होना तो मनुष्य की प्राथमिक आवश्यकता है। कोई भी सुविधा हमारी दुविधा के निवारण के लिए होती है किंतु सम्पत्ति को संस्कृति माननेवाले समुदाय के लिए सुविधा ही दुविधा का कारण हो जाती है। विद्या रो 'विधा' का जन्म होता है और विधा ही हमें सुविधा सम्पन्न करती है। किंतु यदि यह दुविधा के निवारण की जगह दुविधा का कारण बन जाए तो इसका अर्थ होता है कि वह विद्या-सम्पन्न मनुष्य असुरी चेतना से युक्त है क्योंकि वह विद्या का सदुपयोग नहीं, उसका दुरुपयोग कर रहा है।"

"समाधान को समस्या बना देनेवाले, सुविधा को दुविधा में रूपांतरित करनेवाले और अपनी सुविधा के लिए संसार को असुविधा में डालनेवाले ही असुर होते हैं माँ। संगीत में जब सुर से सुर नहीं मिलता तब वह आनंददायी संगीत को विकृत[95] कर देता है। ऐसे ही, जो मनुष्य प्रकृति के सुर से सुर मिलाकर नहीं चलता और जो प्रकृति की विकृति[96] का कारण होता है उसे ही असुर कहा जाता है। वस्तुतः महानगर, महासागर जैसे होते हैं। संसार की सारे मीठे पानी की नदियाँ भी जब किसी महासागर में समातीं हैं तब वे खारी हो जाती हैं। महासागर में मिलने से पहलेवाली उनकी मिठास महासागर को मीठा नहीं करती अपितु वह समाप्त होकर कसैली हो जाती है। महासागर

94 जिसमें फूल लगा हो

95 रूप बिगाड़ना

96 बिगड़ा हुआ रूप

के पास विपुल जलराशि होती है। उसके गर्भ में रत्नों का भंडार भरा होता है किंतु इसके बाद भी वह उपयोगी नहीं होता। उसका विशाल जल भंडार किसी की प्यास नहीं बुझा सकता। महासागर में रहकर भी व्यक्ति प्यासा ही बना रहता है। पतित-पावनी गंगा हो या पुण्य-सलिला नर्मदा, महासागर में मिलते ही इनका अस्तित्व और इनकी निजता समाप्त हो जाती है। बिंदु का सिंधु हो जाना संस्कृति नहीं होती माँ, अपितु बिंदु रहते हुए सिंधु की विशालता से भरे रहना ही संस्कृति कहलाती है। मैं उन बिंदुओं में सोए हुए सिंधु को जागृत करना चाहता हूँ, जिससे जो जहाँ हैं, वहीं रहते हुए उपयोगी हों।"

कैकेयी को लगा कि जैसे राम, राम नहीं एक अलौकिक[97] चेतना हैं, जिसका स्वरूप विस्तारित होता जा रहा है और जिसने समस्त ब्रह्मांडों में चमकनेवाले करोड़ों सूर्यों, ग्रहों और नक्षत्रों को अपने मुख में धारण किया हुआ है। उन्हें लगा जैसे वे अनंत महासागर में न दिखाई देनेवाला एक तृणबिंदु[98] हैं जो महासागर की विशाल लहरों में कहीं लुप्त हो गया है। कैकेयी को अपने अस्तित्व का भान ही नहीं रहा। वे काँपने लगीं। उनकी पूरी देह स्वेद[99] से भर गयी थी। वे पूरी शक्ति से चीखते हुए राम को पुकारने लगीं, किंतु यह क्या? उन्हें लगा कि जैसे उनके कंठ से स्वर नहीं निकल रहा है या राम, जिसके ओर-छोर का ही पता नहीं है, उसके कानों तक उनका स्वर नहीं पहुँच रहा है! वे चेतना शून्य होने लगीं कि तभी उनके कानों में राम का स्वर सुनाई दिया। राम उनसे पूछ रहे थे, "माँ, राम का अर्थ क्या होता है?"

कैकेयी अवाक्,[100] अविचल[101]-सी राम को देख रहीं थीं। उन्होंने देखा कि राम ने बहुत स्नेह से उनके दोनों कंधों को पकड़ा हुआ है। उसके अधरों पर चित्त को हर लेनेवाला एक हल्का स्मित[102] था। कैकेयी चाह कर भी बोल नहीं पा रहीं थीं। तभी राम ने पुनः प्रश्न किया, "राम का अर्थ क्या होता है माँ?"

---

97 जो इस लोक का न हो

98 घास की पत्ती की नोक के बराबर

99 पसीना

100 चकित होने से मुँह से आवाज न निकलना

101 स्थिर

102 मंद हँसी

कैकेयी ने थरथराते हुए जवाब दिया, "रोम-रोम में प्रकाशित होनेवाली चेतना ही राम होती है।"

"तो क्या मैं अपने नाम को चरितार्थ कर रहा हूँ माँ? मुझे अयोध्या के सिंहासन पर बैठाकर आप और पिताश्री तो अपने जीवन के लक्ष्य को पूरा कर लेंगे किंतु राम अपने जीवन के ध्येय को सम्पन्न नहीं कर सकेगा।"

•॥ 5 ॥•

मशाल के प्रकाश में नंदीग्राम का सिंहद्वार दूर से दिखाई दे रहा था कि तभी पवन ने खुरखुराना आरम्भ कर दिया। कैकेयी विलक्षण घुड़सवार थीं इसलिए वे घोड़े का खुरखुराना समझ रहीं थीं। उन्होंने पवन की लगाम को थोड़ा ढीला छोड़ दिया जिससे पवन को यह संकेत मिले कि सवार को उसे नियंत्रित करने में रुचि नहीं है बल्कि सवार उसके नियंत्रण में है। अब वह जिधर जाना चाहता है, उधर जा सकता है। पवन ने अपनी गति को थोड़ा तेज किया और सड़क छोड़कर वह सिंहद्वार के करीब पर्वतीय क्षेत्र की ओर बढ़ गया। कैकेयी समझ रहीं थीं कि पवन को अपने स्वामी शत्रुघ्न की गंध मिल चुकी है और वह उसी की दिशा में बढ़ रहा है। कैकेयी का मन तुलनात्मक अध्ययन करने लगा, "हमारा मन भी बिलकुल घोड़े के जैसा होता है। मन की सहज रुचि विषयों में होती है। इसलिए आत्मा रूपी सवार को अपने मन रूपी घोड़े की लगाम दृढ़ता से थामे रहना चाहिए अन्यथा मन, आत्मा को उसके गंतव्य ब्रह्मानन्द[103] से भटकाकर अपने स्वामी विषयानंद[104] के पास पहुँचा देता है। और आत्मा, विषयानंद को ही ब्रह्मानन्द समझकर उसे तृप्त करने में लग जाती है। फिर उसके सभी उद्यम उसे तृप्त करने के बदले उसकी अतृप्ति को बढ़ाने का कार्य करते हैं। परिणामस्वरूप चौरासी लाख योनियों का चक्र आरम्भ हो जाता है।"

---

103 ब्रह्म का ज्ञान होने के बाद उत्पन्न आनंद

104 सांसारिक में भोग-विलास में आनेवाला आनंद

पवन पहाड़ में बनी एक छोटी-सी कंदरा[105] के सामने जाकर रुक गया और कंदरा के द्वार पर खड़ा होकर हिनहिनाने लगा। कैकेयी ने स्नेह से उसकी गर्दन पर थाप देकर उसे आश्वस्त किया और घोड़े से उतरकर कंदरा में प्रवेश कर गयीं।

उसने देखा कि शत्रुघ्न एक शिला पर छोटी-सी चट्टान को सिरहाना बनाकर सो रहा है। वे कुछ देर तक अपलक[106] अपने छोटे पुत्र को निहारतीं रहीं और फिर उसके सिरहाने बैठकर बहुत प्रेम से उसके सिर को सहलाने लगीं। माँ का स्नेहिल[107] स्पर्श पाते ही पुत्र की भावनाओं का बाँध टूट पड़ा और शत्रुघ्न निःशब्द रोने लगे।

कैकेयी का हृदय फट जाना चाहता था किंतु तभी उसके मन में वनवास के पूर्व राम के साथ हुआ संवाद प्रकाशित हो गया। राम ने बहुत गम्भीरता से कैकेयी से पूछा था, "माँ, क्या तुम्हारे राम का जन्म मात्र अयोध्या के संचालन के लिए हुआ है या सम्पूर्ण अरण्य[108] को अयोध्या में परिवर्तित करने के लिए?"

कैकेयी ने विस्मय से पूछा था, "तुम कहना क्या चाहते हो पुत्र?"

राम ने प्रश्न का उत्तर देने की जगह प्रतिप्रश्न कर दिया था, "आप क्या चाहती हैं माँ, भविष्य में राम मात्र दशरथनंदन के नाम से जाना जाए या जन-जन नंदन राम के नाम से? मुझे मात्र अयोध्या तक ही सीमित रहना चाहिए या मेरा कार्य क्षेत्र यह अखिल विश्व होना चाहिए?"

राम के प्रश्नों ने कैकेयी को आशंकित कर दिया था। वह एकटक राम के नेत्रों में झाँकने लगीं जिससे अपने पुत्र के हृदय में चल रहे द्वंद्व को समझ सकें।

राम ने किंचित विराम के बाद पुनः बोलना आरम्भ किया, "माँ, अयोध्या के भूगोल तक ही मुझे सीमित रहना है या समस्त भूगोल को मुझे अयोध्या में परिवर्तित करना है? मैंने महान सूर्य वंश में जन्म लिया है,

---

105 गुफा

106 बिना पलक झपकाये

107 प्यार भरा

108 जंगल

तो क्या इस सूर्यवंशी का दायित्व मात्र अयोध्या के आँगन में ही चमकना है या मुझे सूर्य की भाँति उन स्थानों को भी प्रकाश से भरना चाहिए जो अंधकार के प्रभाव में अपना दम तोड़ रहे हैं?"

"तुम क्या चाहते हो पुत्र? मैं तुम्हारा क्या इष्ट[109] साध सकती हूँ?" कैकेयी ने पूछा था।

"माँ, सुप्त[110] चेतनाओं का जागरण ही विश्व के कल्याण का हेतु होता है। अक्षम को सक्षम बनाना ही ईश्वर की सबसे बड़ी सेवा है। तुम्हारा यह राम समाज में व्याप्त अवसाद[111] को आनंद में बदलना चाहता है। मैं स्वयं की शक्ति का अर्जन नहीं, समाज में शक्ति का सृजन करना चाहता हूँ। मैं चाहता हूँ कि यह संसार निर्भरता के विकल्प से मुक्त होकर आत्मनिर्भरता के संकल्प से बद्ध हो और इसके लिए तुम्हारे जनवासी राम को वनवासी राम होना होगा। मुझे भूखंड को जीतकर साम्राज्य के विस्तार में रुचि नहीं है, अपितु मैं मनुष्यों के भावखंड को जीतकर उनके परिष्कार का हेतु होना चाहता हूँ।"

तभी शत्रुघ्न के स्वर ने कैकेयी को स्मृति के कक्ष से निकालकर कंदरा में खड़ा कर दिया। शत्रुघ्न भावुक स्वर में कह रहे थे, "माँ, अपने पुत्र शत्रुघ्न का चार दिनों का वियोग भी आपसे सहन नहीं हुआ और आपने पुत्र राम को चौदह वर्ष के लिए वन में भेज दिया? पल भर के लिए अपने पुत्र को पाषाण पर सोता देख तुम विचलित हो गयीं किंतु राम को पथरीले संसार में भेजने से पहले तुमने तनिक भी विचार नहीं किया? सत्य ही तुम पाषाण-हृदया हो तभी तो अपने पुत्रों को कंठ से लगाने की जगह तुमने उन्हें कंटकों में फेंक दिया।"

"तुमने माँ के कृपालु चित्त को कपटी चित्त के नाम से सिद्ध कर दिया है। जिस राम ने जीवन भर कौशल्या की कोख से अधिक कैकेयी की गोद को मान दिया; जिस राम ने जन्म देनेवाली कौशल्या की आत्मा के ऊपर तुम्हारे आँचल को स्थान दिया; जिस राम की तुम माता ही नहीं गुरु भी थीं, उस राम को अपने मन से उठाकर वन में फेंकते हुए तुम्हें तनिक

---

109 मन में जिसकी बहुत चाह हो

110 सोयी हुई

111 आशा/उत्साह के अभाव में कुछ करने का मन नहीं करना

भी संकोच न हुआ? तुम कितनी क्रूर, कपटी और दुराचारिणी[112] हो...सत्य ही तुम बर्बर[113] व्यापारी कैकेयपति की व्यापारी पुत्री ही हो। शम्बर के साथ हुए युद्ध में महाराज दशरथ के प्राण बचाने के बदले आज तुमने महाराज दशरथ के प्राण ले ही लिए। माँ, हर पुत्र चाहता है कि संसार उसकी माँ का सम्मान करे किंतु मैं शत्रुघ्न तुम्हें श्राप देता हूँ कि संसार के समाप्त होने तक तुम अपमान और तिरस्कार के पंक[114] में धँसी रहोगी। संसार तुम्हारा स्मरण एक कुमाता के रूप में करेगा।"

शत्रुघ्न के मन में स्वयं के लिए भयंकर कटुता को अनुभूत कर कैकेयी विचलित हो गयीं, किंतु तत्काल उन्होंने स्वयं को संयत किया और यह सोचने लगीं कि बच्चा तो अपने जन्म से पहले ही माँ के गर्भ में अपनी लातों से प्रहार करता है। तब उसकी वे चोटें माँ को कष्ट नहीं देतीं, तो अब क्यों पुत्र की बातों से मुझे कष्ट होना चाहिए? गर्भ के अंदर किये जानेवाले वे प्रहार उसके जीवन के प्रमाण थे और अब भी किये जा रहे प्रहारों में उसकी जीवन के प्रति छटपटाहट ही तो है।

कैकेयी बहुत शांति से शत्रुघ्न के कठोर और कटु वचनों को सुनतीं रहीं। उन्होंने ऐसे व्यक्त किया जैसे कुछ सुना ही न हो। कैकेयी क्रोध से उत्पन्न होनेवाले विषाद[115] और विषाद से उत्पन्न होनेवाले क्रोध की प्रकृति को बहुत अच्छे से जानतीं थीं। उन्हें पता था कि शत्रुघ्न के ये वचन विवेकजनित नहीं, अपितु वेदना[116] से उत्पन्न हुए हैं। शत्रुघ्न उन्हें मर्मांतक[117] पीड़ा देना चाहता है जिससे वह कैकेयी के हृदयस्थ[118] सत्य तक पहुँच सके। शत्रुघ्न को पता है कि मर्मांतक पीड़ा में व्यक्ति सदैव सत्य का आश्रय लेता है। शत्रुघ्न का चित्त इस समय भ्रमित है। मन में कैकेयी का राम के प्रति अशर्त प्रेम और कैकेयी द्वारा राम के लिए माँगे गये सशर्त

---

112 अनुचित आचरण करनेवाली

113 असभ्य/जंगली

114 कीचड़

115 निराशा

116 पीड़ा

117 मर्म तक पहुँचकर बुरा असर डालनेवाला

118 हृदय में स्थित

वनवास के अंतर्विरोधी व्यवहार के बीच द्वंद्व को लेकर वह व्यथित है। वह कठोर कटु वचनों से अपनी माँ को आहत कर माँ के सत्य तक पहुँचना चाहता है जिससे उसका शंकित चित्त पुनः निशंक हो सके। वह कैकेयी के लिए उत्पन्न हुए भ्रम से मुक्ति चाहता है जिससे वह कैकेयी के लिए एक निश्चित धारणा बना सके। यदि कैकेयी ने शत्रुघ्न द्वारा वर्तमान में कहे गये वचनों पर कोई प्रतिक्रिया दी तो सत्य को जानने के बाद उसका चित्त अपराध बोध और ग्लानि से ग्रस्त होकर रसातल[119] में चला जाएगा।

कैकेयी ने शत्रुघ्न से बहुत ममत्वपूर्ण स्वर में कहा, "चलो पुत्र, हमें अयोध्या चलना है। सभी तुम्हारी राह देख रहे हैं। तुम्हारी अनुपस्थिति ने सभी को व्याकुल कर दिया है।"

शत्रुघ्न फफककर रोते हुए बोले, "मुझसे किस जन्म का बैर साध रही हो माँ? जिस अयोध्या के वैभव को तुमने मेरे भाई राम, लक्ष्मण और भरत से छीन लिया, आज उस वैभव का उपभोग मुझे करने के लिए कह रही हो जिससे मैं अपने भाइयों के अधिकार पर अनधिकृत अतिक्रमण कर उसका उपभोग करने के अपराध में लम्पट, लालची, दुराचारी और सुविधाभोगी के रूप में जाना जाऊँ? तो सुनो माँ, मेरा वैभव अयोध्या का राज नहीं, अयोध्या का राम है। मेरा वैभव अयोध्या का हिरण्य-सिंहासन[120] नहीं, मेरे भाई भरत का हृदय-सिंहासन है। मेरा वैभव अयोध्या का राग नहीं, लक्ष्मण का वैराग्य है। इन तीनों के बिना अयोध्या मेरे लिए मृतक-भूमि से अधिक कुछ भी नहीं है, जहाँ तुम जैसे भूत, प्रेत, पिशाच और चांडाल वास करते हैं। यदि तुम्हारी कोख से मेरे प्राण प्रिय भाई भरत ने जन्म न लिया होता तो विश्वास करो, मैं इसी क्षण तुम्हारा वध कर देता।"

कैकेयी देख रहीं थीं कि शत्रुघ्न उन्माद के चरम पर है, तभी वह अनर्गल प्रलाप कर रहा है। वे इस मनोविकार की प्रकृति से भलीभाँति परिचित थीं। उन्मादी व्यक्ति को जब तक अपने मन में बनाई गयी धारणा के अनुरूप परिणाम नहीं मिलता, तब तक उसका चित्त कुछ भी समझने के लिए सहमत नहीं होता। शत्रुघ्न के अचेतन मन में बहुत गहरे तक

---

119 पुराण के अनुसार पृथ्वी के नीचे 7 लोक हैं, उनमें से छटे लोक का नाम

120 सोने का सिंहासन

मेरी ममता का भाव बसा हुआ है किंतु उसका चेतन मन मुझे दुष्टात्मा के रूप में देख रहा है। जब तक उसका चेतन मन अपने द्वारा बनाई हुई धारणा की पुष्टि नहीं कर लेगा, तब तक वह अचेतन मन को सक्रिय नहीं होने देगा।

उन्माद का जन्म भावनात्मक घात से होता है और उसका निदान भी भावनात्मक घात से ही किया जाता है। यह समझते हुए कैकेयी ने भयंकर गर्जना करते हुए अपनी कमर में लटके हुए खड्ग[121] को बिजली की गति से निकालकर शत्रुघ्न के पार्श्व में रखी एक शिला पर कुछ इस तरह से प्रहार किया कि वह शिला दो भागों में बँट गयी। कैकेयी के शस्त्र संचालन की कुशलता देखकर शत्रुघ्न चमत्कृत हो गये। संकट को आसन्न[122] देख उनके अंदर का योद्धा अपने विषाद को त्यागकर पल भर में ही जागृत हो गया और उन्होंने कैकेयी के दूसरे प्रहार करने से पहले ही बहुत तेजी से सिरहाने रखे अपने खड्ग को उठाते हुए चक्र की भाँति घूमकर कैकेयी के कंठ को लक्ष्य करते हुए प्रतिआक्रमण किया। कैकेयी ने भी उतनी ही दक्षता से अपने शरीर के ऊर्ध्व[123] भाग को पीछे की ओर ले जाते हुए हवा में झुला दिया।

यह शत्रुघ्न का सर्वाधिक सिद्ध वार था जिससे अपने प्राणों की रक्षा कर पाना महान योद्धाओं के लिए भी असम्भव था। शत्रुघ्न अचम्भित-से कैकेयी के उस कौशल को देख रहे थे जिसने उनके कंठोच्छेदन रूपी घातक वार को बहुत सरलता से निष्प्रभावी[124] कर दिया था!

कैकेयी देख रहीं थीं कि शत्रुघ्न अपने विषाद को भूलकर पूर्ण रूप से सजग हो चुके हैं। उचित अवसर जानकर कैकेयी ने बहुत क्षिप्रता[125] से अपने स्थान से उछलते हुए शत्रुघ्न के खड्ग पर कुछ इस कोण से चोट की कि उनके खड्ग के दो टुकड़े हो गये। कैकेयी के अप्रतिम[126] प्रहार से निःशस्त्र हुए शत्रुघ्न हतप्रभ होकर अपने बचाव का मार्ग ढूँढ़ ही रहे थे कि तभी कैकेयी की ललकार उनके कानों में सुनाई दी। शत्रुघ्न के वक्ष पर अपने खड्ग की नोंक

---

121 तलवार

122 पास आया/पहुँचा हुआ

123 ऊपर की ओर/सीधा

124 प्रभाव न होने देना

125 तेजी

126 जिसकी बराबरी का कोई दूसरा न हो

को टेक कर कैकेयी गरजती हुई कह रहीं थीं, "शत्रुघ्न, मैं चाहती तो अपने खड्ग से तुम्हारे शरीर के दो टुकड़े कर देती, किंतु कैकेयी का जन्म किसी के प्राण लेने के लिए नहीं अपितु किसी के प्रण को पूरा करने के लिए हुआ है। स्मरण रखो पुत्र, मैं मंथरा नहीं हूँ जिसकी कूबड़ पर बालक शत्रुघ्न सरलता से प्रहार कर दे और वह देखती रहे। मैं कैकेयी हूँ जिसे तुम्हारे पिता दशरथ पर प्राणघातक चोट करनेवाला शम्बर भी परास्त न कर सका।"

"तुमने कहा कि मैंने अपने पति के प्राण ले लिए, तो यह भी स्मरण रखो कि जो स्त्री अपने पति के प्राण ले सकती है, उसे अपने पुत्र के प्राण लेने में एक क्षण भी नहीं लगेगा। कैकेयी की संकल्प शक्ति को जब उसके पति का करुण[127] विलाप खंडित नहीं कर पाया तो उसके पुत्र का दारुण[128] प्रलाप[129] भी खंडित नहीं कर सकता।"

"तुम योद्धा हो, योद्धा को क्षत्रियोचित कर्म शोभा देते हैं। क्षत्रिय का अर्थ होता है छत्र प्रदान करनेवाला। जो अपनी शक्ति और सामर्थ्य से समाज को संरक्षण प्रदान करते हैं, वे भावावेश में अपने कर्तव्यों से मुँह मोड़कर तुम्हारी तरह कन्दराओं में छिपकर रुदन नहीं करते।"

"तुमने कहा कि तुम्हें अयोध्या का राज्य नहीं, अयोध्या में राम चाहिए। तो अब यह तुम्हारा कर्तव्य है शत्रुघ्न, कि तुम अपने आचरण से राम की अनुपस्थिति को उपस्थिति में परिवर्तित कर दो। तुम्हें चाहिए कि तुम अपने आचरण से अयोध्या के प्रत्येक जन को प्रेरित करो कि वह राम के चरण नहीं, उनके आचरण को अपने चित्त और चरित्र में धारण करे क्योंकि राम मात्र एक व्यक्ति नहीं है, अपितु राम एक विचार है, एक व्यवस्था है जो काल की सीमाओं को ध्वस्त करते हुए सदियों तक इस सृष्टि में वर्तमान रहेगा।"

शत्रुघ्न हतप्रभ से कैकेयी के वचनों को सुन रहे थे। कैकेयी ने उनके वक्ष से तलवार हटाते हुए कहा, "कभी-कभी जैसा दिखाई देता है वैसा होता नहीं है पुत्र। तुमने कहा कि तुम्हें अयोध्या के हिरण्य-सिंहासन पर नहीं, भरत के हृदय में विराजमान होना है। तो क्या तुम भरत के निर्देशों की अवहेलना[130]

---

127 दुख में बिलख-बिलखकर रोना

128 भीषण

129 करुणा से भरा हुआ

130 व्यक्ति/आज्ञा की ओर ध्यान न देना

करके उसके हृदय में स्थान प्राप्त कर सकते हो? भरत ने तुम्हें अयोध्या के सिंहासन पर आसीन हो जाने का आदेश नहीं दिया, बल्कि उसने तुम्हें राम की धरोहर[131] के रक्षक, उसके प्रहरी के रूप में नियुक्त किया है। जैसे राम ने अयोध्या को लेकर अपनी सभी चिंताएँ भरत को सौंप दी थीं, वैसे ही भरत ने भी अपनी सभी चिंताओं को तुम्हें सौंपा हुआ है, क्योंकि उसे विश्वास है कि जैसे लक्ष्मण ने राम की इच्छा को स्वयं का संकल्प बना लिया है, वैसे ही शत्रुघ्न भी भरत की इच्छा को अपना कर्तव्य मानकर चलेगा। तुमने कहा कि तुम्हें लक्ष्मण-सा वैराग्य चाहिए। तो क्या तुम्हारा यह अनुरागी[132] व्यवहार तुम्हें लक्ष्मण के वैराग्य को उपलब्ध करा सकता है?"

"जिस कैकेयी ने स्वयं के जाये अपने पुत्र भरत के रोम-रोम में राम को स्फुरित[133] किया है; जिस कैकेयी ने भरत के चित्त-चिंतन और चरित्र में राम के लिए भ्राता नहीं, ईश्वर के भाव का सृजन किया है, तुमने कैसे सोच लिया कि वह कैकेयी तुम्हें राम के लिए निर्मित सिंहासन पर एक पल के लिए भी बैठने को कहेगी?"

शत्रुघ्न भावविगलित[134] होते हुए कैकेयी के अंक से लिपट गये। कैकेयी समझ रहीं थीं कि ये पश्चाताप के आँसू हैं इसलिए उन्होंने अपने छोटे पुत्र को बहुत ममत्व के साथ सांत्वना देते हुए अपने अंक में कस लिया। कैकेयी के स्पर्श से शत्रुघ्न को लगा कि जैसे शत्रुघ्न द्वारा किये गये विक्षिप्तता[135] पूर्ण व्यवहार ने कैकेयी को छुआ तक नहीं है। उनके लिए कैकेयी का ममत्व जस का तस प्रवाहित हो रहा है। कैकेयी निर्विकार भाव से अपने हृदय में संचित समस्त स्नेह को जैसे अपने छोटे पुत्र पर उड़ेल देना चाहतीं थीं। उनके नेत्रों से अविरल[136] अश्रुधारा आरम्भ हो गयी। उनके आँसू कपोलों[137] से होते हुए उनके वक्ष से लगे शत्रुघ्न के सिर को भिगोने लगे थे और उनके मनमस्तिष्क में वनवास से पूर्व राम के साथ हुआ वार्तालाप साक्षात हो गया।

---

131 पूर्वजों से प्राप्त गुण/संपत्ति, जो किसी को सुरक्षित रखने के लिए दी जाये

132 प्रेमी/भक्त

133 अंगों का फड़कना

134 भाव में डूबकर

135 पागलपन

136 बिना रुके

137 गालों

•|| 6 ||•

कैकेयी ने मधुरता से कहा था, "राम, तुम भ्रमण की इच्छा से प्रेरित हो, इसलिए तुम वनगमन का हठ साधे हुए हो। पुत्र, विवाह के पश्चात् व्यक्ति गृहस्थ हो जाता है तब ऐसे युवा युगल को भ्रमण नहीं, रमण करना चाहिए। रमण को उसके व्यापक अर्थ में लेना पुत्र, जिसका मतलब होता है व्यक्ति समाज द्वारा निर्धारित व्यवस्था में पूरे मनोयोग से रम जाए, क्योंकि युवावस्था सबसे अधिक ऊर्जावान, कर्म-प्रधान अवस्था होती है। इसी अवस्था में सबसे अधिक बिखराव मनुष्य के जीवन में होता है। इसलिए मनीषियों[138] ने गृहस्थ आश्रम में प्रवेश करने के बाद भटकने के नहीं, अटकने के निर्देश दिए हैं।"

राम ने उतनी ही शांति से अपनी माँ द्वारा व्यक्त की गयी शंका का समाधान करते हुए कहा, "माँ, तभी तो मनुष्य को सबसे अधिक अनुशासन की आवश्यकता युवावस्था में ही होती है, जिससे वह अपनी साधना को पूरे मनोयोग से सम्पन्न करे क्योंकि साधनों की उपलब्धि हमारी साधना का ही तो परिणाम होती है। वृद्धावस्था में जब हमारा शरीर अशक्त हो जाता है तब यही साधन, हमारी यही उपलब्धियाँ हमें अपनी अशक्तता का अनुभव नहीं होने देतीं। यह हमारे अंदर ऊर्जा और उत्साह का संचार करती हैं, परिणामस्वरूप हम वृद्धावस्था में सार्थकता के भाव से भरे हुए होते हैं और अंत में इसी सार्थकता की अनुभूति से आप्लावित[139] रहते हुए जीवन से विदा ले लेते हैं। तब मात्र हम ही नहीं, हमसे जुड़े हुए हमारे स्नेहीजन भी सार्थक अनुभूत करते हैं।"

"किंतु विचित्रता देखिए कि हमने अनुशासन को मात्र किशोरावस्था और वृद्धावस्था में महत्वपूर्ण मानने की शिक्षा दी है और संसार को यह बताया कि युवावस्था शासन करने के लिए होती है! यह उलटी शिक्षा ही हमारे सार्थक, सफल जीवन को निरर्थक और असफल जीवन में परिवर्तित कर देती है। शासन की चाह से भरी अनुशासनहीन युवावस्था का यही बिखराव वृद्धावस्था में मनुष्य को असफलता के भाव से भर देता है। जब उसे युवावस्था की अनुशासनहीनता बहुत कष्ट देती है, तब उसे अनुशासन

138 ज्ञानी/बुद्धिमान

139 अच्छी तरह डूबा हुआ

के महत्व का भान होता है और वह पुनः अनुशासित होने की प्रक्रिया में लग जाता है किंतु समय निकल जाने के कारण तब वह चाहकर भी अपनी त्रुटियों[140] में संशोधन नहीं कर पाता। परिणामस्वरूप उसे अपना पूरा जीवन ही व्यर्थ लगने लगता है और अंत में वह अपने हृदय में परमात्मा प्रदत्त सार्थक जीवन के लिए निरर्थकता के भाव से भरा हुआ समाप्त हो जाता है।"

"इसलिए तुम्हारा राम अनुशासित रहते हुए युवावस्था की शक्ति, ऊर्जा और उत्साह को साधना सम्पन्न होने में व्यय करना चाहता है। मैं चाहता हूँ माँ, कि मैं सिंहासन की नीति-निर्धारक सीमा से मुक्त रहते हुए संसार भर में फैले हुए समाज के मध्य रहूँ जिससे लोग मेरे जीवन-चरित को देखकर मर्यादा, अनुशासन के महत्व को समझते हुए स्वयं के जीवन को भी और अपने स्वजनों[141] के जीवन को भी सार्थकता के भाव से भर दें। माँ, इससे यह सम्पूर्ण संसार अनुशासित और मर्यादित रहते हुए सकारात्मकता के भाव से भर जाएगा और परमात्मा के सृष्टि निर्माण के सार्थक संकल्प को पूरा करने में सहभागी होगा। अनुशासन को साधे बिना सुशासन को स्थापित नहीं किया जा सकता माँ और अनुशासन सिंहासन पर नहीं, कुश-आसन पर ही सिद्ध होता है।"

कैकेयी ने प्रतिकार करते हुए कहा, "तुम भूल रहे हो पुत्र कि सिंहासन का अपना अनुशासन होता है। सिंहासन पर कोई अनुशासनहीन व्यक्ति बैठ ही नहीं सकता। इतिहास साक्षी है इस बात का कि सिंहासन ने अपने ऊपर आसीन अनुशासनहीन व्यक्ति को कभी भी श्री के आलोक से दमकने नहीं दिया।"

राम ने बहुत गहराई से अपनी माँ के नेत्रों में झाँकते हुए कहा, "मेरी प्यारी माँ, सिंहासन पर बैठकर अनुशासन सीखनेवाले और अनुशासन को सिद्ध कर सिंहासन पर बैठनेवालों की कार्यप्रणाली और मानसिकता में धरती और आकाश का अंतर होता है क्योंकि सिंहासन अनुशासन को साधना नहीं सीखता अपितु अनुशासन में ही वह शक्ति होती है जो सत्ता और सिंहासन को साधने की शिक्षा देता है। सिंहासन से प्राप्त अनुशासन स्वाँग[142] की

---

140 कमियों

141 अपने लोगों

142 दूसरे का भेस धारण करना

श्रेणी में आता है और कुश-आसन से प्राप्त अनुशासन सिद्धि की श्रेणी में आता है। एक लोकाचार[143] है तो दूसरा हमारा व्यवहार। सिंहासन जहाँ सुविधाओं का आगार है तो कुश-आसन वहीं दुविधाओं का जनक। और जो व्यक्ति दुविधाओं को समझकर उनका निराकरण नहीं कर सकता, वह व्यक्ति सुविधाओं को भी दुविधा के रूप में प्रकाशित कर देता है। सिंहासन अधिकार की शक्ति का पक्षधर होता है और कुश-आसन कर्तव्यों के ज्ञान का केंद्र। माँ, अधिकार सम्पन्न होने का अधिकार उसे ही होना चाहिए जो अपने कर्तव्यों, दायित्वों का निर्वाह पूरे मन से करता हो अन्यथा सिंहासन उस व्यक्ति को कुछ ही समय में उद्दंड[144], उच्छृंखल,[145] उत्पाती और अत्याचारी बना देता है और उसके राज्य में अराजकता का वास होता है।"

कैकेयी राम के विवेकपूर्ण कथनों से विमोहित[146] हो रही थीं। उन्होंने बहुत धीमे स्वर में अपनी जिज्ञासा रखी, "राम, अनुशासन के प्रति मेरी बनी हुई धारणा को तुमने परिवर्तित कर दिया है पुत्र। क्या अनुशासित होना इतना जटिल है?"

राम देख रहे थे कि उनकी माँ ने अभी अपनी बात समाप्त नहीं की है, सो वे धैर्यपूर्वक प्रश्न के पूर्ण होने की प्रतीक्षा करने लगे।

कैकेयी ने राम की प्रतीक्षा में उत्सुकता देखते हुए पूछा, "पुत्र, अनुशासन से तुम्हारा तात्पर्य क्या है? अनुशासन किसे कहते हैं?"

राम ने चित्त का हरण करनेवाली मुस्कान से अपनी माँ को देखा और अपने दोनों हाथ उनके कंधों पर रखते हुए कहा, "माँ, अनुशासन से मेरा तात्पर्य मानसिक, वाचिक और कायिक, तीनों में एकरूपता का सम्पादन करना है। जिस दिन मनुष्य ने अपनी कथनी और करनी में समानता स्थापित कर ली, उसी दिन सच्चे अर्थों में रामराज्य स्थापित हो जाएगा। सत्तासीन व्यक्ति, व्यक्ति नहीं रह जाता माँ। वह एक बड़े तंत्र का एक छोटा-सा यंत्र हो जाता है। फिर उसके कथनों में और कर्मों में असमानता

143 सामाजिक संबंध बनाये रखने के लिए दूसरों से किया जानेवाल व्यवहार

144 अनुशासनहीन/अशोभनीय व्यवहार करनेवाला

145 जिसका अपने पर नियंत्रण न हो

146 मोहित होना

होती है और शासक के व्यवहार में उपजी यही असमानता समाज के अंदर मिथ्याचार[147] की प्रवृत्ति को जन्म देती है। और यह जगतविदित सत्य है माँ कि मिथ्याचारी व्यक्ति सदाचार का घोर विरोधी होता है, किंतु उसके अंदर इतनी शक्ति नहीं होती कि वह सदाचार को सदा के लिए समाप्त कर सके, इसलिए वह सदाचारी को समाप्त नहीं करता बल्कि पूरी शक्ति से उसे कलंकित करने के उद्यम में जुट जाता है। सदाचारी व्यक्ति को अपनी हत्या से भय नहीं लगता किंतु वह अपनी हो रही चरित्र-हत्या से चिंतित हो जाता है। तब वह अपने चरित्र की रक्षा के परिदृश्य[148] से ही हट जाता है। उसके हटते ही चारों ओर मिथ्याचार, व्यभिचार, अत्याचार, अनाचार, भ्रष्टाचार आदि का साम्राज्य हो जाता है।"

"माँ, परमात्मा ने इस सृष्टि का निर्माण इन अन्यथा कर्मों को प्रभावी बनाने के लिए तो नहीं किया होगा? प्रकृति और विकृति के बीच होनेवाले इस भीषण संघर्ष में किसी को तो सदाचार के पक्ष में साहस के साथ खड़ा होना ही होगा, तो फिर मैं दशरथनंदन राम ही क्यों न इसका शुभारम्भ करूँ? माँ, अब समय आ गया है कि आप महाराज दशरथ को अपने दोनों वरदानों को पूरा करने के लिए बाध्य करें।"

राम की बात को सुनकर कैकेयी ने आशंकित स्वर में पूछा, "तुम कहना क्या चाहते हो पुत्र?"

राम जान रहे थे कि वे जो कहने जा रहे हैं वह कैकेयी की अंतरात्मा को झकझोर कर रख देगा। उन्होंने कैकेयी के नेत्रों में अपलक झाँकते हुए दृढ़ता से कहा, "वरदान के रूप में तुम्हें राम के लिए चौदह वर्ष का वनवास माँगना होगा और वह भी तापस[149] वेष में।"

राम के कथन को सुनकर कैकेयी के रोम-रोम में कंपन होने लगा। उन्हें लगा जैसे वे संज्ञाशून्य हो रहीं हैं। राम ने निढाल होकर गिरती हुई अपनी माँ को बहुत मजबूती से थामा हुआ था। कैकेयी की भावदशा को समझते हुए श्रीराम ने उन्हें सहारा देते हुए पार्श्व में रखी

147 झूठा व्यवहार

148 ऐसा दृश्य जिसे दूर से देखने पर सब ठीक लगे

149 तपस्या करनेवाला

पीठिका[150] पर धीरे से प्रतिष्ठित किया और स्वयं घुटनों के बल उनके सामने बैठ गये।

कैकेयी ने भावशून्य दृष्टि से राम की ओर देखते हुए कहा, "मुझसे यह नहीं हो पाएगा पुत्र। तुम्हारे लिए वनवास माँगना तो बहुत दूर की बात है, मैं तुम्हारे वनगमन के बारे में सोच भी नहीं सकती। कैकेयी राम की विमाता[151] अवश्य है पुत्र किंतु विमाता होने के बाद भी वह कुमाता नहीं है। तुमने अपने हृदय में उठी वनवास की इच्छा को महारानी कौशल्या से साझा किया पुत्र?"

राम ने बहुत गम्भीरता से कैकेयी के नेत्रों में झाँकते हुए कहा, "नहीं माँ, उनके हृदय में माँ की ममता है। ममता मोहग्रस्त होती है इसलिए उनसे नहीं कहा।"

"तो क्या मैं ममता रहित हूँ पुत्र, जो तुम इतने भीषण कर्म को मुझे कार्यान्वित[152] करने के लिए कह रहे हो?"

"माँ तुम्हारा हृदय मातृत्व के भाव से भरा हुआ प्रेम प्रधान हृदय है।"

"प्रेम, मोह, ममता, मातृत्व...यह एक ही मुद्रा के भिन्न पक्ष हैं राम।"

"नहीं माँ, जहाँ मोह परमात्मा को भी सामान्य आत्मा बना देता है वहीं प्रेम साधारण मनुष्य को भी परमात्मा बना देता है। प्रेम जब बंधनयुक्त होता तब वह मोह कहलाता है और जब मोह निर्बंध[153] होता है तब वह प्रेम हो जाता है।" राम ने हँसते हुए कहा, "किंतु इसके अतिरिक्त एक बात और है माँ। मैं यदि बड़ी माँ से अपनी यह इच्छा कह भी देता तब भी वे मुझे आपके ही पास भेजतीं, पूछने के लिए कि जाओ राम, अपनी मँझली माँ से पूछकर आओ क्योंकि उसकी इच्छा ही हमारी इच्छा है।"

राम के मुख से स्वयं के लिए कौशल्या के भाव को जानकर कैकेयी को अतीव[154] सुख मिला। कैकेयी स्नेहसिक्त मुस्कान के साथ राम के सिर को सहलाते हुए बोलीं, "तुम बहुत चतुर हो राम, तुम अपनी माताओं के चित्त को भलीभाँति जानते हो।"

---

150 पीढ़ा/बैठने के लिए लकड़ी की बनी एक चीज

151 सौतेली माँ

152 जो सोचा, उसे कर डालना

153 बंधन रहित

154 बहुत ज्यादा

राम मुदित[155] होते हुए बोले, "आपको पता है, एक दिन बड़ी माँ मुझसे क्या बोलीं?"

कैकेयी ने मुस्कुराते हुए पूछा, "क्या बोलीं जीजी, बताओ तो जरा।"

राम खिलखिलाकर हँसते हुए बोले, "बोलती हैं कि राम, यदि मेरा वश चलता तो मैं तुझे कभी बड़ा ही नहीं होने देती। लोगों की होगी रुचि तेरी रामलीला में लेकिन मेरी रुचि तो तेरी बाल-लीला में ही है। और एक ओर तुम थी माँ, जो मुझे खींच-खींच कर जल्दी से बड़ा कर देना चाहती थी। तुम छोटे-से राम से भी बड़े-बड़े काम करवातीं थीं। तुम चाहती थी कि राम भले ही छोटा रहे लेकिन उसके काम बड़े होने चाहिए, क्योंकि बड़े-बड़े कामों से ही व्यक्ति का नाम बड़ा होता है। तुम लोगों से कहा करती थी कि राम से बड़ा, राम का नाम। याद है तुम्हें, एक बार तुमने मुझे शिक्षा देते हुए कहा था कि राम, मैं चाहती हूँ कि तुम्हारा नाम इतना बड़ा हो कि जो काम तुम स्वयं न कर सको वह काम तुम्हारा नाम लेते ही पूर्ण हो जाए? और आज जब तुम्हारे उस छोटे से राम ने एक बड़ा स्वप्न साकार करने की इच्छा प्रकट की है तो तुम्हारा हृदय कंपित हो रहा है! माँ, अपने पुत्र राम पर नहीं तो कम से कम मुझमें प्रतिष्ठित विष्णु पर तो विश्वास करो। क्या विष्णु की कोई भी इच्छा अकल्याणकारी[156] इच्छा हो सकती है?"

राम स्वयं को विष्णु कह रहा है, यह सुनकर कैकेयी चकित होते हुए बोलीं, "विष्णु!! क्या तुम विष्णु हो राम?"

राम ने कैकेयी के नेत्रों में गहरे उतरते हुए कहा, "मैं ही नहीं, तुम भी। इस जगत का प्रत्येक कण विष्णु ही है माँ। विष्णु का अर्थ होता है विश्व के प्रत्येक कण में प्रकाशित होनेवाली ऊर्जा। महाविष्णु तुम में, मुझ में सब में उपस्थित हैं। हमारा कर्तव्य है कि हम स्वयं में उपस्थित विष्णु को जागृत कर अपनी देह में उनका अवतरण[157] करें। धर्म की रक्षा के लिए हो रहे इस महायज्ञ की अग्नि में डाला जानेवाला पहला हविष्य[158] तुम्हारा राम होगा और मेरा रक्षण करनेवाली मेरी माता कैकेयी होगी इसकी प्रथम

155 प्रसन्न

156 जिससे भला न हो

157 ऊपर से नीचे आना

158 जिसकी हवन में आहुति दी जाती है

होत्री,[159] जो माता कौशल्या के गर्भ से जन्म लेनेवाले नर रूपी राम को नारायण में रूपांतरित करेगी।"

"माँ, नर को तो साधारण स्त्रियाँ भी जन्म दे लेतीं हैं किंतु नर को नारायण में रूपांतरित करने के लिए असाधारण संकल्प शक्ति की आवश्यकता होती है। और तुम असाधारण हो।"

कैकेयी ने भावाभिभूत होते हुए पूछा, "मैं असाधारण कैसे पुत्र?"

राम घुटनों के बल बैठ गये और अपने दोनों हाथों से अपनी माँ कैकेयी के चरणों को थामकर उन्हें अपने सर पर रख लिया तथा बेहद भावपूर्ण स्वर में बोले, "माता, यश-अपयश में भी जो स्थिर रहे; परिस्थितियों की विषमता में भी जिसका धैर्य न चुके; किसी के प्रण की पूर्ति के लिए जो अपने प्राणों का उत्सर्ग कर दे; जो शस्त्र और शास्त्र में समान रूप से दक्ष हो; जो ममता के स्थान पर मातृत्व को महत्व दे; जो स्त्री बच्चों की इच्छा नहीं अपितु उनमें व्याप्त गुणों का परिष्कार करे; जो अपनी संतान को स्वयं के स्वप्नों की पूर्ति का साधन न माने अपितु संतानों को स्वयं के स्वप्न देखने के लिए प्रेरित करे; उन्हें पूरा करने का साहस दे; जो बच्चे के चित्त, चरित्र, चिंतन की अभियंता हो, ऐसी स्त्री असाधारण ही होती है। और ये सभी गुण तुम में हैं माँ इसलिए तुम असाधारण हो।"

•॥ 7 ॥•

शत्रुघ्न को अपनी छाती से लगाए हुए कैकेयी अश्रुपूरित[160] स्वर में बुदबुदाते हुए कह रहीं थीं, "मैं असाधारण नहीं हूँ राम, मैं असाधारण नहीं हूँ पुत्र। वे संतानें ही होतीं हैं जो अपनी दिव्यता से एक सामान्य-सी स्त्री को असाधारण माँ के रूप में प्रतिष्ठा दिलाती है।"

अब तक शत्रुघ्न पूर्णतः सजग और सामान्य हो गये थे। अपनी माँ को बिलखता देखकर युवा पुत्र ने अपनी माँ के दोनों कपोलों को अपने हाथों के बीच में ले लिया। उन्हें पूर्ण विश्वास के साथ आश्वस्त करते हुए

159 यज्ञ करानेवाली

160 आँसू भरे

बोले, "माँ, तुम सत्य ही असाधारण हो। देखो ना, तुमने कितनी सरलता से कर्तव्य से विमुख हुए अपने पुत्र का मुख पुनः कर्तव्यों की ओर मोड़ दिया।"

"माँ, अब तुम निश्चिन्त रहो। मैं तुम्हें वचन देता हूँ कि इन चौदह वर्षों में कौसल राज्य के प्रत्येक प्राणी को प्रतिक्षण; प्रत्येक विचार में, सम्पूर्ण व्यवस्था में श्रीराम ही दृष्टिगोचर[161] होंगे।"

"मैं तुम्हें विश्वास दिलाता हूँ माँ कि मैं अब अपने कर्तव्यों का पालन इतनी निष्ठा से करूँगा कि पंच महाभूत[162] से निर्मित अयोध्या की प्रत्येक देह के रोम-रोम में राम प्रस्फुटित[163] होंगे जिससे कौसल राज्य में रहनेवाला प्रत्येक प्राणी अयोध्या की ख्याति को प्राप्त करते हुए इतना शक्तिसम्पन्न होगा कि उसकी शक्ति और सामर्थ्य को देखकर सम्पूर्ण विश्व यह कहेगा कि कौसल राज्य का प्रत्येक निवासी ही अयोध्या है–जिसे युद्ध में जीता नहीं जा सकता।"

161 जिसे आँखों से देखा जा सके

162 आकाश, पृथ्वी, जल, वायु और अग्नि–ये पंच महाभूत कहे जाते हैं

163 खिलना

·॥ 2 ॥·

·॥ सुपर्णा-शूर्पणखा ॥·

•|| 8 ||•

आषाढ़ मास का आरम्भ हो चुका था किंतु वर्षा का कहीं चिह्न भी नहीं था। सुपर्णा, दंडकारण्य में अपने भव्य महल के वातायन[1] पर प्रतिदिन की भाँति खड़ी हुई आसमान को निहार रही थी।

आज वातावरण में उष्णता[2] नहीं थी। आसमान पर छोटे-छोटे मेघ खंडों को देख उसका मन प्रसन्न हो गया। तभी वायु का एक हल्का झोंका उसके श्यामवर्णी[3] कपोलों को धीरे से स्पर्श करते हुए निकल गया। वायु की शीतलता से सुपर्णा के दीर्घा कार नीले नेत्र बिना किसी प्रयास के आनंद से बंद हो गये और वह बेहद धीमे स्वर में मुस्कुराते हुए बोली, "आज वर्षा अवश्य होगी।"

सुपर्णा को बचपन से ही वर्षा ऋतु के प्रति एक अजीब-सा सम्मोहन था। वर्षा में उसके अंग-प्रत्यंग की शिथिलता समाप्त हो जाती थी। वह चंचल, चपल,[4] पुलकित और प्रसन्न हो जाती। उसके व्यक्तित्व में आमूलचूल परिवर्तन हो जाता था। उसकी माँ कैकेसी हास्य में कहा करती थी, "मेरी यह हठी बच्ची मयूर[5] के जैसी है। वर्षा देखकर इसका रोम-रोम पुलकित होकर नृत्य करने लगता है। यदि इस हठी रूपसी से इसकी इच्छा के विपरीत कोई कार्य करवाना हो तो व्यक्ति को वर्षा ऋतु तक प्रतीक्षा करनी चाहिए अन्यथा इसका हठ कैलाश पर्वत के समान अचल है जो कभी भी, किसी भी परिस्थिति में परास्त नहीं होता।"

---

1 खिड़की

2 गर्मी

3 साँवले रंग के

4 जिसमें गति हो

5 मोर

सुपर्णा ने अपने कक्ष के बाहर तैनात कंचुकी[6] को आवाज दी। राजकुमारी सुपर्णा के अधिकारपूर्ण स्वर को सुन कंचुकी बिजली की फुर्ती से सुपर्णा के समक्ष उपस्थित होकर धरती की ओर देखती हुई बोली, "आदेश करें राजकुमारी..."

"मृदंग वादक से कहो कि वह अविलंब सेवा में उपस्थित हो। और संध्या से कहना कि वह ब्रह्म-वीणा को तैयार करके कलाकुंज में मेरी प्रतीक्षा करे।"

सुपर्णा ने वीणा पर राग यमन छेड़ा हुआ था और मृदंग वादक उतनी ही दक्षता से वीणा से अपनी ताल मिला रहा था कि तभी मेघों से वर्षा की हल्की फुहारें वायु के साथ कलाकुंज के प्रांगण में सुपर्णा के पृष्ठ[7] से टकराने लगीं। सुपर्णा वर्षा कणों के स्पर्श से ऐसी मुदित हुई जैसे उसके प्रेमी ने विह्वल[8] होकर उसे पीछे से अपने आलिंगन में ले लिया हो। वह वीणा को छोड़कर मृदंग की ताल पर नृत्य करने लगी। उसे नृत्य करता देख राजभवन के सभी दास-दासियाँ सम्मोहित-से उसके अलौकिक नृत्य को देखने लगे किंतु रूपसी सुपर्णा को इसका भान[9] ही नहीं था। वह तो जैसे अपनी सुध-बुध खो कर किसी दूसरे लोक में मग्न हो गयी थी। जैसे-जैसे वर्षा की गति तेज हो रही थी, वैसे-वैसे मृदंग की थाप और सुपर्णा का नृत्य अपने चरम पर बढ़ रहा था। उसके नृत्य की आभा से अभिभूत कुंज प्रकोष्ठ में खड़े हुए उसके महावीर भाई खर और दूषण अनुपम-अनुपम का घोष करते हुए करतल[10] ध्वनि करने लगे, जिससे अनायास ही सुपर्णा का ध्यान भंग हुआ और वह सम पर थाप देती हुई प्रसन्नता से मुस्कुराती हुई रुक गयी।

खर ने बहुत स्नेह से अपनी रूपवती बहन की ओर देखते हुए कहा, "बहन, तुम सत्य ही विलक्षण हो। तुम्हारा नृत्य, कला नहीं, किसी साधक की साधना के जैसा होता है। महादेव शिव ने तुम्हारे रोम-रोम में कला का

---

6 अंतपुर प्रमुख

7 पीठ

8 व्याकुल

9 किसी चीज के बारे में उसके लक्षणों से जानना

10 ताली बजाने से पैदा आवाज

संचार किया हुआ है। जब तुम नृत्य करती हो तो मेनका और रम्भा से भी अधिक सुंदर और श्रेष्ठ होती हो और जब तुम्हारे हाथों में वीणा होती है तो लगता है कि साक्षात सरस्वती ही वीणा वादन कर रहीं हैं।"

सुपर्णा ने हँसते हुए कहा, "भ्राता, यह आपका अपनी बहन के प्रति अतिशय[11] प्रेम है जो आप मेरे सामान्य से अभ्यास को दिव्यता प्रदान कर रहे हैं किंतु सत्य यह है कि हमारे भ्राताश्री रावण से श्रेष्ठ वीणा वादक और नर्तक पूरे ब्रह्मांड में नहीं है।"

खर ने भी उल्लसित स्वर में प्रतिउत्तर दिया, "और वही महाराजाधिराज रावण, जो श्रेष्ठों में भी श्रेष्ठ हैं, कहते हैं कि रण और रंग का अधिपति रावण संसार में सभी को परास्त कर सकता है, किंतु वीणा वादन और नृत्य में अपनी बहन सुपर्णा को नहीं जीत सकता।"

सुपर्णा खर के वक्तव्य को सुनकर सशब्द हँस पड़ी और बोली, "भ्राता, तीन मास हुए मैं महल से बाहर नहीं निकली। आज मैं आखेट[12] के लिए जाना चाहती हूँ। आप समुचित व्यवस्था बना दीजिए।"

अपने कक्ष में पहुँचकर सुपर्णा ने सैरंध्री को बुला भेजा जिसने बहुत सम्हाल के साथ सुपर्णा का आखेटक शृंगार करना आरम्भ किया। उसने सुपर्णा के कटि[13] से नीचे आते हुए लम्बे, घने, काले बालों को समेट कर सिर के ऊपर बाँध दिया था जिससे वे वायु के प्रभाव से बचे रहें और उसके नेत्रों के लिए बाधा न बनें। सुपर्णा के लम्बे और सुडौल शरीर के खुले हुए भाग में सैरंध्री ने विष निरोधक हरित लेप लगा दिया था। वस्त्रगार में से उसने हरे रंग का परिधान निकाला और सुपर्णा के शरीर से लगभग चिपकाते हुए उसे पहना दिया। उसे देखने पर प्रतीत होता जैसे यह हरा परिधान कोई वस्त्र नहीं अपितु उसके शरीर का ही हिस्सा है। सुपर्णा के उन्नत पुष्ट उरोजों[14] को उसने पहले काछव[15] पृष्ठ

---

11 बहुत ज्यादा

12 शिकार

13 कमर

14 स्तन

15 कछुओं की पीठ

के दो गोलों से सुरक्षित किया फिर उसे मृगचर्म और गहरे हरे वस्त्र से कस कर बाँध दिया। उसकी अनावृत[16] क्षिप्र कटि पर मगरमच्छ के चर्म से बना हुआ कटिबंध बाँधकर उसके पैरों में मगरमच्छ की खाल से बने हुए पदत्राण पहना दिए जो उसकी खुली हुई पिंडलियों को भी ढाँक रहे थे। तभी उसकी दृष्टि राजकुमारी के नाखूनों पर पड़ी। उसने राजोचित मर्यादा का पालन करते हुए सुझावात्मक स्वर में सुपर्णा से कहा, "राजकुमारी, आपके हाथों के नख बहुत बढ़ गये हैं। यदि आपकी अनुमति हो तो इन्हें थोड़ा छोटा करके ठीक से तराश दूँ?"

सुपर्णा ने एक अल्हड़ हास्य से कहा, "नहीं, तू इन्हें छोटा न कर। मात्र इन्हें तराश दे। मेरे ये नख ही तो मेरी पहचान हैं।"

सैरंध्री ने चकित होते हुए कहा, "राजकुमारी, आप विलक्षण रूपवती हैं, अद्वितीय कलाकार हैं। आपका शरीर सौष्ठव[17] अत्यंत मादक है। किसी भी संयमी, सक्षम पुरुष के चित्त का हरण आप क्षण मात्र में कर लेती हैं। मैंने स्वयं देखा है कि पुरुषों के नेत्र आपकी श्यामल काया से हटने का नाम ही नहीं लेते। आप तो किसी संन्यासी की तपस्या को भी क्षण मात्र में भंग कर सकती हैं, फिर आपका यह कहना कि मात्र आपके नख ही आपकी पहचान हैं, मुझे नीतिपूर्ण नहीं लगता।"

सुपर्णा ने चित्त को आलोड़ित करनेवाली मुस्कान से सैरंध्री की ओर देखते हुए कहा, "जब मैं छोटी थी तब, जब भी कभी हम भाई-बहनों के बीच झगड़ा होता तो मैं अपने इन्हीं नखों से उन्हें खरोंच देती। मेरे भाई मेरी माँ से कहते, "माँ, इसका नाम सुपर्णा नहीं, शूर्पणखा होना चाहिए। देखो तो इसके नख कितने विशाल और पैने हैं! इसने हमारे मुखों को अपने नखों से छील दिया। इसे तुम व्यर्थ ही शस्त्र विद्या में पारंगत कर रही हो। इस शूर्पणखा को किसी शस्त्र की आवश्यकता ही नहीं है, इसके नख ही शस्त्र के जैसे हैं।"

"उसके बाद जब भी मेरे भाई मुझसे क्रोधित होते या हमारे बीच झगड़ा हो जाता तब वे क्रोध में मुझे शूर्पणखा कहते। मैं स्वभाव से बहुत

16 नग्न

17 गठन

हठी हूँ। मेरे हठ से जब कभी मेरी माँ त्रस्त हो जाती तब वह भी मुझे क्रोध से शूर्पणखा कहकर अपनी खीज निकालती थी। इसलिए तू ऐसा मान कि जब भी मेरा मन प्रसन्न होता है, जो कि बहुत कम होता है, तब मैं सुपर्णा होती हूँ, और जब मेरा मन अशांत, उद्वेलित[18] होता है तब मैं शूर्पणखा हो जाती हूँ।" फिर अपने ही हास्य पर अट्टहास करते हुए बोली, "जा मेरे सभी अस्त्र-शस्त्र लेकर आ।"

सैरंध्री ने तत्काल ही उसकी कटि के दोनों ओर खड्ग बाँध दिये। बाणों से भरे हुए तूणीर[19] को उसके दाएँ कंधे पर कसकर बाँध दिया। दो छोटी छुरिकाएँ उसकी पिंडलियों के पास पदत्राण में फँसा दीं। लौह तंतु की प्रत्यंचावाला धनुष उसके बाएँ कंधे पर सुशोभित कर दिया। तैयार होने के बाद सुपर्णा ने अपने आपको दर्पण में निहारा। वह बिलकुल वन साम्राज्य की अधिष्ठात्री[20] वनदेवी लग रही थी। स्वयं के प्रतिबिंब[21] को देखकर वह संतुष्टि से मुस्कुराकर इठलाती हुई कक्ष से बाहर निकल गयी।

सुपर्णा अपने महल के द्वार पर पहुँची तो उसका मन अतिप्रसन्न हो गया। जनस्थान के प्रशासक उसके भाई खर ने उसके आखेट के लिए उपयुक्त व्यवस्था कर दी थी। महल के प्रांगण में एक सुसज्जित रथ उसकी प्रतीक्षा कर रहा था। वह उसमें आरूढ़[22] हुई। सिंहद्वार से बाहर आते ही सौ घुड़सवारों की एक छोटी-सी सैन्य टुकड़ी उसके साथ हो गयी, उसकी सुरक्षा के लिए।

मार्ग पर आते ही सुपर्णा ने अपने सारथी को रथ से उतार दिया और स्वयं ही रथ का संचालन करने लगी। नगर की सीमा के बाहर आते ही दंडकारण्य का घना वनक्षेत्र आरम्भ हो गया था। सुपर्णा दंडकारण्य के चप्पे-चप्पे से परिचित थी। वह जानती थी कि आखेट करने योग्य हिंसक पशु नदी के किनारे अवश्य आते हैं, इसलिए किसी भी आखेटक के लिए नदी का किनारा सर्वाधिक उपयुक्त स्थान होता है। तभी

---

18 सीमा तोड़कर बहना

19 तरकश

20 काम या क्षेत्र की देखभाल करनेवाली

21 चमकीली सतह पर उभरनेवाला विंब

22 सवार

सुपर्णा ने देखा कि उसके दाएँ हाथ की ओर एक गाय अपने नन्हें से बछड़े को दूध पिला रही है। अहा! यह तो अत्यंत शुभ शगुन है! आज प्रातः से ही निरंतर शुभ शगुन हो रहे हैं। इसका अर्थ है कि आज मेरी आखेट यात्रा व्यर्थ नहीं जाएगी। सब कुछ मेरे मन के अनुरूप होनेवाला है। और उसने प्रसन्न मन से अपने रथ को मंदाकिनी के जनशून्य[23] घाट की ओर जानेवाले मार्ग पर मोड़ दिया।

वर्षा बंद हो चुकी थी किंतु मेघ अभी भी आसमान में अठखेलियाँ कर रहे थे। मेघों की अठखेलियों और शीतल मंद पवन ने सुपर्णा के मन में सुप्त पड़े मदन को जागृत कर दिया। रथ पर सवार सुपर्णा अपने अतीत की स्मृतियों में चली गयी जब उसका विवाह विद्युतजिह्व से हुआ था।

•॥ 9 ॥•

राक्षस राज कालका का पुत्र विद्युतजिह्व पराक्रमी सुदर्शन राजपुरुष होने के साथ ही अतिमहत्वाकांक्षी भी था। वे दोनों ही एक दूसरे के प्रेम में आकंठ डूबे हुए थे। दशानन रावण जब विश्वविजय के लिए अपनी चतुरंगिणी[24] सेना के साथ निकला था तब सम्पूर्ण विश्व में हाहाकार मच गया था। रावण के नेतृत्व में रक्षों की पराक्रमी सेना यक्षों, देवों, गंधर्वों और मनुष्यों को परास्त करती हुई आगे बढ़ रही थी। सभी भूपति रावण के भय से भयाक्रांत होकर उसके अधीन हो रहे थे। रावण द्वारा विश्वविजय के अभियान के लिए निकाली गयी इस युद्धक यात्रा में विद्युतजिह्व ने परम पराक्रम का प्रदर्शन किया था। रावण की सेना के आगे रावण की विजय गाथाएँ चल रहीं थीं, जिससे प्रभावित होकर कुछ राज्यों के नरेश बिना युद्ध किये ही रावण के आगे समर्पण कर देते और यदि कुछ भूपति साहस करके प्रतिकार[25] करते तो उन्हें भूशायी[26] कर दिया जाता।

23 जहाँ कोई आदमी न हो

24 जिस सेना में रथ, हाथी, घोड़े और पैदल सैनिक, चारों हों

25 बदले की कार्रवाई

26 जमीन पर पड़ा मृत शरीर

सुपर्णा तक इस युद्ध यात्रा का पूरा विवरण प्रतिदिन विस्तार से पहुँच जाता था। एक दिन हरकारे[27] ने सुपर्णा को बताया, “राजकुमारी सुपर्णा, आपको यह समाचार जानकर अति प्रसन्नता होगी कि महाराजाधिराज रावण, कुमार विद्युतजिह्व के पराक्रम से परम संतुष्ट हैं। महाराज ने उनकी पदोन्नति करते हुए उन्हें अपने विशेष अंगरक्षक दस्ते का सेनापति बना दिया है। अब से महाराजाधिराज रावण की सुरक्षा का भार राजकुमार विद्युतजिह्व के कंधों पर है।” सूचना सुनकर सुपर्णा आनंद से झूम उठी। वह चाहती भी यही थी कि उसके पति को, उसके परम प्रतापी भाई रावण का पूर्ण विश्वास और स्नेह प्राप्त हो क्योंकि रावण जो ज्ञान और शौर्य का साक्षात स्वरूप है; जिसने अपनी कठोर तपस्या से देवाधिदेव महादेव को संतुष्ट किया हुआ है; जिसकी इच्छा का विनयपूर्वक पालन संसार को संचालित करनेवाले सभी ग्रह करते हैं, ऐसे रावण की सदकृपा यदि उसके पति, उसके प्राणनाथ पर है तो अब सुपर्णा को किसी भी प्रकार की चिंता करने की आवश्यकता ही नहीं है।

तभी उसे संदेश वाहक का स्वर सुनाई दिया, “राजकुमारी, कुमार विद्युतजिह्व ने आपके लिए एक पत्र भेजा है।” संदेश वाहक ने अपना सिर झुकाते हुए पत्र सुपर्णा को देते हुए कहा, “मुझे आज रात्रि में ही लौट आने का आदेश हुआ है। यदि राजकुमारी को कोई संदेश या पत्र पहुँचाना है तो मैं संध्याकाल पुनः आपकी सेवा में उपस्थित होऊँगा। अब मुझे आज्ञा दीजिए।” सुपर्णा ने राजोचित स्वर में कहा, “राजकुमार से कहना, उनकी प्रगति की सूचना से मैं परम प्रसन्न हूँ। वे अपने कर्तव्यों का निष्ठापूर्वक पालन करें और स्मरण रखें, महाराजाधिराज रावण की कुशलता और प्रसन्नता ही उनके कल्याण का स्रोत है। अब तुम जा सकते हो।”

हरकारे के प्रस्थान करते ही, सुपर्णा ने अपने पति द्वारा भेजा हुआ पत्र पढ़ना आरम्भ किया। पत्र में लिखा था—

---

27 जो संदेश लाता-ले जाता हो लेकिन डाकिया नहीं

हृदय साम्राज्ञी सुपर्णे

आज छः मास हुए, प्रत्येक दिवस और रात्रि मात्र युद्ध, युद्ध और युद्ध!

शमशीरों [28] की झंकारें ही हमारा संगीत है। शत्रुओं का आर्तनाद [29] ही हमारे गीत हैं। योद्धाओं की प्रलयंकारी युद्धक शारीरिक चेष्टाएँ ही हमारा नृत्य हैं और रणभूमि ही हमारी रंगभूमि बन गयी है। किंतु एक बात जो नित ही मुझमें शक्ति का संचार करती रहती है, वह यह है कि मृत्यु के इस भीषण तांडव में तुम्हारा लालित्य [30] और लावण्य [31] से युक्त मुखचंद्र सदैव ही मेरे हृदय में प्रेम के संगीत का संचार करता है।

तुम्हारे माधुर्य की स्मृतियाँ मुझे शीघ्र ही इस युद्ध को समाप्त करने के लिए प्रेरित करती हैं, जिससे मैं शीघ्रातिशीघ्र तुम्हारे पास पहुँच कर अपनी क्लांति [32] का शमन कर सकूँ। प्रिये, मृत्यु ने कई बार मुझे अपने आलिंगन में लेने का भरपूर प्रयास किया, किंतु तुम्हारे प्रति मेरे प्रेम ने उस मृत्यु रूपी सुंदरी को हर बार परास्त करके, उसे पलायन करने के लिए विवश कर दिया।

यूँ तो यहाँ पर सब कुशल है, महाराज रावण मेरे शौर्य से अभिभूत हैं, किंतु मिलनेवाले इस मान सम्मान के बाद भी मेरे हृदय को तृप्ति नहीं है। मैं स्वयं को मिली उपलब्धियों से भले ही प्रसन्न रह सकता हूँ, किंतु मेरा हृदय सदैव इस आकांक्षा से भरा हुआ रहता है कि मुझे अपनी प्राणवायु सुपर्णा को लंका की राजकुमारी नहीं, अपितु लंका के इस महान साम्राज्य की साम्राज्ञी [33] के रूप में देखना है। किंतु मेरे श्यालक रावण के जीवित रहते मेरा यह स्वप्न पूर्ण नहीं हो सकता।

---

28 तलवारों

29 ऐसी आवाज जिससे विशेष दुख प्रकट होता है

30 मनोहर

31 शील की उत्तमता

32 थकान

33 रानी

अब हमारी सेना नर्मदा के तट पर बसे हुए सर्वाधिक समृद्ध राज्य महिष्मति की सीमा के पास पहुँच चुकी है। यहाँ के राजा का नाम कार्तवीर्य अर्जुन है। सुना है कि वह महान वीर है। उसकी वीरता के कारण ही यहाँ के लोग उसे सहस्त्रबाहु, सहस्त्रार्जुन के नाम से बुलाते हैं। हम सभी सेनानायकों को यहाँ सर्वाधिक भीषण युद्ध होने की आशंका दिखाई देती है। तुम्हें जानकर प्रसन्नता होगी कि इस सर्वाधिक भीषण परिस्थिति में महाराज रावण ने अपनी सुरक्षा का भार मुझे सौंप दिया है और वे पूर्णतः निश्चिन्त हो गये हैं।

मुझे लगता है तुम्हें लंका साम्राज्य की साम्राज्ञी बनाने का इससे स्वर्णिम अवसर मुझे फिर कभी नहीं मिलेगा। प्राणप्रिये, मैं शीघ्र ही लंका पहुँच कर तुम्हारे अंक में समा जाना चाहता हूँ। तुम्हारी देह से निकलनेवाली गंध की स्मृति मेरी देह के प्रत्येक रोम को स्फुरित कर देती है।

हे मेघवर्णी, मेरी प्राणवल्लभा, निरंतर युद्ध करते हुए मेरी देह का प्रत्येक स्नायु[34] लौहखंड की भाँति हो गया है, इसलिए कोमलाँगी कामवल्लरी[35] सुपर्णा से मैं निवेदन करता हूँ कि तुम भी अपनी देह को कठोर परिश्रम से तप्त करने का प्रयास करना, क्योंकि अब तुम्हारे इस योद्धा प्रेमी को रंग में भी रण ही दिखाई देता है। और मैं चाहता हूँ कि विश्व को विजित करनेवाली सेना के महान सेनानायक विद्युतजिह्व को मादकता की प्रतिमूर्ति सुपर्णा शयनकक्ष की रंगभूमि में परास्त करते हुए विद्युतजिह्व के पौरुष पर अपने काम की विजय पताका फहराये।

हम शीघ्र ही सम्पूर्ण विश्व को पराभूत[36] कर लंका पहुँचेंगे, तब तुम्हारा यह दास तुम्हारे सौंदर्य के प्रत्येक रोम का रसपान करेगा।

अस्तु...

तुम्हारा विद्युत

---

34 नस

35 काम-लता

36 हराकर

विद्युतजिह्व के पत्र को पढ़ने के बाद सुपर्णा का हृदय आनंद और आशंका के मिश्रित भाव से भर गया था। जहाँ एक ओर उसे अपने लिए अपने पति का अनुराग आनंद से भर रहा था, वहीं दूसरी ओर विद्युतजिह्व की लंकाधिपति बन जाने की महत्वाकांक्षा उसे अंदर ही अंदर विचलित कर रही थी।

विद्युतजिह्व, रावण की विलक्षण[37] शक्तियों से पूर्णतः अपरिचित है। रावण के हृदय की थाह न तो उसे जन्म देनेवाली उसकी माँ कैकेसी ही ले पायी है और न ही उसकी प्राणप्रिय पत्नी मंदोदरी।

रावण जड़ और चेतन की प्रकृति, उनके भाव स्वभाव को भलीभाँति समझता है। वह किसी के भी हृदय में चल रहे मनोभावों को पढ़ पाने में पूर्णतः सक्षम है। रावण की इच्छाशक्ति अत्यंत दृढ़ है, तभी तो ब्रह्मांड के सभी ग्रह उसकी प्रत्येक इच्छा की पूर्ति के लिए अपनी स्वाभाविक चाल भी बदल देते हैं।

सुपर्णा का हृदय किसी अनिष्ट की आशंका से बुरी तरह घबरा रहा था। उसे लग रहा था कि जैसे रावण ने विद्युतजिह्व के उस पत्र को पढ़ लिया है! सुपर्णा इस बात को बहुत अच्छे-से जानती थी कि रावण उससे मात्र स्नेह ही नहीं करता, वह उसकी विश्वासपात्र भी है। सुपर्णा के नाम विद्युतजिह्व का यह पत्र यदि रावण के हाथ में लग गया तो कहीं ऐसा न हो कि रावण को यह लगने लगे कि इस दुरभि-संधि[38] में सुपर्णा का भी हाथ है? वह जानती थी कि इस भाव के प्रत्यक्ष होते ही रावण को एक क्षण भी नहीं लगेगा और वह सुपर्णा के साथ-साथ उसके प्राणेश्वर विद्युतजिह्व का शिरोच्छेद[39] कर देगा।

सुपर्णा ने सर्वप्रथम उस पत्र को फाड़ा, फिर कक्ष में जल रहे अग्निकोष्ठ में उसे जलाकर राख कर दिया। वह नहीं चाहती थी कि रावण को इस बात की तनिक भी भनक लगे कि ऐसा कोई पत्राचार हुआ था, जिसमें विद्युतजिह्व ने लंकाधिपति बनने की अपनी महत्वाकांक्षा का उल्लेख

---

37 अलग और विशिष्ट प्रकार का

38 षड्यंत्र

39 गर्दन उड़ा देना

सुपर्णा से किया था। उसके अंदर ही अंदर भय बैठता जा रहा था कि कहीं विद्युतजिह्व लंकाधिपति बनने की अपनी महत्वाकांक्षा को पूरा करने के लिए कोई अन्यथा कर्म न कर बैठे।

तभी उसके अंदर बैठी हुई शूर्पणखा उसके सामने आकर खड़ी हो गयी और बहुत कुटिलता से मुस्कुराते हुए बोली, "लंका साम्राज्य की भावी साम्राज्ञी को रावण की बहन शूर्पणखा प्रणाम करती है।" सुपर्णा को स्वयं का यह रूप कभी भी प्रिय नहीं था। किंतु जब भी कभी वह किसी दुश्चिंता के कारण भयभीत हो जाती तब उसका यह बिना नाक-कानवाला भयानक रूप उसके सामने प्रत्यक्ष हो जाता था। शूर्पणखा उसके भयभीत चित्त की घोषणा थी।

सुपर्णा ने शूर्पणखा की ओर देखा और उसे क्रोध से घूरने लगी।

शूर्पणखा ने भयोत्पादक अट्टहास करते हुए सुपर्णा से कहा, "मुझे ऐसे क्या देख रही हो महारानी सुपर्णा, जैसे मैं कोई पराई हूँ? मैं तो तुम्हारा अपना ही अस्तित्व हूँ। सुपर्णा जब भयभीत होती है तब वह शूर्पणखा हो जाती है और जब शूर्पणखा निर्भय होती है तब वह सुपर्णा कहलाती है।"

"जानती हूँ मैं, और चकित भी रहती हूँ कि तुम क्योंकर मेरे अस्तित्व के साथ चिपकी रहती हो? जबकि सर्वसमर्थशाली दशानन रावण की प्रिय बहन और महर्षि विश्रवा की पुत्री सुपर्णा के लिए भयभीत होने का कोई कारण ही नहीं है।"

"मनुष्य प्रत्यक्ष कारणों से अधिक अप्रत्यक्ष कारणों से भयभीत रहता है, सर्प जैसे नखोंवाली मेरी राजकुमारी।"

"अप्रत्यक्ष कारण? जो स्वयं ही प्रत्यक्ष होने में संकोच कर रहा है उससे क्या भयभीत रहना?" सुपर्णा ने स्वयं को संयत करते हुए कहा।

सुपर्णा की बात सुनकर शूर्पणखा ने भयानक अट्टहास किया, जिससे भयभीत होकर सुपर्णा ने अपने दोनों हाथों से अपने कान बंद कर लिए। शूर्पणखा ने उसके हाथों को पकड़ा और तीव्रता से झटकते हुए बोली, "बिल्ली को देखकर कपोत[40] अपनी आँखें बंद कर लेता है और समझता है कि बिल्ली का अस्तित्व ही नहीं है। वैसे ही भय को न देखना और भय के न होने में

---

40 कबूतर

बड़ा भारी अंतर होता है। तुम भयभीत हो, या यह कहूँ कि भय ही तुम्हारा मूल स्वभाव है तो कोई अन्यथा बात नहीं होगी।"

अपने प्रतिव्यक्तित्व शूर्पणखा के वचनों से सुपर्णा को मर्मांतक[41] पीड़ा हुई। वह चीखते हुए बोली, "मैं भयभीत नहीं हूँ और न ही दीन और असुरक्षित हूँ। दीनता और असुरक्षा का भाव ही मनुष्य में भय का सृजन करता है। तू संभवतः विस्मृत कर गयी है दुष्टा...कि मैं सुपर्णा, विश्वविजेता रावण की प्रिय बहन और विद्युतजिह्व जैसे महान पराक्रमी, प्रेम करनेवाले पति की प्रियतमा पत्नी हूँ...जिन वीरों के नाम लेने मात्र से भय स्वयं ही भयभीत हो जाता है, उनकी रक्षिता के हृदय में भय अपना स्थान बना ले, यह सम्भव ही नहीं है।"

सुपर्णा क्रोध से हाँफ रही थी। उसके ललाट पर स्वेदबिंदु[42] दृष्टिगोचर हो रहे थे। अब सुपर्णा कक्ष में अकेली थी। उसका शूर्पणखा रूपी भयावह स्वरूप ओझल हो चुका था। स्वयं को प्रकृतिस्थ करने के लिए उसने जलपात्र की ओर हाथ बढ़ाया ही था, कि उसने देखा कि शूर्पणखा अपने हाथ में मदिरा का चषक[43] लिए हुए उसे देखकर मुस्कुरा रही है। उसने सुपर्णा के ललाट पर छलक आए स्वेदबिंदुओं को पोंछते हुए उससे कहा, "एक होता है असुरक्षा से उत्पन्न होनेवाला भय, वह मनुष्य में दीनता का संचार करता है। और दूसरी होती है भय से उत्पन्न होनेवाली असुरक्षा, जो मनुष्य में हीनता के भाव को जन्म देती है। मेरी राजकुमारी, तुम दीनता के नहीं, हीनता के भाव से भरी हुई हो।" शूर्पणखा के इस असंगत[44] कथन को सुनकर सुपर्णा ने चौंकते हुए कहा, "हीनता? वह भी सर्वसमर्थ परिवार की लाड़ली राजकुमारी सुपर्णा में?"

"हाँ हीनता...रावण का पराक्रम, उसकी तपस्या, उसकी विश्वव्यापी प्रसिद्धि ने तेरे व्यक्तित्व की विशेषताओं, तेरे गुणों, तेरी निजता को स्वयं के प्रकाश से आच्छादित[45] कर लिया है। यही तेरी हीनता का कारण है।

41 मर्म पर बुरा असर डालने वाला

42 पसीने की बूँद

43 मदिरा पीने का पात्र

44 जो किसी से मिला/लगा/सटा न हो

45 ढका हुआ

तुझे लगता है कि तू सर्वगुण सम्पन्न है लेकिन इसके बाद भी तेरी कोई व्यक्तिगत प्रतिष्ठा नहीं है। तू त्रिलोक में मात्र रावण की बहन के नाम से ही जानी जाती है। यह भाव ही तेरे अंदर उत्पन्न हीनता और कुंठा का कारण है। दीनता के भाव से भरा हुआ व्यक्ति अहिंसक होता है किंतु हीनता की भावना व्यक्ति को हिंसक बना देती है, इसलिए तेरा रोम-रोम प्रतिहिंसा की भावना से प्रेरित है।"

सुपर्णा ने अत्यंत रोष से कहा, "मेरा विश्वास प्रतिहिंसा में नहीं है दुष्टा, तू अनर्गल प्रलाप कर रही है। जिनकी अपनी कोई नाक नहीं होती अर्थात जो मान विहीन होते हैं, वे ही समस्त संसार का मान-भंजन करने का प्रयास करते हैं। तू नाक-कान विहीन नकटी, कनकटी शूर्पणखा भी राजकुमारी सुपर्णा के साथ वही करने का प्रयास कर रही है।"

"मैं तेरे जैसी विरूपित, कनकटी, ज्ञानविहीन नहीं हूँ जो तेरे इस विक्षिप्त प्रलाप से प्रभावित होकर अपने गौरवशाली पुलस्त्य वंश के ज्ञान और मान का भंजन करूँ। तू इसी क्षण मेरी आँखों के सामने से ओझल हो जा अन्यथा मैं स्वयं का शिरोच्छेद कर अपने आप को समाप्त कर लूँगी।"

शूर्पणखा जानती थी कि यदि उसे अपने विरूपित रूप के अस्तित्व की रक्षा करनी है तो सुपर्णा का जीवित रहना आवश्यक है।

शूर्पणखा ने विनम्रता धारण करते हुए कहा, "क्षमा राजकुमारी, आपका जीवन किसी के लिए महत्वपूर्ण हो या न हो, किंतु बिना नाक-कानवाली इस शूर्पणखा के लिए आपका जीवित रहना परम आवश्यक है। मैं जाती हूँ, किंतु जाने से पहले एक निवेदन है कि इस बात पर विचार अवश्य कीजिएगा। कहीं ऐसा तो नहीं कि आपके पति विद्युतजिह्व अपनी महत्वाकांक्षा की पूर्ति के लिए ही आपसे प्रेम करते हों? हो सकता है कि आप विद्युतजिह्व के लिए लंका साम्राज्य के सिंहासन तक पहुँचनेवाली सीढ़ी हों, जिसपर पैर रखकर वह राजकुमार विद्युतजिह्व से महाराज विद्युतजिह्व बनने की प्रक्रिया सम्पन्न कर रहे हों?"

शूर्पणखा का कथन सुपर्णा के लिए विद्युतजिह्व के प्रेम को भाव का नहीं, व्यापार का हेतु बता रहा था।

सुपर्णा ने क्रोध से चीखते हुए अपने हाथ में पकड़े हुए जलपात्र को पूरी शक्ति से शूर्पणखा को लक्ष्य करते हुए दे मारा। वह पात्र कक्ष में लगे हुए विशाल दर्पण से टकराया जिससे वह दर्पण भरभरा कर टूट गया।

•॥ 10 ॥•

तभी तीव्र ध्वनि से सुपर्णा की तंद्रा भंग हुई, जिसने उसे अतीत की स्मृतियों से निकालकर वर्तमान में उपस्थित कर दिया। दंडकारण्य के वन्य प्रदेश में अपने रथ पर सवार सुपर्णा ने देखा कि यह ध्वनि एक हथिनी की चिंघाड़ है। हथिनी की इस चिंघाड़ का अर्थ वह भलीभाँति समझ रही थी। हथिनी की चिंघाड़ गजराज के लिए उसका प्रेम निवेदन था।

तभी उसी समय उसे अपने से बहुत दूर मंदाकिनी के जल में एक दिव्य मानवाकृति का पृष्ठ भाग दिखाई दिया जिसका कटि से नीचे का भाग जल में मग्न था। उसके वृषभ[46] जैसे स्कंधों, और अनावृत पृष्ठ पर जल की बूँदें छिटकी हुईं थीं जो डूबते हुए सूर्य के प्रकाश की आभा का सम्पर्क प्राप्त कर स्वर्ण-मोतियों के जैसी चमक रहीं थीं। एक क्षण को सुपर्णा का मस्तिष्क शून्य हो गया। उसे लगा कि वह कोई दिवास्वप्न[47] देख रही है! यह तो घोर हिंसक पशुओं का मुख्य स्थान है। यहाँ पर कोई मानवाकृति कैसे हो सकती है?

उसने अपनी दृष्टि को उस आकृति पर स्थिर रखते हुए अपने रथ को वन के घुमावदार मार्ग पर तेज गति के साथ उस दिशा में बढ़ा दिया जहाँ वह मानवाकृति जल में उपस्थित थी। तभी उसने देखा कि उस आकृति ने संभवतः स्नान की प्रेरणा से प्रेरित होकर स्वयं को पूर्णतः मंदाकिनी के जल में डुबा दिया। अब सुपर्णा को पूरा विश्वास हो चुका था कि यह कोई मानव ही है, जो जनस्थान कहे जानेवाले इस पूर्णतः जनशून्य स्थान पर तपस्या करने के उद्देश्य से निवास कर रहा होगा। किंतु किस नर-पुंगव[48] में इतना साहस हो सकता है जो राजकुमारी सुपर्णा के आधिपत्यवाले दंडकारण्य क्षेत्र

46 बैल

47 आँखें खुली रखकर देखा जानेवाला सपना

48 बैल जैसा मजबूत मनुष्य

में, जो भयंकर हिंस्र[49] पशुओं से भरा हुआ है तथा महावीर खर और दूषण के प्रलयंकारी प्रताप से रक्षित है, उनकी अनुमति लिए बिना निवास कर रहा हो?

अपने रथ पर सवार सुपर्णा की दृष्टि उसी स्थान पर टिकी हुई थी। वह व्यक्ति जल के अंदर समाने के बाद अभी तक बाहर नहीं निकला था। सुपर्णा जब उस स्थान पर पहुँची तो उसने देखा कि मंदाकिनी के जल में या तट पर किसी व्यक्ति के होने का कोई चिह्न नहीं है। वह आश्चर्य में पड़ गयी। कहीं ऐसा तो नहीं कि उस व्यक्ति ने जलसमाधि ले ली हो? या वह व्यक्ति अनजाने ही किसी जलचर की हिंसा का साधन बन गया हो? सुपर्णा ने उस स्थान का भलीभाँति निरीक्षण किया। किसी प्रकार के कोई पदचिह्न उस तट पर नहीं थे। उसने तट के आसपास घूम कर देखा। उसे किसी भी प्रकार का अन्य कोई संकेत नहीं मिला जो इस बात की पुष्टि करता हो कि इस स्थान पर किसी अन्य चेतना का अस्तित्व है।

अपने साथ चल रहे घुड़सवार सेनानायक को सुपर्णा ने आदेश दिया, "थोड़ा बढ़कर देखो। मुझे यहाँ किसी मनुष्य के होने की गंध आ रही है।"

नायक ने लौट कर बताया, "महारानी की शंका निर्मूल है। मनुष्य तो छोड़िए, आश्चर्य है कि दूर तक किसी हिंस्र पशु के होने के संकेत भी नहीं दिखाई दिए!"

सुपर्णा को लगा कि सम्भवतः ऐसा कुछ नहीं था। यह मात्र उसके विचलित मन की प्रतिक्रिया थी, परिणामस्वरूप उसे किसी मानवाकृति के जल में उपस्थित होने का भास हुआ होगा।

सूर्यास्त हो चुका था किंतु अंधकार नहीं हुआ था। सुपर्णा ने नायक को आदेश देते हुए कहा, "अब आखेट का मन नहीं है। घुड़सवारों से कहो, वे वापसी का मार्ग प्रशस्त करें।" अपने रथ की रास अपने सारथी के हाथों में देने के बाद सुपर्णा अपने रथ के पृष्ठ भाग में बैठ गयी। तभी उसे किसी के खिलखिलाने की बहुत ही क्षीण ध्वनि सुनाई दी। सम्भवतः यह किसी स्त्री का स्वर था! उसने अपने नेत्रों को सिकोड़ते हुए ध्वनि की दिशा में देखा किंतु अत्यंत घने वन के सिवाय उसे कुछ भी दिखाई नहीं दे रहा था। उसकी

---

49 हिंसक

अंतःचेतना पुनः सक्रिय हो गयी। उसने बुदबुदाते हुए स्वयं से कहा, "कुछ तो है जो सामान्य नहीं है।" उसका रथ पहाड़ी की ऊँचाई पर पहुँचा तो उसने देखा कि वन में बहुत दूर पर्वतपाद में वन का एक छोटा-सा भू-भाग मशालों के प्रकाश से प्रकाशित है! इस भाग में तो जनजातियाँ भी निवास नहीं करतीं और न ही किसी आश्रम के होने की कोई सूचना ही है। फिर यह प्रकाशवृत्त[50] कैसा है? उसने स्वयं को आश्वस्त करते हुए कहा, "जो भी हो, मुझे कल पता करना ही होगा। हो न हो, मंदाकिनी के जल में दिखाई देनेवाली उस सुदर्शन आकृति का इस प्रकाश से कोई सीधा संबंध है।"

अगले दिन सूर्योदय से पहले ही अश्व पर सवार सुपर्णा दंडकारण्य में उसी स्थान पर पहुँची जहाँ से उसे मशालों का प्रकाशवृत्त दिखाई दिया था। मशालों का क्षीण[51] प्रकाश अभी भी दिखाई दे रहा था। सुपर्णा ने तत्काल ही चौकी पर सनद्ध[52] वन निरीक्षक को बुला भेजा और उस प्रकाशवृत्त की ओर लक्ष्य करते हुए पूछा, "उस स्थान पर यह प्रकाश कैसा है? यह तो वन्य पशुओं के लिए संरक्षित क्षेत्र है न? तब किसी ऋषि ने कैसे उस स्थान पर अपने आश्रम का निर्माण किया?"

दंडकारण्य की अधिष्ठात्री को अपने समक्ष देख वन निरीक्षक स्तब्ध रह गया। उसने पल भर के लिए उस स्थान को देखा। वह भलीभाँति जानता था कि पिछले एक माह से तपस्वियों का एक दल उस स्थान पर निवास कर रहा है किंतु उसने उनकी उपस्थिति को गम्भीरता से नहीं लिया था। और गम्भीरता से लेने का कोई कारण भी नहीं था क्योंकि जब एक दिन औचक[53] ही निरीक्षक वहाँ पहुँचा तो उसने पाया कि यह वनस्पति शास्त्रियों का एक अत्यंत छोटा दल है जो सम्भवतः वनस्पतियों के दिव्य औषधीय गुणों पर शोध कर रहा है। उनके पास ऐसे कोई अस्त्र-शस्त्र भी नहीं थे जो किसी के लिए चिंता का कारण हों। न ही उन्होंने प्राकृतिक संपदा को नष्ट किया था और न ही उन्होंने स्थायी निर्माण कार्य में कोई रुचि दिखाई थी। हाँ, बस उन्होंने पाँच वट[54] वृक्षों के बीच के स्थान को थोड़ा सुव्यवस्थित करते हुए अपने लिए

50 प्रकाश को गोला

51 कमजोर

52 तैयार

53 अचानक

54 बरगद

तीन-चार छोटे-छोटे कुटीर[55] बना लिए थे जिनमें वे ऋतु परिवर्तन की मार से स्वयं को बचा सकें और वन्य पशुओं से स्वयं को सुरक्षित रख सकें।

वन निरीक्षक ने स्वयं को संयत किया और पलटकर सुपर्णा से बोला, "महारानी, वह पंचवटी क्षेत्र है। वन के पार जानेवाले यात्री यदा-कदा उस स्थान को अस्थायी रूप से अपना निवास बना लेते हैं। उस स्थान पर वट के पाँच अतिविशाल वृक्ष हैं जो एक दूसरे से कुछ इस तरह से गुँथे हुए हैं कि उनके नीचे स्वाभाविक रूप से एक आवास जैसा निर्मित हो गया है। सम्भवतः यात्रियों का कोई दल ही वहाँ पर विश्राम कर रहा होगा?"

सुपर्णा ने देखा कि आकाश पर सूर्योदय से पूर्व की लाली भासित[56] होने लगी है। उसने अपने अश्व को एड़ लगाते हुए घाटी में उतार दिया और वन निरीक्षक को उच्च स्वर में आदेश देते हुए बोली, "तुम्हें मेरा अनुसरण करने की आवश्यकता नहीं है।"

•॥ 11 ॥•

सुपर्णा तीव्र गति से पंचवटी की ओर बढ़ रही थी। पंचवटी अभी भी बहुत दूर थी किंतु उसे वायुमंडल में अग्निहोत्र की सुवास का अनुभव होने लगा था। जैसे-जैसे वह पंचवटी के समीप पहुँच रही थी, वैसे-वैसे उसने लक्ष्य किया कि उसका चित्त परिवर्तित हो रहा है। उसे लगा जैसे किसी ने उसकी समस्त चिंताओं का हरण करते हुए उसके हृदय को एक अव्यक्त[57] आनंद से भर दिया हो। तभी उसे मंदाकिनी के तट पर एक छोटी-सी शिला के पीछे कुछ बच्चों और स्त्रियों का एक समूह दिखाई दिया। सुपर्णा ने अपने अश्व की रास को हल्का-सा झटका दिया। संकेत पाकर अश्व ने गति को धीमा किया और फिर स्थिर हो गया। सुपर्णा विचार में पड़ गयी, "ये तो सघन वनों में रहनेवाली उपेक्षित जनजातियाँ हैं, ये मंदाकिनी के इस तट पर क्या कर रहीं हैं?" उसने

---

55 झोंपड़ी

56 चमकीला

57 जो व्यक्त न किया जा सके

देखा कि वे सभी अपने हाथों में नदी से निकाले गये छोटे-छोटे पत्थरों को रखे हुए बहुत शांति से अनुशासन की मुद्रा में शिला की ओर देख रहे थे। अनायास ही सुपर्णा को शिला के पीछे से एक धीर-गम्भीर, हृदय को आलोड़ित करनेवाला पुरुष स्वर सुनाई दिया, जो कह रहा था, "हमें एक निश्चित लय और ताल के साथ अपने हाथ के पत्थरों पर धीरे-धीरे घात[58] करना है। मैं जब लय में परिवर्तन करूँगा तब मेरे दक्षिण भाग में खड़ा हुआ दल उस लय का अनुसरण करेगा और मेरे वाम पक्ष में उपस्थित समूह पूर्व की लय का ही पालन करता रहेगा। मैं जब पुनः लय में परिवर्तन करूँगा तो उस समय मात्र मध्य की पंक्ति को ही मेरी परिवर्तित लय का अनुसरण करना है। बाकी दोनों पक्ष अपनी-अपनी लय और ताल के अनुसार ही पत्थरों पर घात करते रहेंगे। स्मरण रहे, पत्थरों को शक्ति से नहीं, बहुत हल्के हाथ से पकड़ कर रखना है।"

एक निश्चित लय और ताल में उन पत्थरों के टकराने से एक दिव्य संगीत उत्पन्न हो रहा था। सुपर्णा अचम्भित, अभिभूत-सी पत्थरों से निकलनेवाले उस संगीत में मग्न हो गयी थी। उसके आश्चर्य का ठिकाना नहीं रहा कि कैसे कोई इन पत्थरों में से भी दिव्य संगीत निकलवा सकता है! ये तो साक्षात महादेव शिव ही प्रतीत होते हैं। संगीत के समाप्त होते ही सुपर्णा का हृदय शिला के पीछे खड़े हुए उस दिव्य पुरुष के दर्शनों के लिए अधीर[59] होने लगा। वह अपने घोड़े से उतरी और स्वयं को छिपाते हुए शिला की ओर बढ़ने लगी।

सुपर्णा शिला के पास पहुँचती, उसके पहले ही अनुपम सौंदर्य से युक्त वह पुरुष मंदाकिनी के तट की ओर बढ़ चुका था। सुपर्णा को मात्र उसका पृष्ठ भाग ही दिखाई दे रहा था। नीलकमल के वर्ण की आभा से सुशोभित सिंह-सी क्षिप्र कटिवाला यह नरसिंह बहुत धीरता से धरती पर अपने पग रखते हुए मंदाकिनी के जल की ओर बढ़ रहा था। उसके पद संचालन से उसकी देह की प्रत्येक मांसपेशी जल में मीन[60] की भाँति अठखेलियाँ करती हुई सी प्रतीत हो रहीं थीं। सुपर्णा को लगा कि जैसे

---

58 चोट/वार

59 धीरज न होना

60 मछली

यह सौंदर्य की प्रतिमूर्ति किसी शिल्पकार की कला का चरमोत्कर्ष है। देवदारु के वृक्ष के समान लम्बे और सीधे तने हुए इस पुरुषोत्तम के वाम स्कंध पर धनुष की प्रत्यंचा का चिह्न देखकर सुपर्णा विस्मय से भर गयी। प्रत्यंचा का यह चिह्न इसके धनुर्धारी होने का प्रमाण है। इस नरोत्तम की देह का प्रत्येक रोम जैसे इसकी श्रेष्ठता का उद्घोष कर रहा है। तब तक सुपर्णा के चक्षुओं[61] और उसके चित्त को आनंद से आप्लावित करता हुआ वह रणधीर, उसके हृदय में रस और रमण की इच्छा को बलवती करता हुआ मंदाकिनी के जल में अंतर्ध्यान[62] हो गया। सुपर्णा के नेत्र विचलित होते हुए उसके संधान के लिए असाध्य श्रम करने लगे किंतु कला की वह साक्षात प्रतिमा उसे कहीं भी दिखाई नहीं दे रही थी। सुपर्णा का हृदय उस सूर्यपुरुष के मुखचंद्र को देखने के लिए छटपटाने लगा। व्याकुल होकर सुपर्णा आवेश के साथ जनजातियों के उस समूह के समक्ष प्रकट होते हुए बोली, "यह रसराज कौन था? कहाँ रहता है यह?"

बच्चों और स्त्रियों के दल की नेत्री ने दंडकारण्य की अधिष्ठात्री को अपने समक्ष देख उसे आदर से प्रणाम करते हुए कहा, "महारानी, हम इनको नहीं जानते। किंतु ये जो भी हैं, बहुत ही विलक्षण हैं। ये कभी हम स्त्रियों-बच्चों को गीत-संगीत सिखाते हैं, तो कभी व्यवस्थित कुटीर निर्माण की कला में हमें दक्ष करते हैं। ये हमें अस्त्र-शस्त्र की शिक्षा के साथ-साथ वनस्पतियों के दिव्य औषधीय गुणों से हमारा परिचय कराते हैं। हमारे पुरुषों को इन्होंने परिष्कृत कृषि-कर्म और पशुपालन की दीक्षा देनी आरम्भ कर दी है महारानी।"

सुपर्णा उस पुरुष के दिव्य गुणों की गाथा सुनती जा रही थी किंतु उसके नेत्र मंदाकिनी के जल में उसे ही ढूँढ़ रहे थे कि तभी वह सुदर्शन पुरुष आधे कोस दूर पंचवटी के पास मंदाकिनी के जल से बाहर प्रकट हुआ। सुपर्णा के आश्चर्य की सीमा ही नहीं रही। वह यह देखकर विस्मय[63] में पड़ गयी कि यह पुरुष किसी जलचर[64] की भाँति जल के अंदर ही अंदर

---

61 आँखों

62 नजर के सामने से गायब हो जाना

63 आश्चर्य

64 पानी में रहनेवाला जीव

अपने श्वास को साधकर आधे कोस की यात्रा बिना किसी श्रम के सरलता से सम्पन्न कर गया!

हे मेरे ईश्वर! यह रसज्ञ और रणधीर ही नहीं, महान योगी भी प्रतीत होता है। किसी में एक साथ इतने गुणों का समावेश सुपर्णा ने आज तक न तो देखा था और न ही सुना था। अभी तक वह अपने भाई रावण को ही संसार का श्रेष्ठतम पुरुष मानती थी किंतु यह अपरिचित दिव्य पुरुष तो अतुलनीय प्रतीत होता है।

सुपर्णा तीव्रता से अपने अश्व की ओर बढ़ी जिससे वह शीघ्रातिशीघ्र पंचवटी पहुँचकर उस पुरुष के दर्शन कर सके, किंतु तभी उसकी अंतःचेतना ने टोकते हुए कहा, "तू संसार के श्रेष्ठतम पुरुष के समक्ष जाना चाहती है तो जाने से पहले कम से कम एक बार तो अपने रूप का निरीक्षण कर ले। कहीं ऐसा न हो कि जिसके रूप को देखकर तेरे हृदय में आनंद का उत्स[65] फूट रहा है, वह तुझे देखकर अवसाद से भर जाए?"

सुपर्णा जैसे अपने आप से ही बात करने लगी, "बात तो तेरी सही है, किंतु इस अरण्य[66] में मैं दर्पण कहाँ से लाऊँ जिसमें मैं स्वयं का निरीक्षण कर सकूँ?"

चेतना ने कहा, "जल में तू अपने प्रतिबिम्ब को देख सकती है।"

"सच कहा तूने किंतु उसके लिए तो जल का स्थिर रहना आवश्यक होता है और मंदाकिनी तो बह रही है।"

सुपर्णा ने विचार करना आरम्भ किया। दंडकारण्य में जो सरोवर है वह पंचवटी से विपरीत दिशा में है। वहाँ तक जाने में बहुत समय लगेगा।

सुपर्णा ने निर्णय ले लिया कि वह आज उस पुरुष के समक्ष नहीं जाएगी, वह उसे जी भरकर मात्र देखेगी। स्वयं को तृप्त करने के बाद उससे संबंधित सम्पूर्ण सूचनाओं को पहले एकत्रित करेगी। पूरी तरह आश्वस्त होने के बाद वह सम्पूर्ण तैयारी के साथ उसके समक्ष उपस्थित होगी, भले ही इसमें कितना भी अधिक समय लगे किन्तु वह इस पुरुष को किसी भी मूल्य पर खोना नहीं चाहती। इस विचार के आते ही

65 सोता

66 वन

सुपर्णा ने स्वयं के वेश को इतना नगण्य बना लिया जिससे यदि कहीं वह भूलवश उसके सामने पड़ भी जाए तो वह पुरुष उसकी अतिसामान्यता के कारण उसे देखे भी नहीं। किंतु अब सुपर्णा तभी इस पुरुष के समक्ष उपस्थित होगी जब वह उसके योग्य होने की पात्रता प्राप्त कर लेगी।

•॥ 12 ॥•

श्रीराम को पिछले कई दिनों से लग रहा था कि जैसे कोई उनकी गतिविधियों का बहुत सूक्ष्मता से अध्ययन कर रहा है किंतु अभी तक ऐसा कोई प्रत्यक्ष प्रमाण उन्हें नहीं मिला था जिससे वे अपनी इस अनुभूति का सत्यापन कर सकें। किंतु उनकी चेतना उन्हें संकेत दे रही थी कि कुछ तो है जो सामान्य नहीं है।

वे भलीभाँति इस तथ्य से भी परिचित थे कि वे खर-दूषण के प्रभाववाले क्षेत्र में निवास कर रहे हैं। उन्होंने पंचवटी की सुरक्षा को भी मजबूत कर दिया था किंतु अपनी आशंका को सीता और लक्ष्मण के समक्ष व्यक्त नहीं किया था, क्योंकि वे जानते थे कि अप्रामाणिक आशंका, प्रामाणिक शंका से अधिक घातक होती है। शंका की उत्पत्ति का कारण प्रत्यक्ष होता है किंतु आशंका को जन्म देनेवाले कारण प्रच्छन्न[67] होते हैं। वे आशंकाएँ ही होती हैं जो व्यक्ति की कर्मणाशक्ति का क्षरण करती हैं।

श्रीराम ने दंडकारण्य के इस घने अरण्य को चुना ही इसलिए था क्योंकि दंडकारण्य के इस वन्यक्षेत्र में प्राकृतिक सम्पदा प्रचुर मात्रा में है और आश्चर्य इस बात का है कि इस क्षेत्र में रहनेवाली जनजातियों को इसकी प्राकृतिक सम्पन्नता का ज्ञान ही नहीं है। रावण ने इस पूरे क्षेत्र को भय और आतंक का केंद्र बना दिया था, जिसके चलते इस पूरे क्षेत्र में ऋषियों ने अपने आश्रमों का निर्माण भी नहीं किया था। परिणामस्वरूप, इस क्षेत्र में रहनेवाला मानव समुदाय अज्ञानता के प्रभाव में रावण की दासता के दंश[68] से ग्रसित था। रावण ने खर-दूषण के माध्यम से यहाँ रहनेवाले स्त्री, पुरुषों और बच्चों के मन-मस्तिष्क में इस

---

67 छुपा हुआ

68 कठोर/चुभनेवाली बात, मक्खियों-मच्छरों का काटना

विचार को स्थापित कर दिया था कि अज्ञान ही ज्ञान है; अवसाद[69] ही आनंद है; दासत्व में ही जीवन का सुख है, किसी का दास होना ही मानव जन्म की श्रेष्ठता है क्योंकि स्वयं के सुख के लिए तो पशु भी उद्यम करता है किंतु अपने श्रम का उपयोग किसी अन्य के कल्याण, उसके सुख के लिए करना ही जन्म की सार्थकता है। इस क्षेत्र का बच्चा-बच्चा खर-दूषण द्वारा प्रचारित इस सिद्धांत में विश्वास करता था कि अपने स्वामी को सम्पन्न करना ही उसके जन्म का एकमात्र हेतु है। यदि इससे अलग तुमने कभी भी कुछ करने या विचारने का कार्य किया तो तुम्हारा सर्वनाश निश्चित है।

राम ने देखा था कि यहाँ के निवासी शारीरिक रूप से अत्यंत बलशाली हैं। विकट परिश्रमी, कर्मठ और बुद्धिमान हैं किंतु इसके बाद भी इनका चित्त सदैव किसी अज्ञात भय से आप्लावित रहता है जिसके कारण ये तेजवान होते हुए भी निस्तेज[70]-से प्रतीत होते हैं। रावण ने बहुत होशियारी से इनके अंदर की आस्था और विश्वास को खंडित कर दिया है।

राम का मन बहुत तीव्रता से वर्तमान परिस्थितियों पर विचार कर रहा था। मुझे इस मानव समुदाय के आशंकित चित्त को आस्तिक चित्त में रूपांतरित करना होगा। इनके अंदर के सुप्त पड़े तेज को जागृत करना होगा। इन्हें अज्ञान के अंधकार से निकालकर ज्ञान के प्रकाश में खड़ा करना होगा। इनके अंदर सदियों से पनप रहे दासत्व को ध्वस्त कर इन्हें स्वामित्व के भाव से भरना होगा। मैं यदि इन्हें पुनः विश्वास के धरातल पर खड़ा करते हुए समाज की मुख्यधारा से जोड़ सकने में सफल हो गया तो यह मेरी बहुत बड़ी विजय होगी। मगर कैसे? कैसे होगा यह?

वन की टेढ़ी-मेढ़ी पगडंडियों से गुजरते हुए राम के हृदय में कोई बोला, "संगति से मनुष्य की वृत्ति ही नहीं, नियति भी बदल जाती है। तुम्हारा सान्निध्य[71] इनके रूपांतरण का कारक होगा राम। जैसे असुरों के सान्निध्य ने इन्हें मूर्च्छित कर दिया है वैसे ही तुम्हारा सान्निध्य इनके जागरण में सहायक होगा।"

---

69 आशा/उत्साह/शक्ति का अभाव/कुछ करने का मन न करना

70 जिसमें तेज न हो, कुम्हलाया हुआ

71 निकटता

राम के मन में पुनः प्रश्न खड़ा हो गया, "क्या वर्षों से शोषित हो रहे समाज को राम अपने सान्निध्य मात्र से संकल्पित समाज में रूपांतरित कर सकता है? क्या धनुर्धारी राम-लक्ष्मण और सीता की उपस्थिति मात्र से ही यह भयाक्रांत समाज निर्भय हो जाएगा? क्या राम का सम्पर्क मात्र ही उनकी शंकाओं का शमन कर सकता है?

तभी उनके अंदर के चैतन्य ने उन्हें सांत्वना देते हुए कहा, "जैसे अग्नि की एक छोटी सी चिंगारी पूरे वन को जलाकर राख कर देती है वैसे ही सदाचार की छोटी सी चिंगारी अनाचार के मेरू को समाप्त कर देती है। यह सत्य है कि विकास की अपेक्षा विनाश की स्मृति अधिक प्रभावशाली होती है। विनाश की कल्पना, उसकी चर्चा से समाज अधिक तीव्रता से आंदोलित होता है। इसलिए साम्राज्यवादी मानसिकतावाला नायक सदैव समाज के अंदर पूर्व में हुए विनाश और भविष्य में होनेवाले विनाश की कल्पना को उद्दीप्त[72] करता है। वह समाज को उसके नष्ट हो जाने की भावना से भर देता है। कोई भी समाज नष्ट नहीं होना चाहता राम। भयाक्रांत समाज अपनी रक्षा के लिए इधर-उधर भटकने लगता है और तब ये साम्राज्यवादी स्वयं को उनके रक्षक के रूप में प्रस्तुत करते हैं, तभी वह अपने साम्राज्य का विस्तार कर पाता है। स्मरण रखो राम, अस्त्रों से उत्पन्न भय का प्रतिकार अस्त्र नहीं, मनुष्य के अंदर सुप्त पड़ी हुई आस्था की जागृति से ही सम्भव है। कोई भी समाज आस्था और विश्वास की नींव पर ही खड़ा होता है। रावण ने समाज की आस्था और उसके विश्वास को ध्वस्त कर दिया है। अभी तक जिन प्रतिमानों के लिए मनुष्य के मन में आस्था और विश्वास हुआ करता था, आज वे ही प्रतिमान संदेहों के घेरे में आ गये हैं। तुम्हारा सान्निध्य इस उपेक्षित, प्रवंचित, शोषित समाज की आस्था को प्रबल करने का कार्य कर रहा है। धनुष की शक्ति से नहीं, धैर्य की शक्ति से ही मनुष्य सृजन के मार्ग पर अग्रसर होता है। तुम्हें धैर्यपूर्वक इस मार्ग पर बढ़ते रहना होगा।"

श्रीराम ने स्वयं से ही प्रतिप्रश्न किया, "किंतु यह अत्यंत लम्बा मार्ग है, क्योंकि धैर्य की भी एक सीमा होती है। धैर्य जब चुक जाता

---

72 प्रज्वलित

है तब वह कुंठा में रूपांतरित हो जाता है और कुंठित समुदाय स्वयं पर ही कुठाराघात करके स्वयं को समाप्त कर लेता है। अकेला राम एक समय में सभी स्थानों पर नहीं रह सकता और इस समय रावण ने सम्पूर्ण सृष्टि को ही अपने अधीन किया हुआ है। वह समाज की विपुल जनराशि की ऊर्जा का उपयोग समाज के नहीं, स्वयं के कल्याण के लिए कर रहा है। प्रकृति को पूजनेवाले सामान्य जन अब विकृति को पोसने लगे हैं।"

चेतना ने श्रीराम की ओर चंचलता से देखते हुए पूछा, "मुझे एक बात बताओ राम। वनगमन की शपथ को पूर्ण करने के लिए तुम्हारे पास कई मार्ग थे। तुम किसी अन्य वन में रहकर भी महारानी कैकेयी की इच्छा को पूरा कर सकते थे। फिर तुमने रावण के अधीन, खर-दूषण के प्रभाववाले दंडकारण्य को ही क्यों चुना?"

चेतना के प्रश्न को सुनकर श्रीराम मुस्कुरा दिए और अपने अंतस में झाँकते हुए बोले, "मैं सीधे केन्द्र पर चोट करना चाहता हूँ। इस समय रावण साम्राज्यवादी सोच का प्रतिनिधि है। रावण का पराभव[73] साम्राज्यवादी नीति का पराभव ही माना जाएगा। मेरे पास सीमित शक्ति है और रावण के पास अपरिमित[74] बल, अतः मेरे लिए अपने पास उपलब्ध शक्ति का संचय करना परमावश्यक है। खर-दूषण, रावण के सर्वाधिक कुशल सेनानायक हैं। रावण ने इन्हें रक्ष साम्राज्य की नाक, उसकी प्रतिष्ठा के रूप में प्रचारित किया हुआ है। दंडकारण्य पर किया गया प्रहार, रावण पर किये गये प्रहार जैसा है।"

चेतना ने श्रीराम से कहा, "तुम्हें ऐसा क्यों लगता है कि त्रिलोकविजेता रावण के लिए दंडकारण्य उसकी सत्ता, शक्ति का प्रतीक है?"

राम ने कहा, "क्योंकि रावण ने अपनी प्राणप्रिय बहन को इस जनस्थान का अधिष्ठात्री नियुक्त किया हुआ है। स्त्रियाँ परिवार का गौरव, उसका मान, उसकी श्री होती हैं और कोई भी व्यक्ति अपने गौरव, मान और श्री को असुरक्षित नहीं छोड़ता। अपने इस निर्णय से रावण सम्पूर्ण विश्व को यह संदेश देना चाहता है कि लंका से बहुत दूर दंडकारण्य जैसे

---

73 नाश/हार

74 जिसकी कोई सीमा न हो

दुर्गम स्थान भी उसके लिए सुगम और सुरक्षित हैं जहाँ वह निश्चिन्त होकर अपने परिवार की स्त्रियों को विचरने दे सकता है।"

तभी श्रीराम ने देखा कि एक अत्यंत आकर्षक आदिवासी स्त्री जिसका वेश तो अत्यंत दरिद्र है किंतु उसकी मुखाकृति और शारीरिक बनावट उसके संभ्रांत[75] होने की घोषणा कर रही है, वह अपना सुधबुध भूलकर सिर्फ उन्हें ही देख रही है। उसे इस बात का भान भी नहीं है कि उससे कुछ ही दूरी पर सिंह उसे अपना शिकार बनाने के लिए आक्रामक पैंतरा ले चुका है। सिंह ने अपने शरीर को सिकोड़कर जैसे ही उस स्त्री को लक्ष्य करके छलाँग लगाई, वैसे ही श्रीराम ने बिजली की फुर्ती से अपने धनुष को बायें हाथ में लेकर उस पर सूची बाण चढ़ाकर सिंह के मस्तक को लक्ष्य करके छोड़ दिया। राम के बाण ने सिंह को उस स्त्री से लगभग दो बाँस की दूरी पर ही भेदकर रख दिया। दीर्घाकार सिंह अपनी सुध-बुध भूलकर धड़ाम से धरती पर गिरा जिसकी ध्वनि से स्त्री की तंद्रा[76] टूटी और उसने पलटकर पीछे की ओर देखा। एक खूँख़ार सिंह को अपने से कुछ ही दूरी पर बेसुध पड़ा देख वह अचम्भित रह गयी! यदि यह धनुर्धारी न होता तो वह आज इस सिंह का भाजन हो चुकी होती। उसने कृतज्ञता ज्ञापित करने के लिए राम की ओर देखा, लेकिन तब तक राम निश्चिन्त मन से पंचवटी की दिशा में बढ़ चुके थे। स्त्री उन्हें पीछे से देख रही थी। राम की चाल में पूर्ण विश्वास और एक निश्चिन्तता थी जैसे उन्हें पता है कि स्त्री अब पूर्ण सुरक्षित है। उसे अब किसी भी सहायता की आवश्यकता नहीं।

राम जब तक आँखों से ओझल नहीं हो गये तब तक सुपर्णा उन्हें अनुराग[77] से देखती रही। तभी साँझ की नीरवता[78] में उसे पशु के श्वाँसों की ध्वनि सुनाई दी। उसने देखा कि यह ध्वनि उसी सिंह के मुख से आ रही है जिसे राम ने अपने बाण से मारकर गिरा दिया था। तो क्या यह सिंह अभी जीवित है? सुपर्णा ने सिंह के पास पहुँचकर बहुत सूक्ष्मता से उसका निरीक्षण किया। वह आश्चर्य के चरम पर थी। सिंह जीवित था किंतु गहरी

---

75 सम्मानित

76 हल्की नींद

77 प्रेम

78 सन्नाटा

निद्रा में मग्न था। राम द्वारा चलाया गया बाण उसके मस्तक में धँसा हुआ था, किंतु रक्त की एक बूँद भी उस स्थान पर नहीं थी!

सुपर्णा एकांत में बुदबुदा उठी, "अहा! अद्भुत! अनुपम कौशल है! यह सत्य ही संसार का श्रेष्ठ पुरुष हैं। इनका लक्ष्य किसी का प्राण लेना नहीं था। इस स्थिति में संसार का कोई भी प्राणी होता तो किसी एक को अपने प्राण गँवाने पड़ते, लेकिन राम का शस्त्र-लाघव[79] ही नहीं, उनका उद्देश्य भी अप्रतिम[80] है। उन्होंने मेरे प्राणों की रक्षा के लिए सिंह के प्राणों का नहीं, मात्र उसकी चेतना का हरण किया। अब कुछ ही पलों में यह फिर से चैतन्य हो जाएगा। राम, तुम मनुष्यों के ही नहीं, पशुओं के भी चित्त और चरित्र को ठीक से समझते हो। तुम वनस्पतियों की प्रकृति को भी जानते हो। तुम विलक्षण हो राम! तुम चेतन को अचेतन और अचेतन को चेतन करने की कला में पारंगत हो। तुम इस प्रकृति के प्रत्येक कण में रमण करनेवाली चेतना हो या यदि यह कहूँ कि प्रकृति का प्रत्येक कण तुममें रमण करता है, तब भी यह अतिशयोक्ति नहीं होगी। मैं तुम्हें प्राप्त होना चाहती हूँ राम, क्योंकि वह तुम ही हो जो मेरे विषाद[81] को आनंद में बदल सकते हो, मेरे हृदय में व्याप्त असंतोष को संतोष प्रदान कर सकते हो।"

सुपर्णा अपने अश्व पर सवार अपने महल की तरफ लौट रही थी। उसके मस्तिष्क में कुछ समय पूर्व घटित हुआ घटनाक्रम चक्रवात की भाँति चक्कर लगा रहा था।

कितने अद्भुत हैं राम! समस्त चराचर के लिए उनके हृदय में कितना प्रेम है! कब, कहाँ, किसको, कितना, कौन-सा बाण मारना है इसका निर्णय पल भर में ले लेने की क्षमतावाले राम निःसंदेह अतुलनीय हैं। ऐसे व्यक्ति को दक्ष नहीं, सिद्ध कहा जाता है। उनका उद्देश्य मेरे प्राणों की रक्षा करना था। नहीं-नहीं, उनका उद्देश्य हम दोनों के प्राणों की रक्षा करना था, तभी तो उन्होंने उस सिंह पर संज्ञाशून्य[82] करनेवाले बाण से प्रहार किया। रघुकुल

---

79 हथियार चलाने की सहजता

80 जिसकी बराबरी का कोई दूसरा न हो

81 निराशा

82 बेहोश

भूषण ने आज यह सिद्ध कर दिया कि मनुष्य यदि चाहे और उसके हृदय में यदि समस्त चराचर जगत के लिए कल्याण का भाव हो तो वह हिंसात्मक अस्त्रों का प्रयोग करते हुए भी अहिंसा के व्रत का पालन कर सकता है। राघव ने आज यह बता दिया कि अस्त्रों की उत्पत्ति के मूल में असुरक्षा नहीं, सुरक्षा की भावना थी, तभी तो आज शिकार और शिकारी, दोनों ही सुरक्षित और जीवित हैं।

कितना मनोहारी व्यक्तित्व है उनका! उन्हें अपने कौशल के ऊपर कितना विश्वास था, तभी तो बाण संधान[83] करने के बाद उन्होंने यह जानने तक का प्रयास भी नहीं किया कि जिसकी रक्षा के लिए उन्होंने बाण छोड़ा है वह जीवित है भी या नहीं? क्योंकि वे जानते थे कि उनका कर्म उनके इच्छित उद्देश्य को पूरा कर चुका है। अजानबाहु राम का अपने कर्म और कौशल के प्रति इतना घोर विश्वास अचम्भित करनेवाला है। हम सभी अपने उद्देश्य की पूर्ति के बाद प्राप्त होनेवाले फल के प्रति आसक्त[84] हो जाते हैं। हम चाहते हैं कि संसार हमारा अभिनंदन करे, हमारी जय-जयकार हो लेकिन राम ने पूर्णतः निर्लिप्त[85] भाव से उस स्थान को ही छोड़ दिया जो उनके कर्म का यशगान करने के लिए उत्सुक था।

•॥ 13 ॥•

राम से विपरीत दिशा में अपने महल की ओर यात्रा करती हुई सुपर्णा पूरी तरह राममय हो गयी थी। उसके नेत्रों में जल छलक आया था। उसे यह लगने लगा जैसे उसके हृदय में व्याप्त समस्त तामसिक[86] वृत्तियों[87] का शमन[88] हो गया है। उसके होंठ स्वतः ही फड़कते हुए उच्चारित करने लगे, "हे आनंदकंद, रघुकुलभूषण, मुझ मूढ़[89] में इतनी शक्ति नहीं है कि

83 निशाना लगाना
84 किसी से बहुत प्रेम करनेवाला
85 जो किसी से लगाव या संबंध न रखता हो
86 अंधकार संबंधी
87 ऐसी क्रिया या गति जिसके फलस्वरूप कुछ होता है
88 दबाना
89 मूर्ख

मैं इस सत्य को समझ पाऊँ कि तुम में परमतत्व का वास है या तुम स्वयं ही परमतत्व हो? इसलिए मुझे यह नहीं पता कि मुझे राम से कुछ माँगना चाहिए या राम से मात्र राम को ही माँगना चाहिए?"

तभी उसे लगा जैसे उसके अश्व पर उसके पीछे कोई बैठा हुआ है जिसने उसे अपने आलिंगन में बद्ध कर लिया है। उसने चौंक कर अपने अश्व की गति को धीमाकर रोकने का प्रयास किया कि तभी उसे अपने कानों में उसके प्रतिलोम[90] शूर्पणखा का मुदित स्वर सुनाई दिया। वह कह रही थी, "अश्व और विचार एक जैसे होते हैं राजकुमारी। जैसे कुशल सवार अश्व की गति के साथ-साथ दिशा और संतुलन का ध्यान भी रखता है वैसे ही विचारशील व्यक्ति भी अपने विचारों को संतुलित रखने के साथ-साथ उन्हें सही दिशा प्रदान करने में विश्वास रखता है।"

सुपर्णा ने कहा, "तुम कहना क्या चाहती हो शूर्पणखे? और तुम तो सदैव मेरे सम्मुख उपस्थित होने में विश्वास रखती थी, फिर आज मेरे पृष्ठ में क्यों हो?"

शूर्पणखा हँसते हुए बोली, "मैं जब-जब तुम्हारे सम्मुख पड़ी हूँ तब-तब मुझे पराजित होना पड़ा है। मैं राक्षसी हूँ राजकुमारी। राक्षसों के लिए प्रकट होना नहीं, प्रच्छन्न रहना ही कल्याणकारी होता है।" फिर किंचित विराम के बाद सुपर्णा को गुदगुदाते हुए बोली, "देवी सुपर्णा, लगता है आप किसी के प्रेम में पड़ गयी हैं? तभी अब आप, आप नहीं कुछ और होना चाहती हैं?"

सुपर्णा ने देखा कि इस बार उसके अंदर की शूर्पणखा की उपस्थिति उसे व्यथित नहीं अपितु व्यवस्थित चिंतन हेतु प्रेरित कर रही है। उसने मुस्कुराते हुए कहा, "शूर्पणखे, यह प्रेम नहीं, उससे ऊपर की अवस्था है जिसे संसार पूजा के नाम से जानता है। आज मुझे दर्शन का सही अर्थ समझ आया। जो आपको आपके जीवन का दर्शन करवा दे, वही दर्शन होता है। जो आपमें व्याप्त मूर्छा[91] को समाप्त कर आपकी जागृति का हेतु हो, वही तो दर्शन होता है।"

---

90 उलटा

91 बेहोशी

सुपर्णा की बात को सुनकर शूर्पणखा हँसते हुए बोली, "हे बावरी, तू प्रेम में है और प्रेम व्यक्ति के चक्षु-उन्मूलन[92] का नहीं अपितु अंधत्व का कारण होता है। इसलिए तुझे कुछ भी दिखाई नहीं दे रहा है।"

"ना...ना...शूर्पणखे, जब हमारे मन की आसक्ति, आस्था में परिवर्तित हो जाती है तब वह प्रेम नहीं, आराधना हो जाता है। विश्वास कर, मैं उस दिव्य पुरुष को प्राप्त करना नहीं चाहती बल्कि स्वयं को उसके चरणों में समर्पित कर देना चाहती हूँ।"

शूर्पणखा ने किंचित उपहास से पूछा, "आस्था का मतलब भी जानती हो मेरी राजकुमारी?"

"हाँ। आज ही जान पायी हूँ, किसी अन्य से नहीं। जब व्यक्ति स्वयं से जुड़ जाता है तब वह आस्थावान कहलाता है। किसी अन्य के हृदय में रमण करने की इच्छा प्रेम कहलाती है लेकिन जब कोई दूसरा हमारे हृदय में रमण करने लगता है तब वह आराधना हो जाती है। और आराधक प्राप्ति-अप्राप्ति के लिए नहीं, अपितु समाप्ति के लिए उद्यम करता है। हम सभी इस संसार में स्वा[93] की समाप्ति के लिए जन्म लेते हैं, किंतु इसी स्वा के वशीभूत होकर हम अपने पूरे जीवन को प्राप्ति के नाम पर समाप्त कर डालते हैं। स्वा को प्राप्त होना नहीं, स्वा का समाप्त होना ही तो शिव है। सुपर्णा जानती है कि रघुकुलभूषण श्रीराम बंधन का विषय नहीं हैं, अपितु वे हमें निर्बंध[94] करने के लिए हैं।"

शूर्पणखा ने हँसते हुए पूछा, "निर्बंध अर्थात मुक्ति?

"हाँ, जब जीव माया से मुक्त होता है तभी वह मायापति को प्राप्त होता है।"

"लेकिन राम तो स्वयं ही मायायुक्त हैं।"

शूर्पणखा के इस कथन को सुनकर सुपर्णा हँसते हुए बोली, "युक्त होने और लिप्त होने में अंतर होता है शूर्पणखे। युक्त अर्थात् युक्ति, कुशलता। जो माया को नियंत्रित करने की युक्ति जानते हैं वे मायापति

92 आँखों को नष्ट करना

93 निज/अपना

94 बंधन रहित

होते हैं और जो माया में लिप्त होते हैं वे माया को नियंत्रित नहीं करते बल्कि माया से नियंत्रित होते हैं, इसलिए उन्हें मायावी कहा जाता है अर्थात् असुर। देखो न, राम के दर्शन मात्र से ही यह असुर कन्या सुपर्णा अपने असुरत्व से मुक्त होने की प्रेरणा से भर गयी।"

सुपर्णा के विचार को सुनकर शूर्पणखा अट्टहास करते हुए बोली, "ग्लानि और प्रतिशोध के भाव से भरे हुए व्यक्ति कभी मुक्त नहीं होते राजकुमारी सुपर्णा। राग, रंग, मद्यपान से लेकर आखेट तक तुमने खूब यत्न किये किंतु अपने पति विद्युतजिह्व के वध की ग्लानि से आज तक मुक्त न हो पायी?"

"उनका वध मैंने नहीं, महाराजाधिराज रावण ने किया था।"

"हाँ, ठीक है कि उसे रावण ने ही मारा था किंतु यह भी उतना ही सत्य है कि तुम चाहती तो उसे जीवनदान दिला सकती थी। किंतु नहीं... अपने भाई रावण के लिए अतिशय प्रेम कहो या भयंकर भय, तुमने तनिक भी प्रयास नहीं किया। उसी ग्लानि से ग्रस्त होकर वर्षों से दंडकारण्य में दुख भोग रही हो।"

"इस तपस्वी राम के लिए उत्पन्न होनेवाले भावों को तुम भले ही भक्ति, पूजा या आराधना कहो किंतु मैं जानती हूँ कि तुम राम रूपी शस्त्र से रावण पर प्रहार कर उसे पराभूत करना चाहती हो। तुम्हें राम के रूप में एक ऐसा आश्रय मिल गया है जो रावण का संहार कर तुम्हारे प्रतिशोध[95] की ज्वाला को शांत कर सकता है। मैं जानती हूँ कि जब तक तेरा प्रतिशोध पूरा नहीं होगा तब तक तू ग्लानि[96] से मुक्त भी नहीं हो सकती।"

शूर्पणखा के कथनों ने सुपर्णा को वर्षों पुरानी स्मृति में धकेल दिया। वातावरण में हलकी शीत होने के बाद भी सुपर्णा का शरीर स्वेद बिंदुओं से भीग गया था।

---

95 बदला

96 अफसोस से उत्पन्न लज्जा

•॥ 14 ॥•

रात्रि के दूसरे प्रहर में लंका के सिंहद्वार पर कोई भयंकर घंटनाद कर रहा था। इस घंटनाद से सोती हुई लंका हरहराकर अचानक जाग गयी। चारों दिशाओं में शोर उठ खड़ा हुआ था कि महाराजाधिराज रावण जीवित हैं।

सुपर्णा ने अपने पार्श्व में सुरा में डूबकर सोए हुए असुरराज विद्युतजिह्व को पूरी शक्ति से हिलाते हुए जगाया। उसे सूचना दी कि महाराजाधिराज रावण जीवित हैं और वे लंका के सिंहद्वार पर उपस्थित हैं।

सूचना सुनकर विद्युतजिह्व तंद्रा को त्याग कर क्षण भर में जागृत हो गया और स्वगत करते हुए बोला, "असम्भव!"

"आपने तो कहा था विद्युत, कि भ्राता रावण महिष्मति में सहस्त्रार्जुन से युद्ध करते हुए मारे गये। यहाँ तक कि आपको उनका शव तक नहीं मिला। किंतु यह क्या? वे तो साक्षात, लंका के सिंहद्वार पर, उपस्थित हैं।"

विद्युतजिह्व ने भयाक्रांत होते हुए कहा, "मेरी बात का विश्वास करो सुपर्णे। हमने उन्हें ढूँढ़ने का बहुत प्रयास किया था किंतु हमें सफलता नहीं मिली। और तभी हमारे गुप्तचरों ने हमें सूचित किया कि राक्षसराज रावण का वध करने के पश्चात सहस्त्रार्जुन लंका को अपने आधिपत्य[97] में लेने की योजना बना रहा है। तब मैं लंका की सेना को दूसरे मार्ग से लेकर सीधा लंका आ गया था ताकि तुम्हारी, इस लंका-लक्ष्मी की रक्षा कर सकूँ।"

तभी अपने कक्ष के द्वार पर उसे रावण का तीव्र स्वर सुनाई दिया, "नीच, विश्वासघाती विद्युत! बहन के कक्ष में बड़े भाई को प्रवेश नहीं करना चाहिए इसलिए तू अभी तक जीवित है, अन्यथा मैं दशानन रावण अब तक तुझे मृत्यु के घाट उतार चुका होता। तू इसी क्षण कक्ष से बाहर आ, अन्यथा रावण को मर्यादा भंग करने में क्षण भी नहीं लगेगा।"

सुपर्णा को लगा जैसे रावण अपने दसों मुखों से एक साथ चिंघाड़ रहा है। उसने विद्युतजिह्व से प्रार्थना करते हुए कहा, "आप चलिए और भ्राता को इस सत्य से अवगत कराइए। मुझे विश्वास है वे आपकी बात को मान देते हुए आपको क्षमा कर देंगे।"

---

97 ऐसा अधिकार कि जो चाहे सो कर सके

"क्षमा कर देंगे? मैं तेरे इस नीच भाई को बहुत अच्छे से जानता हूँ। महादेव से शक्ति प्राप्त करने के लिए जो स्वयं के शीश काट सकता है, उसे मेरा शिरोच्छेद करने में एक क्षण भी नहीं लगेगा।"

तभी भयंकर तीव्र ध्वनि के साथ कक्ष के दीर्घ कपाट[98], चौखट सहित भूमि पर गिरे। सुपर्णा ने क्रोध और भय के मिश्रित भाव से विद्युतजिह्व की बाँह को पूरी शक्ति से पकड़ा और उसे घसीटते हुए कक्ष से बाहर ले आयी व धक्का देते हुए रावण के सामने फेंक दिया।

रावण ने सुपर्णा के सामने ही क्रोध से विद्युतजिह्व की छाती पर अपने पद से प्रहार करते हुए कहा, "दुरात्मा, दुराचारी, कायर विश्वासघाती! मैंने तेरे ऊपर अपनी सुरक्षा का भार सौंपा। तुझे अपने अंगरक्षक दल का सेनानायक बनाया और तूने रावण के लिए अपने प्राण देने के स्थान पर रावण की मृत्यु का दुष्प्रचार किया ताकि तू रावण द्वारा अर्जित राज्यलक्ष्मी का भोग कर सके? दुष्ट! तूने अपनी कु-इच्छा की पूर्ति के लिए मेरी प्राणप्रिय बहन के चित्त को भी कलुषित[99] करके उसे भी इस दुरभिसंधि का अंग बना लिया?"

मंदोदरी, कुंभकर्ण, विभीषण, सुमाली, अतिकेय जैसे परिजनों व लंका साम्राज्य के छोटे-बड़े पदाधिकारियों के सम्मुख अपने पति का अपमान और स्वयं के ऊपर लगे लांछन से सुपर्णा अपमान की ज्वाला से दग्ध हो रही थी। उसे ऐसा लग रहा था जैसे सभी उसे अविश्वास व धिक्कार की दृष्टि से देख रहे हैं। वह इसी क्षण लंका को छोड़ देना चाहती थी किंतु उसे ऐसा लग रहा था जैसे उसकी देह में शक्ति ही नहीं बची। उसके नेत्रों से अश्रुधारा प्रवाहित हो रही थी। वह कुछ कहना चाहती थी किंतु उसे लगा जैसे उसके कंठ में स्वर ही नहीं है। तभी उसे रावण का स्वर सुनाई दिया। रावण उससे पूछ रहा था, "शूर्पणखा, मेरी प्यारी बहन! मुझे बताओ...राज्यलक्ष्मी का छल से हरण करके उसे भोगनेवाले अपराधी को क्या दंड देना चाहिए?"

सुपर्णा सिहरकर रह गयी। रावण क्रोध से भरा हुआ उसके उत्तर की प्रतीक्षा कर रहा था। उसने एक-एक करके उपस्थित परिजनों की

98 किवाड़

99 मैला

ओर देखा। उसे लगा जैसे सभी के हृदय में उसके लिए धिक्कार और अविश्वास का भाव है। फिर उसने भूमि पर मार खाकर अपमानित पड़े हुए अपने पति विद्युतजिह्व की ओर देखा जो कातर नेत्रों से उसे देख रहा था। सुपर्णा को लगा कि अपमानित होकर जीवित रहने से कहीं अधिक कल्याणकारी मृत्यु है।

उसने स्थिर नेत्रों से रावण की ओर देखते हुए कहा, "किसी अन्य की राज्यलक्ष्मी का छल से हरण कर उसका भोग करनेवाले को मृत्युदंड से कम कुछ नहीं दिया जाना चाहिए महाराजाधिराज लंकाधिपति रावण। किंतु आप विश्वास कीजिए, मैं इस कृत्य में अपने पति की सहभागी नहीं हूँ।"

रावण ने शूर्पणखा के नेत्रों में भेद देनेवाली दृष्टि से देखते हुए कहा, "अनुचित महत्वाकांक्षाओं का ज्ञान होने के बाद भी उसे गुप्त रखना, सहभागी होना ही होता है शूर्पणखे।"

रावण ने भूमि पर पड़े हुए विद्युतजिह्व की छाती पर पूरी शक्ति से अपने पद से प्रहार किया। प्रहार इतना तीव्र था कि विद्युतजिह्व के मुख से रक्त बहने लगा। रावण ने अपने शरीर का सारा बल अपने पैर में डालकर उसके कंठ को अवरुद्ध कर दिया। श्वांस के अभाव में विद्युतजिह्व ने *जल बिन मीन* जैसे तड़पते हुए अपने प्राण त्याग दिए।

विद्युतजिह्व की मृत देह पर अपने एक पैर को रखे हुए रावण ने शूर्पणखा के नेत्रों में झाँकते हुए आदेश दिया, "और इस दुरभिसंधि में संलग्न रहने के अपराध में मैं लंकाधिपति रावण अपनी बहन शूर्पणखा को जीवित रहने का दंड देता हूँ। आज से वह मेरे आधिपत्यवाले दंडकारण्य क्षेत्र की अधिष्ठात्री होगी और महाबली खर, दूषण व त्रिशरा चौदह सहस्त्र सैनिकों के साथ इसके सहायक होंगे।"

•|| 15 ||•

'महारानी की जय हो' की ध्वनि से उसकी तंद्रा टूटी। उसने देखा कि वह दंडकारण्य के अपने महल में पहुँच चुकी है।

द्वार-रक्षक ने बहुत सम्मान के साथ सिर झुकाते हुए कहा, "महारानी, महासेनापति महाबली खर आज सुबह से चार बार आपके दर्शनों के लिए आ चुके हैं। आपका आदेश हो तो उन्हें आपके आगमन की सूचना दूँ?"

"नहीं, रात्रि का प्रथम प्रहर व्यतीत हो चुका है। उन्हें विश्राम करने दो। कल प्रातः उनसे भेंट करूँगी।"

अपने पति विद्युतजिह्व के वध के बाद वैधव्य[100] का जीवन जी रही सुपर्णा के जीवन में यह पहला अवसर था जब रावण के लिए उसके हृदय में दबी हुई प्रतिहिंसा मुखर होकर उसके मस्तिष्क पर पूरी शक्ति से चोट कर रही थी।

क्या शूर्पणखा सत्य कह रही थी कि राम उसके लिए प्रेम का नहीं, प्रतिशोध का साधन है? क्या वह सत्य ही अपने भाई रावण के प्रति प्रतिशोध की भावना से भरी हुई है? नहीं, मैं भ्राता रावण से अपने प्राणों से अधिक प्रेम करती हूँ, तभी तो मैंने अपने सुहाग को क्षण भर में उसके सामने प्रस्तुत कर दिया था। और क्यों न करूँ रावण से प्रेम? रावण ने पराजित होती हुई हमारी रक्ष संस्कृति का पुनरुत्थान[101] किया है। अपने तप, ताप और तपस्या से वह शून्य से शिखर तक पहुँचा है। अपनी हठधर्मिता[102] से उसने महादेव शिव को प्रसन्न ही नहीं, अपितु विवश[103] भी किया कि वह उसे संसार का सम्पूर्ण ज्ञान ही नहीं, बल्कि शक्ति, भक्ति, सम्पत्ति, सुख, वैभव और ऐश्वर्य भी प्रदान करें। किंतु यह कितना विचित्र है कि महादेव शिव को साधने के बाद भी रावण का प्रताप संसार के सुख का नहीं, संसार के संताप का कारण बना! रावण के प्रति अगाध प्रेम होने के बाद भी उसके परिजनों का हृदय एक अव्यक्त भय से भरा रहता है।

दूसरी ओर वह वनवासी राम है जिसका दर्शन ही भयभीत चित्त को निर्भय कर देता है। उसके ऊर्जा क्षेत्र में आते ही व्यक्ति प्रसन्नता और आनंद से भर जाता है। जैसे मृदंग वादक अपनी दक्षता के चलते

---

100 विधवा का

101 फिर से उत्थान करना

102 जिद

103 मजबूर

मृत चर्म में से भी जीवन का संगीत प्रकट करता है, वैसे ही यह राम भी हतोत्साहित,[104] कुंठित, जीवित किंतु मृतप्राय आत्माओं के जीवन में प्राण फूँक कर उन्हें उल्लास, और उत्फुल्लता[105] से आप्लावित कर देता है। राम का स्मरण मात्र ही व्यक्ति को भविष्य की चिंता और अतीत की ग्लानि से मुक्त कर उसे वर्तमान में स्थापित कर देता है। मनुष्य ने भले ही अपनी सुविधा के लिए काल को भूत, भविष्य, वर्तमान में बाँट लिया है, किंतु इस संसार में यदि कुछ सत्य है तो मात्र वर्तमान का क्षण ही है और जो सत्य है वही शिव है। जो शिव है वही सुंदर है। और सुंदर क्या है? स्वा के द्वार से स्वयं में प्रविष्ट होना, क्योंकि स्वयं से संगति ही हमारी प्रगति का आधार है और आत्मा की उन्नति, उसका परिष्कार ही तो वास्तविक सुंदरता है।

सुपर्णा का चिंतन अबाध गति से चल रहा था। उसे समय का भान ही नहीं रहा। वह अपने कक्ष के गवाक्ष[106] पर खड़ी होकर आकाश के पूर्ण चंद्र को निहारने में लगी थी जिसकी ज्योत्सना[107] से सम्पूर्ण दंडकारण्य रजत की भाँति दमक रहा था। रात्रि का तीसरा प्रहर आरम्भ हो चुका था किंतु उसके नेत्रों से निद्रा अभी कोसों दूर थी।

अचानक उसके मुख पर मुस्कान ने जन्म लिया और वह सशब्द बोल उठी, "राम के चिंतन में कितनी शक्ति है कि आज शूर्पणखा का प्रतिव्यक्तित्व भी मेरे आनंद में व्यवधान डालने प्रकट नहीं हुआ अन्यथा उस दुष्टा से मेरा किंचित सुख भी नहीं देखा जाता।"

"तो क्या राम ही परमसत्ता हैं? हाँ, निश्चित ही क्योंकि वर्तमान में उपस्थित करने की शक्ति मात्र वर्तमान में ही होती है और जो सदैव वर्तमान रहे उसे ही परमसत्ता या ईश्वर कहा जाता है। यदि वे ईश्वर हैं तो फिर अपने ईश्वरत्व को प्रकट क्यों नहीं करते? क्यों वे सामान्य-से गृहस्थ तपस्वी बने हुए वनों में विचरण कर रहे हैं?"

तभी उसे लगा जैसे उसके पिता विश्रवा ऋषि आकाश में खड़े होकर बहुत करुणा से उसे देख रहे हैं। वर्षों-वर्ष बाद अपने पिता की मानसिक

---

104 जिसमें उत्साह की कमी हो

105 खिला-खिला होने का भाव

106 छोटी खिड़की

107 चाँद की रोशनी

उपस्थिति से सुपर्णा भावविह्वल हो गयी और उसने अश्रुपूरित नेत्रों से उनकी ओर देखते हुए पूछा, "जगत में ईश्वर है तो वह प्रकट क्यों नहीं होता पिता?"

विश्रवा ने अपनी पुत्री से कहा, "ईश्वर अप्रकट ही रहता है पुत्री। वह पुण्यात्माओं के उत्थान, उनके रक्षण के लिए आता अवश्य है किंतु वह प्रकट नहीं होता। जैसे जल में रहनेवाली शीतलता हमें दिखाई नहीं देती; जैसे अग्नि में प्रच्छन्न ताप हमें दिखाई नहीं देता, जैसे देह में उपस्थित आत्मा हमें दिखाई नहीं देती वैसे ही यह परमात्मा होता है। यह अनुभूति का विषय है पुत्री जिसे अनुभूत करने के बाद भी अभिव्यक्त नहीं किया जा सकता। यह दृष्टि का नहीं, अंतर्दृष्टि का विषय है।"

"जैसे समुद्र के गर्भ में असंख्य रत्न होते हैं तब भी वे समुद्र में यात्रा करनेवाले यात्रियों को नहीं, उन विरले गोताखोरों को ही प्राप्त होते हैं जो उस समुद्र की अंतहीन गहराई में उतरते चले जाते हैं। वैसे ही, परमात्मा की सृष्टि में विचरण करते हुए भी प्रत्येक प्राणी को परमात्मा उपलब्ध नहीं होता। स्मरण रखो पुत्री, हम सभी परमात्मा को उपलब्ध हैं, किंतु इसके बाद भी परमात्मा हम सभी को उपलब्ध नहीं होता।"

सुपर्णा को लगा जैसे उसके पिता सशरीर उसके सामने उपस्थित हैं। वह बिलकुल छोटी बच्ची के जैसे सब कुछ उन्हें बता देना चाहती थी। उसने अधिकार से अपने पिता का हाथ खींचा और उन्हें अपने कक्ष में रखे हुए आसन पर बैठा दिया व स्वयं उनके पैरों के पास भूमि पर बैठकर भोलेपन से उन्हें निहारने लगी। पिता की आँखों में उसे अपने लिए प्रशंसा और स्नेह दिखाई दिया। यह देखकर सुपर्णा आनंदमग्न हो गयी। यही तो चाहिए था उसे अपने पिता से—स्वयं के लिए विश्वास और प्रशंसा। और पिता भी सम्भवतः यही चाहते थे कि उनकी यह बच्ची स्वयं की ऊर्जा को सकारात्मक दिशा प्रदान करे।

सुपर्णा ने मुदित होते हुए कहा, "आप कहते थे न कि सुपर्णा तुम स्वयं को निखारो। देखिए आपकी सुपर्णा ने स्वयं को निखारने का कार्य आरम्भ कर दिया है। मैं स्वयं ही अपने इस आंतरिक परिवर्तन से अचम्भित हूँ! मैंने अनुभूत किया है पिता, कि मेरा गायन, मेरा नर्तन अब प्रदर्शन का नहीं, दर्शन का विषय हो गया है। अब मैं किसी को प्रभावित करने के लिए नहीं अपितु

स्वयं के आनंद के लिए नाचती-गाती हूँ। मेरे अंदर की तामसिक ऊर्जा जैसे सात्विक ऊर्जा में रूपांतरित होने लगी है। प्रकृति की प्रत्येक छटा मेरे आनंद में वृद्धि करती है। मेरे अंदर का संताप[108], संतोष में रूपांतरित होने लगा है। आपको पता है, इससे पहले जब कभी मैं आनंदित होती थी तब स्वतः ही मद्य[109] के प्रति मेरी रसना जागृत हो जाती थी, किंतु अब आनंद के चरम पर होने के बाद भी मुझमें मद्यपान करने की इच्छा का अभाव रहता है। मुझे लगता है कि जैसे मैं अभी तक मूर्छित-सा जीवन जीती आयी हूँ, किंतु अब मैं अपने प्रत्येक रोम में व्याप्त मूर्छा से मुक्त होना चाहती हूँ।"

"हे पिता, क्या किसी का दर्शन इतने बड़े आंतरिक परिवर्तन का कारण हो सकता है?"

विश्रवा ने स्नेह से उसके सर पर हाथ फेरते हुए कहा, "हो सकता है पुत्री। संसार की प्रत्येक चेतना सत्, रज और तम इन तीन ऊर्जाओं, इन तीन गुणों का समुच्चय[110] होती है। जिन चेतनाओं में तामसिक ऊर्जा की प्रधानता होती है इसका यह अर्थ कदापि नहीं होता कि उनमें सत् और रज नहीं है और जो सात्विक ऊर्जा से संचालित होते हैं उनमें भी रज व तम की उपस्थिति होती है। जिसे तुम अपना रूपांतरण मान रही हो वह रूपांतरण नहीं, अनावरण[111] है। राम की सात्विक ऊर्जा ने तुम्हारे अंदर सुप्त पड़ी सात्विक ऊर्जा को प्रखरता से जागृत कर दिया है। इसी जागृति को साक्षात्कार कहा जाता है। अनावरण की प्रक्रिया ही परमात्मा का अवतरण होता है। राम का ऊर्जा केंद्र अत्यंत शक्तिशाली है पुत्री।"

सुपर्णा ने बीच में टोकते हुए कहा, "ऊर्जा केंद्र तो रावण का भी अत्यंत शक्तिशाली है तात! उसकी उपस्थिति भी तो अपने सम्पर्क में आनेवाली चेतनाओं को अपने वश में कर लेती है। किंतु वे सभी संसार के कल्याण के नहीं, अकल्याण के भागी हैं। रावण किसी के अभीष्ट की पूर्ति का हेतु नहीं है अपितु वह अनिष्ट का साधन है।"

---

108 ऐसा दुख जिससे मन जलता हुआ लगे

109 शराब

110 कुछ वस्तुओं का एक में मिलना

111 जो पर्दे में हो उसे सामने लाना

विश्रवा ने कहा, "तुमने सत्य कहा पुत्री। रावण संसार के प्रति अस्वीकार की भावना से भरा हुआ है और राम स्वीकार के भाव से प्रेरित हैं। इसलिए रावण का सान्निध्य अनिष्टकारक है और राम अपने सम्पर्क में आनेवाली प्रत्येक चेतना को उसके इष्ट और अभीष्ट तक पहुँचाने के हेतु हैं।"

सुपर्णा ने कहा, "मुझे आश्चर्य होता है पिता, महादेव शिव का परम भक्त होते हुए भी रावण इतना अत्याचारी कैसे हो सकता है? महादेव शिव निरहंकारी[112] हैं किंतु देखिए, उनका परम भक्त रावण अहंकार का पर्याय है। महादेव ने उसे ज्ञान तो दिया किंतु बुद्धि न दी। आप तो कहते थे कि तपस्या व्यक्ति के अहंकार को विगलित[113] करती है किंतु रावण की तपस्या ने तो रावण के अहंकार को और अधिक प्रज्ज्वलित कर दिया!"

विश्रवा ने कहा, "उसका मात्र इतना कारण है पुत्री कि रावण ने तपस्या शिव को प्राप्त करने के लिए नहीं, शिव से प्राप्त करने के लिए की थी। उसे शिव नहीं, उनकी शक्ति चाहिए थी। वह शिव को उपलब्ध होना नहीं चाहता था, वह उनकी उपलब्धियों को प्राप्त करना चाहता था। महादेव तो औघड़दानी हैं। उन्होंने वह सब कुछ उसे दे दिया। किंतु परमात्मा से शक्ति प्राप्त कर लेने का अर्थ परमात्मा को प्राप्त कर लेना नहीं होता पुत्री। स्मरण रखो, परमात्मा द्वारा दी गयी शक्तियों में परमात्मा का वास नहीं होता, किंतु जहाँ परमात्मा का वास होता है वहाँ उनकी समस्त शक्तियाँ स्वयं ही विद्यमान होती हैं। इसलिए तपस्वी को चाहिए कि वह अपनी तपस्या के प्रतिफल में परमात्मा से उसकी शक्ति नहीं, अपितु परमात्मा को ही माँगे। अन्यथा तपस्या हमारे अहंकार में वृद्धि का कारण हो जाएगी और वह अहंकार ही होता है जो हमारी बुद्धि, हमारे विवेक का नाश करता है। यही कारण है जो आज तुम अपने भ्राता रावण को ज्ञानी होने के बाद भी बुद्धिहीन कह रही हो।"

सुपर्णा चमत्कृत-सी अपने पिता के दर्शन को सुन रही थी। उसने निवेदन के स्वर में विश्रवा से कहा, "पिता, मेरे प्रश्न को अन्यथा मत

---

112 जिसमें घमंड न हो

113 पूरी तरह से गला हुआ

लीजिएगा। आप भी तो परम ज्ञानी हैं। रक्षों, यक्षों से लेकर देवता तक सभी आपका आदर करते थे। तब आप मेरा, भ्राता रावण का परिष्कार क्यों नहीं कर पाए?"

विश्रवा ने गम्भीरता धारण करते हुए कहा, "पुत्री, मैं या मेरे जैसे लोग निषेध के भाव से भरे हुए होते हैं इसलिए चेतना में उपस्थित असत को समाप्त करने का प्रयास करते हैं, किंतु राम निषेध नहीं, नियंत्रण में विश्वास करते हैं इसलिए वे असत की सत्ता को स्वीकारते हुए चेतना में सुप्त पड़े सत् के जागरण का उद्यम करते हैं।"

"तो क्या राम भी तपस्वी है? पिछले कई दिनों से मैं उसकी एक-एक गतिविधि का बहुत सूक्ष्मता से अध्ययन कर रही हूँ, किंतु मुझे उसमें एक भी ऐसा लक्षण दिखाई नहीं दिया जिससे यह कहा जा सके कि राम तपस्वी है। वह अपना पूरा समय जनजातियों के बीच बिताता है।"

"राम साधक हैं पुत्री।"

"किंतु तपस्वी और साधक तो एक ही होते हैं न पिता?"

"जीवन को सम्यक्[114] रूप से साधने की कला साधना कहलाती है। और मात्र अपने इष्ट को प्रसन्न करने के लिए किया गया कठोर प्रयास तपस्या कहलाता है। साधक सर्वांगींण विकास का पक्षधर होता है और तपस्वी एकांगी प्रगति का। साधक शक्ति के विकेंद्रीकरण में विश्वास करता है और तपस्वी शक्ति के केंद्रीकरण में। साधना, मुक्त होने की प्रक्रिया है और तपस्या, युक्त होने का साधन। साधक संकल्पमार्गी होता है और तपस्वी हठमार्गी। इसलिए बहुधा तपस्वी का चित्त, उसकी दृष्टि एक निश्चित अवधारणा के प्रति आग्रह से भर जाती है जबकि साधना का मूल उद्देश्य मनुष्य को सभी आग्रहों, पूर्वाग्रहों[115] से मुक्त करते हुए समदर्शी बनाना होता है।"

जिनके मुख से निकली वाणी का श्रवण करने के लिए देवता भी लालायित रहते थे ऐसे विश्रवा ऋषि उसके पिता हैं, इस विचार से ही सुपर्णा को रोमांच हो आया। वह अपने पिता के मुख से निकले प्रत्येक शब्द को जैसे अपने चित्त में लोक लेना चाहती थी।

---

114 सब प्रकार से/भली-भाँति

115 पहले से बनायी धारणा

विश्रवा शून्य में देखते हुए बोल रहे थे, "राम समदर्शी हैं। यह राम की समदर्शिता[116] का प्रमाण ही है पुत्री कि जितना प्रेम राम को सकारात्मक ऊर्जा से है, उतना ही आदर उनके मन में नकारात्मक ऊर्जा के लिए भी है।"

"राम एक ऐसे जननायक हैं जो प्रत्येक ऊर्जा के गुण, उसके महत्व, उसकी उपयोगिता से भलीभाँति परिचित हैं। वह इस जगत की प्रत्येक ऊर्जा के लिए स्वीकार के भाव से भरे हुए हैं। वे इस सत्य को जानते हैं कि जब सकार और नकार एक दूसरे से लयबद्ध होकर मिलते हैं तब हमारे चित्त में ॐकार का उदय होता है। और जब ये दोनों ऊर्जाएँ एक-दूसरे के विरुद्ध खड़े होकर एक दूसरे से टकराने लगती हैं तब हमारे चित्त में विकार जन्म लेता है। सत्, रज, तम की आनुपातिक संगति सृजन का घोष है, तो इनके बीच उत्पन्न होनेवाली विसंगती विध्वंस की घोषणा।"

भावनाओं के आवेग से सुपर्णा के अश्रुओं का बाँध जैसे फूट पड़ा। अपनी पुत्री को रोता देख विश्रवा ने पूछा, "क्या हुआ पुत्री?"

"कुछ नहीं तात। मन का समस्त कलुष[117] नेत्रों के मार्ग से बाहर आ रहा है। परमात्मा ने मुझे आपके अंश के रूप में जन्म देकर अपने जीवन को उन्नत करने का अवसर प्रदान किया था किंतु मैंने मिले हुए इस सुयोग का दुरुपयोग किया और उत्थान के स्थान पर पतन के मार्ग पर अग्रसर हो गयी। विधाता ने प्रत्येक प्राणी के संसार में आने और संसार से जाने की व्यवस्था अपने पास रखी है किंतु संसार में कैसे रहना है यह अधिकार उसने प्राणियों को सौंपा हुआ है। मैंने अपने उस अधिकार का समुचित उपयोग नहीं किया और अब आयु के इस पड़ाव पर मुझे लग रहा है जैसे मेरा सम्पूर्ण जीवन ही व्यर्थ गया। मेरे चिंतन, मनन, आचरण ने मुझे सुपर्णा से शूर्पणखा बना दिया जिसका न कोई मान है और न ही जिसके पास कोई कौशल है।"

विश्रवा ने कहा, "विषाद त्यागो पुत्री। इस जगत में जो कुछ भी है, सबकी अपनी उपयोगिता है। इसलिए तुम्हारा होना भी किसी ध्येय की पूर्ति का साधन होगा। हम सभी एक बड़ी व्यवस्था के बहुत छोटे से अंग हैं,

---

116 सबको समान रूप से देखना

117 मैल

किंतु अपनी शक्ति के मद में हम स्वयं को ही व्यवस्था और व्यवस्थापक समझने की भूल कर बैठते हैं।"

"पुत्री, अधर्मी से अधर्मी पिता भी चाहता है कि उसकी संतान धर्म के मार्ग पर चले। तब धर्म के मार्ग पर चलनेवाला मनुष्य तो यह चाहेगा ही कि उसकी संतान धर्मपूर्वक अपना जीवन व्यतीत करें। मैं इस तथ्य को लेकर सदा ही अपराधबोध से ग्रस्त रहा हूँ कि मेरी संतान गुणी, मेधावी[118] और प्रज्ञा[119] सम्पन्न होने के बाद भी संसार के संतोष का नहीं, संसार के संताप का कारण बनी। मेरे पुत्र रावण की महत्वाकांक्षा के कारण मेरे पिता पुलत्स्य को भी कुंठित होना पड़ा। तुम जानती ही हो कि यदि पिता पुलत्स्य हस्तक्षेप न करते तो रावण कार्तवीर्य अर्जुन के बंदीगृह से कभी मुक्त न होता।"

सुपर्णा को लगा जैसे विश्रवा कुछ कहना चाहते हैं और कहते-कहते रुक गये। विश्रवा ने क्षण भर विराम लिया और सुपर्णा के नेत्रों में गम्भीरता से झाँकते हुए बोले, "मैं चाहता हूँ कि इस बार पुत्र नहीं, मेरी पुत्री सुपर्णा मेरे सम्पूर्ण वंश के तारण का कारण बने।"

अपने पिता के कथनों को सुनकर सुपर्णा भावाभिभूत होते हुए बोली, "इसके लिए मुझे क्या करना होगा पिता?"

"तुम्हें अपने बुद्धि कौशल का प्रयोग करते हुए राम और रावण को एक दूसरे से युद्ध करने के लिए प्रेरित करना होगा, बस!"

सुपर्णा ने पल भर विचारा और हताश स्वर में कहा, "यह असम्भव है तात। जहाँ तक मैंने राम को समझा है, मैं यह कह सकती हूँ कि राम उन व्यक्तियों में से नहीं है जो किसी अन्य की प्रेरणा से संचालित हो सके। वह स्वप्रेरणा से संचालित होनेवाली चेतना है।"

"तो फिर रावण को प्रेरित करो पुत्री।"

सुपर्णा ने अपने पिता की ओर मुस्कुरा कर देखते हुए कहा, "यह तो आप मुझसे भी अधिक अच्छे से जानते हैं कि रावण को भी उसकी इच्छा

118 बुद्धिमान

119 बुद्धि/समझ

के विरुद्ध किसी कार्य को करने के लिए प्रेरित नहीं किया जा सकता पिता। वह भी स्व-संचालित चेतना है।"

सुपर्णा को लगा जैसे विश्रवा स्वयं से ही बोल रहे हों, "रावण को संचालित नहीं, किंतु विचलित अवश्य किया जा सकता है। मैं देख पा रहा हूँ कि तुम अपने जिस जीवन को व्यर्थ मान कर हताश हो रही हो, तुम्हारा वही असार अस्तित्व संसार के दो अतिविशाल शक्तिपुंजों को मिलाने के लिए सेतु का कार्य करनेवाला है। दैवीय सत्ता दुर्दम्य[120] चुनौतियों के घर्षण से ही प्रकट होती है। यदि राम में कोई दिव्यता है तो वह रावण का नाश करने के बाद ही प्रकट हो सकती है।"

विश्रवा के कथन को सुनकर सुपर्णा स्तब्ध रह गयी। उसने कहा, "तात! मैं अपने पति विद्युतजिह्व के वध से उत्पन्न अपराधबोध से अभी तक मुक्त नहीं हो पायी हूँ और अब आप मुझे मेरे भाई की हत्या का हेतु होने के लिए प्रेरित कर रहे हैं? मैं असुर होने के बाद भी एक स्त्री हूँ पिता। मैं इतने बड़े बोझ को उठा नहीं पाऊँगी।"

विश्रवा ने स्नेह से उसके सर पर हाथ रखते हुए कहा, "पुत्री, प्रत्यक्षतः अशुभ दिखनेवाली मेरी इस इच्छा के पीछे भी शुभ की कामना ही है। शास्त्रों में यदि माता-पिता के लौकिक और पारलौकिक कल्याण का दायित्व पुत्र के ऊपर छोड़ा गया है, तो साथ ही साथ माता-पिता को भी यह निर्देश दिया गया है कि वे अपनी संतानों के कल्याण के भागी हों। रावण भले ही राक्षस है, आततायी है किंतु इसके बाद भी वह मेरा पुत्र है, तो एक पिता होने के नाते मैं उसका हित ही साधना चाहता हूँ। मैं चाहता हूँ पुत्री कि रावण की मृत्यु नहीं, उसका अंत हो।"

"मृत्यु और अंत तो एक ही होते हैं पिता।"

"नहीं, ये एक नहीं होते पुत्री। मृत्यु जीवन की विस्मृति है और अंत जीवन की चिरस्मृति। मैं चाहता हूँ कि रावण अपनी देह के समाप्त होने के बाद भी संसार की चिरस्मृति में सदा के लिए वर्तमान रहे। और यह तभी होगा जब रावण की नकारात्मक ऊर्जा राम की सकारात्मक ऊर्जा के सम्पर्क में आएगी।"

120 जिसका दमन न किया जा सके

"रावण अमर होना चाहता था ना? उसने अमरत्व को प्राप्त करने के लिए कठोर तप किया और महादेव को संतुष्ट किया। महादेव उससे प्रसन्न भी हुए किंतु इसके बाद भी वे उसे अमरता का वरदान न दे पाए।"

"मेरे पुत्र रावण को जो अमरत्व परमपिता परमात्मा नहीं दे पाए वह अमरत्व उसका पिता विश्रवा प्रदान करने की व्यवस्था बना रहा है। याद रखो पुत्री, कालांतर में रावण को संसार उसके शौर्य के लिए नहीं, अपितु राम के लिए अपनी शत्रुता के कारण याद रखेगा। संसार उसे अपने धर्म के लिए नहीं, राम के प्रति अपने द्रोह के कारण याद रखेगा। और वहीं दूसरी ओर रावण का बल; उसकी शक्ति; उसका सामर्थ्य, उसका प्रताप अपने घर्षण से नश्वर जगत में जन्म लेने के बाद भी राम को ईश्वर के रूप में प्रतिष्ठा प्रदान करेगा।"

•॥ 16 ॥•

तभी उसे राजमहल के परिसर में स्थापित महादेव शिव के मंदिर का घंटनाद सुनाई दिया। उसकी तंद्रा टूटी और वह स्वगत कह उठी, "ओह! कब भोर हो गयी, पता ही नहीं चला?" उसने अपने कक्ष के गवाक्ष से शिवालय के कलश के दर्शन किये। मन ही मन महादेव शिव का स्मरण करते हुए उन्हें प्रणाम किया और कक्ष के द्वार पर सनद्ध स्त्री सैनिक को अविलंब सैरंध्री को बुला भेजने का निर्देश दिया।

सैरंध्री के उपस्थित होते ही सुपर्णा ने उसे निर्देश देते हुए कहा, "आज तेरी कला की परीक्षा है। तू अपना सम्पूर्ण कौशल लगा। मुझे संसार की सबसे सुंदर स्त्री दिखाई देना है।"

सुपर्णा की इच्छा को जानकर सैरंध्री ने एक अन्वेषक दृष्टि अपनी महारानी पर डालते हुए कहा, "देवी, यह तो मुझ जैसे कलाकार का सौभाग्य है जो महारानी अपने ईश्वर प्रदत दिव्य रूप को सँवारने का श्रेय मुझे देना चाहतीं हैं। आपका सौंदर्य तो यूँ ही स्वयं कामदेव को भी मोहित करने में सक्षम है।"

सैरंध्री के वाकचातुर्य[121] से प्रसन्न होते हुए सुपर्णा ने मुदित होते हुए कहा, "सखी, यदि मात्र कामदेव को ही परास्त करना होता तो तेरी बात मान लेती किंतु आज मुझे उस पर जय प्राप्त करनी है जिसने स्वयं ही काम को जीता हुआ है। इसलिए मेरे बहिरंग को इतना निखार दे जिसकी आभा से मेरा अंतरंग भी आलोकित हो जाए।"

जैसे-जैसे सुपर्णा पंचवटी के समीप पहुँचती जा रही थी वैसे-वैसे उसके कानों में महादेव शिव के पंचाक्षर मंत्र की ध्वनि तीव्र होती जा रही थी।

नागेंद्रहाराय त्रिलोचनाय भस्मांग रागाय महेश्वराय।
नित्याय शुद्धाय दिगंबराय तस्मै न काराय नमः शिवायः॥
मंदाकिनी सलिल चंदन चर्चिताय नंदीश्वर प्रमथनाथ महेश्वराय।
मंदारपुष्प बहुपुष्प सुपूजिताय तस्मै म काराय नमः शिवायः॥
शिवाय गौरी वदनाब्जवृंद सूर्याय दक्षाध्वरनाशकाय।
श्री नीलकंठाय वृषभध्वजाय तस्मै शि काराय नमः शिवायः॥
वसिष्ठ कुम्भोद्भव गौतमार्य मुनींद्र देवार्चित शेखराय।
चंद्रार्क वैश्वानर लोचनाय तस्मै व काराय नमः शिवायः॥
यक्षस्वरूपाय जटाधराय पिनाकहस्ताय सनातनाय।
दिव्याय देवाय दिगंबराय तस्मै य काराय नमः शिवायः॥
पंचाक्षरमिदं पुण्यं यः पठेत् शिव सन्निधौ।
शिवलोकमवाप्नोति शिवेन सह मोदते॥

(जिनके कंठ में साँपों का हार है, जिनके तीन नेत्र हैं, भस्म ही जिनका अंगराज है, दिशाएँ ही जिनके वस्त्र हैं, उन अविनाशी महेश्वर 'न' कार स्वरूप शिव को नमस्कार है।

गंगाजल और चंदन से जिनकी अर्चा हुई है, मंदार पुष्प तथा अन्यान्य पुष्पों से जिनकी सुंदर पूजा हुई है, उन नंदी के अधिपति और प्रथमगणों के स्वामी महेश्वर 'म' कार स्वरूप शिव को नमस्कार है।

---

121 बातचीत करने में चतुरता

जो कल्याणस्वरूप हैं, पार्वती जी के मुख कमल को प्रसन्न करने के लिए जो सूर्यस्वरूप हैं, जो राजा दक्ष के यज्ञ का नाश करनेवाले हैं, जिनकी ध्वजा में बैल का चिह्न है, उन शोभाशाली श्री नीलकंठ 'शि' कार स्वरूप को नमस्कार है।

वशिष्ठ, अगस्त्य और गौतम आदि श्रेष्ठ ऋषि-मुनियों ने तथा इंद्र आदि देवताओं ने जिनके मस्तक की पूजा की है, चंद्रमा, सूर्य और अग्नि जिनके नेत्र हैं, उन 'व' कार स्वरूप शिव को नमस्कार है।

जिन्होंने यज्ञ रूप धारण किया है, जो जटाधारी हैं, जिनके हाथ में पिनाक (धनुष) है, जो दिव्य सनातन पुरुष हैं, उन दिगंबर देव 'य' कार स्वरूप शिव को नमस्कार है।

जो शिव के समीप इस पवित्र पंचाक्षर मंत्र का पाठ करता है वह शिवलोक को प्राप्त होता है और वहाँ शिवजी के साथ आनंदित होता है।)

सुपर्णा ने देखा कि पंचवटी में उपस्थित जनजातियों के एक छोटे से समूह को श्रीराम, महादेव शिव की आराधना के लिए सबसे सरल और प्रभावशाली पंचाक्षर मंत्र को कंठस्थ कराने के लिए अभ्यास करा रहे थे।

राम श्लोक बोलते और उनके पार्श्व में बैठी हुई सीता उस श्लोक का अर्थ बतातीं।

तभी राम के पीछे खड़े लक्ष्मण की दृष्टि नीले नेत्रोंवाली एक श्यामवर्णी अनिंध्य[122] सुंदरी पर पड़ी जो अत्यंत शक्तिशाली नीले रंग के अश्व पर सवार पंचवटी के द्वार पर खड़ी थी।

लक्ष्मण ने अपने जीवन में पहली बार इतना विलक्षण[123] अश्व देखा था।

पंचवटी के द्वार पर ही उसने अपने अश्व को रोका हुआ था। मंत्रोच्चारण के समाप्त होते ही वह अत्यंत क्षिप्रता से अपने अश्व से उतरकर धीमी गति से पंचवटी के द्वार से श्रीराम की दिशा में बढ़ने लगी।

---

122 जिसकी निंदा न की जा सके/श्रेष्ठ

123 अनोखा

लक्ष्मण देख रहे थे कि स्त्री की चाल में राजोचित मान है। उसने आम के हरे पत्ते जब पीले पड़ जाते हैं, वैसे पीत वर्ण के अत्यंत बहुमूल्य वस्त्रों को कुछ इस भाँति धारण किया हुआ था कि वे आवश्यकता पड़ने पर रण और रंग में समान रूप से उपयोगी हों। उसने अपने वक्ष को रक्तवर्णी रेशमी वस्त्र से कसा हुआ था। लक्ष्मण ने देखा कि उस स्त्री की पीठ पर दो कृपाण एक-दूसरे को काटते हुए बँधे हैं जिनकी मूठ उसके दोनों कंधों के ऊपर से स्पष्ट दिखाई दे रही हैं।

वह जैसे ही राम के पास पहुँची, वहाँ उपस्थित जन समुदाय उसे देखकर उसके सम्मान में खड़ा होकर अभिवादन करने लगा, 'महारानी की जय हो'।

जनजातियों के अभिवादन से राम को स्पष्ट हो गया कि सम्भवतः यह दंडकारण्य क्षेत्र की अधिष्ठात्री हैं। श्रीराम और सीता ने भी अपने आसन से उठते हुए उस स्त्री को प्रणाम किया।

राम को प्रणाम करते देख वह स्त्री बोली, "नहीं देव, प्रथम प्रणाम का अधिकार मेरा है। *अतिथि देवो भवः!* आप मेरे अतिथि हैं इसलिए मैं राजाधिराज लंकाधिपति रावण की बहन सुपर्णा आपका अपने इस दंडकारण्य क्षेत्र में स्वागत करती हूँ।"

राम अपने अधरों पर किंचित मुस्कान धारण करते हुए बोले, "यह सत्य है देवी कि आप इस दंडकवन की स्वामिनी हैं किंतु इस समय देवी सुपर्णा का आगमन पंचवटी के उस प्रांगण में हुआ है जहाँ कोसलपति दशरथनंदन राम अपनी भार्या[124] सीता व अपने छोटे भाई लक्ष्मण के साथ निवास कर रहा है, इसलिए आप हमारी अतिथि हैं। अतः आपको प्रणाम निवेदित करना हमारा अधिकार भी है और कर्तव्य भी।"

राम ने अपनी आँखों की कोर से लक्ष्मण की ओर देखा। संकेत समझकर लक्ष्मण ने तत्काल ही काष्ठ से बनी हुई एक चौकी रखते हुए उस पर कुश से बना हुआ आसन बिछा दिया।

सीता ने हाथ जोड़ते हुए कहा, "देवी, आपकी गरिमानुकूल व्यवस्था नहीं कर पाने का हमें खेद है किंतु अपनी क्षमता-भर जो कुछ भी श्रेष्ठ

124 पत्नी

हमारे पास उपलब्ध है वह आपके सामने प्रस्तुत है। देवी प्रसन्न मन से आसन ग्रहण करें।"

सुपर्णा ने आसन पर बैठते हुए भरपूर दृष्टि से सीता की ओर देखा। सुपर्णा बहुमूल्य वस्त्रों और अलंकारों से सुसज्जित थी। वह इस मनोविज्ञान से भलीभाँति परिचित थी कि जब वैभव सामने हो तो मनुष्य सहज ही वैभव के प्रति आकर्षित होकर स्वयं के सौभाग्य को विस्मृत करते हुए हीनता की भावना से भर जाता है। किंतु राम की पत्नी सीता के स्वर, उसकी भावभंगिमा में न तो हीनता का भाव था और न ही दीनता का कोई लक्षण, बल्कि उसके आग्रह में गौरव ध्वनित हो रहा था।

राम ने सीता की ओर संकेत करते हुए सुपर्णा से कहा, "देवी, आप जनकनंदनी, मिथिला साम्राज्य की राजकुमारी व मेरी धर्म पत्नी सीता हैं।" फिर लक्ष्मण की ओर संकेत करते हुए कहा, "और ये हैं मेरे प्राणप्रिय छोटे भाई लक्ष्मण।"

सुपर्णा ने एक उचटती-सी दृष्टि लक्ष्मण पर डाली और राम की ओर देखते हुए बोली, "मुझे आपको धन्यवाद कहना था आर्य पुत्र।"

राम ने मधुरता से कहा, "मुझे स्मरण नहीं आता कि मैंने देवी का ऐसा कोई हित साधा है जिसने वनसाम्राज्ञी को वनवासी राम के प्रति आभार के भाव से भर दिया है।"

सुपर्णा ने भी हँसते हुए कहा, "आप जैसे व्यक्ति अपने द्वारा किये गये पुण्यों को नहीं, अपितु अपने से हुए अपराध को ही अपने स्मरण में स्थान देते हैं। और आपकी यही सजगता आपको अपराध मुक्त भी रखती है।"

राम ने संकोच धारण करते हुए कहा, "आप से मेरी यह प्रथम भेंट है किंतु देवी ने मेरे जीवन दर्शन को अपनी दृष्टि मात्र से ही पहचान लिया।" एक संकोची मुस्कान को अपने मुख पर धारण करते हुए बोले, "मनीषियों का निर्देश है कि मनुष्य को अपने से हो रहे सत्कर्म याद नहीं रखने चाहिए जिससे वह सदकर्मों की पुनरावृत्ति करते रहें और अपने दुष्कर्मों की स्मृति सदैव अपने चित्त में जागृत रखनी चाहिए जिससे उनकी पुनरावृत्ति न हो।"

राम के उत्तर पर सुपर्णा मुग्ध होते हुए बोली, "आपने सत्य कहा आर्यपुत्र। उपकारी व्यक्ति को अपने द्वारा किये गये उपकारों की स्मृति शेष न रखना यदि नीतिपूर्ण है, तो उपकृत व्यक्ति के लिए अपने ऊपर किये गये उपकारों को स्मरण में रखना कल्याणकारी होता है। देव, आप भले ही मुझसे पहली बार मिल रहे हैं, किंतु मैं आपसे अनेकों बार मिल चुकी हूँ। आपको भलीभाँति निरखने-परखने के पश्चात आज पहली बार आपके समक्ष उपस्थित हुई हूँ।"

राम आश्चर्य से सुपर्णा को देख रहे थे। राम को चकित देख सुपर्णा बोली, "यह भी शास्त्रोक्त ही है। मनीषियों ने ये निर्देश भी तो दिए हैं कि नदियों के घाट और नगरों के हाट में उन्हें परखने के बाद ही प्रवेश करना चाहिए अन्यथा व्यक्ति डूब सकता है और लुट सकता है।"

राम सुपर्णा के बुद्धि कौशल के प्रति प्रशंसा के भाव से भर गये। यह स्त्री वक्तृत्व[125] कला में पारंगत है, इसलिए इससे बहुत सजगता से संवाद करना होगा। राम अब और अधिक सतर्क हो गये।

सुपर्णा ने मुस्कुराते हुए कहा, "तात, सुदर्शन पुरुष बहुधा मरुस्थल[126] की मरीचिका[127] जैसे होते हैं, जिनकी ओर तृषा[128] से ग्रस्त प्राणी अपनी तृप्ति के लिए भागता है किंतु वहाँ पहुँचकर उसे इस सत्य का पता चलता है कि यह जल का सरोवर नहीं, अपितु सूर्य की तीव्र किरणों से प्रत्यावर्तित[129] हो रहा प्रकाश है जो प्यासे के लिए जल होने का भ्रम था। परिणामस्वरूप प्राणी की अतृप्ति जस की तस बनी रहती है जो कालांतर में उसके असंतोष का कारण बन उसे समाप्त कर देती है। मैं नहीं चाहती थी कि मुझे, जो स्वयं की तृप्ति के लिए उद्यमरत हूँ, अंत में निराशा हाथ लगे, इसलिए आपके सम्मुख आने से पहले मैंने आपको पूरे मनोयोग से परखा और जब विश्वास हो गया कि आप सरोवर का आभास नहीं, बल्कि सत्य ही मानसरोवर हैं जो हम जैसे जीवित शवों से लेकर शिव तक की प्यास

125 बातचीत/संभाषण

126 रेत का विशाल क्षेत्र

127 भ्रामक दृश्य

128 प्यास/इच्छा

129 टकराकर लौटता हुआ

बुझाने की सामर्थ्य रखते हैं, तो सभी संकोच तोड़कर आपके सम्मुख आ गयी। आशा है आप मेरे इस अपराध को क्षमा करते हुए मेरे इस उद्यम को एक अपराधी की योजना नहीं, अपितु एक आस्थावान प्राणी के प्रयास की श्रेणी में रखेंगे?"

सुपर्णा के विचारों को सुनकर राम ने सीता की ओर देखा। सीता अपने पति राम की प्रशंसा और स्तुति सुनकर आनंद से सुपर्णा को देख रहीं थीं।

तभी दंडकारण्य में रहनेवाली एक स्त्री ने गुड़ के कुछ टुकड़ों के साथ शीतल जल से भरे पात्र को सुपर्णा के समक्ष प्रस्तुत किया।

सीता ने आत्मीयता से आग्रह करते हुए कहा, "देवी, हमारे मिथिला में किसी को मात्र जल नहीं दिया जाता, उसके साथ कुछ मिष्ठान्न भी देने की परम्परा है। परमात्मा बड़ा कृपालु है जो मातृगृह से मिली परम्परा का निर्वाह हम यहाँ वन में भी कर पा रहे हैं।"

सीता के कथन को सुनकर अब पहली बार सुपर्णा ने सीता की ओर ध्यान से देखा। शहद के रंग जैसे दीर्घाकार नेत्र जिनमें किसी को भी मोहित करने की अपार शक्ति है। सुपर्णा सोचने लगी कि यदि यह सीता किसी मृत व्यक्ति को मात्र क्षण भर के लिए भी देख ले तो इसके भावप्रवण[130] नेत्रों की मोहनी से उस व्यक्ति में कुछ समय के लिए प्राणों का संचार हो जाएगा। अहा! कितना अनुपम सौंदर्य है इसका! सूर्योदय की लालिमा लिए हुए गौरवर्ण; कमल की पंखुड़ियों जैसे अधर;[131] स्वर्णिम आभा लिए हुए काले लम्बे लहराते केश; सीधी उठी हुई नासिका, छोटा कद किंतु एक-एक अंग जैसे तराशा हुआ-सा है। अत्यंत सुंदर पद जो इसके सुलक्षणी होने के प्रमाण हैं। सीता ने पुष्पों के आभूषणों से अपना शृंगार किया हुआ था, जो हीरे, मोती, स्वर्ण के आभूषणों की तुलना में कहीं से भी कम आकर्षक नहीं था। इसे देखकर लगता है जैसे कामदेव की पत्नी रति ने ही मानवीय रूप धारण किया हुआ है।

---

130 भाव की ओर झुका हुआ

131 होंठ

सीता की रूप राशि से प्रभावित सुपर्णा स्वयं के रूप को लेकर हीनता के भाव से भरने लगी। अपनी हीनता से मुक्त होने के लिए उसने हँसते हुए सीता से कहा, "किसी का रूप किसी में हीनता का संचार कर सकता है, इस सत्य की अनुभूति आज आपको देखकर हुई। आप सत्य ही बहुत सुंदर हैं। आपके होते हुए तो राम किसी अन्य स्त्री में कभी आसक्त[132] ही नहीं हो सकते?"

सुपर्णा के कथन को सुनकर सीता थोड़ी असहज हो गयीं क्योंकि उसके कथन में राम का उनके लिए प्रेम और समर्पण मात्र देह के प्रति आसक्ति को इंगित कर रहा था, जबकि राम और जानकी के प्रेम का आधार देह नहीं देहांतर[133] है, जिसका संबंध शारीरिक चित्र से नहीं उनके चित्त, चरित्र और चिंतन से है।

सीता ने कहा, "देवी, राम की मेरे लिए एकनिष्ठता[134] सीता का दैहिक सौंदर्य नहीं, राम का दैवीय चित्त है। राम के सम्पर्क में रहनेवाला हर जीव दैवीय आलोक से प्रकाशित होने लगता है। राम का व्यक्तित्व कुरूप को भी रूपवान बना देता है। सीता के जिस सौंदर्य की आपने प्रशंसा की, वह सुंदरता उस आश्वस्ति और उस समर्पण का आलोक है जो सीता को राम की चारित्रिक दृढ़ता से मिलती है। इसलिए मेरे जिस रूप ने आपके अंदर हीनता के भाव को जन्म दिया है वह राम की चेतना, उनके प्रेम, उनके समर्पण और उनकी एकनिष्ठा पर लांछन के जैसा है क्योंकि राम की निर्मिति किसी में दीनता-हीनता का संचार नहीं कर सकती। किसी पत्नी का सौंदर्य उसकी देह नहीं, उसके पति का सदचरित्र, उसका विश्वास होता है। देवी सुपर्णा, पति के चरित्र और विश्वास की आभा ही पत्नी में सुंदरता बनकर चमकती है और राम तो मृण्मय को भी चिन्मय बना देते हैं, फिर मैं तो भूमि-प्रसूता विदेहराज महाराज जनक की पालित पुत्री जानकी हूँ जिसे मेरे पिता ने देह में रहनेवाले विदेह के प्रति जागरण का पाठ पढ़ाया हुआ है।"

---

132 किसी से बहुत अधिक प्रेम करनेवाला

133 एक शरीर छोड़ने पर प्राप्त होनेवाला दूसरा शरीर

134 एक ही के प्रति निष्ठा

सीता के वक्तव्य को सुनकर सुपर्णा भावाभिभूत हो गयी। उसके दोनों हाथ राम के लिए प्रणाम की मुद्रा में जुड़ गये। वह एक याचक के स्वर में बोली, "राम, सिंह से जिस स्त्री के प्राणों की रक्षा आपने की थी, वह मैं ही हूँ। सर्वप्रथम मेरे प्राण बचाने के लिए आपका धन्यवाद।"

सुपर्णा के कथन को सुनकर राम के मस्तिष्क में पूरा घटनाक्रम जीवित हो गया। उनके मस्तिष्क में यह भी स्पष्ट हो गया कि यही स्त्री है जो पिछले कई दिनों से उनकी गतिविधियों पर दृष्टि रख रही थी। उनकी आशंका निर्मूल नहीं थी। अब राम सजग भाव से सुपर्णा के समक्ष बैठे थे। वे जान रहे थे कि सुपर्णा से हो रही यह भेंट उनके जीवन की दिशा और दशा में एक बड़े परिवर्तन का कारण बननेवाली है।

राम इस सत्य से भलीभाँति परिचित थे कि पिछले बारह वर्षों से विभिन्न वनों में विचरण करते हुए राम ने वन्य समाज में जिस सदाचार, मर्यादा, सृजन और संगति का संचार किया है, उसकी स्थापना अनाचार, अमर्यादा, विध्वंस और कुसंगति के प्रतीक रावण को समाप्त किये बिना नहीं हो सकती। और वे यह भी जान रहे थे कि रावण तक कोई भी व्यक्ति रावण की इच्छा के बिना पहुँच ही नहीं सकता, इसलिए राम को ही अपने प्रयासों से रावण को बाध्य करना होगा कि वह राम के सम्मुख उपस्थित हो। उन्हें पता था कि उनके इस उद्देश्य की पूर्ति में सहायक दंडकारण्य का यह प्रदेश हो सकता है। और आज वह क्षण उपस्थित हो गया। यह सुपर्णा उनके ध्येय की पूर्ति का बहुत महत्वपूर्ण माध्यम होनेवाली है।

वे यह सोचकर मुस्कुरा उठे कि उनके जीवन को सार्थकता प्रदान करने में स्त्रियों का कितना बड़ा योगदान है! माँ कौशल्या ने जन्म दिया तो माँ कैकेयी ने जीवन में ध्येय की सृष्टि की। उनकी पत्नी सीता ने उनकी संकल्पशक्ति को दृढ़ता प्रदान की तो अब यह सुपर्णा आ गयी जो उन्हें उनके इच्छित लक्ष्य तक पहुँचाने में सहायक होनेवाली है।

तभी उनके कानों में सुपर्णा का स्वर पड़ा, "राम, मैंने सुना है कि आप अपने सम्पर्क में आनेवाले प्रत्येक जन के मनोरथ को पूर्ण करते हैं। क्या आप इस क्षेत्र की अधिष्ठात्री के मनोरथ को भी पूर्ण करेंगे जो आज आपके समक्ष एक याचक के रूप में उपस्थित है?"

राम सुपर्णा के नेत्रों के माध्यम से उसके हृदय की थाह पाना चाह रहे थे किंतु राम ने अनुभव किया कि उसके हृदय में भावनाओं का भयंकर झंझावात है। वह अपने मनोरथ को लेकर निश्चित नहीं है।

राम ने सौम्यता से कहा, "देवी, राम किसी के मनोरथ को पूर्ण नहीं करता किंतु उसे प्रेरित अवश्य करता है, जिससे वह व्यक्ति अपने मनोरथ को स्वयं ही पूर्ण कर सके।"

"तो मुझे प्रेरित कीजिए आर्यपुत्र।"

राम सहास बोले, "आपमें प्रेरणा का अभाव नहीं है देवी। वह तो आपमें भरपूर है। आपमें लक्ष्य का अभाव प्रतीत होता है। आप अपने लक्ष्य को लेकर निश्चित नहीं हैं।"

सुपर्णा ने स्थिर नेत्रों से राम के नेत्रों में झाँकते हुए कहा, "यदि ऐसा है तो मुझे मेरे लक्ष्य से परिचित करवाने की कृपा कीजिए आर्यपुत्र। निरुद्देश्य व्यक्ति अपने लक्ष्य को कैसे पहचान सकता है?"

"ऐसी मनःस्थितिवाले व्यक्ति को अपने वर्तमान कर्तव्यों की निष्ठापूर्वक पूर्ति करनी चाहिए देवी। कर्तव्यों का निर्वाह करते हुए मनुष्य को वे लक्ष्य दिखाई देने लगते हैं जो उसकी ध्येय पूर्ति में सहायक होते हैं और ध्येय का ज्ञान होते ही उसमें अपने लक्ष्य को प्राप्त करने की प्रेरणा स्वयमेव ही उत्पन्न होने लगती है। प्रेरणा लक्ष्यों को जन्म नहीं देती देवी, वे लक्ष्य ही होते हैं जो मनुष्य में प्रेरणा का संचार करते हैं।"

सुपर्णा ने गम्भीरता धारण करते हुए प्रतिप्रश्न किया, "ऐसे कौन से कर्तव्य हैं राम, जिनकी पूर्ति से मुझे मेरे लक्ष्य की प्राप्ति होगी?"

उत्तर देने से पूर्व राम पल भर के लिए रुके फिर उतनी ही गम्भीरता से सुपर्णा को देखते हुए बोले, "आप तो दंडकारण्य क्षेत्र की स्वामिनी हैं और स्वामी का कर्तव्य होता है कि वह अपनी प्रजा के आत्मनिर्भर होने की व्यवस्था का निर्माण करे। उन्हें भय और शंका से मुक्त करे। ऐसा वातावरण निर्मित करे जिससे वे सृजन के मार्ग पर अग्रसर हों।"

सुपर्णा ने कहा, "किंतु राम, यह मेरी प्रजा नहीं है। यह दंडकारण्य लंका साम्राज्य के अंतर्गत आता है जिसके अधिपति महाराजाधिराज रावण हैं।"

"जी, आपने सत्य कहा किंतु उन्होंने आपको इस क्षेत्र के सुसंचालन के लिए नियुक्त किया है। इस क्षेत्र और क्षेत्रवासियों का योगक्षेम आपके हाथ में है।"

"राम, लंकाधिपति ने जिन उद्देश्यों की पूर्ति हेतु मुझे यहाँ नियुक्त किया है मैं उस उद्देश्य की पूर्ति के लिए किये जानेवाले कर्तव्यों का पालन पूरी निष्ठा से कर रही हूँ।"

राम स्पष्टतः देख पा रहे थे कि रावण की यह बहन अत्यंत निपुण है। उन्होंने अपने अधरों पर एक मधुर मुस्कान धारण करते हुए पूछा, "देवी, क्या मैं जान सकता हूँ कि वे कौन से दायित्व हैं जिनका निर्वाह करने के लिए लंकाधिपति रावण ने आपको यहाँ प्रतिष्ठित किया है?"

सुपर्णा ने पल भर विचार करने के बाद कहा, "मुझे जनस्थान क्षेत्र में निवास करनेवाले प्रत्येक प्राणी को अनुशासन में रखना है ताकि वे जीवनपर्यन्त[135] अपने राजा के प्रति निष्ठावान रहते हुए राज्य का कल्याण कर सकें।"

राम सशब्द हँसते हुए बोले, "राजा का कल्याण राज्य का कल्याण नहीं होता देवी अपितु राज्य के कल्याण में ही राजा का कल्याण छिपा होता है। किसी भी राज्य के वैभव का आकलन उसकी धनशक्ति से नहीं, उसकी जनशक्ति और उसके नागरिकों की संकल्पशक्ति से किया जाता है। प्रजा को विपन्न[136] कर स्वयं को सम्पन्न करना नीति नहीं, अनीति की श्रेणी में आता है। प्रजा का शोषण कर स्वयं का पोषण करने की इसी नीति के कारण परम विद्वान होते हुए भी लंकाधिपति रावण सुरराज महादेव को साधने के बाद भी असुरराज की ख्याति से लब्ध[137] हैं। क्या वे अपनी प्रजा के प्रति अपने कर्तव्यों का समुचित पालन कर रहे हैं?"

राम के प्रश्न से आंशिक रूप से विचलित होते हुए सुपर्णा ने कहा, "अपने राजा के कर्तव्यों पर विचार करना मेरे अधिकार क्षेत्र में नहीं आता राम। राजा द्वारा नियुक्त अधिकारी का कर्तव्य मात्र स्वयं को दिए गये कार्य का निष्ठापूर्वक संपादन मात्र करना होता है।"

---

135 जब तक जिंदा रहे तब तक

136 गरीब

137 मिला हुआ/प्राप्त किया हुआ

राम ने मुस्कुराते हुए पूछा, "तो क्या आप अपने उद्देश्य में सफल हैं देवी?"

"यह तो आप स्वयं ही देख सकते हैं तात। दंडकारण्य का प्रत्येक निवासी अपने काम से काम रखता है। अपने स्वा में सिमट जाना ही तो अनुशासन कहलाता है।"

राम ने विनम्रतापूर्वक सुपर्णा की बात का खंडन करते हुए कहा, "क्षमा चाहता हूँ देवी, किंतु अनुशासन में निषेध का नहीं, नियंत्रण का महत्व होता है। अनुशासित मनुष्य काम, क्रोध, मद और लोभ के निषेध में नहीं, उसके नियंत्रण में विश्वास करते हैं। स्वा में सिमटना नहीं, स्वा का विस्तार, उसका परिष्कार ही अनुशासन कहलाता है। प्रकृति के नियमों के साथ स्वयं का तादात्मय[138] स्थापित करना और उसकी लय के साथ लयबद्ध होना ही अनुशासन है देवी।"

"अपने शासन को अनुशासन के नाम से प्रचारित करना आपकी प्रसन्नता का कारण हो सकता है देवी, किंतु अनुशासन और शासन में अंतर होता है। बल द्वारा व्यवस्था को संचालित करना शासन है और आत्मशक्ति से व्यवस्थित रहने की कला अनुशासन कहलाती है। एक साधन है और दूसरी साधना। एक को बाहर से थोपा जाता है, और दूसरे को अंदर रोपा जाता है।"

सुपर्णा ने चकित होते हुए कहा, "किंतु बल और शक्ति तो एक ही होते हैं?"

राम मधुरता से मुस्कुराते हुए बोले, "नहीं देवी, ये एक दूसरे के पूरक अवश्य हो सकते हैं किंतु ये एक नहीं हैं। बल दिखाई देता है और शक्ति दिखाई नहीं देती। भार को उठाने के लिए बल उपयोगी होता है किंतु भार को साधे रखने के लिए शक्ति आवश्यक होती है। अपने बल से आप सफलता तो प्राप्त कर सकतीं हैं लेकिन सदैव सफल बने रहने के लिए आपका शक्तिसम्पन्न होना अनिवार्य होता है। मात्र बल के सहारे व्यक्ति हो या व्यवस्था, सफलतापूर्वक टिकी नहीं रह सकती।" राम हँसते हुए बोले, "समाज के सामने अपनी शक्ति का प्रदर्शन करनेवाला, उसे दिखानेवाला

---

138 अभेद मिश्रण या संबंध

बलवान कहला सकता है किंतु अपने अपरिमित बल को छिपाकर रखने की क्षमता व्यक्ति के शक्तिशाली होने का प्रमाण होती है। बल प्रधान व्यवस्था समाज में आतंक और भय का संचार करती है लेकिन शक्तिसम्पन्न व्यवस्था समाज में आस्था और आदर के भाव को स्थापित करती है। स्मरण रखिए देवी, आतंक की भूमि पर आस्था के पुष्प नहीं खिलते।"

सुपर्णा ने मुस्कुराते हुए कहा, "आर्यपुत्र, कोई भी शासन व्यवस्था प्रजा की प्रकृति को ध्यान में रखकर बनाई जाती है।"

"नहीं देवी, गज को संचालित करनेवाला अंकुश गज के आकार से बड़ा नहीं होता। मनुष्य को संचालित करनेवाला मस्तिष्क मनुष्य की देह से बड़ा नहीं होता। वैसे ही व्यवस्थापक को व्यवस्था से अधिक बड़ा नहीं होना चाहिए। जब भी कोई व्यवस्थापक स्वयं को व्यवस्था से अधिक महत्वपूर्ण और अधिक बड़ा सिद्ध करना चाहता है तब वह अपने बल का प्रदर्शन करता है। इसलिए कोई भी व्यवस्था समाज की नहीं, व्यवस्थापक की प्रकृति और प्रवृत्ति की सूचक होती है। मैंने दंडकारण्य क्षेत्र में देखा कि यहाँ का प्रत्येक निवासी शास्त्र नहीं, शस्त्र को धारण किये हुए है?"

सुपर्णा ने बीच में टोकते हुए कहा, "तात, नागरिकों का शस्त्रसम्पन्न होना तो उनके बलशाली होने का प्रमाण होता है।"

राम धीरतापूर्वक मुस्कुराते हुए बोले, "असहमत हूँ देवी। किसी का शस्त्रसम्पन्न होना उसके शस्त्र-निपुण होने का प्रमाण नहीं होता। आम नागरिकों का शस्त्रधारी होना उनके बलशाली होने का नहीं, उनकी असुरक्षित मानसिकता का प्रमाण होता है। इससे यह पता चलता है कि नागरिकों को अपने राजा की शासन व्यवस्था पर विश्वास नहीं है। वे स्वयं की सुरक्षा को लेकर आशंकित हैं, परिणामस्वरूप वे स्वयं ही स्वयं की रक्षा को लेकर सतर्क हैं। तब प्रश्न यह खड़ा होता है कि उन्हें किससे खतरा है—सहनागरिकों से या शासन द्वारा नियुक्त व्यवस्थाकर्मियों से, जो राजा के प्रतिनिधि हैं? कोई भी समाज जब शास्त्र को छोड़कर शस्त्र का आश्रय लेता है तब यह उसकी अराजक मानसिकता का संकेत होता है। मैं देख रहा हूँ कि परम विद्वान महाबली रावण व उसकी व्यवस्था ने समाज में सुरक्षा नहीं, असुरक्षा की भावना को प्रबल किया है। रावण का पूरा शासन निषेधात्मक मूल्यों का पक्षधर है।

तभी तो प्राकृतिक रूप से सम्पन्न, कुशल, उद्यमी और कर्मठ प्रजा कुंठित, विपन्न जीवन जीने के लिए बाध्य है।"

सुपर्णा मुग्ध भाव से राम को सुन रही थी। उसने स्वयं को न्योछावर करते हुए कहा, "राम, तभी तो मेरे जैसी स्त्री को आप जैसे पुरुष का सान्निध्य और साहचर्य[139] अपेक्षित है। मुझे लगता है विधाता ने मेरे भाग्य में वैधव्य लिखा ही इसलिए था कि मुझे आप जैसे योग्य पुरुष का आश्रय पति के रूप में मिल सके। आप से निवेदन है राम कि आप मुझे अपनी सहधर्मिणी के रूप में स्वीकार करने की कृपा करें।"

सुपर्णा के मुख से स्वयं को पत्नी के रूप में स्वीकार कर लेने के प्रस्ताव को सुनकर राम असहज हो गये। उन्होंने अपने पार्श्व में बैठी सीता की ओर देखा किंतु सीता की भाव-भंगिमा में रंचमात्र भी असहजता नहीं थी। वह तो पूर्णतः निश्चिन्त थीं, जैसे वे इस सत्य को जानतीं हों कि सीता के होते हुए संसार की श्रेष्ठतम स्त्री भी राम के हृदय-प्रदेश में प्रवेश नहीं कर सकती। उनके मान, स्थान, प्रेम, समर्पण और विश्वास की रक्षा करना सीता का नहीं, राम का दायित्व है। श्रीराम के होते हुए सीता को तनिक भी चिंता करने की आवश्यकता नहीं है। राम का सान्निध्य, उनकी उपस्थिति तो प्राणी में निश्चिंतता का संचार करती है और फिर सीता तो उनकी हृदय साम्राज्ञी हैं।

सुपर्णा ने इस प्रस्ताव के बाद सीता की ओर देखते हुए कहा, "आशा है देवी ने मेरे इस प्रणय निवेदन को अन्यथा नहीं लिया होगा?"

सीता देख रहीं थीं कि सुपर्णा का मन उनके अंदर स्त्री-सुलभ ईर्ष्या का संधान करना चाहता है किंतु उनके हृदय में न तो आशंका है न ही चिंता। सुपर्णा के इस कथन से जब उनके मन में अधिकार या ईर्ष्या का भाव उत्पन्न ही नहीं हुआ, तब वह उसे दिखाई कहाँ से देगा? सीता ने मुस्कुराते हुए कहा, "आप निश्चिन्त रहें देवी, राम हैं ही ऐसे जिन्हें देखकर कोई भी अपना हृदय हार जाता है। राम तो उस पुष्प की भाँति हैं जिसके

---

139 साथ रहने का भाव

सौंदर्य का रसपान करने के लिए तितलियाँ उसके चारों ओर सहजता से भ्रमण करतीं हैं।"

सीता के विचारों ने सुपर्णा को चकित कर दिया। उसने अनुभूत किया कि उसका व्यक्तित्व इस वनवासिनी सीता के समक्ष कुछ धूमिल पड़ रहा है। वह सीता को जितना छोटा करने का प्रयास कर रही थी सीता उतनी ही बड़ी होती जा रही थी। सुपर्णा ने उपहास करते हुए कहा, "देवी, जैसे दरिद्र व्यक्ति को स्वर्ण का महत्व पता नहीं होता वैसे ही आपको भी राम के महत्व की जानकारी नहीं है। राम वाटिका में खिलनेवाले पुष्प नहीं हैं जिसके सौंदर्य का दर्शन वाटिका में विचरण करनेवाले किसी भी प्राणी के लिए सुलभ हो? राम तो सूर्यमणि की भाँति सहेजकर रखने योग्य चेतना है जिसे मंदिर के गर्भगृह में छिपाकर रखना चाहिए।"

लक्ष्मण इस पूरे वार्तालाप से खिन्न हो रहे थे। उनका मन कर रहा था कि इसी क्षण इस असुर सुंदरी को कठोरतापूर्वक पंचवटी से बाहर का मार्ग दिखा दिया जाए। वे कुछ कहते कि उससे पूर्व ही सीता के वचन उनके कानों में पड़े। सीता हँसते हुए किंतु विनम्रतापूर्वक सुपर्णा से बोल रहीं थीं, "देवी, प्रत्येक मोहित व्यक्ति के बिलकुल यही विचार होंगे जैसे आपके हैं। एक स्त्री होने के नाते मैं आपका श्रीराम के प्रति मोह स्पष्ट देख पा रही हूँ। अधिकार, अतिक्रमण और नियंत्रण मोह की प्रकृति होते हैं, इसलिए मोहग्रस्त व्यक्ति बंधन का पक्षधर होता है किंतु प्रेम बंधन में नहीं, निर्बंध रहने में विश्वास करता है। मेरे लिए राम सूर्यमणि नहीं, स्वयं सूर्य हैं जिनके आलोक[140] से इस जगत का प्रत्येक कण प्रकाशित हो रहा है। इस सत्य को जानते हुए यदि मैं यह चेष्टा करूँ कि नहीं, चूँकि मैं सूर्य की उपासक और उनकी आराधक हूँ तो उसका प्रकाश मात्र मेरे ही आँगन को प्रकाशित करे, तो मेरी यह चेष्टा बुद्धिहीन व्यक्ति की चेष्टा मानी जाएगी। जब श्रीराम के दर्शन मात्र से ही विवेकहीन प्राणी विवेकवान हो जाता है, तब मैं तो उनकी सहधर्मिणी, उनकी पत्नी सीता हूँ।"

---

140 रोशनी

•॥ 17 ॥•

राम देख रहे थे कि सीता से हो रहा वार्तालाप सुपर्णा को उद्वेलित कर रहा था। साथ ही राम इस बात को लक्ष्य कर रहे थे कि इस असोचित घटनाक्रम ने लक्ष्मण के धैर्य को भी डिगाने का कार्य किया है। उन्होंने वार्तालाप की डोर अपने हाथ में लेते हुए अत्यंत मर्यादित स्वर में कहा, "देवी सुपर्णा, जैसे कमल के पुष्प को तोड़कर कोई भले ही उसे श्रीहरि विष्णु के चरणों में समर्पित कर दे किंतु इसके बाद भी वह कमल पुष्प ही रहता है। वैसे ही, यह राम भी सीता का था, सीता का है और सीता का ही रहेगा। जैसे पुष्प की पहचान उसकी गंध से होती है वैसे ही राम रूपी पुष्प की पहचान उसमें सुवासित होनेवाली सीता है। राम यदि सूर्य है तो सीता उसकी ऊष्मा; राम यदि वायु है तो सीता उसका प्रवाह और राम यदि शून्य है तो सीता उसकी शांति। देवी, मैंने स्वप्न में भी सीता से भिन्न किसी स्त्री के विषय में विचार नहीं किया। सीता ही मेरा चिंतन है; सीता ही मेरा मनन है और सीता ही मेरा स्मरण है। मैं क्षमा चाहता हूँ। मैं सीतापति राम आपके निवेदन को स्वीकार नहीं कर पाऊँगा।"

सुपर्णा ने धैर्यपूर्वक राम की बात सुनते हुए कहा, "देव, यह कैसी विचित्र बात कह रहे हैं आप? काल के इस खंड में तो पुरुष को कई सारे विवाह करने का अधिकार प्राप्त है। सीता के होते हुए आपका किसी अन्य स्त्री से विवाह कर लेना किसी अपराध की श्रेणी में तो नहीं आता? जबकि यह तो आपके परिवार की परम्परा है। आपके पिता महाराज दशरथ ने तो स्वयं ही कई सारे विवाह किये हैं। फिर आपको क्या बाधा है? हर पत्नी का अपना स्थान होता है आर्यपुत्र। जो सीता का स्थान है वह मेरा नहीं होगा और जो मेरा स्थान है वह सीता का नहीं होगा। मुझे सीता की सहपत्नी बनने में कोई संकोच नहीं है व मुझे पूर्ण विश्वास है कि देवी सीता को भी मेरे आने से कोई कष्ट नहीं होगा?"

"बात सीता के कष्ट या उनकी स्वीकृति की नहीं है देवी सुपर्णा। बात मेरे अपने संकल्प की है। जनकनंदनी से परिणय के समय अग्नि को साक्षी मानते हुए मैंने एकपत्नी व्रत का संकल्प लिया है और राम अपना

शरीर त्याग सकता है किंतु अपना संकल्प नहीं। मेरे लिए विवाह दो शरीरों के बीच घटित होनेवाला कर्मकांड नहीं है देवी, अपितु मन, कर्म, वचन के स्तर पर घटनेवाली एक आत्मिक क्रिया है। सीता के होते हुए मैं स्वप्न में भी सीता के अलावा किसी अन्य स्त्री का विचार नहीं करता।"

राम के अस्वीकार से सुपर्णा के चित्त में सुप्त पड़ी हुई शूर्पणखा हरहराकर जाग गयी। उसका हृदय दग्ध[141] होने लगा। वह अपमान की ज्वाला में जलने लगी। उसे लग रहा था जैसे उसका श्यामवर्णी शरीर इस ज्वाला में झुलस कर काला पड़ रहा था। उसके नेत्र अपना आकर्षण छोड़कर रक्तवर्णी हो गये थे। राम का प्रत्येक शब्द उसके कानों में पिघले शीशे की भाँति ध्वनित हो रहा था। उसका राजोचित अहम् प्रवंचित, कुंठित-सा अनुभूत कर रहा था। उसे लगा जैसे उसके मनमस्तिष्क में सदैव वर्तमान शूर्पणखा साक्षात प्रकट होकर सब कुछ ध्वस्त कर देना चाहती है। उसका मन कर रहा था कि वह इसी क्षण सीता की जीवन-लीला समाप्त कर दे। यह दरिद्रा[142] सुयोगवश कुबेर के धन को प्राप्त कर इतरा रही है। यह सीता ही मेरे मार्ग की सबसे बड़ी बाधा है। इसके परिदृश्य से हटते ही राम भी अपने संकल्प से मुक्त हो जाएगा। राम मुझसे प्रभावित है किंतु सीता के जीवित रहते वह मुझे स्वीकार नहीं कर सकता। इसलिए इस सीता को इसी क्षण अपने प्राण त्यागने होंगे। सुपर्णा ने पूरी शक्ति से अपने अंदर उफनती हुई शूर्पणखा को रोकते हुए कहा, "दुष्टा[143], यदि तूने सीता को हाथ भी लगाया तो यह राम क्षण भी न लगाएगा और मेरे साथ-साथ तेरी जीवनलीला भी समाप्त हो जाएगी। यह वही राम हैं जिन्होंने ताड़का और सुबाहू के हुँकारते ही उनके प्राण हर लिए थे और मामा मारीच को सौ योजन दूर समुद्र के पार फेंक दिया था।"

शूर्पणखा स्वयं की विकरालता को संयत करते हुए बोली, "मुझे किसी भी तरह राम का सान्निध्य प्राप्त करना है। एक बार मुझे इसके परिवेश में प्रवेश करने की वैधानिक अनुमति मिल जाए, फिर सब कुछ वैसा ही होगा,

---

141 जलना

142 गरीब औरत

143 दुष्ट औरत

जैसा तू चाहेगी। राम का छोटा भाई लक्ष्मण है जो इसके साथ पंचवटी में ही रहता है। तू उसे प्राप्त करने का प्रयास कर।"

अब सुपर्णा ने पहली बार लक्ष्मण को बहुत ध्यान से देखा। गौरवर्णी यह युवक ऊर्जा का साक्षात स्वरूप ही है। देखने पर यह राम की प्रतिमूर्ति ही दिखाई देता है। हाँ, राम में जो धीरता है उसका इसमें अभाव प्रतीत होता है किंतु वीरता में यह कहीं से भी राम से हीन प्रतीत नहीं होता।

सुपर्णा ने लक्ष्मण की ओर इशारा करते हुए राम से पूछा, "देव, क्या आपके लघु भ्राता भी विवाहित हैं?"

राम ने एक भरपूर दृष्टि सुपर्णा पर डाली। राम की दृष्टि से सुपर्णा सिहरकर रह गयी। उसे लगा कि जैसे राम उसके अंतस में बैठकर उसके एक-एक मनोभावों को बहुत सूक्ष्मता से समझ रहे हैं। सुपर्णा नहीं चाहती थी कि राम को उसके प्रतिव्यक्तित्व शूर्पणखा की जानकारी हो। वह हर सम्भव विधि से उसकी विकरालता को शांत करने का प्रयास करने लगी। राम ने अपने अधरों पर एक स्निग्ध मुस्कुराहट धारण करते हुए कहा, "विवाहित तो हैं देवी किंतु इस समय वन में वे अकेले हैं।"

सुपर्णा ने मुदित होते हुए कहा, "तो क्या मुझे उनका आश्रय प्राप्त हो सकता है देव? वे आपकी प्रतिच्छाया ही तो हैं।"

राम ने मुस्कुराते हुए कहा, "देवी, यह मैं कैसे कह सकता हूँ? यह तो आपको लक्ष्मण ही बता सकते हैं।"

सुपर्णा को विश्वासपूर्वक लक्ष्मण की ओर बढ़ता देख उसके हृदय में सदैव वर्तमान शूर्पणखा प्रसन्न हो गयी। अपने मन की योजना सुपर्णा को समझाते हुए बोली, "लक्ष्मण में राम जैसी स्थिरता नहीं है। वह चंचल प्रतीत होता है। पहले तू लक्ष्मण को साधन बनाकर राम तक पहुँचने का प्रयास करना किंतु यदि किसी कारणवश तू इसमें सफल नहीं होती है तब तू विवाह के बाद लक्ष्मण को अपने साथ दंडकारण्य के महल में ले जाना।"

जैसे भगवान को प्राप्त करने के लिए मनुष्य, भगवान के स्थान पर उसके भक्त को प्रसन्न करने का प्रयास करते हैं; राजा से हित साधने

के लिए उसके सेवक को तुष्ट करने में जुट जाते हैं; धनार्जन के लिए आवश्यक श्रम करने के स्थान पर बड़े धनपतियों की समीपता का उद्यम करते हैं, वैसे ही शूर्पणखा व्यापार जगत के संक्षिप्त मार्गों पर चलते हुए सफलता प्राप्ति का सुझाव सुपर्णा को दे रही थी।

सुपर्णा ने उससे कहा, "व्यापार और प्रेम में अंतर होता है शूर्पणखा। तेरे सुझाव किसी नवोदित[144] व्यापारी या राजनेता के लिए न्यूनतम कर्म करते हुए अधिकतम सफलता दिला देने के लिए उपयोगी हो सकते हैं किंतु प्रेम या प्रेमी को इस मार्ग पर चलकर नहीं पाया जा सकता क्योंकि प्रेम में साधनों का नहीं, साधना का महत्व होता है।"

"राजकुमारी, मैं तेरी शत्रु नहीं, तेरी सबसे बड़ी हितैषी हूँ। समय के इस चक्र में प्रेम और व्यापार एक ही मुद्रा के दो पक्ष हैं। कुछ लोग व्यापार से प्रेम करते हैं तो कुछ प्रेम का व्यापार करते हैं। अब अपने प्रेम या प्रेमी को साधना से नहीं, साधनों से प्राप्त किया जाता है। लक्ष्मण, राम तक पहुँचने का सबसे उपयुक्त साधन है।"

"तू चुप रह," सुपर्णा ने शूर्पणखा को लताड़ते हुए कहा, "लक्ष्मण कभी भी मेरे साथ राजमहल में नहीं जाएगा। उसे वनवास मिला है।"

शूर्पणखा भी उतनी ही धृष्टता से बोली, "अरी मूर्खा[145], उसके पिता ने राम को राज्य से निष्कासित करते हुए चौदह वर्ष का वनवास दिया है, लक्ष्मण को नहीं। लक्ष्मण तो अपने भाई के प्रति मात्र प्रेम के कारण वनवास भोग रहा है। राजकुमारी होने मात्र से कोई बुद्धिमान नहीं हो जाता, इसलिए मैं जो कहती हूँ वह कर। बुद्धि मात्र विलास के लिए नहीं होती, वह कौशल के लिए भी होती है। अपने बुद्धि-कौशल से तू किसी भी तरह लक्ष्मण को अपने साथ प्रेम करने के लिए बाध्य कर, तब तेरा जीवन विलास से मुक्त होकर उल्लास से पूर्ण हो जाएगा। जब यह लक्ष्मण तेरे साथ विवाह करके राजभवन में चला जाएगा तब यह राम उसे पुनः प्राप्त करने के लिए प्रयास करेगा। उस स्थिति में तू राम के सामने अपने योग और भोग में सहयोग करने का प्रस्ताव रखना। यदि राम मान जाता है तब तो ठीक है अन्यथा तू

144 जो नया-नया हो

145 मूर्ख औरत

रावण से गुहार करना कि इतने लम्बे वैधव्य को भोगने के पश्चात्, जो तुझे रावण के कारण भोगना पड़ा है, तेरे ऊपर पुनः दुख का पहाड़ टूट गया है। तू रावण से कहना कि एक नवयौवना युवती का वैधव्य नर्क के समतुल्य होता है किंतु तूने उसे भी अपने भ्राता रावण के प्रति अपने अशर्त प्रेम के कारण सहर्ष स्वीकार कर लिया। अब पुनः तेरा सौभाग्य, तेरा प्रेम तुझसे छीना जा रहा है, तो अब यह रावण का दायित्व है कि वह उसके सौभाग्य की रक्षा करे।"

"तू रोते हुए कहना, हाय रे मेरा दुर्भाग्य! पहले मेरे वैधव्य का कारण मेरा अपना ही बड़ा भाई था और अब मेरे पति लक्ष्मण का बड़ा भाई राम मेरे दुख का कारण बन रहा है। तू रावण के प्रेम और पराक्रम पर प्रश्नचिह्न लगा देना।"

फिर खिलखिलाकर बोली, "तब देखना, रावण ग्लानि और कर्तव्य के बोध से भरा हुआ स्वयं ही तेरी कामना की पूर्ति के लिए राम के सम्मुख उपस्थित होगा। उस स्थिति में राम और रावण के बीच प्राणांतक संघर्ष होना निश्चित है। और तू इस बात को समझ चुकी है कि राम एक दुर्धर्ष[146] योद्धा है। वह अकेले ही रावण को पराजित कर सकता है किंतु उस युद्ध के समय यदि तुझे लगे कि रावण का बल राम की तुलना में अधिक है तब तू लक्ष्मण के मन में अपने भाई राम के लिए सुप्त प्रेम को जागृत करते हुए उसे राम के साथ खड़ा होने के लिए प्रेरित करना। तब ये दोनों भाई मिलकर निश्चित ही उसका अंत कर देंगे। किंतु अब रावण का समाप्त होना आवश्यक है लंकालक्ष्मी राजरानी सुपर्णा। इससे तेरे मृत पति विद्युतजिह्व की आत्मा को शांति मिलेगी, तेरा प्रतिशोध भी पूरा होगा और कालान्तर में राम का प्रेम भी प्राप्त होने की सम्भावना बन जाएगी। प्रत्येक परिस्थिति में तेरा ही लाभ होना है। तेरे दोनों हाथों में मोदक[147] होंगे मेरी महारानी।"

सुपर्णा ने उपेक्षा से कहा, "दुष्टा, जो लक्ष्मण अपनी नव-ब्याहता[148] पत्नी को अयोध्या में छोड़कर अपने भाई के प्रति प्रेम के कारण वन में आ

146 जिसे हराना मुश्किल हो

147 लड्डू

148 जिसका विवाह हुए बहुत दिन न हुए हों

सकता है, वह मेरे लिए अपने भाई को वन में अकेला छोड़कर मेरे साथ राजमहल में रहने के लिए क्यों तैयार हो जाएगा?"

शूर्पणखा का मन हुआ कि वह अट्टहास करे किंतु वह समझ रही थी कि सुपर्णा को शूर्पणखा बनाने के लिए पहले उसे सुपर्णा के रंग में रंगना होगा। सो बहुत धैर्य से बोली, "राजकुमारी, भोजन का महत्व भूखे होने पर ही समझ में आता है। पेट भरा होने पर मनुष्य छप्पन भोगों से सजी हुई थाली भी छोड़ देता है किंतु जब वही मनुष्य क्षुधा[149] से पीड़ित होता है तब पुराने-बासे अन्न को भी प्रसन्नतापूर्वक अमृत समझ कर ग्रहण करता है। और फिर तू तो रस से भरा हुआ देवभोग है। महर्षि विश्रवा का रक्त तेरी धमनियों में प्रवाहित हो रहा है। शौर्य और संगीत, रूप और बुद्धि का जैसा अमृतयोग तुझमें है वैसा अन्यत्र सृष्टि में कहीं नहीं है" और चंचलता से मुस्कुराते हुए बोली, "लक्ष्मण पहले तृप्त था किंतु अब..."

तभी लक्ष्मण के स्वर से सुपर्णा की तंद्रा टूटी। लक्ष्मण कह रहे थे, "महारानी, कहिए मैं आपका क्या हित साध सकता हूँ?"

सुपर्णा ने अकचकाते हुए कहा, "अपना सर्वस्व[150] हार चुकी स्त्री को महारानी कहकर अपमानित न करें स्वामी।"

लक्ष्मण ने विनम्रतापूर्वक कहा, "आप इस अतिविशाल भूखंड की स्वामिनी हैं, तो स्वामिनी को महारानी कहना अनुचित तो नहीं है?"

"आर्यपुत्र, इतने बड़े भूखंड की स्वामिनी होने के बाद भी मैं हतभाग्य किसी के भावखंड की साम्राज्ञी न बन सकी। सुमित्रानंदन, एक भिक्षुणी को महारानी कहना उपहास की श्रेणी में आता है।"

"देवी, मैं सत्य ही आपके कथन का मर्म समझ पाने में असमर्थ हूँ। यदि आप स्पष्ट कहें, तब सम्भव है कि मुझे अपने से हुई त्रुटि का ज्ञान हो सके और मैं अज्ञानतावश हुए अपने इस अपराध के लिए आपसे क्षमा माँग सकूँ।"

सुपर्णा इस मंत्र को जानती थी कि निष्ठावान व्यक्ति की निष्ठा पर आघात करते हुए उसे खंडित करके और संकल्पित व्यक्ति के चित्त में भ्रम

---

149 भूख

150 सबकुछ

उत्पन्न करके उन्हें अपने नियंत्रण में लिया जा सकता है। लक्ष्मण का चित्त सुपर्णा के चिंतन को लेकर भ्रमित हो गया है यह देख उसने लक्ष्मण के भ्रम को और अधिक घना करने के लिए लक्ष्मण के कथन का उत्तर देने के स्थान पर उनके सामने एक नया प्रश्न खड़ा कर दिया। "क्या किसी स्त्री को प्रेम करने का अधिकार नहीं है?"

"अवश्य है देवी," लक्ष्मण ने कहा।

"हे आर्यपुत्र, क्या मात्र पुरुष को ही अपने मनभावन सहधर्मी चुनने का अधिकार है, किसी स्त्री को नहीं?"

"देवी, प्रेम अधिकार का नहीं आनंद का विषय होता है। यह तो बिना किसी प्रयास के दो हृदयों में एक साथ खिलनेवाला पुष्प है। प्रेम को लेकर अधिकार के भाव का उदय होना प्रेम नहीं, आधिपत्य की भावना का सूचक होता है जो सर्वथा अनुचित भाव है।"

"पुरुष तो कभी भी स्वयं के प्रेम को लेकर ऐसा नहीं विचारते? वे तो हर उस व्यक्ति या वस्तु को अपने अधिकार क्षेत्र में ले लेने का उद्यम करते हैं जो उन्हें प्रिय होती है। तब स्त्री द्वारा की जानेवाली इस चेष्टा को अनुचित क्यों कहा जाता है?"

"बलपूर्वक किसी पर अपना आधिपत्य स्थापित करने की चेष्टा करनेवाला पुरुष हो या स्त्री, उसे संसार बलात्कारी, व्यभिचारी और दुराचारी के रूप में ही देखता है।"

सुपर्णा ने दृष्टि भर कर लक्ष्मण को देखा। वह लक्ष्मण पर विजय प्राप्त करना जितना सरल समझ रही थी वस्तुतः यह उतना सरल नहीं था। उसने अनुनय करते हुए कहा, "हे तात, बलपूर्वक न सही किंतु विनयपूर्वक तो अपने प्रेम को प्राप्त करने का प्रयास किया जा सकता है न?"

"महारानी, प्रेम प्राप्ति का नहीं, समाप्ति का भाव होता है।"

"आर्यपुत्र, मैं लंकाधिपति रावण की भगिनी, दंडकारण्य की स्वामिनी सुपर्णा आपको प्राप्त करके स्वयं को समाप्त करना चाहती हूँ। हे देव, आप मुझे पत्नी के रूप में स्वीकार करके मेरे जीवन को धन्यता प्रदान कीजिए।"

सुपर्णा के मुख से अपने लिए ये भाव सुनकर लक्ष्मण अचम्भित हो गये। कितनी निर्लज्ज है यह स्त्री! अभी कुछ क्षणों पूर्व ही उसने यही निवेदन भैया राम से किया था। वहाँ बात न बनती देख ये मेरे लिए अनुराग से भर गयी! सत्य ही कामान्ध व्यक्ति को उचित-अनुचित का भेद नहीं रहता। वह अपनी वासना की पूर्ति के लिए प्रेम जैसे पवित्र भाव को भी हाट की वस्तु बना देता है। यह स्त्री वय[151] में मेरी माता के समतुल्य[152] होगी, किंतु इसके बाद भी इसके मुख पर लज्जा का भाव नहीं है।

सुपर्णा, लक्ष्मण की मुखमुद्रा से उनके मन में चल रहे भावों को समझ रही थी। वह बोली, “प्रेम एक भाव होता है लक्ष्मण। वय का प्रभाव देह पर पड़ता है, भाव पर नहीं। प्रेम और प्रेमी का चित्त तो सदैव चिरयुवा रहता है।”

लक्ष्मण ने स्वयं को नियंत्रित किया और बोले, “महारानी, जो पहले ही समाप्त हो चुका हो उसे प्राप्त नहीं किया जा सकता। मेरा परिचय हो या मेरे प्राण, सब कुछ भैया श्रीराम ही हैं। मेरे पास मेरा कुछ भी शेष नहीं है जिसे प्राप्त करके आप विशेष हो सकें।”

“आपके पास राम हैं। राम जैसी कौस्तुभ मणि को धारण करनेवाला लक्ष्मण साधारण कैसे हो सकता है?”

लक्ष्मण समझ रहे थे कि यह स्त्री उन्हें मार्ग बनाकर श्रीराम तक पहुँचना चाहती है। वे बोले, “यह आपका भ्रम है देवी कि मैंने श्रीराम को धारण किया हुआ है, जबकि वास्तविकता यह है कि वे राम ही हैं जो मुझे धारण किये हुए हैं।”

सुपर्णा ने एक मनोहारी मुस्कान अपने मुख पर धारण करते हुए कहा, “जिसे राम धारण करे वह तो स्वयमेव ही विशेष हो जाता है आर्यपुत्र।”

“यह विशेषता भी तभी तक बनी रहती हैं महारानी, जब तक राम किसी को धारण किये हुए हैं। स्मरण रखिए, राम के त्यागते ही सार भी निस्सार हो जाता है।”

---

151 उम्र

152 तुलना में बराबर

सुपर्णा ने हँसते हुए कहा, "यही तो मैं भी कह रही हूँ देव, तभी तो मुझ निस्सार के हृदय में यह प्रेरणा उत्पन्न हुई कि राम मुझे स्वीकार कर मेरे व्यर्थ जीवन को अर्थ प्रदान करें। किंतु जब राम ने अपने संकल्प की बाध्यता बताई तब मेरे मन में विचार आया कि राम ने आपको धारण करके विशेष बना दिया, तो आप मुझे धारण करके अतिविशेष बना दीजिए। इससे राम के संकल्प की रक्षा भी हो जाएगी और मुझ निराधार को राम रूपी आधार भी मिल जाएगा।"

सुपर्णा की बातों से लक्ष्मण का हृदय कसैला हो गया। कितना हीन चिंतन है इस स्त्री का! मानवीय संबंधों की मान-मर्यादा का तनिक भी भान नहीं है इस कुलटा को! कितनी निर्लज्जता से अपने मंतव्य को स्पष्ट करते हुए लक्ष्मण से कह रही है कि वह लक्ष्मण से विवाह मात्र राम को प्राप्त करने के लिए करना चाहती है अर्थात् लक्ष्मण मात्र एक अनुमति पत्र के जैसे होंगे और लक्ष्मण की आड़ में वह राम को भोगती रहेगी? छी! धिक्कार है ऐसी मानवीय चेतना पर जो स्वयं के पाप, स्वयं के कलुषित स्वार्थ की पूर्ति के लिए निष्कलुष चरित्रों को भी कलंकित करने का असंभव प्रयास करती है। लक्ष्मण का मन कर रहा था कि वह इसी क्षण इस स्त्री का वध कर दें। उन्होंने अपने विचार को कार्यरूप में परिणित करने के लिए आदेश लेने के उद्देश्य से अपने से कुछ दूरी पर बैठे हुए अपने भाई श्रीराम के मुख को देखा। राम का मुख विकाररहित था। उनकी ओर से इस स्त्री की जीवनलीला को तत्काल समाप्त कर देने का कोई संकेत नहीं मिला। उन्होंने निर्णय ले लिया कि भले ही राम न चाहें किंतु वे इस दुष्टा का मान-मर्दन अवश्य करेंगे जिससे यह कलंकिनी भविष्य में किसी को भी मुँह दिखाने के योग्य न रहे। इसे मनुष्य कहना मनुष्यता का अपमान होगा। यह मनुष्य नहीं, अपितु भोग-विलास से भरा हुआ असंवेदनशील मांसपिंड है। इसे कठोर शिक्षा दी जानी आवश्यक है जिससे यह कभी भी श्रीराम जैसे निर्मल, निष्कलुष,[153] सदाचारी और मर्यादित पुरुषोत्तम के चरित्र को कलंकित करने का दुस्साहस न कर सके।

153 निर्मल/पवित्र

लक्ष्मण ने बहुत शुष्क स्वर में कहा, "देवी सुपर्णा, श्रीराम सर्वसुलभ हैं किंतु इसके बाद भी उन्हें प्राप्त करना सरल नहीं है। विशेषकर किसी अन्य माध्यम से तो श्रीराम को बिलकुल भी प्राप्त नहीं किया जा सकता। उनकी प्राप्ति का मार्ग उन्हीं से प्रारम्भ होकर उन्हीं पर समाप्त होता है।"

सुपर्णा ने विनोद करते हुए कहा, "आप तो राम को सर्वसमर्थशाली बता रहे हैं?"

"क्या करूँ देवी? मैं उनका दास जो ठहरा। प्रत्येक दास को उसका स्वामी सर्वसमर्थ ही प्रतीत होता है।"

"तो कहिए न अपने स्वामी से कि वे मुझ अनाथ को स्वीकार कर सनाथ बना दें।"

"देवी, दास की अपनी एक मर्यादा होती है। दास अपने स्वामी की इच्छा, उनके आदेशों की पूर्ति का साधन होता है। अपने स्वामी को अपनी इच्छापूर्ति का साधन बनाना दास के कर्तव्यों के विरुद्ध है।"

सुपर्णा को लक्ष्मण, राम से भी अधिक कठोर और कठिन प्रतीत हो रहा था। उसने रुखाई से कहा, "युवक, जीवन का अर्थ ही कामना, वासना और इच्छा होता है। इस संसार में प्रत्येक चेतना एक दूसरे के परस्पर सहयोग और परिष्कार के लिए होती है। इच्छा, कामना और वासना का समाप्त होना जीवन का नहीं, मृत्यु का प्रमाण होता है। तुम तो जीवित होते हुए भी मृतप्राय दिखाई देते हो! यह संसार कर्म प्रधान है। ये हमारी वासनाएँ, कामनाएँ ही होती हैं लक्ष्मण, जो हमें कर्म करने के लिए प्रेरित करतीं हैं। तुमने अपना पूरा जीवन किसी अन्य की इच्छा की पूर्ति का साधन बनकर व्यर्थ कर दिया। स्वयं के लिए कुछ भी न कर पाए तुम। और तुम्हारा राम तो बड़ा स्वार्थी है, जिसने अपने भाई को मात्र अपनी इच्छा की पूर्ति का साधन बनाकर रखा हुआ है! क्या अर्थ हुआ ऐसी शक्ति का जो किसी के उद्देश्य की पूर्ति न कर सके?"

लक्ष्मण ठठाकर हँसते हुए बोले, "इसका अर्थ है देवी कि आपको राम नहीं, राम की शक्ति चाहिए, उनका सामर्थ्य चाहिए। आप लक्ष्मण को मार्ग बनाकर राम तक पहुँचना चाहतीं हैं और राम को साधन बनाकर उनकी

शक्ति और उनके सामर्थ्य को प्राप्त करना आपका उद्देश्य है। श्रीराम आपके लिए आस्था का केंद्र नहीं अपितु मात्र एक अस्त्र हैं जिसे आप अपनी कामना की प्रत्यंचा पर चढ़ाकर अपने इच्छित लक्ष्य को भेदना चाहतीं हैं।"

"आप मेरी चिंता न करें देवी, मैं श्रीराम का दास हूँ। मैं पूरी निष्ठा से उनके हेतु की पूर्ति का प्रयास करता हूँ और वे कृपापूर्वक मेरे हित का ध्यान रखते हैं।"

"दास और स्वामी के बीच में हित और हेतु का संबंध होता है। श्रीराम मेरे भाई ही नहीं, मेरे गुरु भी हैं और गुरु की कृपा अपने अनुयायियों की सफलता का नहीं, उनके सुख का कारण होती है। आप और आपके भाई दशानन रावण संसार भर की सफलताएँ अर्जित करने के बाद भी सुखी नहीं हैं और वहीं दूसरी ओर मैं हूँ, जिसके भाग में एक भी ऐसी व्यक्तिगत सफलता नहीं है जिसका उल्लेख किया जा सके किंतु इसके बाद भी मैं परम सुखी हूँ। तभी त्रिलोकविजेता रावण की बहन, दंडकारण्य राज्य की स्वामिनी सुपर्णा आज वनवासी श्रीराम के अनुगामी, उनके दास लक्ष्मण के समक्ष एक याचक[154] की भाँति उपस्थित होकर अपने क्षणिक सुख के लिए भीख माँग रही है।"

लक्ष्मण के कठोर किंतु पूर्णतः सत्य वचनों को सुनकर सुपर्णा आत्मग्लानि, प्रवंचना और हीनता के भाव से अवाक खड़ी हुई थी। उसे लग रहा था जैसे लक्ष्मण ने उसके रंग और अंग को भंग कर उसकी विद्रूपता[155] को प्रत्यक्ष कर दिया हो।

लक्ष्मण आक्रोशित-से बोल रहे थे, "हृदय के पवित्रतम भाव हाट में बिकनेवाली वस्तु नहीं हैं जिसे रावण की बहन जब चाहे चार निष्कों[156] में क्रय कर ले?"

"आप महर्षि विश्रवा की पुत्री हैं, कम से कम आपको तो इस सत्य का भान होना चाहिए कि इच्छा, कामना और वासना का समापन मृत्यु

154 माँगनेवाला

155 किसी के प्रति घृणा के कारण उत्पन्न भाव

156 सोने की मुद्रा

नहीं, मोक्ष का प्रमाण होता है। प्राणीमात्र को मृत्यु के उपरांत मोक्ष की प्राप्ति होती है किंतु मुझे, मेरे स्वामी मर्यादा पुरुषोत्तम श्रीराम की कृपा से मोक्ष के उपरांत मृत्यु की प्राप्ति होगी।"

"हे प्रकांड पंडित रावण की बहन, अपनी तृष्णा, अपने लोभ और अपने जीवन की रक्षा करने के लिए अपने पति के प्राणों का विनिमय[157] करनेवाली महारानी सुपर्णा...लोभ के लिए किये जानेवाले कर्म और लाभ के लिए किये जानेवाले कर्मों में अंतर होता है। किंतु तुम जैसी लोभी, लालची और लिप्सा[158] से ग्रस्त, भय और कुंठा की मूर्ति को लाभ के लिए किये जानेवाले कर्म दिखाई ही नहीं देते। तुम जैसी चेतनाएँ ऐसे मनुष्यों को, जो लाभ के लिए कर्म करते हैं, अकर्मण्य की श्रेणी में रखते हुए उन्हें धिक्कारती हैं! तुम जैसे असुर उन्हीं कर्मों के लिए सत्कार, पुरस्कार, अभिनंदन और साधुवाद से भरे हुए होते हैं जो अनाचार, भ्रष्टाचार, व्यभिचार तथा अत्याचार के माध्यम से अपने लोभ, अपनी तृष्णा की पूर्ति करते दिखाई देते हैं। अत्याचारी-भ्रष्टाचारी मनुष्यों को तुम जैसों ने परिश्रम का पर्याय बना दिया है।"

"देवी सुपर्णा, मैं राम नहीं हूँ जो मर्यादा का पालन करते हुए इस जगत के समस्त चराचर की मर्यादा का मान रखते हैं। मैं लक्ष्मण हूँ। मेरे लिए सम्पूर्ण जगत सिया-राम नहीं है अपितु श्री सीता-राम ही मेरे जगत हैं। मेरे जगत की ओर उठनेवाली प्रत्येक कुदृष्टि, कुचेष्टा, कुविचार, कुकर्म, कलुष और कलंक का समूल नाश करना मेरा लक्ष्य भी है और कर्तव्य भी। इसलिए मैं आपसे आग्रह न करते हुए आपको आदेश देता हूँ कि अब भविष्य में किसी ऐसे स्थान पर दिखाई नहीं देना जो सीता-राम के दृष्टिपथ में आता हो, अन्यथा मैं लक्ष्मण तुम्हारी देह में दिखाई देनेवाली तुम्हारी नासिका, कर्ण, ग्रीवा या नेत्र ही नहीं, तुम्हारी देह के न दिखाई देनेवाले प्रत्येक रोम को छेद कर रख दूँगा। उस समय मैं यह विस्मृत कर जाऊँगा कि रघुवंशी स्त्रियों पर शस्त्र नहीं उठाते। मुझे मात्र इतना ही स्मरण रहेगा कि ताड़का भी स्त्री ही थी जिसका वध

157 बदले में
158 पाने की चाह

वेद, पुराण और अस्त्र-शस्त्र को धारण करनेवाले धर्म के साक्षात स्वरूप गुरु विश्वामित्र की उपस्थिति में उनके आदेश से भैया राम ने किया था। और श्रीराम का प्रत्येक कर्म, प्रत्येक आचरण, प्रत्येक विचार ही मेरे लिए एकमात्र धर्मग्रंथ है। उनका मानना है कि दुरात्मा या आततायी स्त्री या पुरुष नहीं होते, वे मात्र दुरात्मा या आततायी होते हैं जिनका अंत समाज के लिए कल्याणकारी होता है।"

•॥ 18 ॥•

अपने अश्व पर सवार, अपमानित, प्रवंचित-सी सुपर्णा दंडकारण्य के अपने महल की ओर भागी चली जा रही थी। अपमान की पीड़ा से उसका रक्तचाप बढ़ गया था। उसकी सम्पूर्ण देह स्वेद से नहा रही थी। रह-रह कर उसके मन में लक्ष्मण द्वारा कहे गये शब्द शूल[159] की भाँति चुभ रहे थे। लक्ष्मण ने कहा था, "देवी, चूँकि आपके हृदय में मेरे बड़े भाई के लिए अनुराग है; आपने मन से उनका पति के रूप में वरण किया है, इस नाते आप मेरे लिए माता तुल्य हैं और माता द्वारा अपने पुत्र के साथ संसर्ग करने की इच्छा रखना घोर पातक की श्रेणी में आता है।"

"ना तो मैं तुम्हारी माता हूँ लक्ष्मण, और न ही तुम मेरे पुत्र हो।"

"आप भले ही जैविक रूप से मेरी माता नहीं हैं किंतु भावनात्मक रूप से आप मेरी माता के समान ही हैं। आपके हृदय में मेरे बड़े भाई के लिए पति का भाव है, इस सत्य को आपने अभी मेरे समक्ष ही प्रकट किया है। और हम मनुष्य अपने बड़े भाई की पत्नी या प्रेयसी हो, उसे माता का स्थान ही देते हैं। सत्य से साक्षात्कार होने के बाद भी किया गया ऐसा कर्म महापातक की श्रेणी में आता है देवी। अपने पुत्र के साथ काम संबंधों की सृष्टि करना मनुष्य होने का नहीं, पशु होने का प्रमाण होता है।"

सुपर्णा ने क्रोधपूर्वक लक्ष्मण से कहा, "मैं तुम्हें अपने पति के रूप में धारण कर तुम्हें सम्मान देना चाहती हूँ और तुम मुझे पशु कहकर मेरा अपमान कर रहे हो?"

---

159 काँटा

"क्षमा चाहता हूँ साम्राज्ञी! मनुष्य और पशु में मात्र विवेक का ही अंतर होता है। आप मेरे हृदय में अपने लिए संचित भाव को जानने के बाद भी अपने इस अन्यथा विचार को नीतिसंगत स्थापित करने के दुराग्रह से प्रेरित हैं। आप बलात मेरी भावभूमि पर अपनी कामवासना के वृक्ष को प्रेम के नाम पर रोपित करने का प्रयास कर रही हैं। आपका यह विवेकहीन विचार और कृत्य आपकी पशुता का प्रमाण ही तो है।"

सुपर्णा के जीवन में यह पहला अवसर था जब किसी ने उसके व्यक्तित्व का आकलन कुछ इस ढिठाई के साथ किया था। लक्ष्मण के मुख से निकलनेवाला प्रत्येक शब्द उसके रोम-रोम को शूल की भाँति भेद रहा था। मनुष्य संसार द्वारा धिक्कारे जाने पर इतना विचलित नहीं होता जितना तब होता है जब वह स्वयं के लिए धिक्कार की भावना से भर जाए। लक्ष्मण के वचनों ने उसे धिक्कार की भावना से भर दिया था। उसकी देह प्रकम्पित हो रही थी। भाव के आवेग में उसके कान सुन्न पड़ गये थे। उसे कुछ भी सुनाई नहीं दे रहा था। उसे लगा जैसे लक्ष्मण ने उसके कानों को काटकर उसकी देह से अलग कर दिया है। उसने अकचकाकर अपने हाथों से अपने कानों का स्पर्श किया। दोनों कान यथावत अपनी जगह पर ही थे! वह चकित-सी विचार में पड़ गयी कि जब कान यथास्थान हैं तब उसे कुछ भी सुनाई क्यों नहीं पड़ रहा है?

तभी सुपर्णा के अंदर सदैव वर्तमान शूर्पणखा ठठाकर हँसते हुए बोली, "जब हमारी समस्त चतुराई किसी के द्वारा कुंठित कर दी जाए, जब हमें हमारा अपेक्षित उत्तर सुनने को न मिले, तब कान होते हुए भी हम कनकटी हो जाते हैं मेरी राजकुमारी। तेरे ऊपर भी तो मेरी भी कभी एक न चली। तूने भी तो सदैव मेरी समस्त चतुराई को कुंठित किया है। मुझे भी तो कभी तुझसे वे उत्तर सुनने को नहीं मिले जो मुझे अपेक्षित थे। देख, अब तू और मैं दोनों ही कर्णविहीन हैं। तू सदैव मेरे कान काटती रही, आज मैंने तेरे कान लक्ष्मण से कटवा दिए...अब तू भी कनकटी है और मैं भी कनकटी हूँ।"

सुपर्णा ने देखा कि शूर्पणखा हर्ष के उन्माद में भयंकर नृत्य करते हुए बोल रही है, "नाक हमारे सम्मान का प्रतीक होती है राजनंदनी और किसी भी स्त्री के लिए सबसे बड़ा अपमान वह होता है जब कोई पुरुष

उसके काम निवेदन, उसके प्रणय निवेदन को अस्वीकार कर दे। तू मुझे मानविहीन नकटी कहती थी न! अब देख, इस सुंदर सलोने[160]-से दिखने वाले राम और उसके भाई लक्ष्मण ने तेरे साथ क्या किया? प्रेमासक्त, कामासक्त सुपर्णा के प्रणय निवेदन को उस सामान्य-सी राजकुमारी वनवासिनी सीता और तेरी उपेक्षित, कुंठित प्रजा के सामने अस्वीकार करते हुए तेरी नाक काट दी।"

"अब तू सुपर्णा न रही, अब तू भी शूर्पणखा हो गयी।" शूर्पणखा ताली पीटते हुए हँस रही थी। "राजकुमारी, तेरे जन्म से लेकर आज तक तूने बहुत प्रयास किया कि तू मुझ शूर्पणखा को सुपर्णा में रूपांतरित कर दे, किंतु देख, अंतिम विजय मेरी ही हुई।" भयंकर अट्टहास करते हुए शूर्पणखा बोली, "तू मुझे अपने जैसा तो नहीं बना पायी किंतु आज मैंने सुपर्णा को शूर्पणखा बना ही दिया।"

अपने महल के कक्ष में दर्पण के सामने खड़ी सुपर्णा सत्य ही शूर्पणखा की भाँति दिखाई दे रही थी। किंतु आज पहली बार उसे अपने इस रूप को देखकर स्वयं से घृणा नहीं हो रही थी। वह बहुत शांति से अपने इस रूप को निहार रही थी। उसके मन में अवसाद के स्थान पर आनंद था। उसे लगा जैसे राम के सान्निध्य ने आज सुपर्णा और शूर्पणखा के बीच होनेवाले द्वंद्व को सदा के लिए समाप्त कर दिया है। वह निर्द्वंद्व भाव से अपने प्रतिबिम्ब को बहुत सम्मान से देखते हुए बोली, "शूर्पणखा मेरी आत्मा है जिसका मैं पूरे जीवन भर तिरस्कार करती रही और जो अपनी आत्मा, अपने स्वा के लिए धिक्कार के भाव से भरा रहता है उसके पास सम्पत्ति तो होती है किंतु सुख नहीं होता। औषधियाँ तो होतीं हैं लेकिन आरोग्य नहीं होता। ग्रंथ तो होते हैं किंतु ज्ञान नहीं होता। वह बहुमूल्य आभूषणों से लदा होने के बाद भी सौंदर्यविहीन होता है। राम, मैं अभी तक एक खंडित जीवन जी रही थी किंतु तुमने आज मुझे मेरे स्वा से जोड़कर खंडित जीवन के श्राप से मुक्त कर दिया।"

उसका मस्तिष्क बहुत तीव्रता से पंचवटी में घटित हुए इस पूरे घटनाक्रम पर विचार करने लगा। राम और लक्ष्मण के साथ हुए वार्तालाप

---

160 कोमल और मोहक सौंदर्य

के समय उसकी अपनी प्रजा के बहुत से वनवासी उपस्थित थे जो दंडकारण्य की अधिष्ठात्री के साथ घटित हुई इस घटना को कुछ इस तरह से प्रचारित करेंगे कि लक्ष्मण ने अपने भाई राम की सहमति पाकर रावण की बहन शूर्पणखा का प्रणय प्रस्ताव ठुकराकर उसकी नाक काट दी। दंडकवन की स्वामिनी, सूप जैसे बड़े नखोंवाली शूर्पणखा अपने आप को बहुत चतुर समझती थी लेकिन लक्ष्मण की चतुराई के सामने उसकी एक न चली। लक्ष्मण ने उसके कान काट दिए। वे मूर्ख कभी यह नहीं सोचेंगे कि पुरुषों में सर्वोत्तम, सदैव मर्यादा का पालन करनेवाले राम स्वयं या स्वयं की उपस्थिति में किसी को विरूपित, अपूर्ण बनाने का कृत्य कर ही नहीं सकते। राम तो एक ऐसी चेतना हैं जो अपने संपर्क में आनेवाले कुरूप व्यक्ति को भी रूपवान बना देते हैं। राम का आश्रय पाकर पंगु व्यक्ति भी पर्वत के शिखर पर विजय पताका लहरा सकता है।

मेरी प्रजा ही नहीं, सम्पूर्ण जगत ही यही कहेगा कि राम के कहने पर लक्ष्मण ने शूर्पणखा के नाक-कान काटकर उसका मान-मर्दन कर दिया। वे कभी इस सत्य को नहीं देख पाएँगे कि राम-लक्ष्मण ने शूर्पणखा का मान-मर्दन नहीं किया, अपितु शूर्पणखा का मानवर्धन किया है। अपनी अनुचित चेष्टा के बाद भी राम के सम्पर्क में आने मात्र से शूर्पणखा सदा के लिए संसार के चिंतन में वर्तमान हो गयी। भले ही मैं काम से प्रेरित होकर राम को पाना चाहती थी किंतु राम को प्राप्त कर लेने के मेरे प्रयास ने मेरे निस्सार जीवन को आकार देते हुए मुझे अमरता प्रदान कर दी।

किंतु इसमें इस बेचारी प्रजा का कोई दोष नहीं है। उन्होंने आज तक प्रेम और मर्यादा से जय-विजय देखी ही नहीं है। उनके लिए तो जय और पराजय किसी के मान और किसी के अपमान का प्रतिमान ही हैं। वह राम जैसे नायक की कार्यपद्धति को समझ ही नहीं सकती। वह इस सत्य को जानती ही नहीं हैं कि राम जैसे नायक अपने शत्रु को हराने में नहीं, उसे जीतने में विश्वास रखते हैं। राम एक ऐसी महान चेतना हैं जो अपने से जुड़नेवाले को भी और अपने से लड़नेवाले को भी गरिमा प्रदान करते हैं। अब मुझे चाहिए कि मैं अपनी युक्ति से अपने समस्त रक्ष वंश को राम के संपर्क में लाकर उनकी मुक्ति का मार्ग प्रशस्त करूँ।

•॥ 19 ॥•

आज प्रातः से ही निरंतर अपशगुन पर अपशगुन हो रहे थे, जिन्हें देखकर जनस्थान के अधिपति खर का हृदय किसी अज्ञात आशंका से भर उठा था। वह राजमहल के अपने कक्ष में बेचैनी से टहल रहा था।

पिछले कुछ दिनों से महाबली खर अपनी बहन सुपर्णा के व्यवहार से पहले ही चिंतित था। उसने कई बार सुपर्णा से मिलने का प्रयास किया किंतु हर बार या तो सुपर्णा अपने महल में नहीं थी या थी भी तो विश्राम कर रही थी। उसने निर्णय लिया कि आज कुछ भी करके उसे सुपर्णा से संपर्क साधना होगा। खर ने अपने भाई दूषण को बुला भेजा और उसे साथ लेकर सुपर्णा के महल में पहुँचा। सेविकाओं ने सूचना दी कि राजकुमारी अपने कक्ष में नहीं हैं, वे 'संतप्त[161] भवन' में हैं।

उनकी प्रिय बहन 'संतप्त भवन' में है, इस सूचना से खर और दूषण के ललाट पर चिंता की रेखाएँ प्रकट हुईं। सेविका ने स्वामी के मनोभावों को समझते हुए कहा, "देवी जानती थीं कि आप आएँगे, इसलिए निर्देश देकर गयीं हैं कि महाराज से निवेदन करना कि वह संतप्त भवन में पहुँचें। वे वहीं आपकी प्रतीक्षा कर रहीं हैं।" खर-दूषण अविलंब भवन के उस कक्ष में पहुँचे जहाँ सुपर्णा अंधकार में बैठी हुई उनकी प्रतीक्षा कर रही थी।

कक्ष में अंधकार देखकर विचलित खर और अधिक विचलित होते हुए उच्च स्वर में बोला, "सेविकाओ, राजराजेश्वरी के कक्ष में अंधकार क्यों है? क्या तुममें से किसी को भी अपने प्राणों का मोह नहीं रहा? कदाचित इसीलिए तुमने महारानी के कक्ष में प्रकाश की व्यवस्था नहीं की। खर अपने कृपाण[162] से सेविकाओं के शीश का उच्छेद करता इससे पहले ही गहन अंधकार में बैठी हुई सुपर्णा का आहत स्वर उसे सुनाई दिया, "नहीं भ्राता खर, इसमें इनका दोष नहीं है। मैं ही प्रकाश नहीं चाहती थी।"

अब तक खर-दूषण के नेत्र अंधकार के अभ्यस्त हो चुके थे। वह अपनी बहन के अशृंगारी रूप, उसकी विकरालता को देखकर चिंतित होते हुए बोले, "बहन, ऐसा क्या हुआ जो महाराजाधिराज रावण, कुंभकर्ण,

---

161 पीड़ित

162 तलवार

अपने नाम के अनुरूप अति भयंकर विभीषण, खर और दूषण जैसे भाइयों की बहन को अंधकार का आश्रय लेना पड़ा?"

"जब हृदय संताप से पीड़ित हो; मन विषाद से ग्रस्त हो; बुद्धि कुंठा के ताप से दग्ध हो, जब कुल का गौरव-मान किसी सामान्य से व्यक्ति द्वारा खंडित किया जाए तब व्यक्ति प्रकाश नहीं, अंधकार का आश्रय लेता है।"

दूषण ने भयंकर स्वर में कहा, "किसने हमारे कुल के गौरव को खंडित करने का प्रयास किया है? मुझे बताओ...यदि क्षण भर में उसे दंडित न किया तो मैं स्वयं ही अपना शीश उतारकर तेरे चरणों में रख दूँगा मेरी बहन। किंतु तू अपने हृदय का विषाद त्यागकर स्वच्छ मन से स्वयं को प्रकाशित कर।"

"नहीं भ्राता दूषण, मैं इस योग्य नहीं बची हूँ कि मैं अपने भाइयों को अपना मुख दिखा सकूँ। जान जाने से अधिक पीड़ादायक मान का जाना होता है। जैसे किसी के आदर का भंग होना उसे अंग-भंग के दोष से भर देता है वैसे ही किसी के अंग का भंग होना उसके आदर को खंडित करता है। दंडकवन में हमारी अनुमति के बिना रह रहे दो वनवासियों ने महाबली खर और दूषण की अभागी बहन शूर्पणखा के मान का हनन किया। मेरे नाक-कान काटकर रख दिए। अपने रूप की जो विकरालता मेरे स्वयं के लिए असहनीय है, उसे देखकर मेरे शौर्यवान भाइयों पर क्या बीतेगी, इसका अनुमान मैं सहज ही लगा सकती हूँ। इसलिए मैंने निर्णय लिया है कि अब से मैं स्वयं को सदा ही अंधकार में रखूँगी, क्योंकि मैं नहीं चाहती कि मुझ खंडित शूर्पणखा को देखकर संसार रावण की शक्ति, उसके सामर्थ्य पर हँसे। मैं नहीं चाहती कि त्रिलोकविजेता रावण को इस घटना की तनिक भी भनक लगे अन्यथा मेरे सर्वशक्तिमान भाइयों, खर और दूषण को लंकाधिपति के कोप का भाजन बनना पड़ेगा।"

खर, सुपर्णा द्वारा कहे जा रहे एक-एक शब्द का अर्थ बहुत अच्छे से समझ रहा था। चारों ओर से समुद्र द्वारा संरक्षित सिंहल द्वीप में त्रिकूट पर्वत पर बनी हुई लंका से दशानन रावण सम्पूर्ण विश्व को सफलतापूर्वक अपने नियंत्रण में रखे हुए था। उसने खर को त्रिकूट के समुद्री तट से लेकर चित्रकूट तक के विशाल भू-भाग का सर्वेसर्वा बनाकर अपने प्रतिनिधि के रूप में स्थापित किया था। सुपर्णा ने बहुत चतुराई से खर को इस बात

का स्मरण करा दिया था कि खर अपने को दिये गये दायित्व का निर्वाह कुशलतापूर्वक सम्पन्न नहीं कर रहा है। खर की असफलता रावण के शौर्य, उसके प्रताप पर प्रश्नचिह्न है। अभी तक राक्षसों ने ही अन्य सभी वर्गों की स्त्रियों का, जनशक्ति का दोहन और हरण किया है। यह पहला अवसर है जब किसी सामान्य से वनवासी ने राक्षसों की श्री, उनके मान का हनन करने का प्रयास किया है और वह भी ठीक महाबली खर और दूषण की नाक के नीचे! खर मात्र एक विकट प्रतापी योद्धा ही नहीं, एक कुशल राजनीतिज्ञ भी था, इसलिए वह सुपर्णा के साथ हुई घटना के प्रभाव और दुष्प्रभाव से भलीभाँति परिचित था। उसने स्वयं के क्रोध को नियंत्रित करते हुए सुपर्णा से पूछा, "बहन सुपर्णा, मुझे बताओ वे कौन दुष्ट हैं जिन्होंने लंका साम्राज्य की राजकुमारी के मान को भंग करने का दुस्साहस किया है?"

अपने मन का भेद खोलने से पहले शूर्पणखा ने एक बार पुनः अपनी योजना पर विचार किया। वह चाहती थी कि रावण से सामना होने से पहले राम को रावण की शक्ति का आंशिक अनुमान हो जाए। खर-दूषण और त्रिशरा विकट पराक्रमी योद्धा हैं। वे रावण के प्रतिनिधि मात्र नहीं हैं, अपितु उसके प्रतिबिम्ब ही हैं। खर-दूषण से होनेवाले युद्ध का एक लाभ यह होगा कि शूर्पणखा को राम की वास्तविक शक्ति का पता भी चल जाएगा। यदि महाबली खर-दूषण और त्रिशरा ने राम-लक्ष्मण को समाप्त कर दिया तब यह विषय यहीं समाप्त हो जाएगा और दूर-दूर तक यह सत्य स्थापित हो जाएगा कि रावण या उसके किसी भी परिजन का अपमान करनेवाले को जीवित रहने का अधिकार नहीं है, और रावण इतना शक्तिशाली है कि अपराधी को दंडित करने के लिए उसे स्वयं हिलना भी नहीं पड़ता। उसके अपने सेनानायक ही शक्तिशाली से शक्तिशाली शत्रु को क्षण मात्र में समाप्त कर देते हैं। और यदि कहीं राम ने खर-दूषण और त्रिशरा को उनके चौदह सहस्त्र सैनिकों सहित समाप्त कर दिया तो यह रावण की नाभी पर होनेवाले महाभयंकर आघात जैसा होगा। वे सभी राजा, जो अभी तक रावण के भय से उसके शरणागत हैं, राम के प्रत्यक्ष या अप्रत्यक्ष रूप से सहायक हो जाएँगे।

किंतु इससे भी अधिक महत्वपूर्ण बात यह होगी कि राम की इस विजय से चित्रकूट से लेकर त्रिकूट पर्वत तक वर्षों से सोई हुई शोषित,

उपेक्षित, कुंठित प्रजा हरहराकर जाग जाएगी। उस स्थिति में रावण के सैनिक अभियान को हर स्थान पर नवजागृत प्रजा के रोष और प्रतिकार का सामना करना होगा, जिससे रावण को अपार असुविधा होगी व इस कठिनाई का सीधा लाभ राम के कुशल नेतृत्व को मिलेगा। राम कितने चतुर हैं! वह कितने अच्छे से इस मनोविज्ञान को जानते हैं कि किसी भी सशस्त्र और शक्तिशाली सेना के मार्ग में जितना बड़ा अवरोध निःशस्त्र नागरिक खड़ा कर सकते हैं उतना बड़ा अवरोध कोई सशस्त्र सेना भी नहीं खड़ा कर सकती। इसलिए राम ने अपने संबंध राजाओं या छत्रपों से नहीं, सीधे प्रजा से बना लिए। जहाँ एक ओर रावण समाज में स्वयं के चरणों की प्रतिष्ठा के लिए किसी के भी प्राण लेने को तत्पर रहता है वहीं राम सद-आचरण के महत्व को प्रकाशित करने के लिए प्रयासरत हैं।

जो भी हो, मुझे राम को लंका नहीं ले जाना है अपितु रावण को लंका के सर्वसुविधा सम्पन्न क्षेत्र से निकालकर अपेक्षाकृत कम सुविधायुक्त दंडकारण्य क्षेत्र में राम से युद्ध करने के लिए विवश करना होगा, तभी यह युद्ध समानता के धरातल पर लड़ा जाएगा, अन्यथा राम कितने ही शक्तिशाली क्यों न हों वे लंका के मैदान में रावण की शक्ति से पार नहीं पा सकते।

तभी उसे खर का स्वर सुनाई दिया, “बहन, अपने भाई खर की शक्ति, उसके सामर्थ्य पर अविश्वास मत करो। मुझे निश्चिन्त मन से बताओ कि वे कौन हैं जिन्होंने राजनंदनी सुपर्णा का मान-मर्दन किया? तुम्हारी नासिका और कर्णों का उच्छेद[163] करते हुए तुम्हें किसने विरूपित किया है?”

शूर्पणखा ने बहुत सतर्कता के साथ शब्दों का चुनाव करते हुए कहना आरम्भ किया, “महाबली भ्राता खर, वे दोनों अयोध्या नरेश दशरथ के पुत्र राम और लक्ष्मण हैं। राम को उसके पिता ने अपने राज्य से निष्कासित करते हुए चौदह वर्ष का वनवास दिया है, जिस कारण वह अपनी पत्नी सीता, जो विदेहराज जनक की पुत्री है, व अपने सौतेले भाई लक्ष्मण के साथ दंडकवन में अनधिकृत रूप से निवास कर रहा है। मुझे वनरक्षकों से जब इस तथ्य की जानकारी मिली तब मैं उनके पास गयी और मैंने उनसे कहा कि उन्हें महाबली खर से यहाँ निवास करने की अनुमति लेनी चाहिए

---

163 जड़ से सफाया करना

क्योंकि वीर शिरोमणि खर को महाराजाधिराज रावण ने यहाँ का अधिपति नियुक्त किया है। तब उसके सौतेले भाई लक्ष्मण ने मेरा उपहास उड़ाते हुए कहा, "हम राजपुत्र हैं और हम अपने रहने के लिए किसी के भृत्य[164] से अनुमति नहीं माँगते।"

तब मैंने परिचय देते हुए कहा, "महाबली खर और दूषण लंकाधिपति के भृत्य नहीं, भ्राता हैं और मैं उनकी बहन सुपर्णा हूँ। यदि आप राजपुत्र हैं तो आपको इस सामान्य-से राजनयिक नियम की जानकारी होनी चाहिए कि किसी अन्य राजा के राज्य में बिना अनुमति के निवास करना राजद्रोह के अंतर्गत आता है।"

तब राम ने कहा, "मानवता के द्रोही राक्षसों के मुख से राजद्रोह जैसी बातें शोभा नहीं देतीं। यदि तुम्हारे कायर राजा रावण को, जो समुद्र के बीच में छिपकर बैठा रहता है, अपने नियमों के पालन में इतनी ही रुचि है तो उससे कहो कि वह अपने सेनापति, जिसका नाम खर है अर्थात् गर्दभ, उस गदहे को आदेश दे कि वह अनुमति पत्र लेकर हमारे पास पंचवटी पहुँचे। हम उस पर हस्ताक्षर कर देंगे।"

तब मुझे क्रोध आ गया और मैंने उन दोनों पर भीषण आक्रमण किया। किंतु वह लक्ष्मण बहुत रणकुशल है। उसने मेरे आक्रमण को पलक झपकते ही निष्प्रभावी कर दिया और मेरे नाक-कान काटते हुए बोला, "ये हमारी वीरता का प्रतीक चिह्न है। तू जाकर इसे अपने भाइयों को दिखाना। यदि वे सत्य ही वीर हैं तो वे अपने पूरे चौदह सहस्त्र सैनिकों के साथ हमसे युद्ध करने के लिए पंचवटी पहुँचें, अन्यथा कल रात तक वे जनस्थान छोड़कर चले जाएँ और अपने तारणहार[165] रावण की गोद का आश्रय लें, नहीं तो हम उनका भी वही हश्र[166] करेंगे जो हमने तुम्हारी नानी ताड़का का किया था।"

शूर्पणखा की बात सुनकर खर का रक्त उबलकर उसके मस्तिष्क में ठोकरें मारने लगा। दूषण का हृदय अपमान की ज्वाला से तीव्रता से धड़कने लगा।

---

164 सेवक

165 तार देनेवाला

166 परिणाम

शूर्पणखा ने अपने स्वर में दीनता डालते हुए निवेदन के स्वर में कहा, "भ्राता, वे दोनों सत्य ही महावीर हैं। उनके जैसा एक भी योद्धा मैंने आज तक अपने जीवनकाल में नहीं देखा। मुझे अपने प्राणों का मोह नहीं है किंतु अपने प्राणप्रिय भाइयों और रक्ष संस्कृति के गौरव-मान की चिंता है। इसलिए मुझे लगता है कि हमें महाराजाधिराज रावण के पास अपनी सहायता के लिए संदेश भेजना चाहिए कि वे अपनी चतुरंगिणी सेना दंडकारण्य भेजें ताकि हम उन दोनों राजकुमारों को उनके द्वारा किये गये अपराध का उचित दंड दे सकें।"

शूर्पणखा के सुझाव से खर के अहंकार को ठेस लगी। वह आहत स्वर में बोला, "शूर्पणखा, सत्य ही तुम्हारा मस्तिष्क स्थिर नहीं है तभी तुम इतना हास्यास्पद सुझाव दे रही हो। अपने राज्य से निष्कासित सामान्य-से दो राजकुमारों को दंडित करने के लिए हमें लंका से चतुरंगिणी सेना बुलानी पड़े, तब तो धिक्कार है मेरे शौर्य पर!" खर ने क्रोध के आवेग में पलटकर दूषण को आदेश दिया, "महाबली दूषण, अब तो हमें उस नराधम[167] की इच्छा अवश्य पूरी करनी चाहिए। काल के गाल में समाने के पहले वह महाबली खर और उसके चौदह सहस्त्र सैनिकों का दर्शन करना चाहता है। तो जाओ और जाकर सेनापति त्रिशरा को आदेश दो कि वह दंडकारण्य में उपस्थित प्रत्येक सैनिक को आदेश दे कि वे युद्ध के लिए अपना अतिभयंकर शृंगार करें जिसे देखकर ही राम और लक्ष्मण के प्राण देह छोड़ने के लिए फड़फड़ाने लगें।

•॥ 20 ॥•

राम समझ रहे थे कि अब कुछ ही समय में उन्हें एक सुप्रशिक्षित सेना के साथ भीषण युद्ध का सामना करना होगा। राम इस तथ्य से भी भलीभाँति परिचित थे कि दंडकारण्य के इस क्षेत्र में रावण का एक बड़ा भारी सैनिक स्कंधावार[168] है जिसके प्रमुख महाबली खर और दूषण हैं। वह मात्र सक्षम,

---

167 नीच मनुष्य

168 छावनी

प्रवीण योद्धा ही नहीं हैं, बल्कि रावण के अत्यंत विश्वासपात्र भी हैं। इस पूरे भूखंड में रावण ने उन्हें अपने प्रतिरूप के रूप में ही स्थापित किया हुआ है।

राम ने अपने मस्तिष्क के रज्जुओं को ढीला किया और बहुत शांति से एक बार फिर पंचवटी के भूगोल का युद्ध की दृष्टि से मूल्याँकन किया। पंचवटी के जिस प्रशस्त[169] प्रांगण में उन्होंने अपने रहने के लिए कुटीर बनाए हुए थे वह एक टापू का आकार लेते हुए अपेक्षाकृत ऊँचाई पर था। वर्षा ऋतु में जब मंदाकिनी जल से आप्लावित होती थी तब पंचवटी के इस उठे हुए भूखंड को छोड़कर विंध्य पर्वत और पंचवटी के बीच का भू-भाग चारों ओर से जलमग्न हो जाता था। तब पंचवटी क्षेत्र जल के बीच उभर आए एक द्वीप जैसा प्रतीत होता था। अति घने वनों के बीच पंचवटी को देखने पर बिलकुल ऐसा लगता, जैसे विंध्याचल पर्वत ने अपने गर्भ में किसी शिवलिंग की स्थापना की हो व उस शिव स्थान को अपनी ऊँची पर्वत शृंखलाओं से छिपा लिया हो।

सुरक्षा की दृष्टि से भी और सामरिक महत्व की दृष्टि से भी पंचवटी क्षेत्र सर्वाधिक उपयुक्त था। पंचवटी की ऊँचाई पर खड़ा हुआ व्यक्ति बहुत सरलता से अपने चारों ओर की गतिविधियों पर दृष्टि रख सकता था।

राम ने लक्ष्मण को निर्देश देते हुए कहा, "तुम्हें अभी इसी समय अपने अस्त्र-शस्त्र सहित सीता को लेकर पंचवटी के पृष्ठ भाग से नीचे उतरना है।" और अपनी उँगली से विंध्य पर्वत की एक चोटी की ओर लक्ष्य करते हुए कहा, "वह कंदरा देख रहे हो लक्ष्मण? सीता को उस कंदरा में व्यवस्थित करने के बाद तुम्हें उस कंदरा के द्वार पर सनद्ध रहना होगा। वह पंचवटी से अधिक ऊँचाई पर है। तुम वहाँ से पंचवटी पर ही नहीं, उसके पृष्ठ में व पंचवटी के दायीं और बायीं ओर बहुत सरलता से दृष्टि रख सकते हो। तुम्हें अपने साथ दूरी से और दूर तक मार करनेवाले अस्त्र रखने होंगे।" फिर सीता के नेत्रों में विश्वासपूर्वक झाँकते हुए बोले, "सीता, आप अपने साथ मात्र स्वयं की रक्षा के लिए अपेक्षाकृत हल्के शस्त्र रखिएगा जिसका आवश्यकता पड़ने पर आप कुशलता से उनका उपयोग कर सकें।"

---

169 उत्तम

लक्ष्मण ने निवेदन करते हुए कहा, "भैया, आपके सभी निर्देश किसी रण के आसन्न[170] होने के संकेत हैं?"

राम ने गम्भीरता से कहा, "हाँ लक्ष्मण, इस बार रण ने हमारा आह्वान नहीं किया, अपितु हमने ही रण को अपने द्वार पर आहूत कर लिया है। इस बार हम गुरु विश्वामित्र की इच्छापूर्ति के लिए आततायियों के दमन हेतु नहीं बढ़ रहे हैं, अपितु सौमित्र लक्ष्मण के तेजस्वी स्वरों ने एक सुप्रशिक्षित सेना को रण के लिए अपने द्वार पर आमंत्रित कर लिया है।"

राम के कथन को सुनकर लक्ष्मण को लगा कि अनजाने ही उनसे कोई भयंकर अपराध हो गया है। वह ग्लानि से भरे हुए बोले, "भैया, सत्य ही मुझ अज्ञानी को इस बात का भान ही नहीं था कि जो लक्ष्मण अपने भाई और अपनी माता सदृश्य भाभी की सेवा व सुविधा के लिए उनके साथ वन में गमन कर रहा है, वही लक्ष्मण अपनी अधीरता के चलते उनकी असुविधा का कारण बनेगा। भैया, आपका सेवक, आपका दास लक्ष्मण आपसे प्रार्थना करता है कि आप माता सीता को लेकर मेरे लिए निश्चित की गयी कंदरा में विश्राम करें और मुझ लक्ष्मण को यहाँ पंचवटी में सनद्ध रहने दें, जिससे मैं अपने द्वारा आमंत्रित अतिथियों का उचित सत्कार करते हुए उनका शमन कर सकूँ।"

राम ने देखा कि लक्ष्मण अपराध बोध से भरे हुए हैं। लक्ष्मण को ग्लानि मुक्त करने के लिए उन्होंने स्नेह से मुस्कुराते हुए लक्ष्मण को देख कर कहा, "प्रिय अनुज, क्या तुम्हें लगता है कि राम से प्रेम करनेवाला; राम पर विश्वास करनेवाला, राम के प्रति पूर्ण समर्पित निष्ठावान व्यक्ति कभी भी कोई ऐसा कार्य कर सकता है जो राम की इच्छा के विरुद्ध हो? या अपने प्रति समर्पित अपने प्रेमी; अपने सेवक; अपने दास, अपने अनुचर को राम कभी ऐसा कोई कार्य करने देगा जो अकल्याणकारी हो? लक्ष्मण, दंडकारण्य में आज होनेवाला यह युद्ध तुम्हारे भाई राम की इच्छा का परिणाम ही है। तुम इस शत्रु-दलन यज्ञ के मात्र पुरोहित हो।"

---

170 जो घटना होनेवाली हो

अपने मुख पर मोहक मुस्कान को प्रकाशित करते हुए राम बोले, "और आचार्य लक्ष्मण, पुरोहित का कर्तव्य मात्र यज्ञ की दक्षता से देख-भाल करना होता है; उसे कुशलता पूर्वक संचालित करना होता है, जिससे उसके यजमान के अभीष्ट की पूर्ति हो। लक्ष्मण तुम मेरे अनिष्ट नहीं, मेरे अभीष्ट की पूर्ति के कारण हो।"

राम के मुख से स्वयं के लिए आचार्य, पुरोहित जैसे विशेषण सुनकर लक्ष्मण को हास्य उत्पन्न हुआ। वह बोले, "हे रघुकुल भूषण, यज्ञवेदी पर पुरोहित और यजमान एक ही साथ उपस्थित होते हैं, तब यजमान द्वारा पुरोहित को वेदी से अलग आसन लगाने के निर्देश क्यों दिए जा रहे हैं?"

राम ने सहास्य लक्ष्मण के कंधे पर बहुत स्नेह से हाथ रखते हुए कहा, "वह इसलिए देव क्योंकि पुरोहित यज्ञ का ब्रह्मा होता है और ब्रह्मा को यजमान से ऊँचे आसन पर ही स्थापित किया जाता है।"

लक्ष्मण ने अनुनय करते हुए कहा, "भैया, मुझे भी अपने पार्श्व में रहकर इन आततायियों का शमन करने दीजिए न। हम दोनों भाई मिलकर अधिक सरलता से इन दुष्टों का दलन कर सकेंगे। आपको क्लांति भी कम होगी।"

लक्ष्मण की अपने प्रति चिंता को राम भलीभाँति समझ रहे थे। उन्होंने लक्ष्मण को आश्वस्त करते हुए कहा, "प्रिय भाई, तुम्हारा सान्निध्य निश्चित ही मेरी शक्ति का विस्तार करता है। किंतु मैं एकाकी ही इस युद्ध को समेटना चाहता हूँ। मैं चाहता हूँ कि मात्र रावण तक ही नहीं अपितु चित्रकूट से लेकर त्रिकूट पर्वत तक पसरी हुई उपेक्षित, कुंठित, प्रवंचित प्रजा में यह संदेश विद्युत की गति से प्रचारित हो कि जब वनवासी राम एकाकी ही रावण के चौदह सहस्त्र सैनिकों का काल बन सकता है, तब लाखों की संख्या में बिखरे हुए वनवासी यदि जागृत हो गये तो रावण जैसी निरंकुश सत्ता को मात्र एक ही धक्के में धराशायी किया जा सकता है। प्रजा को इस सत्य की स्मृति कराना आवश्यक है लक्ष्मण, कि वर्षों से हो रहा उसका शोषण, रावण के बल का नहीं प्रजा के हत-मनोबल का प्रमाण है। यदि आज अकेला राम, खर-दूषण, और त्रिशरा को उनके चौदह सहस्त्र सैनिकों के साथ समाप्त कर पाया

तो विश्वास करो भाई, वन में रहनेवाला प्रत्येक जन राम होगा, जिसके अंदर अत्याचार, अनाचार, व्यभिचार और भ्रष्टाचार के विरुद्ध एकाकी ही खड़े रहने का साहस उत्पन्न होगा। तब वे रावण के जैसे अपने बल का दुरुपयोग करनेवाले आक्रांता नहीं होंगे, अपितु वे अपने रोम-रोम में प्रकाशित होनेवाली चेतना राम के प्रतिरूप होंगे। तब वे अपनी शक्ति का सदुपयोग स्वयं के विस्तार के लिए नहीं, समाज के परिष्कार के लिए करेंगे। राम का स्फुरण ही रावण का मरण है प्रिय लक्ष्मण। राम तुम्हें इस युद्ध से अलग नहीं कर रहा है, अपितु तुम्हारे ऊपर अयोध्या की श्री, शक्ति, संस्कृति मेरी प्राणबल्लभा सीता की सुरक्षा और उनके रक्षण का महत्वपूर्ण दायित्व सौंप कर निश्चिन्त मन से युद्ध करना चाहता है।"

राम के मंतव्य को जानकर लक्ष्मण उनके प्रति आदर और कर्तव्य के बोध से भर गये। सीता गर्वानुभूति से भरी हुई अपने पति, अपने प्रेमी, मर्यादा की साक्षात प्रतिमा पुरुषोत्तम राम को बहुत प्रेम और सम्मान से देख रहीं थीं। वे इस विचार से मुस्कुरा उठीं कि राम कितने सरल हैं किंतु इसके बाद भी जगत उन्हें समझ नहीं पाता! जो जगत को जटिल मानकर चलते हैं, उन्हें न तो सरलता दिखाई देती है और न ही उन्हें सरलता समझ में आती है। कितनी स्पष्टता है राम के चिंतन में! तभी उन्हें राम का स्वर सुनाई दिया। वे कह रहे थे, "जानकी, जगत को दोष देना व्यर्थ है। जब मनुष्य स्वयं को ही पूरा नहीं समझ पाता तब किसी अन्य को कैसे समझेगा? स्वयं को जानना ही तो राम होना है।"

सीता ने अपार स्नेह और किंचित[171] शंका के स्वर में कहा, "क्या आप मेरे हृदय में बैठकर मेरे अंतस में चलनेवाले विचारों को पढ़ रहे हैं स्वामी? मैं बिलकुल यही विचार कर रही थी।"

राम ने चित्त का हरण करनेवाली मनोहारी मुस्कान से कहा, "मैं तुम्हारे हृदय में बैठा नहीं हूँ सीते, अपितु मैं ही तुम्हारा हृदय हूँ।"

राम और सीता को अंतरंग वार्तालाप करते देख लक्ष्मण थोड़ी दूरी पर जाकर खड़े हो गये।

---

171 थोड़ा

राम ने मुस्कुराते हुए लक्ष्मण से कहा, "लक्ष्मण, छोटा भाई पुत्र के जैसा होता है और किसी भी माता-पिता के लिए अपने आज्ञाकारी शालीन पुत्र की उपस्थिति बाधा नहीं, उनके आनंद का कारण होती है। भाई, हमारे पास समय का अभाव है, इसलिए अब तुम तत्काल सीता को अपने साथ लेकर निर्धारित स्थान के लिए प्रयाण[172] करो।"

"तुम्हारा कर्तव्य मात्र सीता की सुरक्षा है इसलिए तुम्हें अपने अस्त्रों के साथ मात्र सन्नद्ध और सतर्क रहना है और तब तक पंचवटी में हो रहे युद्ध में सक्रिय नहीं होना जब तक मैं तुम्हें संकेत न करूँ।"

"और वह संकेत क्या होगा भैया?" लक्ष्मण ने पूछा।

"मैं उस बाण को आकाश में छोड़ूँगा जिससे महादेव शिव के डमरू के जैसे भयंकर नाद[173] निकलते हैं।"

लक्ष्मण और सीता के प्रस्थान करते ही राम ने अपने मन में बनाई हुई युद्ध की योजना का क्रियान्वयन आरम्भ कर दिया।

कोई भी स्त्री सबसे अधिक आहत इस बात से होती है जब उसके प्रेम निवेदन को किसी पुरुष द्वारा अस्वीकार कर दिया जाए। और यदि वह स्त्री सत्ता सम्पन्न हो तब वह आहत ही नहीं, स्वयं को अपमानित भी अनुभूत करती है। तब उसके हृदय में प्रतिहिंसा का जन्म होता है। सुपर्णा शांत बैठनेवाली स्त्री नहीं है। उसने अपने साथ हुए व्यवहार की चर्चा अवश्य ही खर से की होगी और निश्चित ही उसने खर के समक्ष तथ्यों को अपने अनुकूल बनाकर प्रस्तुत किया होगा।

अब राम ने खर के मस्तिष्क में चल रहे विचारों को समझने का प्रयास किया। खर को जब इस बात की जानकारी हुई होगी तब वह अपने सेनापति या किसी अन्य को पंचवटी की ओर राम-लक्ष्मण को दंड देने के लिए नहीं भेजेगा क्योंकि विषय किसी साधारण राक्षस स्त्री का नहीं है बल्कि उसकी अपनी बहन राजकुमारी सुपर्णा का है। इस स्थिति में खर स्वयं ही सक्रिय होगा और जब भी कोई अधिपति सक्रिय होता है तब स्वाभाविक रूप से उसके अधीनस्थ कार्य करनेवाले उसके सभी प्रमुख दलपति भी उससे

---

172 प्रस्थान

173 जोर की आवाज

अधिक सक्रियता दिखलाने का प्रयास करते हैं। इसका अर्थ है कि खर अपने पूरे दल-बल के साथ पंचवटी पहुँचेगा। उसका लक्ष्य राम-लक्ष्मण को मात्र दंडित करने का नहीं होगा, अपितु वह अपने सैनिक अभियान से इस पूरे क्षेत्र में आतंक स्थापित करने का प्रयास करेगा। आतंक उन्मादी होता है। उसमें योजना का अभाव होता है। खर धड़धड़ाते हुए सीधे पंचवटी पर धावा बोलेगा। युद्ध नीति कहती है कि आतंक की मानसिकता से प्रेरित दल के सामने, यदि उसके इच्छित गंतव्य[174] तक पहुँचने से पहले एक अप्रत्याशित[175] अवरोध उत्पन्न किया जाए तो दल का मनोबल कुंठा और खीज में रूपांतरित हो जाता है। परिणामस्वरूप वे अनचाही गलतियाँ करने लगते हैं जिसका लाभ उनके प्रतिपक्षी को सहज ही मिल सकता है।

राम ने निर्णय कर लिया कि वे शत्रु सेना को पंचवटी की तलहटी में ही रोककर अवरोध उत्पन्न करेंगे। इसलिए सर्वप्रथम उन्होंने पंचवटी से चौथाई कोस की दूरी पर पंचवटी के मुख्य मार्ग से लगे हुए मंदाकिनी के तटबंध में दरार पैदा कर दी जिससे जल के रिसाव से काली मिट्टी से बने उस मार्ग पर कीचड़ हो जाए। कीचड़ होने से आक्रमणकारी सेना की गति धीमी हो जाएगी। साथ ही साथ उनके युद्धक रथों को असुविधा भी होगी और उन्हें अपने रथों से उतरकर पदाति[176] ही पंचवटी की ओर कूच करना होगा। तब ऊँचाई पर खड़े हुए राम के लिए शत्रुओं का संहार अत्यंत सुविधाजनक हो जाएगा।

राम इस सत्य को जानते थे कि राक्षस माया युद्ध में विश्वास करते हैं। राक्षस यह सोच भी नहीं सकते कि किसी मनुष्य में मायावी युद्ध करने की क्षमता भी हो सकती है। राम ने विचार किया कि उन्हें अपने मायावी होने का भ्रम इन मायावी राक्षसों के मस्तिष्क में उत्पन्न करना चाहिए।

राम ने बहुत तेजी से फूस के ढेर सारे पुतले बनाए और उनपर वल्कल-वस्त्र[177] डालकर उन्हें अलग-अलग दिशाओं में घने वृक्षों के बीच कुछ इस तरह से छिपाते हुए रखा जिससे वे पुतले दूर से दिखाई देते हुए

---

174 जहाँ जाना हो

175 जिसकी उम्मीद न हो

176 जो पैदल चलता हो

177 कपड़ों की तरह उपयोग की जानेवाली पेड़ों की छाल

जीवित मनुष्य का आभास दें। राम को राक्षसों में से किसी ने नहीं देखा है इसलिए फूस के हर पुतले में उन्हें राम ही दिखाई देगा।

खर इस तथ्य को लेकर निश्चिन्त होगा कि उसे मात्र दो सामान्य-से मनुष्यों के प्राण लेने हैं, इसलिए उसे पंचवटी में घोर युद्ध होने की आशा बिलकुल नहीं होगी। वह भय उत्पन्न करके ही विजयी हो जाने की मानसिकता से सज-धज कर अपनी सेना के साथ यहाँ पहुँचेगा क्योंकि वह संख्या बल के महत्व को बहुत अच्छे से जानता है। मनुष्य बहुधा संख्याबल देखकर ही पस्त हो जाता है जबकि वास्तविकता यह है कि हमारी विजय संख्या पर नहीं, संकल्प पर निर्भर होती है। किंतु संख्या की शक्ति की उपेक्षा भी नहीं की जानी चाहिए। वह घातक भी हो सकती है। संख्या की शक्ति को तभी परास्त कर सकते हैं जब हम उनके हृदय में शंका के बीज को प्रतिष्ठित कर दें। राम ने विचार किया, "मुझे अपना लक्ष्य खर, दूषण और त्रिशरा को नहीं उनकी अधीनस्थ सेना को बनाना होगा। मुझे उन सैनिकों के हृदय में अपने अप्रत्याशित व्यवहार, क्षमता और व्यक्तित्व से भय का संचार करना होगा। हम अपने से अधिक शक्तिशाली शत्रु पर तभी विजय प्राप्त कर सकते हैं जब हम अपने प्रतिद्वंद्वी को चकित कर सकें। इसलिए मेरा पहला आक्रमण इतना भयंकर होना चाहिए जो उनके लिए अकल्पनीय[178] हो। उनकी बुद्धि चमत्कृत होते हुए कुंठा से ग्रस्त हो जाए। बुद्धि जब कुंठित होती है तब व्यक्ति न तो पलायन कर पाता है और न ही आक्रमण। वह अपने स्थान पर जड़ हो जाता है। मुझे इसी जड़ता का लाभ उठाना होगा।"

राम ध्वनि की शक्ति, उसके महत्व से भी परिचित थे। वे जानते थे कि सिंह आक्रमण करने से पहले भयंकर घन गर्जना करता है। उस गर्जना को सुनकर ही शिकार के आधे प्राण सूख जाते हैं। आकाश में तड़ित तरंगों की चमक से अधिक मेघों की भयंकर गर्जना से प्राणी आशंकित होते हुए भय से भर जाता है। युद्ध में बजनेवाले युद्धक वाद्य जहाँ योद्धाओं में उत्साह का संचार करते हैं वहीं प्रतिपक्षी योद्धा की युद्ध-गर्जना भय का संचार करती है। उन्होंने निर्णय ले लिया कि वे सर्वप्रथम प्रकंपन अस्त्र का

---

178 जिसकी कल्पना न हो

निक्षेप[179] करते हुए भयंकर ध्वनि उत्पन्न करेंगे जिसे सुनते ही शत्रु सेना के हृदय प्रकम्पित हो उठें।

राम ने फूस से बनाए हुए सभी पुतलों के पास पाँच प्रत्यंचावाले धनुषों को रखते हुए उनकी सभी प्रत्यंचाएँ खींचकर पतली वृक्ष-लताओं से बाँधकर सभी पर पाँच-पाँच आग्नेय बाण चढ़ा दिए। सभी का मुख उन्होंने अनुमानित स्थान की ओर कर दिया। वे बाण अपने लक्ष्य से टकराते ही मात्र तीव्र अग्नि ही नहीं उत्पन्न करते थे बल्कि भयंकर विस्फोट भी करते थे। इन्हें संचालित करने के लिए राम को मात्र इन वृक्ष-लताओं को एक-एक करके अपने बाणों से काटना भर था। लता के कटते ही प्रत्यंचा छूटकर अपने बाण को इच्छित लक्ष्य तक पहुँचाने के लिए बल प्रदान करती। राम ने बहुत ध्यानपूर्वक सभी लताओं को अपने मस्तिष्क में चिन्हित कर लिया और उस स्थान पर गये जहाँ ऊँचाई पर पर्वत के बड़े-बड़े शिलाखंड थे, जिन पर वे अपने बाणों से प्रहार कर तलहटी में खड़े शत्रुओं को लक्ष्य बनाकर अस्त्र के रूप में उपयोग कर सकते थे।

राम की दृष्टि आकाश में उठते हुए धूल के बवंडर पर पड़ी। वे समझ चुके थे कि यह खर का सैन्य दल है जो बहुत तीव्रता से पंचवटी की ओर बढ़ रहा है। राम ने देखा कि खर के सभी युद्धक रथों में अश्वों के स्थान पर अतिदीर्घाकार गधे जुते हुए हैं।

राम पंचवटी के टीले से उतरकर विंध्य पर्वत की उस पहाड़ी की ऊँचाई पर खड़े हो गये थे जहाँ से पंचवटी क्षेत्र में प्रवेश करने के लिए संकीर्ण मार्ग प्रारम्भ होता था। उन्होंने रणनीति बना ली थी कि जब खर अपने पूरे सैन्यदल के साथ इस कुंभाकार[180] क्षेत्र में प्रवेश कर लेगा तब वे पर्वत की शिलाओं को अपने बाणों से तोड़ते हुए इसके मुख को बंद कर देंगे जिससे शत्रु यहाँ से चाहकर भी बाहर न निकल सके। इसके बाद वे पंचवटी की तलहटी में अपने बाणों से एक बड़ी प्राचीर[181] का निर्माण करेंगे। खर की सेना के एक ओर विंध्यपर्वत की ऊँची पहाड़ियाँ होंगी,

179 फेंकना/छोड़ना

180 घड़े के आकार का

181 किला या दुर्ग की सुरक्षा हेतु बनायी गयी ऊँची दीवार

दूसरी ओर कोसों तक फैला हुआ मंदाकिनी के जल का विस्तार, तलहटी पर बाणों की प्राचीर और निर्गमन[182] द्वार पर बड़े शिलाखंड। पशुओं को जैसे बाड़े में बंद किया जाता है वैसे ही खर को उसके सैन्यदल सहित चारों ओर से घेर कर उनका अंत करना है।

राम अपने बाणों के अलावा शिलाखंडों और आवश्यकता पड़ने पर मंदाकिनी के तटबंध को तोड़कर उसकी विपुल जलराशि का अस्त्र के रूप में उपयोग करेंगे। मनुष्य, मनुष्य से तो लड़ सकता है किंतु प्रकृति द्वारा जब उस पर प्रहार किया जाता है तब शक्तिशाली से शक्तिशाली व्यक्ति भी आक्रामक नहीं, रक्षात्मक हो जाता है। उस समय उसकी सम्पूर्ण ऊर्जा अपने प्रतिद्वंद्वी को समाप्त करने में नहीं, अपितु स्वयं को सुरक्षित करने में व्यय होती है।

जब शत्रु सुप्रशिक्षित हो, संख्याबल में अधिक हो तब उस दल को भीड़ में परिवर्तित करके ही जीता जा सकता है। राम ने विचार किया कि उन्हें खर के सैन्यदल को भीड़ में रूपांतरित करना होगा। दल की शक्ति में विश्वास करनेवाला व्यक्ति एकाकी होते हुए भी सामूहिकता के भाव से भरा होता है और भीड़ में चल रहा व्यक्ति समूह में होते हुए भी एकाकी होने की भावना से ग्रस्त रहता है।

खर की सेना में पदाति सैनिकों की अपेक्षा रथारोहियों की संख्या अधिक थी। जैसे ही उसका पूरा सैनिक दल उस संकीर्ण मार्ग से निकलकर उस स्थान पर पहुँचा जहाँ जल के रिसाव के कारण मार्ग पर कीचड़ हो गया था, वैसे ही राम की अपेक्षा के अनुरूप उनकी गति धीमी हो गयी। उनके रथ कीचड़ में फँसने लगे, जिन्हें कीचड़ से निकालने के लिए सेनानायकों ने पदाति सैनिकों को रथों में धक्का देने के कार्य पर लगा दिया। राम ने मनोवैज्ञानिक रूप से खर के ऊपर पहली विजय प्राप्त कर ली थी क्योंकि अब सेना अपने प्रमुख लक्ष्य से भटककर इस असोचित परिस्थिति से स्वयं को निकालने के उद्यम में जुट गयी थी। खर खीजा हुआ-सा अपने सेनानायकों पर गुर्रा रहा था।

---

182 निकासी

तभी सेनापति त्रिशरा ने चीखते हुए सेना को आदेश दिया, "इन रथों को कीचड़ से निकालने में व्यर्थ ही अपनी शक्ति का क्षरण मत करो। सभी अपने रथ यहीं छोड़ें और पदाति ही पंचवटी पर आक्रमण करें। वे मात्र दो सामान्य से बालक हैं। उनके लिए इतने बड़े सैनिक अभियान की आवश्यकता ही नहीं है। महाराज खर, आप यहीं रथारूढ़ रहते हुए मेरी प्रतीक्षा करें। मैं कुछ ही क्षणों में उन दोनों दुष्टों के शीश आपके समक्ष प्रस्तुत करता हूँ।"

जैसे ही त्रिशरा अपने सैनिकों के साथ पंचवटी के पाद में पहुँचा वैसे ही राम ने अपने धनुष कोदंड पर एक साथ पाँच प्रकंपन बाणों को चढ़ाकर पंचवटी के पादप्रदेश में छोड़ दिया। बाणों के भूमि से टकराते ही इतनी भयंकर ध्वनि उत्पन्न हुई जैसे एक साथ करोड़ों मेघ फटकर धरती पर कड़कड़ाते हुए गिरे हों। हृदय को प्रकम्पित करनेवाली अप्रत्याशित भीषण ध्वनि से राक्षसों में भगदड़ मच गयी। जो जहाँ था तह उससे विपरीत दिशा में बिना सोचे-समझे भागने लगा। ध्वनि का एक प्रभाव यह हुआ कि वनों में रहनेवाले हिंसक प्राणी स्वयं की रक्षा के लिए खुले में आकर राक्षसी सेना पर टूट पड़े और दूसरी ओर वनों में रह रहे सहस्त्रों पक्षी खुले आकाश में आकर राक्षसों के सिर के ऊपर मँडराते हुए भयंकर कलरव करने लगे। हिंसक वन्य पशुओं के आक्रमण और पक्षियों के अशांत कर देनेवाले कलरव से एक अजीब-सा कोलाहल पूरे क्षेत्र में होने लगा। राक्षसों और वन्य पशुओं के मध्य एक दूसरे पर घात-प्रतिघात होने लगे। सेना अपने मुख्य उद्देश्य को विस्मृत कर एक अन्य ही असोचित युद्ध में फँस गयी।

खर और दूषण स्वयं ही भौंचक्के से खड़े हुए अपने हृदय की धड़कनों को अपने कानों में सुन रहे थे। उन्हें स्वयं ही समझ नहीं आ रहा था कि वन की नीरवता[183] में धरती फट जाने जैसी भीषण ध्वनि क्योंकर उत्पन्न हुई? खर उत्तेजना से चीखते हुए बोला, "हमारा लक्ष्य ये सिंह, बाघ, चीते, जंगली शूकर नहीं हैं, हमें राम-लक्ष्मण को मृत्यु के घाट उतारना है।

183 शांति

इसलिए इन पशुओं पर न तो अपना समय नष्ट करो और न ही अपनी शक्ति। हमें पंचवटी की ओर बढ़ना चाहिए।" खर का आदेश सुनते ही सेना पंचवटी की ओर बढ़ने लगी।

खर की सेना जैसे ही पंचवटी की ओर बढ़ी, वैसे ही राम ने उन दीर्घाकार पाषाण[184] शिलाओं को लक्ष्य करके विस्फोटक बाण छोड़ दिया। बाण के पर्वत से टकराते ही भयंकर विस्फोट हुआ। परिणामस्वरूप पर्वतीय शिलाएँ टूटकर छोटे-बड़े पाषाण खंडों में विभक्त होते हुए भरभराकर बहुत ऊँचाई से अत्यंत भीषण ध्वनि के साथ उस संकीर्ण मार्ग पर जमा हो गयीं जहाँ से खर ने अपनी सेना सहित पंचवटी क्षेत्र में प्रवेश किया था।

दूषण ने चौंककर देखा। उसे लगा जैसे इस पर्वतीय क्षेत्र में अनायास ही भू-स्खलन हो गया हो। उसने भयभीत होते हुए खर से कहा, "महाराज, प्रकृति हमारे विरुद्ध है। पर्वतों ने टूटकर हमारे निर्गमन[185] के मार्ग को अवरुद्ध कर दिया है। आज प्रातः से ही अपशगुन हो रहे थे महाराज। उन अपशगुनों का अर्थ अब मेरी समझ में आया। पर्वतों का यूँ इस प्रकार टूटकर गिरना इस पर्वतीय प्रदेश में भयंकर भूकम्प का प्रमाण है।"

खर देख रहा था कि पर्वत के हरहराकर गिरने की ध्वनि से उसकी सेना में एक अनजाना भय व्याप्त हो गया है। उसके सैनिक पंचवटी की दिशा छोड़कर अवरुद्ध हुए मार्ग की ओर बदहवास होकर भागने लगे। वे किसी भी मूल्य पर इस स्थान से सुरक्षित निकल जाना चाहते थे। इस प्रयास में उसके बहुत सारे सैनिक बिना किसी से युद्ध किये इन चट्टानों की चपेट में आकर प्राण त्याग चुके हैं। ढेर सारे सैनिक हिंसक वन्य पशुओं द्वारा चीरकर फेंक दिए गये हैं।

खर का क्रोध बढ़ता जा रहा था, जिससे उसकी बुद्धि कुंठित हो रही थी। उसने दूषण से कहा, "शत्रु यदि प्रत्यक्ष हो तब उसे पराक्रम से परास्त किया जा सकता है, किंतु जब वह दृश्यमान[186] ही नहीं हो तब? तब उसका निवारण कैसे किया जाए, यह मेरी समझ से बाहर है दूषण।"

---

184 पत्थर

185 निकास

186 जो दिखाई न दे रहा हो

दूषण ने कहा, "राम और लक्ष्मण का तो कहीं पता ही नहीं है भैया? वे कहीं दिखाई ही नहीं देते।"

खर ने निश्चयपूर्वक कहा, "दूषण, जब शत्रु दिखाई न दे तब हमें शत्रु के निवास स्थान को नष्ट करना चाहिए। मैं अपने आग्नेयास्त्र से पंचवटी को जलाकर राख कर दूँगा। अग्नि के उठते ही वे दोनों मूषक[187] अपने कुटीर से निश्चित ही बाहर निकलेंगे।" यह कहते हुए खर ने अपने धनुष पर अग्नि बाण चढ़ाया ही था कि ऊँचाई से आते हुए एक छुरिका बाण ने उसके धनुष की प्रत्यंचा काट दी। बाण के घात से खर का संतुलन गड़बड़ाया और पंचवटी को लक्ष्य करके छोड़ा जानेवाला उसका अग्नि बाण उसकी अपनी ही सेना के सैनिकों से जा टकराया। उसके सैनिक अग्नि में जलकर चीखने-चिल्लाने लगे।

खर-दूषण कुछ समझ पाते इससे पहले राम ने अपने द्वारा निर्मित फूस के पुतलों के बाण सक्रिय कर दिए। पंचवटी की ओर से यह पहला आक्रमण था। बाणों से विभिन्न प्रकार के विस्फोटकों के अलावा छुरिकाएँ, शूल, पाषाण, सूचिकाएँ आदि छूट रहीं थीं। शत्रु जब तक एक दिशा में ध्यान केंद्रित करता, तब तक राम दूसरी दिशा के पुतले को सक्रिय कर देते।

राक्षसों को न तो इतने भीषण विध्वंस की आशा थी और न ही अपेक्षा। वे विस्मित, भ्रमित, चकित-से अपने प्राणों की आहुति देते जा रहे थे। उन्हें अपने चारों ओर मात्र राम ही राम दिखाई दे रहे थे।

इतने समय में राम ने पंचवटी की तलहटी में बाणों की एक बड़ी प्राचीर खड़ी कर दी थी। खर और दूषण के रथ ध्वस्त कर दिए थे। भूमि पर खड़े हुए खर ने अपने भंग धनुष को फेंकते हुए एक नया धनुष उठाया ही था कि तभी उसके पैरों के पास उसके सेनापति त्रिशरा की क्षतविक्षत निष्प्राण[188] देह गिरी। खर और दूषण ने उस दिशा में देखा जहाँ से त्रिशरा की देह आयी थी। उन्हें पंचवटी के कुटीर के पास एक वल्कल वस्त्रधारी आकृति का भास हुआ। दूषण ने चीखते हुए कहा, "भैया। वह रहा राम।" और दूषण ने अपने हाथ में शक्ति उठाकर भीषण हुँकार भरी ही थी कि

187 चूहा

188 जिसमें प्राण न हों

तभी सूची बाणों का एक गुच्छा दूषण के खुले हुए मुख में घुस गया। दूषण की आवाज उसके कंठ में ही घुटकर समाप्त हो गयी। वह और उसका भाई खर अचरज से इस कौशल को देख ही रहे थे कि तभी राम ने अपने नाराच बाणों से दोनों का कंठोच्छेद करते हुए उन्हें निष्प्राण कर दिया।

राम ने इस युद्ध को जैसे समाप्त करने का निश्चय किया था, वे इसे बिलकुल वैसे ही समाप्त करने में वे सफल रहे थे। खर-दूषण-त्रिशरा को उनके चौदह सहस्त्र सैनिकों सहित राम ने उनके सामने आए बिना अपने कौशल से बनाए गये फूस के पुतलों से ही धराशायी कर दिया था।

•॥ 21 ॥•

सुपर्णा तीव्रता से लंका की ओर भागी जा रही थी। एकाकी राम ने जिस कुशलता से खर की सम्पूर्ण सेना का संहार किया था इसका पूरा विवरण उसे मिल चुका था। वह चमत्कृत, अभिभूत-सी इस पूरी घटना को त्रिलोकविजेता रावण के समक्ष जस का तस प्रस्तुत करने के लिए उतावली हो रही थी। उसे विश्वास ही नहीं हो रहा था कि कोई व्यक्ति कैसे अपने पास उपलब्ध सीमित साधनों से एक असीमित साधनसम्पन्न सेना का अकेले ही इतनी सरलता से समापन कर सकता है! क्या राम सच में इतने शक्तिशाली हैं कि उनकी उपस्थिति में उनके बनाए हुए फूस के पुतले भी काल के लिए साक्षात महाकाल हो सकते हैं? जिन महाबली खर-दूषण का सामना करते हुए बड़े-बड़े नरपतियों को अपने प्राण गँवाने पड़े, उन खर-दूषण को राम ने तिनके से भी अधिक महत्व नहीं दिया। राम ने खर-दूषण को इस योग्य भी नहीं समझा कि वे स्वयं ही उनके विरुद्ध शस्त्र उठाएँ! राम ने अपने पुतलों के माध्यम से इतनी सरलता से युद्ध समाप्त कर दिया जैसे यह कोई बच्चों का खेल हो!

सुपर्णा सोचने लगी कि रावण को जब ऐसे शौर्यवान पुरुषोत्तम का परिचय प्राप्त होगा तब वह कैसा व्यवहार करेगा? क्या वह उनके प्रति आदर से भरते हुए उनको अपना मित्र बनाने का प्रयास करेगा या रावण का हृदय विषाद, वितृष्णा और क्रोध से भर कर उन्हें समाप्त करने के लिए उद्धत हो जाएगा?

सुपर्णा का हृदय इस आशंका से बोझिल हो गया कि यदि कहीं राम और रावण के बीच मित्रता हो गयी, तब? वैसे देखा जाए तो दोनों के मध्य मित्रता होने के पर्याप्त कारण हैं। वे दोनों ही महादेव शिव के परम भक्त हैं। दोनों ही परम ज्ञानी-ध्यानी हैं। दोनों के पराक्रम की कोई थाह नहीं है। दोनों ही शक्ति के उपासक हैं। दोनों में ही नेतृत्व की विलक्षण क्षमता है। सुपर्णा ने अपने विचारों को झटकते हुए स्वयं से कहा, "मित्रता भले ही कल्याणकारी भाव है किंतु राम और रावण के मध्य यदि मित्रता हुई तो यह संसार के अकल्याण का कारण होगी। इसलिए किसी भी मूल्य पर मुझे इनके मध्य मित्रता को उत्पन्न नहीं होने देना है। और वैसे भी, रावण को अपने शौर्य, अपने ज्ञान, अपनी शक्ति और अपने मान के सामने किसी अन्य का शौर्य रुचिकर नहीं लगता। संसार में जो कुछ भी सुंदर है, शक्तिशाली है, श्रेष्ठ है रावण उसे प्राप्त करके उस पर अपना अधिकार स्थापित करना चाहता है और जिसे वह प्राप्त नहीं कर पाता, उसे वह समाप्त कर देता है।

लंका की ओर बढ़ती हुई सुपर्णा ने अनुभूत किया कि राम रातों-रात एक चमत्कारी नायक के रूप में जन-जन के हृदय में प्रतिष्ठा प्राप्त कर चुके हैं। आमजन उन्हें एक दैवीय शक्ति के रूप में स्वीकार करते हुए उनके प्रति भक्ति भाव से भर गये हैं। तभी सुपर्णा यह सोचकर मुस्कुरा उठी कि कितनी विचित्र है मनुष्य की आस्था भी! वह चमत्कार की भूमि पर ही खड़ी होती है। इसलिए तो पल-प्रतिपल उसकी आस्था के केंद्र परिवर्तित होते रहते हैं। कल तक यही लोग रावण के प्रति नतमस्तक थे और आज इनकी सम्पूर्ण चेतना राम के लिए भक्ति भाव से भरी हुई है क्योंकि राम ने असम्भव को सम्भव कर दिया है। जिसकी ये कल्पना भी नहीं कर सकते, राम ने उसे सहज ही साक्षात कर दिया।

शूर्पणखा अर्धरात्रि में लंका के सिंहद्वार पर पहुँच चुकी थी। वह चाहती तो इसी समय सीधे रावण के महल में पहुँच कर अपनी व्यथा कह सकती थी किंतु वह इस मनोविज्ञान से भलीभाँति परिचित थी कि किसी राजा को प्रेरित और उद्वेलित करने के लिए उसके पारिवारिक अहम पर नहीं, उसके राष्ट्रीय अहम पर चोट करनी चाहिए। उसका इस समय रावण से उसके महल में मिलना व्यक्तिगत समस्या के अंतर्गत आएगा किंतु जब

यही सुपर्णा कल प्रातः रावण से उसकी राजसभा में अपनी व्यथा-कथा कहेगी, तब यही कथा राजा और सभासदों को एक राष्ट्रीय संकट के रूप में दिखाई देगी। बहन शूर्पणखा को अपने भाई रावण से नहीं मिलना चाहिए अपितु दंडकारण्य की अधिष्ठात्री को राक्षसराज रावण से मिलना होगा। ऐसा विचार करते हुए उसने स्वयं को घने वन में छिपा लिया।

सुपर्णा का मस्तिष्क बहुत तीव्रता से योजना बना रहा था। उसने विचार किया कि समाज के मस्तिष्क पर शब्दों से अधिक गहरा प्रभाव दृश्य का होता है। कष्ट बतानेवाले व्यक्ति को कष्ट में दिखाई देना भी आवश्यक होता है। व्यक्ति का गौरव, मान शाब्दिक रूप से किसी अन्य व्यक्ति द्वारा कितना ही आहत क्यों न किया गया हो किंतु समाज तब तक उद्वेलित नहीं होता जब तक आहत होने के चिह्न प्रार्थी की देह पर दिखाई न दें। मैं कितना ही कहूँ कि राम और लक्ष्मण ने लंका साम्राज्य की राजकुमारी और दंडकारण्य की अधिष्ठात्री के प्रणय निवेदन को अस्वीकार करते हुए मेरा अपमान किया है—इससे मेरी ही नहीं सम्पूर्ण राक्षस प्रजाति की नाक कट गयी; मेरे समस्त कौशल को कुंठित करते हुए लक्ष्मण ने अपनी चतुराई से मेरे कान काट दिए हैं, मान का भंग होना और ज्ञान से परास्त होना नाक-कान का कटना ही कहलाता है किंतु इसका रावण या सभासदों पर कोई प्रभाव नहीं पड़ेगा। उलटे मेरा ही चरित्र संदेह के घेरे में आ जाएगा। मेरे अपने ही परिजन मुझे दुराचारिणी, कुलटा और कुल-कलंकिनी के नाम से कुख्यात कर देंगे। सुपर्णा ने विचार किया कि रावण पर न दिखाई देनेवाले क्षत-विक्षत मान और कौशल से अधिक प्रभाव प्रत्यक्षतः दिखाई देनेवाले कटे हुए नाक, कान का पड़ेगा। उसने स्वयं को विरूपित करते हुए ऐसा शृंगार किया कि एक बार तो उसे देखने पर ऐसा लगता जैसे सत्य ही किसी ने उसके नाक-कान उसकी देह से काट कर अलग कर दिए हों।

रावण को राजसभा के द्वार पर किसी स्त्री का तीव्र करुण विलाप सुनाई दिया—त्रिलोकविजेता महाराजाधिराज रावण की जय हो...महाराज रावण, आपकी उपेक्षित, कुंठित, प्रवंचित बहन शूर्पणखा आपकी सभा में प्रवेश करने की अनुमति चाहती है। मुझे अपने प्राणप्रिय भाई दशग्रीव से

नहीं, लंका साम्राज्य के महाधिनायक, परम पराक्रमी, महाराजाधिराज रावण से न्याय की अपेक्षा है। महाराज, मुझ अभागिन पर कृपा करें।

इतने वर्षों बाद शूर्पणखा को लंका की राजसभा के द्वार पर विलाप करते देख रावण व्यथित हो गया। वह जानता था कि अपनी बहन के संताप का कारण वही है। विद्युतजिह्व के वध के बाद रावण नहीं चाहता था कि वह अपनी बहन के संतप्त मुख को प्रतिदिन देखकर ग्लानि और अपराधबोध से भरा रहे इसलिए उसने सुपर्णा को लंका से बहुत दूर दंडकारण्य के भू-भाग का अधिपति नियुक्त करते हुए उसे स्वतंत्र प्रभार सौंप दिया था। किंतु आज पुनः सुपर्णा लंका की राजसभा में उपस्थित होकर अपने लिए न्याय की गुहार कर रही है। रावण ने विभीषण की ओर देखा। विभीषण ने अपने आसन से उठते हुए द्वार रक्षक को आदेश देते हुए कहा, "राजनंदनी सुपर्णा को ससम्मान सभा में लाया जाए।"

शूर्पणखा के धूल-मिट्टी से सने हुए रक्तरंजित[189] वस्त्रों, उसकी अपमानित भाव-भंगिमा को देखकर मेघनाद, अतिकाय, रावणपुत्र, विभीषण व रावण सहित अन्य सभी सभासद चिंतित मुद्रा में अपने आसन से खड़े हो गये। सभा में एक अजीब-सी व्यथित कर देनेवाली शांति पसर गयी थी। सुपर्णा देख रही थी कि उसके बिना कुछ कहे ही उसकी मुखमुद्रा, वेश-भूषा, आंगिक क्रियाओं और व्यवहार का अपेक्षित प्रभाव सभा पर पड़ा है। अब उसे अपने मंतव्य को सभा के समक्ष अपनी योजनानुसार रखने में सरलता होगी।

तभी उसे रावण का स्वर सुनाई दिया, "क्या हुआ सुपर्णे? तुमने अपने मुख को वस्त्रों से ढाँक कर क्यों रखा हुआ है? क्या तुम अपने पति के वधिक रावण का मुख नहीं देखना चाहती हो या अभी भी अपने पति विद्युतजिह्व से मेरे प्रति हुए अपराध की ग्लानि से भरी हुई हो?"

विद्युतजिह्व प्रसंग का उल्लेख करते हुए रावण ने सुपर्णा को एक पंक्ति में ही बता दिया कि उसमें आज भी अपने साथ हुए विश्वासघात की स्मृति बनी हुई है। आशा है, सुपर्णा को भी विद्युतजिह्व द्वारा की गयी

---

189 खून से सने

उस कुत्सित चेष्टा की स्मृति होगी? सुपर्णा समझ रही थी कि रावण ने बहुत कुशलता से सुपर्णा को यह निर्देश दिया है कि कुछ भी कहने से पहले सुपर्णा को वह अप्रिय प्रसंग अपने स्मरण में रखना चाहिए।

सुपर्णा ने स्वयं को सहेजते हुए कहा, "एक बहन अपने प्रिय भाई का मुख सदैव देखना चाहती है, विशेषकर तब, जब उसका अपना भाई मात्र उसके परिवार का ही नहीं, सम्पूर्ण रक्ष संस्कृति की स्थापना का सूत्रधार हो। और रही बात मेरे मृत पति द्वारा किये गये कुत्सित प्रयास की, तो महाराजाधिराज रावण भले ही अपने सेनापति विद्युतजिह्व की पत्नी सुपर्णा पर संदेह कर सकते हैं किंतु प्राणप्रिय भाई दशानन अपनी बहन के हृदय में व्याप्त इस सत्य से भलीभाँति परिचित हैं कि उसकी बहन सुपर्णा को जब इस तथ्य की जानकारी हुई कि उसका पति राक्षसों के गौरव और उसके भाई रावण को अपदस्थ[190] करके लंका के सिंहासन पर अपना अधिकार जमाना चाहता था, तब दशानन की इस छोटी बहन ने एक क्षण भी नहीं लगाया था और अपने पति को घसीटकर अपने भाई के चरणों में डालते हुए स्वयं ही अपने पति के लिए मृत्युदंड की अनुशंसा की थी।"

"तब स्वयं के मुख को इस प्रकार आवरण में रखने का उद्देश्य क्या है सुपर्णा?"

"क्योंकि यह दिखाने योग्य नहीं बचा है भ्राता।"

"ऐसा कौन-सा अपराध तुमसे हुआ सुपर्णा जिस कारण तुम्हें अपने ही परिजनों के मध्य मुँह छिपाने की आवश्यकता आन पड़ी?"

"महाराज, मात्र अपराधी ही नहीं, स्वाभिमानी, पीड़ित जन भी अपना मुख छिपाकर घूमते हैं जिससे उनकी पीड़ा को देखकर उनके परिजन और अधिक पीड़ित न हों?"

"जब तुम स्वयं की पीड़ा से अपने परिजनों को पीड़ित नहीं करना चाहतीं, तब भरी सभा में तुम्हारे द्वारा न्याय की प्रार्थना करना एक विरोधाभासी व्यवहार है।"

---

190 पद से हटाना

"इसलिए तो मैंने महाराज से पूर्व में निवेदन किया था कि सुपर्णा को अपने भाई दशानन से नहीं, अपितु रक्ष संस्कृति के आधार लंकाधिपति महाराजाधिराज रावण से विनय करनी है।"

"किंतु इस सत्य को विस्मृत तो नहीं किया जा सकता शूर्पणखा कि तुम हमारी भगिनी हो।"

"यह महाराज की सहृदयता है जो वे रक्त के संबंध को मान दे रहे हैं अन्यथा महाराज रावण के चरित्र को कौन नहीं जानता कि जब बात न्याय और नीति की होती है तब लंकाधिपति रावण रक्त के संबंधों को पल भर में विस्मृत कर देते हैं।"

रावण समझ रहा था कि शूर्पणखा यह कहकर विद्युतजिह्व के वध की स्मृति को हरा करना चाहती है। उसने सुपर्णा की ओर देखते हुए कहा, "मैंने सदैव तुम्हारा हित चाहा है सुपर्णा और आज भी तुम्हारी पीड़ा के निवारण हेतु हर सम्भव प्रयास करूँगा। तुम्हें अवगुंठन[191] में रहने की आवश्यकता नहीं है। तुम निश्चिंत मन से अपनी बात कहो।"

सुपर्णा ने अपने स्वर को दीन बनाते हुए कहा, "भ्राता, अपनी विरूपता को सार्वजनिक करते हुए मुझे संकोच हो रहा है। मैं सभ्य समाज में हास्य का पात्र बनना नहीं चाहती किंतु इस सत्य को भी जानती हूँ कि प्रार्थना की प्रामाणिकता सिद्ध करने के लिए मुझे साक्ष्य देना ही होगा। तो भ्राता सुनिए, आपके अधीनस्थ जिस दंडकारण्य क्षेत्र का आपने मुझे अधिपति नियुक्त किया था उसी दंडकारण्य में सर्वसमर्थ रावण की बहन, जिसे लोग उपेक्षा और हास्य से शूर्पणखा के नाम से पुकारते हैं, के नाक-कान काटकर उसे विरूपित कर दिया गया है।" और यह कहते हुए सुपर्णा ने क्षण भर के लिए अपने मुख पर पड़े हुए वस्त्र को उठा दिया।

सिंहासन से पर्याप्त दूरी बनाकर खड़ी हुई नाक-कान विहीन सुपर्णा को देखकर रावण व्यथित होते हुए अनायास ही अपने सिंहासन से उठ खड़ा हुआ। सुपर्णा ने इस मनःस्थिति[192] का लाभ उठाया और रोते हुए बोली, "स्त्री का सौंदर्य ही उसका अभिमान होता है भ्राता।

191 घूँघट

192 मन की स्थिति

स्वयं को अवगुंठन में रखकर मैं स्वयं को और अधिक आहत, अपमानित होने से बचाना चाहती हूँ, किंतु इसके बाद भी यदि लंकाधिपति रावण चाहते हैं कि अंग-भंग के दंश को झेल रही शूर्पणखा को अपनी विरूपता सार्वजनिक करते हुए इस अवगुंठन को एक ओर फेंक देना चाहिए तब भले ही मैं समाज के उपहास का केंद्र क्यों न बन जाऊँ लेकिन मैं आपकी आज्ञा का पालन वैसे ही करूँगी जैसे अभी तक करती आयी हूँ। जो बहन अपने भाई की कुशलता के लिए वैधव्य को हँसते हुए स्वीकार कर सकती है, वह बहन अपनी विरूपता, विकलांगता को सार्वजनिक करने के आदेश को भी हँसते हुए स्वीकार करेगी।"

रावण स्वयं ही शूर्पणखा की विकरालता को देखकर जुगुप्सा[193] से भर रहा था। तीनों लोक इस सत्य से परिचित हैं कि शूर्पणखा, रावण की बहन है। इसलिए शूर्पणखा पर किया गया वार रावण पर किये गये वार के जैसा है। वह जो भी हो, उसने शूर्पणखा का वध नहीं किया अपितु उसका अंग-भंग करके उसे जीवित छोड़ दिया है। अपने इस कृत्य से वह रावण को चुनौती दे रहा है। वह चाहता है कि रावण की बहन अपने इस विरूपित रूप को लेकर पूरे ब्रह्मांड में घूमे जिससे संसार भर में रावण की अशक्तता का प्रचार हो और स्वयं रावण इसके विकराल रूप को देखकर निरंतर कुंठा से भरा रहे।

रावण ने सुपर्णा को आदेश देते हुए कहा, "तुम अवगुंठन में ही रहो। मैं अपनी रूपवान बहन को विरूपित नहीं देख सकता। मुझे जो देखना चाहिए वह मैंने देख लिया।"

सुपर्णा मन ही मन अपनी श्रृंगार कला के प्रति धन्यता के भाव से भर गयी। उसकी मुखसज्जा इतनी प्रभावशाली थी कि वह रावण जैसे विद्वान को भी वास्तविक प्रतीत हुई। उसने अपने अंतस में उपजी प्रसन्नता को दबाते हुए तत्काल अपने मुख को पुनः वस्त्र से ढँक लिया। अहंकारी व्यक्ति से अपना मनोवांछित फल प्राप्त करना कितना सरल होता है! उसके अहंकार पर चोट पड़ते ही उसकी बुद्धि भ्रमयुक्त हो जाती है और भ्रमित व्यक्ति तब वह करने लगता है जो सामनेवाला चाहता है। उसकी बुद्धि

---

193 घृणा

सारथ्य कर्म छोड़कर अश्व का स्थान ले लेती है जिसकी वल्गाएँ[194] किसी अन्य के हाथों में होती हैं।

तभी उसे रावण का स्वर सुनाई दिया, "मुझे विस्तार से बताओ किस अधम ने तुम्हारी यह दशा की है?"

सम्पूर्ण सभा श्वास रोक कर सुपर्णा के बोलने की प्रतीक्षा कर रही थी। सुपर्णा आज स्वयं अपनी ही पीठ ठोकना चाहती थी। आज उसका आंगिक, वाचिक, कायिक अभिनय अपनी पराकाष्ठा[195] पर था। जैसे कोई कुशल नट अपने अभिनय से सभी दर्शकों को मंत्रमुग्ध करते हुए उन्हें सम्मोहित कर लेता है, वैसे ही सुपर्णा ने पूरी सभा को बाँध लिया था।

एक हल्के से विराम के बाद उसने बोलना आरम्भ किया, "भ्राता रावण, मैं जो कहने जा रही हूँ उस तथ्य में कितनी सत्यता है मुझे नहीं पता क्योंकि मैं परिवार में सबसे छोटी हूँ, किंतु यह जनश्रुति है कि आज से कई वर्ष पूर्व आपने अपने पराक्रम से कोसलपति दशरथ को परास्त किया था और उसके राजकीय किरीट[196] को अपने अधिकार में ले लिया था?"

रावण ने त्योरियाँ चढ़ाते हुए कहा, "तो? उस घटना का इस दुर्घटना से क्या संबंध है?"

सुपर्णा जानती थी कि रावण किसी अन्य व्यक्ति की कामना पूरी करे या न करे किंतु स्वयं की कामना की पूर्ति के लिए वह आकाश से भी ऊपर उठ सकता है और रसातल के गर्त में भी गिर सकता है। बस, उसके हृदय में कामना का पुष्प खिलना चाहिए। शूर्पणखा ने अपने दोनों हाथों को जोड़ते हुए विनयपूर्वक कहा, "संबंध है महाराज, अतीत की उस घटना का वर्तमान की इस दुर्घटना से बड़ा गहरा संबंध है। यदि आपकी अनुमति मिले तो मैं इस दुर्भाग्यपूर्ण घटना के प्रत्येक पक्ष को आपके समक्ष विस्तार से प्रस्तुत करना चाहती हूँ।"

शूर्पणखा के विचित्र भाव, भाषा और व्यवहार ने रावण के हृदय में एक अजीब-सी खीज और कौतुहल को जन्म दे दिया। रावण ने निःशब्द ही शूर्पणखा को आगे बोलने का संकेत किया।

---

194 लगाम

195 श्रेष्ठता के शिखर पर

196 मुकुट

"लंकाधिपति, एक दिन मैंने दंडकवन में अलौकिक[197] सौंदर्य से युक्त एक स्त्री को मंदाकिनी के तट पर देखा। मैं उसके रूप की आभा से चमत्कृत हो गयी। मुझे लगा कि उर्वशी और रंभा का सौंदर्य भी इस स्त्री के सामने नगण्य[198] है। उसे देखते ही मेरे मन में यह विचार आया कि इस सौंदर्य की मूर्ति को दंडकवन में नहीं, मेरे भाई रावण के राजमहल में होना चाहिए। और वैसे भी, नीतिगत रूप से उस रूपवती स्त्री पर महाराज रावण का ही अधिकार है। जैसे किसी भूमि से निकलने वाले हीरक, मणि, माणिक्य से लेकर खनिज और खाद्यान्न पर उस भूमि के स्वामी का अधिकार होता है, वैसे ही अपने राज्य की सीमा के अंतर्गत आनेवाली धन-संपदा हो या जन-संपदा, उसका स्वामी उस राज्य का राजा होता है। भ्राता, वह सुंदरी महाराजाधिराज रावण के अधिकार क्षेत्रवाले दंडकारण्य में विचरण कर रही थी, इसलिए उसपर आपका अधिकार बनता है। यह सोचकर मैंने उस स्त्री का परिचय जानने के लिए उसका पीछा किया किंतु मुझे क्या पता था कि उस स्त्री का पीछा करना मेरे ही नहीं, सम्पूर्ण राक्षस वंश के अपमान का कारण होगा? भ्राता रावण, अपनी रूप-राशि से कामदेव को भी कुंठित, पराजित करनेवाली उस अनिंद्य स्त्री पर उसी कौसलपति दशरथ के पुत्र राम ने अपना अधिकार जमाया हुआ है। जिस अवधपति को आपने प्राणदान दिया, उसी के पुत्र राम और लक्ष्मण ने आपका अपमान करते हुए मेरी यह दशा कर दी कि मैं किसी को अपना मुख दिखाने लायक न बचूँ और यदि मैं अपना मुख दिखलाऊँ तो संसार को मेरे मुख में शूर्पणखा की नहीं, रावण की विकलांगता के दर्शन हों।"

रावण ने विषय को गहराई से समझने के लिए प्रतिप्रश्न किया, "तुम दंडकारण्य छोड़कर अवध राज्य में क्या करने गयी थी?"

"महाराज रावण, मैंने कहा न कि मैं अवध नहीं गयी, बल्कि राम ही अपनी पत्नी सीता व अपने भाई लक्ष्मण के साथ अवैध रूप से दंडकारण्य में निवास कर रहा है।"

अपने पूर्व शत्रु दशरथ के पुत्र राम और लक्ष्मण का नाम सुनते ही रावण ने अपने मंत्री शुक से पूछा, "ये वही बालक हैं न, जिन्होंने

---

197 किसी दूसरे लोक का

198 जो गिनने लायक न हो

सिद्धाश्रम में विश्वामित्र के सहयोग से हमारी नानी ताड़का और मामा सुबाहू का वध किया था और मामा मारीच को अपने बल से प्रताड़ित करते हुए सिद्धाश्रम से सौ योजन दूर रहने का आदेश दिया था?"

शुक ने सिर झुकाते हुए कहा, "जी महाराज।"

रावण ने सुपर्णा की ओर देखते हुए पूछा, "क्यों? वे दंडकारण्य में क्यों निवास कर रहे हैं?"

"मैंने भी उनसे यही जानने का प्रयास किया था लंकाधिपति। पहले मुझे लगा कि वे मात्र विहार के उद्देश्य से यहाँ भ्रमण कर रहे हैं किंतु पंचवटी पहुँच कर मुझे वास्तविकता का ज्ञान हुआ कि वे विहार नहीं, दंडकारण्य में व्यवस्थित कुटीर बनाकर लम्बे समय से वहाँ पर निवास कर रहे हैं। हमारी प्रजा से अपना मेल-जोल बढ़ा रहे हैं। प्रजा को आपके विरुद्ध खड़ा होने के लिए प्रेरित कर रहे हैं। महाराज, युद्ध से अधिक घातक और क्षति पहुँचानेवाला गृहयुद्ध होता है। किसी भी राष्ट्र के लिए वह दिन सबसे अधिक दुर्भाग्यपूर्ण होता है जब राजा और प्रजा के बीच संघर्ष होने लगे। हे ज्ञान, विज्ञान, शौर्य, शक्ति के प्रतिमान[199] भ्राता रावण, मुझे राम की सभी गतिविधियाँ संदिग्ध प्रतीत होती हैं, जो लंका के भविष्य के लिए ठीक नहीं हैं।"

रावण ने शूर्पणखा को आधिकारिक स्वर में चेताते हुए कहा, "ज्ञान, विज्ञान, मनोविज्ञान, नीति, अनीति, राजनीति, ज्योतिष और भविष्यवाणी ये सब मुझ पर छोड़ो और तुमसे जितना पूछा जा रहा है, उसका उत्तर दो कि राम दंडकारण्य में क्यों निवास कर रहा है?"

•॥ 22 ॥•

सुपर्णा समझ रही थी कि उसकी उपस्थिति ने रावण को अशांत और अस्थिर कर दिया है। वह जानती थी कि रावण जैसे व्यक्तियों को उत्साहित करके नहीं, उद्वेलित करके ही अपना कार्य सिद्ध किया जा सकता है। उसने अपने स्वर को और रहस्यमय बनाते हुए कहा, "भ्राता रावण, राम ने मुझे बताया कि उसके पिता दशरथ ने उसे चौदह वर्ष के लिए अयोध्या से निष्कासित करते हुए उसे वन में रहने का आदेश दिया है, इसलिए वह

199 उदाहरण

दंडकारण्य में निवास कर रहा है। तब मैंने आपत्ति की कि यह पूरा भू-भाग त्रिलोकपति रावण के राज्य के अंतर्गत आता है, अतः आपका उनकी अनुमति के बिना उनके विजित प्रदेश में रहना अनीतिपूर्ण ही नहीं, अवैध अतिक्रमण भी है। आप राजपुत्र हैं, आपको इस सामान्य से नियम की जानकारी होनी चाहिए कि आपका यह कृत्य राजनयिक नियमों के विरुद्ध है। तब राम ने कहा कि बलशालियों पर कोई नियम लागू नहीं होता। उनकी इच्छा ही एकमात्र और सर्वमान्य नियम है। सिंह जिस क्षेत्र में प्रवेश कर लेता है वह पूरा वन्य प्रदेश उसका हो जाता है।"

तब मैंने स्वयं का परिचय दिया और आपके बल का बखान करते हुए राम से कहा, "मूर्ख बालक, तू विश्वविजेता रावण और उनके पराक्रम को नहीं जानता। महाराजाधिराज रावण ने अपने पराक्रम से सर्वशक्तिमान महादेव शिव को भी जीता हुआ है। उन्होंने अपनी भुजाओं के बल से कैलाश पर्वत को कैलाशपति सहित अपने शीश के ऊपर उठा लिया था। उनकी हुँकार मात्र से स्त्रियों का गर्भपात हो जाता है। संसार को संचालित करनेवाले नवग्रह भी महाप्रतापी रावण के भय से अपनी स्वाभाविक चाल बदल देते हैं। वनवासी बालक, एक रूपमती स्त्री को भाग्यवश प्राप्त करके तू बौरा[200] गया है इसलिए उसे प्रभावित करने के लिए तू अनर्गल प्रलाप कर रहा है। रावण की शक्ति, उसके पराक्रम के ताप से भयभीत होकर इस ब्रह्मांड के सुरपति हों या नरपति, सभी उनकी कृपा को प्राप्त करना चाहते हैं क्योंकि वे इस सत्य को जानते हैं कि रावण से शत्रुता रखनेवाले की रक्षा स्वयं ईश्वर भी नहीं कर सकता। विरासत में एक छोटे से राज्य को पानेवाले वनवासी राजकुमार, कान खोलकर मेरी बात सुन। यह सम्पूर्ण साम्राज्य रावण को वंशागत या किसी की कृपा से प्राप्त नहीं हुआ, अपितु इस पूरे साम्राज्य को रावण ने एकाकी ही अपने पुरुषार्थ से अर्जित किया है। देवताओं द्वारा रक्षित, देवताओं का कोषाध्यक्ष कुबेर अखंड बलशाली रावण के दहाड़ते ही लंका और पुष्पक विमान छोड़कर भाग खड़ा हुआ। ध्यान रख, रावण ने स्वर्ण की लंका पर अधिकार नहीं किया, बल्कि रावण का बल-विक्रम इतना प्रबल है कि रावण जहाँ बैठता है, वहीं स्वर्ण की वर्षा होने लगती है।"

---

200 पागल

तभी राम ने अपने पास खड़ी उस अनिंद्य सुंदरी की ओर लक्ष्य करके कहा, "यह सीता हैं, मेरी पत्नी। मैं ही नहीं, ये भी तुम्हारे उस परमप्रतापी रावण की शक्ति से भलीभाँति परिचित हैं। जिस शिव-धनुष को मेरी पत्नी सीता मात्र अपने वाम हस्त से उठा लिया करती थीं; जिस शिव धनुष को मैंने क्षण मात्र में भंग करके फेंक दिया था, उस शिव धनुष को तुम्हारा बीस भुजाओंवाला दुरात्मा, आततायी, परम बलशाली भाई तिल भर भी नहीं हिला सका था। जिस रावण के बल-विक्रम की डींगें तू हाँक रही है उसी रावण को वानरराज बाली ने छः मास तक अपनी काँख में चपेटकर रखा था। अरे, अधिक दूर जाने की आवश्यकता ही नहीं है शुभे, महाराज सहस्त्रार्जुन के विरुद्ध हुए युद्ध में तो तेरा पति ही तेरे भाई रावण के अंगरक्षक दल का प्रमुख था। तब क्या हुआ था, यह तो भलीभाँति तुझे याद ही होगा? सहस्त्रार्जुन ने रावण को उठाकर अपनी शैया[201] के पाये से बाँध दिया था। उसके बच्चे रावण को खिलौना समझकर उसके साथ खेलते रहे। वह तो भला हो तेरे दादा पुलत्स्य का जिनकी प्रार्थना और अनुनय-विनय से प्रभावित होकर सहस्त्रार्जुन ने दया करते हुए रावण को मुक्त कर दिया, अन्यथा विभिन्न मुखौटे चढ़ाकर पल-पल रूप बदलनेवाले तेरे बहुरुपिया भाई का तभी अंत हो गया होता। इसलिए कुशल चाहती हो तो तत्काल यहाँ से प्रस्थान करो।"

"यह सब सुनकर मेरा रक्त उबलने लगा था भ्राता कि तभी राम के छोटे भाई लक्ष्मण ने मेरे क्रोध की अग्नि को और बढ़ा दिया। वह बोला, "शुभे, रावण तेरे सौभाग्य का नहीं, दुर्भाग्य का कारण है। उसने तेरे पितामह[202] की कृपा से जीवन प्राप्त करते ही सर्वप्रथम तेरे प्राणेश्वर की जीवन लीला समाप्त कर दी। सोच, यदि महामुनि पुलत्स्य उसे कार्तवीर्य अर्जुन के बंदीगृह से मुक्त नहीं कराते तो आज तू दंडकारण्य की अधिष्ठात्री नहीं, लंका साम्राज्य की स्वामिनी होती। याद रख, जिस रावण का यश गाते हुए तू अघाती नहीं है, उस रावण की यश गाथा तूने अपने ही सुहाग के रक्त से लिखी है।"

शूर्पणखा की बात सुनकर रावण भयंकर क्रोध से फुँफकार उठा, "शूर्पणखा, तू मेरे स्नेह का दुर्लाभ उठाते हुए अपनी सीमा का उल्लंघन

201 लकड़ी या धातु की बनी चीज जिस पर सोते हैं

202 दादा

कर रही है। तेरे इस अनर्गल प्रलाप के लिए क्यों न मुझे इसी क्षण अपनी चन्द्रहास से तेरा कंठोच्छेद कर देना चाहिए?"

सुपर्णा ने बिलखते हुए कहा, "आप सहर्ष मेरा कंठोच्छेद कर दीजिए भ्राता, किंतु मेरी जीवनलीला समाप्त करने से पूर्व मुझे अपनी बात समाप्त करने का अवसर प्रदान कीजिए। विश्वास कीजिए, मान को सर्वोपरी माननेवाली सुपर्णा को अपने प्राण की चिंता नहीं है। परिवार में कलह उत्पन्न करने के लिए लक्ष्मण भले ही कुछ कहे किंतु मैं इस सत्य को जानती भी हूँ और मानती भी हूँ कि रावण मात्र सुपर्णा का ही नहीं अपितु सम्पूर्ण रक्ष संस्कृति का गौरव भी है और मान भी है।"

"इसलिए जब लक्ष्मण ने ये बात कही तब मैं अपने प्राणों की चिंता किये बिना अपने भाई दशानन के मान की रक्षा के लिए लक्ष्मण पर सिंहनी के समान झपट पड़ी थी, क्योंकि सुपर्णा सब कुछ सहन कर सकती है किंतु कोई उसके भाई राक्षसराज रावण के लिए अन्यथा वचन कहे, यह सुपर्णा को स्वीकार नहीं।"

"मैंने पूरी शक्ति से लक्ष्मण पर आक्रमण किया किंतु उसने उतनी ही चपलता से मेरे नाक-कान काटकर मेरी देह से अलग कर दिए और मुझे जीवित छोड़ते हुए कहा, "हमें अशक्त, वृद्ध या साधु-संत नहीं समझना शूर्पणखा, जो रावण के अत्याचारों को स्वयं के पिछले जन्म का कर्म भोग मानकर शांति से बैठे रहते हैं। हम सूर्यवंशी हैं...तो जैसे सूर्य स्वयं को आच्छादित करनेवाले मेघों के चीथड़े उड़ा देता है वैसे ही हमें भी रावण की भुजाएँ उखाड़ने में क्षण भर भी नहीं लगेगा। रावण जैसे नराधम स्वयं के पुरुषार्थ से नहीं, शौर्यवानों की सहृदयता और शालीनता का लाभ उठाकर अपना साम्राज्य खड़ा करते हैं। प्रतापी पुरुषों के ताप से रावण जैसे विषैले मेघ उत्पन्न होते हैं जो अपने मद में आकर स्वयं को सर्वशक्तिमान मानते हुए सूर्य को ढाँकने का व्यर्थ प्रयास करने लगते हैं। उस समय वह यह विस्मृत कर जाते हैं कि सूर्य के ताप से उत्पन्न हुए मेघों को छिन्न-भिन्न करने की सामर्थ्य भी मात्र सूर्य में ही होती है। हम तुझे जीवित छोड़ रहे हैं जिससे तू अपने उस हठी, दुराग्रही, दूसरों की श्री और सम्पत्ति का छल से हरण कर उस पर अपना अधिकार जमा कर स्वयं को महाराजाधिराज कहनेवाले

लंपट भाई को यह संदेश दे सके कि हम सूर्यवंशी अभी जीवित हैं। स्मरण रख, तेरी नाक पर हुआ प्रहार लंका साम्राज्य और रावण की नाक पर हुए प्रहार के जैसा है। अब यदि रावण में सामर्थ्य है तो वह हमसे प्रत्यक्ष युद्ध करते हुए अपने मान, अपने प्राण की रक्षा करे अन्यथा चारों ओर समुद्र से घिरी हुई अपनी लंका तक सीमित रहते हुए एक वृद्ध पुरुष की भाँति शांति से अपना शेष जीवन व्यतीत करे।"

सुपर्णा ने सभा पर अपने कथनों का प्रभाव देखने के लिए विराम लिया। सम्पूर्ण सभा में एक विचित्र-सा सन्नाटा पसरा हुआ था।

रावण अपने सिंहासन से उठा और बहुत धीमी गति से सिंहासन के जगत पर ही टहलने लगा। उसका मस्तिष्क अत्यंत तीव्र गति से सुपर्णा द्वारा वर्णित घटनाक्रम पर विचार कर रहा था। तभी उसके कानों में अपने परमप्रतापी पुत्र मेघनाद का स्वर सुनाई दिया, "पिताश्री, आप समस्त चिंताओं को अपने पुत्र इंद्रजीत पर छोड़कर निश्चिन्त मन से लंका में विश्राम करें। आपकी कृपा से मैंने देवराज इंद्र को भी अपने पराक्रम से पराजित किया हुआ है, तब इन सामान्य से राजकुमारों को मृत्यु के घाट उतारना मेरे लिए बिलकुल भी श्रमसाध्य नहीं होगा। राम और लक्ष्मण को उनकी धृष्टता के लिए दंड मिलना ही चाहिए।"

रावण ने स्नेहयुक्त दृष्टि से अपने पुत्र इंद्रजीत की ओर पलटकर देखते हुए कहा, "पुत्र, अपने परमप्रतापी पुत्र से जिस आश्वस्ति की अपेक्षा पिता को होती है, तुम्हारे कथन उसी के अनुरूप हैं। विश्वास रखो पुत्र, रावण क्रोधित अवश्य हो सकता है किंतु चिंतित नहीं। मेरे लिए राम-लक्ष्मण चिंता से अधिक कौतूहल के विषय हैं। मेरी जिज्ञासा इस तथ्य को जानने में अधिक है कि अपने पराक्रम से समस्त भूमंडल को झंकृत[203] करनेवाले महाबली खर, दूषण और त्रिशरा के दंडकारण्य में वर्तमान होते हुए बहन सुपर्णा को क्यों कर इस अप्रिय परिस्थिति का सामना करना पड़ा? क्या खर-दूषण सो रहे थे? या उनका बल समाप्त हो चुका है?"

सुपर्णा चाहती ही यही थी कि इस पूरे प्रकरण में रावण स्वयं ही अपने सेनापति खर-दूषण के विषय में जिज्ञासा व्यक्त करे क्योंकि

203 धातु पर चोट से थोड़ी देर तक निकलती रहनेवाली आवाज

भले ही रावण ने सुपर्णा को दंडकारण्य की अधिष्ठात्री बनाया था किंतु सुरक्षा और शासन व्यवस्था के सभी अधिकार रावण ने खर-दूषण को ही सौंपे हुए थे। सुपर्णा जानती थी कि बिना पूछे राजा द्वारा नियुक्त उसके अधीनस्थ कर्मचारियों की करनी का उल्लेख करना अनर्गल आरोप-प्रत्यारोप की श्रेणी में आता है और किसी भी प्रकार के आरोप-प्रत्यारोप समाधान मूलक नहीं होते, वे एक नवीन समस्या को जन्म देते हैं। इससे राजा का हृदय सूचनादाता के प्रति ही संदेह से भर जाता है। अपने प्रेमी को रिझा कर हमारे अभीष्ट की पूर्ति होती है किंतु अहंकारी सत्ताधिकारी को खिजा कर ही उसे स्वयं के अनिष्ट के लिए प्रेरित किया जा सकता है। सुपर्णा, रावण ही नहीं, उसके पूरे परिवार की हितचिंतक है और सच्चे हितचिंतक इस सत्य को जानते हैं कि कभी-कभी अनिष्ट के मार्ग पर चलने से ही इष्ट की प्राप्ति होती है। रावण जैसी मानसिकतावाले व्यक्तियों के लिए भले ही राम इष्ट न हों, किंतु निःसंदेह राम उनके लिए एक ऐसी जागृत चेतना हैं जो उनको उनके इष्ट तक पहुँचाने के हेतु भी हो सकते हैं और सेतु भी हो सकते हैं।

सुपर्णा ने रावण के हृदय में खीज उत्पन्न करने के लिए विनम्रतापूर्वक कहा, “लंकाधिपति, एक कर्तव्यनिष्ठ संदेशवाहक को अपने मान, मर्यादा और प्राणों की चिंता किये बिना अपने राजा तक उस संदेश को जस का तस पहुँचाना चाहिए जो राजा के घोर शत्रु ने उसे राजा तक पहुँचाने के लिए दिया हो। मेरे साथ दंडकारण्य में जो कुछ हुआ, मैंने जो देखा-सुना और समझा उसे जैसा का तैसा आप तक पहुँचा दिया। मुझे इस बात का बहुत दुख है कि मैं आपके पुरुषार्थ और पराक्रम को धिक्कारनेवाले राम-लक्ष्मण को मृत्यु के घाट नहीं उतार सकी। मुझसे दो अपराध हुए हैं। पहला, न चाहते हुए भी अपने राजा, अपने भाई की निंदा सुनने का और दूसरा, निंदक को चाहते हुए भी अपनी अशक्तता के कारण दंडित न कर पाने का। इन दोनों अपराधों में से दूसरे अपराध के लिए मुझे आपके शत्रु राम-लक्ष्मण से दंड मिल गया। उन्होंने मुझे विरूपित और विकृत करके भटकने के लिए जीवित छोड़ दिया।”

“महाराजाधिराज भ्राता रावण, मुझसे हुए मेरे पहले अपराध के लिए आप मुझे दंडित कीजिए...अब आप चाहें तो मेरा कंठोच्छेद करके मेरी

जीवनलीला का समापन कर सकते हैं। अब मेरे पास कहने को कुछ भी शेष नहीं है।"

सुपर्णा के अनुरोध को सुनकर रावण विस्मय से भर गया। सुपर्णा ने स्वयं के लिए मृत्युदंड की माँग करके उसकी शक्ति और प्रभुसत्ता को नगण्य बना दिया था। कोई भी दंड उसी क्षण अपना महत्व खो देता है जब दंडित होनेवाला व्यक्ति स्वयं के लिए कठोरतम दंड की माँग करे। दंडाधिकारी की शक्ति, उसकी प्रभुता का महत्व ही तब होता है, जब प्रार्थी उस दंड से बचने के लिए अनुनय-विनय करते हुए रोए-गिड़गिड़ाए। अब रावण सुपर्णा को दंडित करता है तब भी, और यदि क्षमा कर देता है तब भी, दोनों ही स्थितियों में रावण के निर्णय का कोई महत्व नहीं है। स्वयं द्वारा दिए जानेवाले दंड को निष्प्रभावी होते देख रावण खीज और झल्लाहट से भर गया। उसने स्वयं को नियंत्रित करते हुए गम्भीरतापूर्वक सुपर्णा से कहा, "शूर्पणखा, मात्र स्वयं आहत और अपमानित होने की चर्चा कर देने भर से तुम्हारे कर्तव्य की इतिश्री नहीं हो जाती। महाबली खर, दूषण और त्रिशरा के होते हुए तुम्हें क्यों कर लंका की ओर प्रयाण करने के लिए बाध्य होना पड़ा? क्या खर में इतना सामर्थ्य नहीं था कि वह राजकुमारी सुपर्णा के साथ हुए इस दुर्व्यवहार का प्रतिशोध ले सके? खर इतना हतबल तो है नहीं कि उसे दो साधारण-से राजकुमारों को दंडित करने के लिए लंका की ओर देखना पड़े?"

"हे परम विद्वान, राजनीतिज्ञों में श्रेष्ठ भ्राता रावण, यदि खर का पुरुषार्थ सफल हुआ होता तो आज लंका की सभा में आहत सुपर्णा नहीं, दंडकारण्य राज्य का दूत उपस्थित होकर लंकाधिपति की यश गाथा का गौरव गान कर रहा होता!"

"खर कहीं से भी हतबल नहीं था। जैसे ही उसे पता चला, उसने अपने पूरे चौदह सहस्त्र सैनिकों के साथ पंचवटी पर भीषण आक्रमण किया, किंतु राम उसकी अपेक्षा से कहीं बहुत अधिक बलशाली ही नहीं, रण-निपुण भी था। उसने एकाकी ही खर-दूषण और त्रिशरा को उनके सभी सैनिकों सहित मात्र कुछ ही पलों में यमलोक पहुँचा दिया। आप राम के रण-कौशल को इस तथ्य से आँक सकते हैं भ्राता कि खर अपनी

सम्पूर्ण क्षमता के बाद भी राम तक पहुँचने की बात तो दूर, पंचवटी में प्रवेश तक नहीं कर सका। राम साधारण राजकुमार नहीं, एक असाधारण योद्धा है। उसके समतुल्य प्रखर, पराक्रमी, कुशल और सक्षम योद्धा इस सम्पूर्ण भूमंडल में कहीं नहीं है। उसके बाणों में पर्वतों को उखाड़ फेंकने की शक्ति है। वह यदि चाहे तो समुद्र को भी मरुथल में रूपांतरित कर सकता है। उसकी भुजाओं में इतना बल है भ्राता कि वह वानरराज बाली जैसे दो योद्धाओं को अपनी काँख में चपेटकर पूरी पृथ्वी की परिक्रमा कर सकता है।"

सुपर्णा देख रही थी कि राम के बल-विवेक का बखान रावण को असहज कर रहा है। उसने रावण के मनोभावों को समझते हुए उस पर एक और चोट कर डाली, "भ्राता दशानन, मैंने बहुत समीप से राम की शक्ति और उसके युद्ध कौशल को देखा है इसलिए इस सत्य को समझ पायी हूँ कि इंद्र को परास्त करनेवाले मेरे महावीर भातृज मेघनाद में वह क्षमता नहीं है कि वह राम के प्रबल वेग को क्षण भर के लिए भी अवरुद्ध कर सके। इसलिए यदि आप राम का निराकरण करना चाहते हैं तो महाराज आपको स्वयं ही अपनी सेना का नेतृत्व करना होगा क्योंकि राम चेतन में ही नहीं, जड़ पदार्थों में भी प्राण फूँक कर उन्हें जीवंत करने की कला में महारथी है।"

सुपर्णा के कथन को सुनकर मेघनाद का अहंकार चोटिल हो गया। उसने ललकारते हुए कहा, "बुआ, संभवतः तुम्हें तुम्हारे भातृज की शक्ति का अनुमान नहीं है या स्वयं के नाक-कान कट जाने से तुम्हारी बुद्धि अवसादग्रस्त हो गयी है। जिस मेघनाद की शौर्य गाथा गाते हुए देवता भी गौरवान्वित अनुभव करते हैं, वह मेघनाद तुम्हें अभी भी पालने में डला हुआ बच्चा प्रतीत हो रहा है? यह वही मेघनाद है बुआ, जिसने अपने पराक्रम से देवराज इंद्र को परास्त ही नहीं, कुंठित भी किया। इंद्र को अपनी मुक्ति के लिए विवश होकर मुझे अपनी शक्ति देनी पड़ी। स्मरण रखो बुआ, मैं वही मेघनाद हूँ जिसके पराक्रम से प्रसन्न होकर ब्रह्मा ने उसे अपना अमोघ अस्त्र ब्रह्मपाश दिया है। तुम संभवतः विस्मृत कर गयी होगी कि मेरे जन्म को अत्यंत शुभ लक्षणों से युक्त करने हेतु मेरे परमपराक्रमी, परमविद्वान पिता दशानन रावण ने सभी ग्रहों को निश्चित मुहूर्त में एक स्थान पर एकत्रित होने का आदेश दिया था। महान दशानन के आदेश की पूर्ति हेतु सभी ग्रह अपनी पूरी क्षमता के साथ निर्देशित स्थान पर एकत्र भी हुए और संसार को

अपने प्रताप से प्रताड़ित करनेवाले जिस शनि ने उनकी आज्ञा का उल्लंघन किया, वह आज भी महाराजाधिराज सर्वसमर्थशाली मेरे पिता और आपके भाई रावण के स्नानागार में बंदी रहते हुए घोर प्रताड़ना प्राप्त कर रहा है। महाराज रावण उसकी पीठ पर बैठकर स्नान करते हैं।"

सुपर्णा जानती थी कि शक्तिशाली व्यक्ति की हत्या कर पाना अत्यंत दुष्कर होता है किंतु अहंकारी, शक्तिशाली व्यक्ति को आत्महत्या के लिए सरलता से प्रेरित किया जा सकता है। इसलिए ऐसे व्यक्ति को उद्वेलित करते हुए इन्हें प्रगल्भ[204] होने के लिए प्रेरित करना चाहिए जिससे वे आत्मस्तुति करने के लिए बाध्य हों। आत्मस्तुति एक प्रकार की आत्महत्या ही होती है। उसने अत्यंत शांति से रावण की ओर देखते हुए कहा, "महाराज, मैंने राम के बल का बखान आपको या आपकी सभा को हतोत्साहित करने के लिए नहीं किया। अपितु किसी भी अधिकारी का यह कर्तव्य होता है कि वह अपने राजा को वास्तविक वस्तुस्थिति का परिचय दे, मैं उसी दायित्व का निर्वाह कर रही हूँ। शत्रु के बल, उसकी क्षमता की पूर्ण जानकारी होने से राजा बहुत सरलता से अपने शत्रु को समाप्त कर सकता है। पंचवटी में महाबली खर की पराजय का कारण यही था। मैंने राम के बल, उसके कौशल, उसके युद्ध कौतुक की सभी जानकारियाँ खर को दीं थीं। अपमानित और आहत होने के बाद भी मैंने उसे सुझाव दिया था कि वह कोई भी अभियान करने से पूर्व एक बार आपसे परामर्श कर ले।"

"महाराज, मैंने उससे कहा था कि हमें अधीरता में ऐसा कोई कर्म नहीं करना चाहिए जिससे महाराजाधिराज रावण की छवि धूमिल हो, किंतु उसने भी पुत्र मेघनाद के जैसे मेरी सूचना, मेरे सुझाव को स्त्री हृदय की भीरुता, मेरा मानसिक अवसाद, मेरी मूर्खता, कुंठा कहकर हास्य में उड़ा दिया था। और आज परिणाम सबके सामने है। दंडकारण्य में खर-दूषण-त्रिशरा सहित एक भी सैनिक शेष नहीं है। वह पूरा क्षेत्र राम को अपना तारणहार, अपना नायक मान रहा है। राम वनवासी होते हुए भी प्रत्येक जन के हृदय सिंहासन पर एक राजा की भाँति प्रतिष्ठित हो चुका है। लंका की शक्ति के समक्ष सदैव नतमस्तक रहनेवाली प्रजा आज अपना मस्तक उठाकर घूम रही है। आप तो परम विद्वान हैं भ्राता, तब भी

204 अहंकारी

अंत में मात्र यह कहते हुए अपनी वाणी को विराम देती हूँ कि बुद्धिमान व्यक्ति शत्रु, रोग और ऋण को छोटा समझकर उनकी उपेक्षा नहीं करते।"

सुपर्णा ने क्षण भर का विराम लिया। उसने देखा कि रावण सहित पूरी सभा में उसकी उपस्थिति, उसके वक्तव्यों का पर्याप्त प्रभाव पड़ा है। उसने मन ही मन अपने पिता विश्रवा का स्मरण किया और उन्हें आश्वस्त करते हुए बोली, "आपने जो कार्य अपनी इस निकृष्ट[205] पुत्री को सौंपा था पिता, वह पूर्ण हुआ चाहता है। इतिहास भले ही मुझ शूर्पणखा को एक कामासक्त दुराचारिणी के रूप में स्मरण रखेगा किंतु मैं इस सत्य से अभिभूत हूँ कि मैं ही वह कलंकिनी हूँ जो राम के नर से नारायण में रूपांतरित होने का माध्यम बननेवाली हूँ। मैं ही वह दुराचारिणी हूँ जो अपने भाई रावण की मृत्यु नहीं, मोक्ष का कारण बननेवाली हूँ। तपस्वी जन ईश्वर से जुड़कर अमरत्व को प्राप्त करते हैं किंतु रावण, राम से लड़कर अमर होनेवाला है। पिता, आप जैसे योगी, मुनि, विद्वान ये कहते हैं कि जहाँ काम है वहाँ राम नहीं है, कदाचित् मैं संसार की विरली सौभाग्यशाली हूँ जो काम के मार्ग पर चलते हुए मात्र स्वयं ही राम तक नहीं पहुँची, अपितु मैंने अपने पूरे परिवार को ही राम तक पहुँचा दिया।"

शूर्पणखा के नेत्र अश्रुपूरित हो चुके थे। वह रुँधे हुए कंठ से रावण को लक्ष्य करते हुए बोली, "मुझसे हुई समस्त धृष्टताओं[206] के लिए मैं अपने प्रिय बड़े भाई महाराज दशानन, प्रिय भ्रातृज मेघनाद व सभा में उपस्थित सभी आदरणीय परिजनों तथा सभासदों से हृदय से क्षमा चाहती हूँ। आशा है आप सभी मुझ दुष्टा को मुझसे हुए समस्त अपराधों के लिए क्षमा करेंगे...विदा..." यह कहते हुए शूर्पणखा रावण की राजसभा से बाहर निकल गयी।

लंकाधिपति दशानन रावण अपने सिंहासन के जगत पर खड़ा हुआ अत्यंत स्नेह, करुणा और आदर के भाव से दूर जाती हुई अपनी प्रिय बहन सुपर्णा को देखते हुए बुदबुदा उठा, "जो शिव की इच्छा, शिव की इच्छा पूर्ण हो।"

---

205 निम्न श्रेणी का/तिरस्कृत

206 ओछा/बेहूदा आचरण

·॥ 3 ॥·

·॥ पंचवटी ॥·

•॥ 23 ॥•

राम ने वनवासियों की सहायता से खर, दूषण, त्रिशरा सहित उनके सभी सैनिकों की पार्थिव देह का विधि-विधान से मंदाकिनी के तट पर दाह संस्कार कर दिया था।

ग्राम प्रमुख गोकर्ण अपने ग्रामवासियों सहित पंचवटी के प्रांगण में राम, लक्ष्मण, सीता के साथ बैठा हुआ था। गोकर्ण को राम का व्यवहार चकित कर रहा था। उसने विनम्रतापूर्वक राम से कहा, "प्रभु, अपने शत्रुओं की पार्थिव[1] देह को आपके द्वारा दिया गया सम्मान हम सबके लिए चकित करनेवाला है।"

राम ने मुस्कुराते हुए कहा, "यह तो किसी भी सभ्य समाज का एक सामान्य-सा शिष्टाचार है गोकर्ण।"

गोकर्ण ने कहा, "आप विजेता हैं प्रभु, और कोई भी विजेता अपने से पराजित होनेवाले जीवित या मृत व्यक्ति को सम्मान नहीं देता।"

राम ने हँसते हुए कहा, "ऐसे व्यक्ति को विजेता नहीं, आक्रांता कहा जाता है गोकर्ण।"

गोकर्ण चकित होते हुए बोला, "प्रभु, आपका यही विचित्र व्यवहार तो हमारे लिए एक पहेली बना हुआ है। जो हमारे कष्ट का कारण हो, हमारे लिए बैर से भरा हुआ हो उसके प्रति हम सहृदय कैसे हो सकते हैं? ये राक्षस जितना कष्ट हमारी देह को जीते जी नहीं देते, उससे अधिक अनादर वह किसी मृत देह का करते हैं।"

राम ने करुणापूर्वक गोकर्ण को देखते हुए कहा, "जो विजेता होते हैं गोकर्ण, उनके बैरी के समाप्त होते ही उनके हृदय से बैर भी समाप्त हो जाता

1 मिट्टी का/धरती से उत्पन्न

है। किंतु जो आक्रांता होता है उसका बैरी तो समाप्त हो जाता है किंतु उसके हृदय में बैर जीवित रहता है। विरोधी के हटने के बाद भी आक्रांता विरोध के भाव से भरा रहता है। विजेता जितना महत्व योद्धा को देते हैं उतना ही महत्व वह शस्त्र को भी देते हैं। इसलिए हमारी संस्कृति में योद्धा के साथ-साथ शस्त्र का पूजन भी किया जाता है। जितना महत्व साधक का होता है, उतना ही महत्वपूर्ण साधन भी होता है। मनुष्य की देह उसका साधन ही तो होती है। रक्षक और राक्षस में मात्र व्यवहार का अंतर ही होता है। जब कोई मनुष्य रक्षण के मार्ग को छोड़कर भक्षण की दिशा में बढ़ जाता है तब वह राक्षस हो जाता है। मुझे इस बात की प्रसन्नता है कि तुम लोग राक्षसों के सम्पर्क में रहने के बाद भी रक्षक हो, तभी तो तुम सबने प्रसन्न मन से तुम्हें मारनेवालों को भी तारने में सहयोग प्रदान किया।”

गोकर्ण के युवा पुत्र मधुकर्ण ने कहा, “यह तो आपके सान्निध्य का प्रताप है राम, जो हमें पहली बार मनुष्य होने की अनुभूति हुई, अन्यथा रावण के सेनापति खर को हमें मारते हुए आनंद मिलता था और हमें मरते हुए संतोष। आपके सम्पर्क में आने से पहले हमें लगता था कि जीवन की मात्र एक ही गति होती है, मारो या मर जाओ। किंतु जबसे आप दंडक वन में आए हैं, तबसे हमें यह समझ में आया कि जीवन का अर्थ *मरो या मारो* नहीं अपितु *जिओ और जीने दो* होता है।”

मधुकर्ण के विचार सुनकर राम को अतीव सुख मिला। वे बहुत स्नेह से उसे देखते हुए बोले, “मित्र मधुकर्ण, प्राणी के संसार में आने और संसार से जाने की तिथि परमात्मा ने अपने हाथ में रखी है, किंतु संसार में कैसे रहना है यह व्यवस्था ईश्वर ने पूरी तरह से जीव के हाथ में सौंपी हुई है। इस रहने की प्रक्रिया में यदि हम कुछ सार्थक[2] कर लेते हैं तो हमारा संसार में आना भी सफल हो जाता है और संसार से जाना भी सफल हो जाता है।”

मधुकर्ण ने पूछा, “राम, सार्थक से आपका तात्पर्य क्या है? हमें कैसे पता चले कि हमारे द्वारा किया गया कर्म सार्थक है या नहीं?”

राम को मधुकर्ण के प्रतिप्रश्नों से आनंद मिल रहा था। वे बोले, “स्वयं के अर्थों की पूर्ति को स्वार्थ कहा जाता है, किसी अन्य यानी ‘पर’ के अर्थ

2 ऐसा काम जिसका कोई मतलब हो

को पूर्ण करने को परमार्थ कहा जाता है और समग्र समाज के लिए अर्थपूर्ण कार्य करना सार्थक कहा जाता है। मधुकर्ण, हम सभी की जीवनयात्रा मरण से स्मरण तक पहुँचने की प्रक्रिया होती है। मृत्यु के कई रूप होते हैं, जिनमें सबसे अधिक पीड़ादायक वह है, जब हम तो जीवित रहते हैं किंतु हमारी रचनात्मकता का मरण हो जाता है या हमारा संसार तो हमारे स्मरण में बना रहता है किंतु हमारा घर-परिवार, हमारे इष्ट मित्र हमें विस्मृत कर देते हैं।"

राम के कथन से मधुकर्ण का युवा मस्तिष्क आस्था और विश्वास से भर गया था। उसने उत्साहित होते हुए पूछा, "तब हम क्या करें कि हम अपने से जुड़े लोगों के स्मरण में आनंद का कारण बनते हुए सदा वर्तमान रहें?"

राम ने पल भर के लिए अपने समक्ष उपस्थित सभी ग्रामवासियों को देखा। उन्हें इस तथ्य को जानकर संतोष मिला कि जिज्ञासा[3] भले ही मधुकर्ण ने व्यक्त की है किंतु समाधान की अपेक्षा सभी ग्रामवासियों को है। उन्होंने अत्यंत गम्भीरता पूर्वक कहा, "हमारे मनीषियों ने कृपापूर्वक हमें इसका मार्ग बताया है। वे कहते हैं कि हमें अपने स्वा का इतना विस्तार करना चाहिए कि कालांतर में संसार और हम, एक-दूसरे के प्रतिबिम्ब बन सकें। स्वा की संकीर्णता नहीं, स्वा का विस्तार ही हमारे जीवन को सार्थकता प्रदान करता है।"

राम ने देखा कि संध्या हो चुकी है और सीता ने संध्या-पूजन की सभी तैयारियाँ कर लीं हैं। उन्होंने विनम्रतापूर्वक सभी ग्रामवासियों से निवेदन करते हुए कहा, "मित्रो, संध्या-पूजन का समय हो गया है। अब आप सब भी अपने घरों की ओर प्रस्थान करें। और राम ने दोनों हाथ जोड़ते हुए सबके मंगल की कामना करते हुए श्लोक बोला–

सर्वे भवन्तु सुखिनः सर्वे सन्तु निरामयाः,
सर्वे भद्राणि पश्यन्तु मा कश्चिद् दुख भाग्भवेत।
ॐ शांतिः शांतिः शांतिः

दंडकारण्य के सैनिक अभियान की सफलता से जहाँ लक्ष्मण की निश्चिन्तता बढ़ी थी, वहीं राम पहले से अधिक सजग हो गये थे। उनकी

3 जानने की इच्छा

अंतर्चेतना बार-बार इस ओर संकेत कर रही थी कि अब उन्हें शीघ्र ही किसी अकल्पित भीषण चुनौती का सामना करना होगा। राम स्वगत कह उठे, "सुपर्णा का अहम उसे शांत नहीं बैठने देगा।"

सीता ने अपने पति की ओर देखते हुए कहा, "स्वामी, मैं देख रही हूँ कि खर-दूषण के वध के बाद से ही आप निरंतर किसी उधेड़बुन में हैं?"

राम की दृष्टि में सीता की अवलोकन क्षमता के लिए प्रशंसा थी। वह आश्वस्ति से भरे हुए बोले, "मैं परम सौभाग्यशाली हूँ सीता जो मुझे तुम्हारे जैसी कुशल, संवेदनशील स्त्री का सान्निध्य अपने जीवनसाथी के रूप में मिला। मेरे पास चिन्ताएँ आतीं तो हैं किंतु तुम्हारा नीति और प्रीति से युक्त व्यक्तित्व उन चिंताओं को क्षण भर में ही चिंतन में रूपांतरित कर देता है।"

सीता ने चंचलता से कहा, "यह मेरे प्रश्न का उत्तर तो नहीं है आर्यपुत्र।" फिर हँसते हुए बोलीं, "आप कितने चतुर हैं! कितने अच्छे से विषयांतर करना जानते हैं! जब अपने मित्र को अपने हृदय का कोई भेद नहीं बताना हो तो व्यवहार नीति कहती है कि मनुष्य को अपने मित्र की ब्याज-स्तुति आरम्भ कर देनी चाहिए। इससे मित्र विमोहित होते हुए अपनी मूल जिज्ञासा को एक ओर रख देगा। मैं अपनी प्रशंसा नहीं, आपकी चिंता सुनना चाहती हूँ?"

राम ने कहा, "किसी स्त्री का आहत अहम शक्तिशाली पुरुष के सामर्थ्य से भी अधिक घातक होता है सीता। स्त्री की क्षमता अपार होती है। वह शून्य में भी सृजन कर सकती है और सृजन को भी शून्य बना सकती है।"

सीता बहुत मनोयोग से राम को सुन रहीं थीं। वह जानतीं थीं कि राम जब बोलते हैं तब वह वर्तमान के धनुष दंड और अतीत की प्रत्यंचा पर अपने विचार रूपी बाण को रख कर भविष्य को भेद रहे होते हैं। इसलिए राम को बहुत धैर्यपूर्वक बिना रोके-टोके सुनना चाहिये।

राम ने निर्निमेष[4] दृष्टि से सीता को देखते हुए कहा, "अग्नि के कई रूप होते हैं प्रिये। अग्नि तारक भी होती है और मारक भी होती है।

4 बिना पलक झपकाये

किंतु इन सभी अग्नियों में सर्वाधिक घातक कामाग्नि होती है। कामाग्नि का ताप मनुष्य के सर्वनाश का कारण होता है। देखो न, कामदग्ध सुपर्णा ने कुछ ही क्षणों में खर, दूषण, त्रिशरा सहित अपने चौदह सहस्त्र सैनिकों की जीवनलीला समाप्त करवा दी।”

“अधिकांश स्त्री-पुरुष एक दूसरे के प्रति कामासक्त होते हैं, किंतु मात्र काम लिप्सा की पूर्ति का उद्यम पशुवत व्यवहार के अंतर्गत आता है। और कोई भी मनुष्य, पशुवत प्रवृत्ति से प्रेरित होने के बाद भी, पशुवत आचरण करते हुए भी सभ्य, सुसंस्कृत समाज में पशु की ख्याति से लब्ध होना नहीं चाहता। इसलिए वह अपने काम भाव को प्रेम के रूप में प्रस्तुत करता है। तभी तो अपने प्रेम, अपने प्रेमी को प्राप्त करने के बाद भी अधिकांश युगलों का जीवन, आनंद से नहीं अवसाद से भरा हुआ होता है। कामवासना की पूर्ति के लिए किये जानेवाले प्रेम में मिलनेवाली सफलता जहाँ उसके जीवन में अवसाद को जन्म देती है, तो वहीं इस प्रकार के प्रेम में मिलनेवाली असफलता व्यक्ति में कुंठा के भाव की सृष्टि करती है, तब कुंठित व्यक्ति का आहत अहंकार हत करने के भाव से भर जाता है। ऐसा विषादग्रस्त व्यक्ति स्वयं के साथ-साथ संसार को भी समाप्त कर देना चाहता है।”

लक्ष्मण ने कहा, “किंतु भैया, काम को तो पुरुषार्थ चतुष्टय[5] में स्थान दिया गया है—अर्थ, धर्म, काम, मोक्ष...तब वह अकल्याणकारी कैसे हो सकता है?”

राम ने मधुरता से मुस्कुराते हुए लक्ष्मण को देखा और बोले, “प्रिय लक्ष्मण, अत्यंत सुंदर जिज्ञासा है। काम एक ऐसा भाव है जिसे हमारे ऋषियों ने अर्थ-धर्म-काम-मोक्ष की भावना से प्रेरित जीवन में व काम-क्रोध-मद-लोभ की दिशावाले जीवन में प्रमुखता से स्थान दिया है। काम जब अर्थ और धर्म का अनुसरण करता है तब वह मोक्ष में सहायक होता है, किंतु जब वही काम हमारे जीवन में अनुगामी के स्थान पर अग्रगामी की भूमिका में आ जाता है, अर्थात जब हमारा अर्थ, हमारा धर्म, काम का अनुसरण करने लगते हैं तब हमारा जीवन क्रोध, मद और लोभ

---

5 चार का समुदाय

का पर्याय बन जाता है। तब यही काम इष्ट की उपलब्धि का नहीं, अनिष्ट की सृष्टि का हेतु होता है। प्रेम सफलता-असफलता, प्राप्ति-अप्राप्ति से परे होता है इसलिए प्रत्येक स्थिति में तृप्ति ही देता है, किंतु काम, अधिकार, अतिक्रमण की भावना से प्रेरित होता है इसलिए तृष्णा इसका मूल स्वभाव होता है। इसलिए कामासक्त व्यक्ति सब कुछ प्राप्त करने के बाद भी जीवन में रिक्तता के भाव से भरा रहता है।"

"अब देखो न, रावण के पास क्या नहीं है? किंतु इसके बाद भी वह असंतुष्ट है। अहंकार के शिखर पर विराजमान है। कामहंता महादेव शिव को साधने के बाद भी रावण काम को न साध पाया? इसी का परिणाम है कि जिस रावण को ब्रह्मानंद से भरा हुआ होना चाहिए था वह रावण विषयानंद के भँवर में फँसा हुआ है। उसकी बहन सुपर्णा रावण की इसी दुर्बलता का लाभ उठाते हुए रावण को प्रवृत्त करेगी कि वह पंचवटी की ओर प्रयाण करे। मुझे लगता है कि हमें शीघ्र ही रावण के आक्रमण का सामना करना पड़ेगा।"

·|| 4 ||·

·|| लंका ||·

•॥ 24 ॥•

लंका में अर्धरात्रि बीत चुकी थी, किंतु रावण के नेत्रों में दूर-दूर तक निद्रा का नाम नहीं था। वह अपने शयनकक्ष से लगे हुए गृहपृष्ठ (छत) पर खड़ा हुआ एकटक निरभ्र[1] आकाश को देख रहा था। उसका मस्तिष्क दसों दिशाओं में बहुत तीव्रता से घूमते हुए आज राजसभा में शूर्पणखा के साथ हुए संवाद पर विचार कर रहा था। दंडकारण्य में राम की उपस्थिति, खर, दूषण, त्रिशरा का वध और शूर्पणखा का अपमान उसके हृदय को उद्वेलित कर रहा था।

शयनकक्ष में जल रही मद्धिम दीपशिखा के प्रकाश में बैठी मंदोदरी अपने पति रावण के पृष्ठ को निहार रही थी। इस सुदर्शन पुरुष ने समय के चक्र को जैसे रोक ही लिया है। वय का तो किंचित भी प्रभाव नहीं पड़ा महाराज रावण की देह पर। आज भी शिराओं में वही ऊर्जा है; मुखमंडल पर वही तेज है, व्यक्तित्व में वही आभा है जो उस समय थी, जब प्रथम बार रावण के दर्शन हुए थे। यदि महाराज रावण अपना हठ, अपना दुराग्रह छोड़ देते; अपनी नकार वृत्ति से मुक्त होकर स्वीकार के मार्ग पर चलते, तो आज संसार उन्हें त्रिलोकविजेता नहीं, त्रिलोकपति की ख्याति से लब्ध करता। सत्य ही समुद्र-सा गहरा और आकाश-सा रहस्यमय व्यक्तित्व है इस शिव भक्त का! मंदोदरी अपनी शैया से उठी और बहुत शांति से रावण के पीछे जाकर खड़ी हो गयी।

रावण अपने विचारों में इतना मग्न था कि उसे मंदोदरी की उपस्थिति का भान ही नहीं हुआ। तभी उसे मंदोदरी का स्नेहयुक्त स्वर सुनाई दिया,

---

1 बादल रहित

"स्वामी, क्या आपके एकांत में आपकी प्रेयसी, आपकी दासी, आपकी पत्नी मंदोदरी को प्रवेश की आज्ञा है?"

रावण पलटा। मंदोदरी पर दृष्टि पड़ते ही उसके अंदर का युवा प्रेमी उसके हृदय में जागृत हो गया, जिसने सदैव की भाँति रावण के राजत्व को तिरोहित[2] कर दिया। वह उसके समीप आया। प्रेम की ऊष्मा से भरते हुए उसका हाथ पकड़ा व उसे अत्यंत प्रेम से गृहपृष्ठ पर लगे हुए झूले में अपने समीप बैठा लिया।

मंदोदरी, रावण के वक्ष से लगते हुए चुपचाप उसके हृदय की धड़कनों को सुनने लगी। मंदोदरी के स्पर्श ने उसके समस्त क्लेशों को पल भर में हर लिया, उसने अत्यंत मधुर स्वर में मंदोदरी से कहा, "मंदा, मैं जानता हूँ कि तुम मेरे हृदय की गति से मेरे मन की गति को पढ़ना चाहती हो, किंतु अब वहाँ तुम्हें तुम्हारे नाम के सिवा कुछ भी सुनाई नहीं देनेवाला।"

"आप अपनी मंदा से असत्य भाषण तो कभी नहीं करते स्वामी, तब आज इसकी आवश्यकता क्यों आन पड़ी?"

"आज भी नहीं कर रहा हूँ। यह सत्य है कि तुम्हारे आने से पहले मेरा मस्तिष्क विचारों का क्रीड़ा स्थल था, किंतु तुम्हारे आते ही वह सभी विचार स्वयमेव ही लुप्त हो गये।"

"ऐसा क्यों स्वामी? क्या मैं आपकी विचार श्रृंखला को अवरुद्ध[3] करती हूँ?"

रावण ने हँसते हुए कहा, "कदापि नहीं, तुम्हारी उपस्थिति मुझे निर्विचार[4] करती है। हृदय में जब प्रेम का उदय होता है मंदा, तब हमारे सभी विचार स्वयमेव समाप्त हो जाते हैं या जब हमारे विचार समाप्त हो जाते हैं, तभी हमारे हृदय में प्रेम का उदय होता है। तुम मेरा प्रेम हो मंदोदरी।"

मंदोदरी ने अपने दोनों हाथ रावण के कंधे पर रखे और अपनी प्रेममयी दृष्टि को रावण के प्रेम से आप्लावित[5] नेत्रों में गड़ाते हुए कहा,

---

2 अदृश्य/ढका हुआ

3 रुका हुआ, रोक देना

4 विचार रहित

5 पूरी तरह डूबा हुआ

"स्वामी, आप जैसे प्रेमी के मुख से स्वयं के लिए प्रेम की स्वीकारोक्ति सुनते हुए मेरा मन नहीं अघाता।"[6]

रावण ने किंचित मुस्कान के साथ कहा, "मंदा, यह सत्य है कि इस जगत में रावण ने महादेव शिव के बाद यदि किसी से प्रेम किया है, तो वह तुम हो।"

मंदोदरी रावण द्वारा उद्भाषित इस सत्य को जानती थी, किंतु तब भी चर्चा को आगे बढ़ाने के उद्देश्य से चंचलता से हँसते हुए बोली, "प्रभु, यदि ऐसा है तब आपकी हृदय साम्राज्ञी मंदोदरी को एकाधिक सह-पत्नियों, प्रेयसियों के भार से क्यों क्लांत[7] होना पड़ता है?"

"इस सत्य को तुम भलीभाँति जानती हो मंदोदरी कि अन्य स्त्रियों को रावण मात्र जीतना चाहता था—अपने अहंकार को संतुष्ट करने के लिए। लेकिन तुमसे रावण को हारने में सुख मिलता है, तुम सत्य ही विलक्षण हो।"

मंदोदरी ने सशब्द हँसते हुए कहा, "यह आपने सत्य कहा कि मैं विलक्षण हूँ। मुझ लक्षणरहित स्त्री को विशिष्ट लक्षणों से युक्त लंकाधिपति रावण ने अपने हृदय में सर्वोच्च स्थान पर प्रतिष्ठित करके मुझे विलक्षण बना दिया।"

"यह भी तो कहा जा सकता है मंदोदरी कि तुम विलक्षण हो इसलिए सभी को जीतनेवाला रावण तुम्हारे सम्मुख पड़ते ही अपना सब कुछ हार जाता है और तुम्हारा औदार्य,[8] तुम्हारी दिव्यता देखो कि तुम स्वयं से पराजित होनेवाले अपने प्रेमी रावण को विजेता होने के भाव से भर देती हो।"

मंदोदरी जानती थी कि रावण द्वारा कहा गया कथन एक प्रेमी का प्रलाप नहीं है, जो अपनी प्रेयसी को प्रसन्न करने के लिए किया जाता है। रावण जो बोल रहा है वह पूर्णतः सत्य है। उसने पूरे सम्मान से कहा, "स्वामी, आप एक निरहंकारी चेतना हैं किंतु इसके बाद भी संसार आपको अहंकार का पर्याय क्यों मानता है?"

---

6 भरना

7 थकान

8 उदारता

"वह इसलिए मंदोदरी क्योंकि मेरी निरहंकारिता मेरा स्वभाव नहीं, मेरा अभ्यास है। अपनी विद्वत्ता, अपने, पराक्रम, अपने ज्ञान और प्रभुतासंपन्न होने की अपनी तीव्र इच्छा के चलते मुझमें आग्रह, आसक्ति, वासना, लालसा और एक तीव्र हठ का उदय हुआ जिसे मैंने महादेव शिव के चरणों में एक बार नहीं, दस बार हठपूर्वक काटकर समर्पित किया जिससे मैं अहमन्यता[9] शून्य हो सकूँ, किंतु जितनी बार मैंने अपने अहम को काटकर महादेव के चरणों में समर्पित किया, उतनी ही बार मेरा अहम समाप्त होने के स्थान पर पहले की अपेक्षा अधिक दृढ़ होते हुए मेरे चैतन्य में स्थापित होता गया। मेरे अंतस में अपने आराध्य, अपने गुरु महादेव के समक्ष यह भाव निरंतर बलवती होता गया कि देखो, मैं तुमसे प्राप्त करने के लिए स्वयं को भी समाप्त कर सकता हूँ। मैंने इस ओर ध्यान ही नहीं दिया कि महादेव अपनी इच्छा से मुझे क्या देना चाहते हैं, अपितु मेरी पूरी चेष्टा इस ओर रही कि मैं महादेव से अपनी समस्त इच्छाएँ पूर्ण करवा कर ही दम लूँगा। और जब कोई साधक, कोई तपस्वी हठपूर्वक अपने आराध्य को अपनी इच्छा पूरी करने के लिए बाध्य करता है तब उसमें सृष्टा[10] होने के अहंकार का उदय होता है। मंदोदरी, हमारा विकट पुरुषार्थ अग्नि के सदृश्य होता है और हमारा अहंकार उस अग्नि से निकलनेवाले धुँआँ के जैसा। धुँआँ तो अग्नि का प्रतिस्वभाव होता जिसे समाप्त नहीं किया जा सकता, किंतु हाँ, उसपर नियंत्रण अवश्य किया जा सकता है, और करना भी चाहिए जिससे अग्नि के समीप बैठा हुआ समाज अग्नि की ऊष्मा का आनंद ले सके। नियंत्रण नहीं करने पर अग्नि नहीं, उससे निकलनेवाला धुँआँ समाज के, वातावरण के कष्ट का कारण होता है और तब धुँएँ से प्रताड़ित होकर समाज अग्नि को ही कोसने लगता है।"

रावण सशब्द हँसते हुए बोला, "वही मेरे साथ हुआ, इसलिए मैं एक प्रयोग कर रहा हूँ–अग्नि को धूम्र रहित करने का।"

मंदोदरी ने चकित होते हुए पूछा, "क्या यह सम्भव है राजन? अग्नि से धुँआँ तो तभी समाप्त हो सकता है जब अग्नि समाप्त हो जाए।"

---

9 घमंड

10 सृष्टि रचनेवाला

रावण ने कहा, "असंभव भी नहीं है देवी। एक ऋषि पुत्र रावण त्रिलोकपति बने, यह भी कहाँ सम्भव था? असफल होने के भय से प्रयोग ही न किये जाएँ, यह रावण की प्रकृति नहीं है। वह हँसते हुए बोला, "अच्छा मेरे एक प्रश्न का उत्तर दीजिए। किसी अत्यंत धर्मप्राण व्यक्ति के लिए सबसे अधिक मूल्यवान क्या होता है, उसके प्राण या उसका धर्म?"

मंदोदरी ने एक हल्के से विराम के बाद कहा, "उसके प्राण।"

रावण ने आश्चर्य व्यक्त करते हुए कहा, "यह तो बड़ी उलटी बात कर रही हैं आप। जो व्यक्ति धर्म की तुलना में अपने प्राणों को अधिक मूल्यवान समझता है, उसे धर्मप्राण व्यक्ति कैसे कहा जा सकता है?"

मंदोदरी ने धैर्यपूर्वक रावण की ओर देखते हुए कहा, "क्योंकि धर्म के निर्वहन[11] के लिए देह का होना अनिवार्य होता है और देह की सक्रियता के लिए उसमें प्राणों का होना आवश्यक है। इसलिए धर्मप्राण व्यक्ति अपने धर्म की रक्षा के लिए सर्वप्रथम अपने प्राणों की रक्षा करता है। स्वामी, सामान्यतः मनुष्य धर्म के लिए मरने को तो तैयार होता है किंतु धर्म के लिए, धर्मपूर्वक जीनेवाले बहुत विरले होते हैं। धर्म के लिए, धर्म के नाम पर मरनेवालों को नहीं, अपितु धर्मपूर्वक, धर्म के लिए जीनेवालों को ही धर्मप्राण व्यक्ति कहा जाता है।"

एक अल्प विराम के बाद रावण ने मंदोदरी से पूछा, "आप धर्म किसे मानती हैं देवी?"

मंदोदरी ने द्वंद्वरहित स्वर में कहा, "स्त्री को, भूमि को और प्रकृति को। जैसे पुरुष कर्म का प्रतीक होता है वैसे ही स्त्री धर्म का प्रतीक होती है।"

रावण ने चंचलता से मुस्कुराते हुए पूछा, "स्त्री ही क्यों, पुरुष क्यों नहीं?"

"क्योंकि वह जन्मदाता होती है। उसी के गर्भ में भूपति[12] हों या भिक्षु, शासक हों या शोषित, सब अपने अस्तित्व का निर्माण करते हैं। वह स्त्री ही होती है स्वामी जो अपने गर्भ के मांसपिंड में शक्ति का संचार करती है। स्त्री ही धारण और तारण का कारण होती है।"

---

11 निबाह

12 राजा

“किंतु बीज-दाता तो पुरुष होता है। यदि बीज ही निष्प्राण हो तब स्त्री उसमें जीवन का संचार कैसे कर सकती है?”

“स्वामी, क्या प्रत्येक बीज वृक्ष बन पाता है? कैसे कुछ बीज मात्र बीज रहते हुए ही समाप्त हो जाते हैं! हे देव, बीज की गति, सुगति और अधोगति भूमि की प्रकृति पर निर्भर करती है। तभी तो मैंने कहा कि स्त्री जन्मदाता होती है, जीवनदाता नहीं। वह प्राणदाता नहीं, शक्तिदाता होती है। और धर्म भी हमारे प्राणों में शक्ति का ही संचार करता है।”

रावण ने कहा, “इसका अर्थ हुआ कि स्त्री के ऊपर, भूमि के ऊपर और प्रकृति के ऊपर की गयी चोट, धर्म पर की गयी चोट के जैसी होगी? तब धर्मप्राण व्यक्ति को क्या करना चाहिए? अपने धर्म की रक्षा के लिए उद्यम या अपने प्राणों का रक्षण?”

“धर्म की रक्षा के लिए उद्यम। क्योंकि जो धर्म की रक्षा करते हैं, धर्म उनकी रक्षा स्वयमेव ही कर लेता है।”

इस पूरे वार्तालाप से रावण को एक दिशा मिल गयी थी। वह विचारने लगा—मेरी बहन शूर्पणखा भी तो स्त्री है जिसके ऊपर राम ने चोट की है। रावण को चाहिए कि वह अपने धर्म की रक्षा के लिए उद्यम करे और अपने धर्म को आहत करनेवाले राम को किसी भी मूल्य पर हत करे।

·॥ 5 ॥·

·॥ पंचवटी ॥·

•॥ 25 ॥•

सीता और लक्ष्मण की सुरक्षा को लेकर राम पहले की अपेक्षा कुछ अधिक सतर्क हो गये थे। उन्होंने चिंता और सतर्कता के भाव को प्रकट किये बिना सीता को भी योगाभ्यास से लेकर शस्त्र संचालन के अभ्यास में विधिवत सक्रिय कर दिया था। वे बहुत शांति से सीता को आत्मनिर्भर होने की प्रेरणा से भर रहे थे। उन्होंने सीता को अघोषित रूप से उन तीनों की सेना का सेनापति बना दिया था। उनकी अंतसचेतना[1] बार-बार इस तथ्य की ओर संकेत कर रही थी कि हो न हो रावण, सीता को केंद्र बिंदु बनाकर आक्रमण करेगा किंतु उनके पास अपनी इस अनुभूति की प्रामाणिकता को सिद्ध करने के लिए कोई स्पष्ट प्रमाण नहीं था। इसलिए वे सीता को मानसिक, आत्मिक व शारीरिक रूप से और अधिक दृढ़ बनाने के कार्य में पूरे मनोयोग से जुट गये थे।

संध्या के अभ्यास से निवृत होकर सीता और राम पंचवटी के प्रांगण में बैठे हुए चर्चारत थे। सीता ने कहा, "आर्यपुत्र, आपने अभ्यास की अग्नि में मुझे इतना तपा दिया है कि कभी-कभी मुझे लगता है जैसे यह मैं नहीं, मेरी छाया है। मैं सोच भी नहीं सकती थी कि मैं इतने दुर्धर्ष कर्मों को इतनी सरलता से कर सकती हूँ? भक्ति में विश्वास करनेवाली सीता को आपने शक्ति का उपासक बना दिया?" सीता हँसते हुए बोलीं, "कभी-कभी तो मुझे लगता है जैसे मैं कोई दूसरी ही सीता हूँ जो शक्ति की साधक नहीं, शक्ति का स्रोत है! आपकी माया मेरी समझ से परे है आर्यपुत्र। आप अपनी अनुगामिनी[2] सीता को अग्रगामी के गुणों से सम्पन्न क्यों करना चाहते हैं?"

---

1 अंदर की चेतना

2 किसी के पीछे चलनेवाली

राम ने बहुत नेह से सीता को देखते हुए कहा, "सीता, परमात्मा का जगत सरल रेखा में नहीं, वृत्ताकार[3] है। इसमें न तो कोई किसी के आगे चल रहा होता है और न ही कोई किसी के पीछे चल रहा होता है, क्योंकि सभी एक-दूसरे के आगे पीछे चल रहे हैं। इसलिए जो अग्रगामी है, वही अनुगामी है व जो अनुगामी है, वही अग्रगामी भी है। कोई भी वृत्त तभी व्यवस्थित रूप से गतिमान हो सकता है जब आगे चलनेवाले को पीछे चलने का हुनर आता हो व पीछे चलनेवालों में आगे चलने की दक्षता हो। आपको स्मरण होगा कि हमारे विवाह के समय जब हम अग्नि को साक्षी मानकर अग्नि की प्रदक्षिणा कर रहे थे तब हमने सह-अस्तित्व की शपथ लेते हुए कहा था कि हम दोनों ही एक दूसरे को अपने जीवन के ध्येय तक पहुँचाने में सहायक होंगे।" फिर राम सशब्द हँसते हुए बोले, "आपको करवाया जानेवाला अग्निसम[4] कठोर अभ्यास आपकी विस्मृति को स्मृति में रूपांतरित करने का साधन मात्र है, जिससे आपके अंतस में सुप्त पड़ा हुआ अग्रगामी जागृत हो सके।"

सीता ने उत्साह से भरे स्वर में राम से कहा, "यदि आपने अपना यह मंतव्य[5] अभ्यास करवाने से पहले प्रकट किया होता तब मुझे विश्वास ही नहीं होता कि मुझमें इतनी विलक्षण क्षमताएँ भी हैं कि आलम्बन[6] को जीवन का सूत्र माननेवाली जानकी, स्वाबलम्बन की सूत्रधार भी हो सकती है?"

राम ने बहुत गम्भीरता से कहा, "वैदेही, प्रत्येक व्यक्ति में अनंत सम्भावनाएँ, क्षमताएँ बीज रूप में प्रच्छन्न[7] रहती हैं। सजग व्यक्ति इस सत्य से परिचित होते हैं इसलिए वह देश, काल, परिस्थिति के अनुसार स्वयं में विद्यमान सम्भावनाओं, गुणों का विकास करते हुए आनेवाली चुनौतियों का निर्भीकतापूर्वक सामना करते हैं। यह कठोर अभ्यास आप में व्याप्त उन्हीं प्रच्छन्न गुणों को प्रकट करने की प्रक्रिया मात्र है।"

राम के स्वर की गम्भीरता ने सीता को सजग कर दिया। राम जब किसी को सजग करते हैं तब उसके चित्त में शंका का नहीं, संकल्प का

---

3 गोल आकार का

4 आग के समान

5 मन की बात/राय

6 सहारा/आधार

7 छुपा हुआ

उदय होता है। उन्होंने निःशंक[8] स्वर में राम से पूछा, "मुझमें विद्यमान[9] मेरे प्रच्छन्न गुणों को प्रत्यक्ष करने का कोई विशेष कारण है राम?"

राम ने विश्वासपूर्वक अपनी प्राणप्रिय सीता के नेत्रों में झाँकते हुए कहा, "हमें शीघ्र ही कुछ भीषण परिस्थितियों का सामना करना होगा प्रिये। इसलिए मैं चाहता हूँ कि आप स्वयं के उन गुणों को प्रकट करें जो छाया रूप में आपके व्यक्तित्व में विद्यमान हैं। छाया-गुणों में प्रतिष्ठित होते ही आपका मूल भाव, स्वभाव, चित्त और चिंतन खंडित होने से बच जाएगा।"

सीता ने बहुत धैर्यपूर्वक जिज्ञासा व्यक्त की, "राम, आपके द्वारा उद्भाषित[10] दर्शन को मैं गहराई से समझना चाहती हूँ। जब यह सभी गुण हममें ही विद्यमान होते हैं, तब इन्हें छाया-गुण कहने से आपका तात्पर्य क्या है?"

राम अपने कथन को स्पष्ट करते हुए बोले, "सीता, जैसे किसी मनुष्य में स्थाई भाव और संचारी[11] भाव होते हैं, वैसे ही छाया-गुणों को हमें अपने स्थाई नहीं, संचारी भावों के जैसा मानना चाहिए। जैसे कोई कुशल नट अपने मूल स्वभाव को प्रभावित किये बिना विषयवस्तु, कथानक, परिस्थितियों और पात्र के अनुरूप कुछ समय के लिए स्वयं में सुप्त पड़े हुए विभाव,[12] अनुभाव व संचारी भावों को उद्दीप्त करता है, जिससे वह अपनी भूमिका के साथ न्याय कर सके, वैसे ही हमारे छाया-गुण होते हैं जो हममें तब तक सुप्त पड़े रहते हैं जब तक हमें उनकी आवश्यकता नहीं होती। परिस्थितियों के अनुसार वह जागृत होते हैं और परिस्थिति बदलते ही वह पुनः सुप्त हो जाते हैं।"

सीता मधुर हास्य से भरी हुई बोलीं, "यह छाया की माया तो बड़ी निराली है राम। इसका अर्थ हुआ कि कुछ असाधारण कार्य जो हम नहीं कर सकते, वह हमारी छाया अत्यंत सरलता से कर देती है। अर्थात जब भी कभी

8 जिसे कोई शंका न हो
9 मौजूद/उपस्थित
10 व्यक्त
11 अस्थायी
12 जो आश्रय में हो उसमें भाव जागृत करना

हमें अपने मूल स्वभाव की रक्षा करनी हो, उसे हत, आहत, अपमानित होने से बचाना हो, तब हमें अपनी छाया से उन कठिन कार्यों को करवाना चाहिए?"

"छाया हमारे बिम्ब का प्रतिबिम्ब होती है सीता। इसे हम अपना प्रतिव्यक्तित्व भी कह सकते हैं, किंतु समाज इसे हमारा प्रतिरूप मान कर भ्रम में पड़ जाता है। और तब हमारे प्रति दुराग्रह,[13] विरोध से भरे हुए व्यक्ति हमारे प्रतिबिम्ब को ही पीटने, खंडित करने लगते हैं। उन्हें लगता है कि प्रतिबिम्ब के खंडित होते ही हमारा बिम्ब भी ध्वस्त हो जाएगा।"

सीता ने परिहास करते हुए कहा, "भ्रमित करना तो छल की श्रेणी में आता है राम। आप चाहते हैं कि अब से सीता अपने मूल स्वभाव के विपरीत आचरण करते हुए पंचवटी में विचरण करे?"

राम बहुत स्नेह से अपनी प्राणप्रिय सखी, अपनी पत्नी सीता को देखते हुए बोले, "मैं स्वभाव के विपरीत नहीं, परिस्थितियों के अनुकूल आचरण करने का आग्रह कर रहा हूँ देवी। अप्रत्याशित और कठिन परिस्थितियाँ अग्नि के सदृश्य[14] होती हैं प्रिये। यह उन व्यक्तियों को समाप्त कर देती हैं जो इन्हें साहस के साथ स्वीकार नहीं करते। किंतु जो बढ़कर इस अग्नि में प्रवेश करते हैं और इन चुनौतियों को स्वीकार करते हैं उनके व्यक्तित्व को यह अपने ताप से निखारकर और परिष्कृत कर देती हैं। मैं चाहता हूँ कि विपरीत परिस्थितियों का दबाव आपकी मनःस्थिति[15] को प्रभावित न कर सके। आप किसी भी भीषण परिस्थिति में विषाद से ग्रस्त न हों, क्योंकि मनुष्य की असफलता, उसके अवसाद का कारण उसकी परिस्थितियाँ नहीं, उसकी मनःस्थिति होती है।"

सीता ने सशब्द हँसते हुए कहा, "अर्थात पुरुषोत्तम श्रीराम किसी अन्य सीता का निर्माण कर रहे हैं? यह सीता तो राम की निर्मिति होगी देव, किंतु वह सीता कहाँ रहेगी जो राम के लिए निर्मित हुई है, जिसे राम अपने प्राणों से भी अधिक प्रेम करते हैं?"

राम ने बहुत धीरता से कहा, "वह सीता तो सदैव राम के हृदय में वर्तमान है और रहेगी, क्योंकि वही तो राम की कर्मणाशक्ति, संकल्पशक्ति

13 अनुचित हठ

14 के समान

15 मानसिक स्थिति

और विचारशक्ति है। सीता का अस्तित्व ही तो राम का अस्तित्व है। किंतु प्रिये, जिसे आप छल मान रही हैं वह छल नहीं, बल है। माया का निराकरण श्रीमाया से किया जाना छल की नहीं, बल की श्रेणी में आता है। रावण संसार का सबसे बड़ा मायावी है। वह रण में उतरने से पहले रणक्षेत्र में अपनी माया का विस्तार करता है और माया का पूरा अस्तित्व ही मिथ्याचार[16] पर खड़ा होता है। मायावियों की माया को निरस्त करने के लिए किये जानेवाले उद्यम को भ्रमित करना नहीं, चकित करना कहा जाता है।"

राम ने अत्यंत गहरी दृष्टि से सीता के नेत्रों में झाँकते हुए कहा, "मिथ्याचारी अपनी प्रामाणिकता सिद्ध करने के लिए सत्य का आश्रय लेते हैं। वह सत्य का रूप धारण करके संसार के समक्ष उपस्थित होते हैं, जिससे संसार को उनके सत्य होने का भ्रम उत्पन्न हो जाता है। इसलिए हमें यह स्मरण रखना चाहिए सीता, कि सत्य के पक्ष में खड़े हुए लोग सदैव सत्य नहीं होते हैं। जहाँ तक मुझे लगता है, रावण हमारे साथ माया युद्ध करेगा और मायावी व्यक्ति का विश्वास किसी पुरुषार्थी, धर्मज्ञ व्यक्ति की हत्या करने से अधिक उसकी चरित्र हत्या करने में होता है। रावण जैसे लोग कुलवान, शीलवान व्यक्तियों को अपमानित और कलंकित करके जीवित छोड़ने में विश्वास रखते हैं। वे विश्वसनीय रूप बनाकर पहले संसार का विश्वास अर्जित करते हैं, उसके पश्चात् वे विश्वासघात करते हैं। वे मनुष्य की आस्था को उद्दीप्त कर उसके हृदय को अनास्था का केंद्र बना देते हैं। इसलिए हमें अब प्रतिपल पूर्व की अपेक्षा अधिक सजग रहना होगा।"

सीता ने बहुत विश्वासपूर्वक राम के दोनों हाथों को अपने हाथों में ले लिया और उन्हें आश्वस्त करते हुए बोलीं, "आप निश्चिन्त रहें राम। जैसे सदाचार की एक छोटी-सी चिंगारी अनाचार के पूरे अरण्य को जलाकर भस्म कर देती है, वैसे ही आपकी निर्मिति, आपके लिए निर्मित यह भूमिप्रसूता[17] सीता रावण जैसे अहंकारी, आततायी[18] के लिए भयंकर अग्निकुंड के जैसी होगी, जिसे स्पर्श करते ही रावण का समस्त वैभव,

---

16 कपट से भरा आचरण

17 जिसका जन्म जमीन से हुआ हो

18 उपद्रवी/दुष्ट

सामर्थ्य, शक्ति क्षण भर में भस्मीभूत[19] हो जाएगा। जिस सीता का चरित्र उसका पति राम है व जिस राम का चरित्र उसकी पत्नी सीता है ऐसे चरित्र को कलंकित और नष्ट करने की कुचेष्टा करनेवाला स्वयं ही युगों-युगों तक अपमान और तिरस्कार की ज्वाला में जलता रहेगा। मैं आपका मंतव्य अच्छे से समझ गयी हूँ राम, कि मिथ्याचारी, अत्याचारी, अनाचारी व्यक्ति इस योग्य नहीं होते कि उन्हें किसी शीलवान, धर्मज्ञ व्यक्ति के मूल स्वरूप का दर्शन भी कराया जाए। ऐसे शक्तिशाली, मायावी, चरित्रहीन व्यक्तियों के निराकरण[20] के लिए सदचरित्र व्यक्ति की प्रतिछाया ही पर्याप्त होती है।"

सीता स्निग्ध मुस्कान के साथ राम के नेत्रों में देखते हुए बोलीं, "माया को तो छाया से ही निरस्त किया जा सकता है और मेरे व्यक्तित्व में प्रच्छन्न इस छाया को प्रकट करने के लिए मैं यम, नियम, कठोरतम अभ्यास, भीषण चुनौतियों रूपी किसी भी अग्नि में प्रवेश करने के लिए तत्पर हूँ। अब से पंचवटी में वह सीता नहीं रहेगी जिसका निर्माण विधाता ने राम के लिए किया था अपितु वह सीता रहेगी जिसका परिष्कार स्वयं राम ने किया है—जगत के विधान में शुभता के संचार और धर्म की स्थापना के हेतु।"

19 जल कर राख हो जाना

20 अलग करना/हटाना

·॥ 6 ॥·

·॥ लंका ॥·

•|| 26 ||•

इंद्र की सभा से भी अधिक भव्य अपनी राजसभा के सिंहासन पर एकाकी बैठा हुआ रावण, राम के विरुद्ध अपनी रणनीति पर विचार कर रहा था। मित्रता अपने समकक्ष[1] व्यक्ति से करना कल्याणकारी होता है, किंतु शत्रुता सदैव अपने से अधिक बलशाली या प्रतिष्ठित व्यक्ति से करनी चाहिए, जिससे विजय हो या पराजय, दोनों ही स्थितियों में व्यक्ति के मान, उसके यश में वृद्धि होती है।

इस वनवासी राम की न तो प्रतिष्ठा है और न ही वह मुझसे अधिक बलशाली है। हाँ, प्रतिभावान और साहसी अवश्य प्रतीत होता है, तभी तो उसने खर-दूषण-त्रिशरा को उनके चौदह सहस्त्र सैनिकों सहित सुरधाम को पहुँचा दिया। अब यदि ऐसे सामान्य से व्यक्ति के विरुद्ध लंका साम्राज्य को सैनिक अभियान करना पड़े, तो यह राम की प्रतिष्ठा में स्वयं के हाथों वृद्धि करने के जैसा होगा। पूरी सेना को दंडकारण्य की ओर ले जाने में रावण को हानि ही हानि है। उस क्षेत्र में रहनेवाले नागरिक उसी की प्रजा हैं। खर-दूषण के वध के बाद लंका की सेना को दंडकारण्य में अपनी ही प्रजा के प्रतिरोध का सामना करना पड़ सकता है। परिणामस्वरूप रावण को अपनी ही प्रजा का दमन करने के लिए विवश होना पड़ेगा, जिससे उसकी कीर्ति कलंकित होने की सम्भावना है और राम को व्यर्थ ही उस अशक्त प्रजा की सद्‌भावना प्राप्त हो सकती है।

अशक्त, उपेक्षित और कुंठित समाज की सद्‌भावना में शक्तिशाली सत्ता और सिंहासन को उखाड़ फेंकने का अतुल्य बल होता है। कोई भी शक्तिसंपन्न सेना किसी सशस्त्र सेना को तो सरलता से परास्त

1 बराबरी का

और नियंत्रित कर सकती है किंतु निःशस्त्र, अशक्त, सामान्य नागरिकों का प्रतिरोध कुशलतापूर्वक कर पाना उसके लिए अत्यंत दुरूह कृत्य होता है। जहाँ रावण व उसकी सेना अपने स्वाभिमान की रक्षा के लिए किसी के प्राण ले लेने को वीरता का प्रमाण मानती है, वहीं राम ने इस उपेक्षित प्रजा के चित्त में इस सूत्र को स्थापित कर दिया है कि अपने स्वाभिमान की रक्षा के लिए प्राण लेना नहीं, प्राण देना ही महानतम कृत्य होता है। राम ने समाज की कायरता, उसकी कमजोरी को ही उसकी सबसे बड़ी शक्ति बनाकर प्रस्तुत कर दिया, जिससे ये निकृष्ट जन ग्लानि से मुक्त होते हुए स्वयं के प्रति उत्कृष्टता के भाव से भर गये हैं। राम निश्चित ही एक चतुर व्यक्ति है। उसने अत्यंत बुद्धिमानी से रावण के विरुद्ध मोर्चा खोलकर अपनी प्रतिष्ठा में वृद्धि के मार्ग को प्रशस्त कर लिया है।

रात्रि के अंधकार में रावण सिंहासन के जगत पर खड़े होकर मद्धिम गति से विचरने लगा किंतु उसकी बुद्धि बहुत तीव्रता से विचार कर रही थी कि अब क्या करना चाहिए जिससे बिना किसी सैनिक अभियान के, बिना किसी शोर-शराबे के चुपचाप वह राम को कुंठित, पराजित कर सके? मानसिक द्वंद्व में उलझा हुआ रावण विचारने लगा, "यदि मैं मेघनाद, कुम्भकर्ण, अतिकेय, अक्षय कुमार जैसे दुर्धर्ष योद्धाओं को एकाकी ही राम को दंडित करने के लिए दंडकारण्य भेजता हूँ और कहीं वे भी दुर्योग से खर-दूषण की गति को प्राप्त हुए, तब? तब यह रावण की सबसे बड़ी पराजय होगी। तब क्या मुझे स्वयं ही राम को द्वंद्वयुद्ध के लिए ललकारना चाहिए? नहीं, कदापि नहीं। कैलाश पर्वत को अपनी भुजाओं से उठानेवाले त्रिलोकविजेता रावण को एक सामान्य मनुष्य से द्वंद्वयुद्ध करना शोभा नहीं देता। मैं भले ही इस युद्ध में राम को परास्त कर दूँ किंतु इस विजय के बाद भी मेरी कीर्ति का कलंकित होना निश्चित है।"

रावण ने निश्चय कर लिया कि उसे राम से प्रत्यक्ष नहीं, प्रच्छन्न युद्ध करना चाहिए। पहले भलीभाँति उसे राम के शौर्य, पराक्रम, बुद्धि, विवेक की परीक्षा कर लेनी चाहिए। किसी की शूरता और पराक्रम के परीक्षण के लिए मित्रता से अधिक प्रभावशाली शत्रुता होती है और शत्रुता का भाव, बल के प्रयोग की अपेक्षा छल किये जाने पर अधिक तीव्रता से बलवती होता

है। इसलिए राम के ऊपर पहला प्रहार बल से नहीं, छल से किया जाना चाहिए। यदि राम सत्य ही शूरवीर नायक है तब उसे अपनी शूरता, धीरता, वीरता को सिद्ध करना होगा, तभी उसे रावण के सम्मुख उपस्थित होने का अधिकार प्राप्त होगा। और यदि वह सामान्य-सा योद्धा है जिसने दैवयोग से कुछ अकल्पनीय सफलताएँ अनायास ही प्राप्त कर लीं हैं, जिस कारण संसार उसे रावण के समकक्ष रखते हुए गौरव मान दे रहा है, तब रावण को चाहिए कि वह राम की छवि को एक असाधारण योद्धा, विलक्षण नायक के रूप में संसार में प्रकाशित करने के बाद ही उसका संहार करे। तब कहीं रावण अपनी प्रतिष्ठा की रक्षा कर सकता है, क्योंकि किसी के व्यक्तित्व की विशालता का परिचय उसके मित्रों को देखकर नहीं, उसके शत्रुओं को देखकर प्राप्त होता है। जितना महान शत्रु, उतने महान आप। अपने इस विचार से रावण हास्य से भरा हुआ विचारने लगा, "अर्थात मुझे स्वयं की प्रतिष्ठा की रक्षा के लिए अपने शत्रु राम को महान बनाना होगा! अब मुझे ही वे सारे उद्यम करने होंगे जिससे राम महानता को प्राप्त कर सके! राम, तुम सत्य ही बहुत चतुर हो। अपने शत्रु के रूप में रावण का चुनाव करके तुमने अपनी विलक्षण मेधा, अप्रतिम[2] नायकत्व का परिचय दिया है।"

•॥ 27 ॥•

रावण गोकर्ण पर्वत पर निवास कर रहे अपने मामा मारीच के पास अविलम्ब पहुँच गया।

रावण का मामा मारीच पशु प्रेमी ही नहीं, एक निपुण पशु प्रशिक्षक भी था। उसे विभिन्न प्रकार के पशुओं की गति, प्रकृति, भाव, भाषा, व्यवहार आदि की गहरी जानकारी थी। वह पशुओं की भाषा भलीभाँति समझता ही नहीं था, अपितु वह पशुओं से उन्हीं की भाषा में बात भी किया करता था। यदि किसी को उसकी वास्तविकता की जानकारी न हो तो वह मारीच के भाव, भाषा, व्यवहार को देखकर उसको सहज ही पशु मानने की भूल कर बैठता था।

---

2 बेजोड़

गोकर्ण पर्वत पर पहुँचकर रावण ने मारीच से हास्य में कहा, "मामा, इस संसार में जन्म लेनेवाली प्रत्येक आत्मा अपना परिष्कार करने की प्रेरणा से प्रेरित होती है किंतु मैं देख रहा हूँ कि तुम दानवों के गौरवशाली वंश में जन्म लेने के बाद भी देवत्व प्राप्त करने के स्थान पर पशुत्व की ओर बढ़ रहे हो?" उसने अट्टहास करते हुए कहा, "वर्षों से पशुओं के संसर्ग में रहने के कारण अब तुम पशु ही प्रतीत होते हो।"

मारीच ने रावण को ध्यान से देखते हुए कहा, "लंकाधिपति, जैसे देवताओं को साधने के लिए साधक को देवोचित आचरण करने आवश्यक होते हैं, वैसे ही पशुओं को साधने के लिए भी स्वयं पशु होना पड़ता है।" फिर एक हल्के से विराम के बाद रावण के नेत्रों में झाँकते हुए बोला, "विवेकहीन देव, दानव या मानव होने से कहीं अधिक कल्याणकारी विवेकवान पशु होना है। जीवन का जो सत्य मुझे दानवों का संसर्ग[3] नहीं दे पाया, जीवन के उस सार को मुझे पशुओं के सहवास ने समझा दिया। तुम अपनी कहो, कैसे वर्षों बाद आज तुमने अपने भूले हुए मामा को याद किया?"

"मामा, तुम्हारे पशु रूप को देखकर चिंता होती है। तुम जैसा पराक्रमी और बुद्धिमान दानव सिद्धाश्रम की पराजय से इतना कुंठित और भयभीत हो जाएगा, यह सोचा न था! मामा! राम, लक्ष्मण और विश्वामित्र का भय तुम्हें इतना भयभीत कर गया कि तुम सिद्धाश्रम से सौ योजन दूर भाग खड़े हुए और अपना परिचय छिपाने के लिए विवश हो गये? तुम्हारी यह दशा देखकर मैं चिंतित ही नहीं, चकित भी हूँ मामा। एक श्रेष्ठ दानव होते हुए भी तुम पशुओं के मध्य रहकर पशुतुल्य जीवन जीने के लिए बाध्य हो?"

"मारीच इस सत्य को जानता था कि रावण अपने प्रेम या प्रतिशोध को तभी प्रकट करता है जब उसे अपना कोई स्वार्थ सिद्ध करना होता है। उसने अपने स्वर की रुक्षता[4] को संयत करते हुए कहा, "दशानन, दानवों के बीच रहते हुए पाशविक आचरण करने से अधिक

3 मेल-जोल/साथ रहना

4 रूखाई

कल्याणकारी पशुओं के मध्य रहते हुए दानवी आचरण करना होता है। जिसे तुम मेरा भय मान रहे हो, वह भय नहीं, इस सत्य का बोध है।"

रावण सशब्द हँसते हुए बोला, "अपने भय को नीतिसंगत सिद्ध करने के लिए व स्वयं को ग्लानि से मुक्त करने के लिए तुमने बड़ा अच्छा तर्क दिया है मामा। मुझे आश्चर्य होता है तुम्हारे कथन पर! तुम दानवों के गौरव, मान, संस्कृति की रक्षा करने के लिए किये जानेवाले उद्यम को पाशविक कह रहे हो?"

"क्षमा करना रावण, जिसे तुम दानव संस्कृति कहकर महिमा मंडित कर रहे हो, वह दानवों की संस्कृति नहीं, विकृति है। अपनी लोभ-लिप्सा, अपनी ऐष्णा,[5] अपनी विकृति को दानवों की संस्कृति के नाम से प्रस्तुत करने का अनुचित प्रयास तो तुम कर रहे हो। तभी तो दया की नीति को छोड़कर दमन के मार्ग पर अग्रसर हो।"

रावण क्रोध से भरकर गरजते हुए बोला, "स्मरण रखो मामा, मैं मात्र तुम्हारा भांजा ही नहीं हूँ अपितु तीनों लोकों को अपने पराक्रम से विजित करनेवाला, रक्ष संस्कृति का रक्षक, उसका संस्थापक, राक्षसराज लंकाधिपति रावण भी हूँ।"

मारीच ने किंचित मुस्कान के साथ कहा, "क्रोधित होने की आवश्यकता नहीं है दशानन। मैं तुम्हें यही बताने का प्रयास कर रहा हूँ कि देव हों, दानव हों या मानव, ये सभी प्रजापति की संतानें हैं। प्रजापति ने इन तीनों को ही उनकी प्रकृति को ध्यान में रखते हुए 'द' का उपदेश दिया था। देवताओं को उन्होंने 'द' अर्थात दमनशीलता के कर्तव्य का पालन करने का निर्देश दिया था, अर्थात् वे संयमी रहते हुए संसार का कल्याण करें।"

"मानवों को 'द' कहते हुए दान करते रहने का आदेश दिया जिससे वह अपना धन हो या ज्ञान, उसके संग्रह की प्रवृत्ति से मुक्त होकर जगत के कल्याण में सहायक हों। हम दानवों को 'द' कहकर उन्होंने दया करने का आदेश दिया था जिससे हम समस्त चराचर के लिए दया के भाव से भरे रहें व अपने बल के अहंकार से ग्रस्त होकर संसार के अकल्याण के भागी

5 चाहत/इच्छा

न बनें। किंतु आज राक्षस, जिनका कर्तव्य रक्षण करना था, अपने कर्तव्य से च्युत[6] होकर सम्पूर्ण जगत के दमन और भक्षण के कार्य में लगे हुए हैं। वे प्रकृति और प्राणियों को नष्ट करते हुए उनके कष्ट का कारण बने हुए हैं। हमारी संस्कृति दमन और भक्षण नहीं, दया और रक्षण है। अपनी प्रकृति के विपरीत आचरण करना ही विकृति कहलाता है।"

रावण का मन कर रहा था कि वह इसी क्षण मारीच की जीवन लीला समाप्त कर दे, किंतु वह इस सत्य को भी जानता था कि बड़े स्वार्थ की पूर्ति के लिए कभी-कभी अपने से छोटे को भी महत्व प्रदान करना पड़ता है। राम के निराकरण की जो योजना रावण ने बनाई है उसके सफलतापूर्वक क्रियान्वयन[7] के लिए मारीच बहुत उपयोगी है। उसने अत्यंत शांति से कहा, "मामा, स्त्री के मान, उसके गौरव, उसके अस्तित्व का रक्षण प्रत्येक जीव का धर्म होता है क्योंकि स्त्री संसार की सृजक ही नहीं, उसकी सभ्यता, उसकी संस्कृति भी होती है। मैं उसी संस्कृति के रक्षण के लिए तुम्हारा सहयोग चाहता हूँ।"

अहंकार के पर्याय[8] रावण के स्वर, उसकी मुख मुद्रा और भावभंगिमा में अनायास ही निरहंकारिता को देख मारीच को विश्वास नहीं हुआ। वह अचम्भित-सा उसे देख रहा था। उसने अपने स्वर को प्रयासपूर्वक मृदु बनाते हुए कहा, "दशानन, ऐसा क्या हुआ जिसे सिद्ध करने के लिए तुम्हें प्रच्छन्न, पशुवत जीवन जीनेवाले अपने इस मामा का सहयोग अपेक्षित है?"

रावण ने पल भर मारीच के नेत्रों में देखा और बोल पड़ा, "मामा, मेरी भगिनी और तुम्हारी भांजी शूर्पणखा, जो दंडकारण्य की अधिष्ठात्री थी, उसके नाक-कान काटकर विरूपित कर दिया गया है और यह दुष्कृत्य उन्हीं राम-लक्ष्मण ने किया है जिन्होंने तुम्हारी माँ और मेरी नानी ताड़का का वध किया था। स्त्री, धर्म का प्रतिरूप होती है मामा। ये साधारण से राजकुमार पिछले कई वर्षों से निरंतर हमारे धर्म पर चोट कर रहे हैं। इन्होंने पहले नानी ताड़का का वध किया। अब बहन शूर्पणखा को विरूपित करके हमारे धर्म

---

6 गिरा हुआ

7 काम करना

8 जो एक ही चीज का बोध कराते हों

को अपमानित कर रहे हैं। इन दोनों ने दंडकारण्य के हमारे सैनिक स्कंधावार[9] को भी नष्ट करते हुए खर-दूषण और त्रिशरा को यमलोक पहुँचा दिया है।"

मारीच ने बीच में रोकते हुए कहा, "दशानन, जिन राम-लक्ष्मण को तुम साधारण राजकुमार समझ रहे हो, वे साधारण नहीं, असाधारण रूप से शक्तिसम्पन्न हैं। मैं सिद्धाश्रम में उनसे प्रत्यक्ष युद्ध कर चुका हूँ। उनके पराक्रम और उनकी रणकुशलता का मैं प्रत्यक्षदर्शी[10] हूँ। जिस भाँति उन्होंने दंडकारण्य के तुम्हारे सैनिक स्कंधावार को नष्ट किया था, उतनी ही सरलता से उन्होंने सिद्धाश्रम की पुण्यभूमि को भी असुरों से विहीन कर दिया था। जब तक अपने शत्रु की वास्तविक शक्ति का ज्ञान न हो तबतक तुम जैसे महान योद्धा को अपने शत्रु के सामर्थ्य पर प्रश्नचिह्न नहीं लगाना चाहिए।"

रावण ने चंचल नेत्रों से मारीच की ओर देखा व मुस्कुराते हुए बोला, "मामा, वर्षों बाद अपने भांजे को अपने सम्मुख देखकर तुम ज्ञान देने की मुद्रा में आ गये हो, जबकि तुम यह बहुत अच्छे से जानते हो कि रावण तुम्हारे पास ज्ञान, सुझाव, नीति और जीवनदर्शन की अपेक्षा से नहीं आया है।"

मारीच ने देखा कि रावण के मुख से अनायास ही मुस्कान का लोप हो गया। अब उसके नेत्रों में कठोरता भासित[11] हो रही थी।

रावण बहुत शांति से चलते हुए मारीच के समीप आया और उसने अपने बाएँ हाथ को मारीच के दाएँ कंधे पर रख दिया व उसके नेत्रों में कठोरता से झाँकते हुए मद्धिम स्वर में बोला, "स्मरण रखो मामा, रावण को योजनाकार नहीं, योजनाकर्मी प्रिय हैं। रावण, रक्त संबंधों को महत्व नहीं देता मामा। मेरी इच्छा की पूर्ति को अपना धर्म माननेवालों को ही मैं अपना बंधु, बांधव, मित्र और हितैषी[12] मानता हूँ।

रावण की देह से निकलनेवाली तरंगों से मारीच सिहर उठा। उसने शुष्क स्वर में पूछा, "मुझे क्या करना होगा लंकेश?"

---

9 सेना की छावनी/पड़ाव

10 किसी घटना को अपनी आँखों से देखनेवाला

11 चमकीला

12 जो भलाई की सोचता हो

"तुम्हें स्वर्ण के जैसे दिखाई देनेवाले अपने पालित स्वर्णमृग के साथ पंचवटी पहुँचना है और अपनी बुद्धि से राम को प्रेरित करना है जिससे वह उस मृग के प्रति आकर्षित होकर उसे प्राप्त करने का उद्यम करे। किंतु तुम्हें यह निश्चित करना होगा मामा कि राम किसी भी मूल्य पर न तो मृग को पकड़ सके और न ही उसका आखेट कर सके। राम विलक्षण धनुर्धारी है, इस सत्य को मुझसे अधिक तुम जानते हो।"

मारीच ने निर्विकार भाव से पूछा, "उसके बाद?"

"उसके बाद तुम्हें राम को पंचवटी से बहुत दूर अत्यंत घने व निर्जन वन में ले जाना है जहाँ पर मैं उसका निर्ममतापूर्वक वध करूँगा।" रावण ने जानते-बूझते हुए मारीच को अपनी योजना का सत्य नहीं बताया कि रावण अपनी भगिनी शूर्पणखा के साथ हुए अनाचार का प्रतिकार राम की भार्या[13] सीता का हरण करके लेना चाहता है।

मारीच ने चकित होते हुए कहा, "लंकेश, आप इतने हतबल[14] तो नहीं हैं जो आपको राम के वध के लिए छल करने की आवश्यकता हो? आपके बल-विक्रम को कौन नहीं जानता? आप चाहें तो राम को प्रत्यक्ष युद्ध के लिए भी ललकार सकते हैं।"

"मामा, मैं राम को वीरोचित[15] मृत्यु का गौरव प्रदान नहीं करना चाहता। मैं उसे एक सामान्य मनुष्य की मृत्यु देना चाहता हूँ। मैं चाहता हूँ कि संसार जब उसके क्षत-विक्षत शव को देखे, तब उसे लगे कि राम किसी वन्य पशु का आखेट हो गया था।"

मारीच, रावण की योजना को सुनकर स्तब्ध हो गया। उसने बहुत धीमे स्वर में अपने हृदय की शंका को व्यक्त किया, "लंकाधिपति, राम चतुर ही नहीं, निर्लोभी[16] भी है। वह स्वर्ण की भाँति चमकदार इस माया मृग के जाल में नहीं फँसेगा।"

"आपने ठीक कहा मामा, किंतु जिस पुरुष के साथ उसकी स्त्री हो, वह पुरुष वन में भी माया के जाल से मुक्त नहीं होता। इसलिए आपको उसकी

---

13 पत्नी

14 जिसकी ताकत नष्ट हो गयी हो

15 जो बहादुरों के लिए उचित हो

16 जिसमें लोभ न हो

पत्नी सीता के हृदय में उस स्वर्ण-मृग को प्राप्त करने की लालसा को उत्पन्न करना होगा। सीता की कामना ही राम को कर्म करने के लिए प्रेरित करेगी।"

मारीच ने रावण की ओर कौतुक से देखते हुए कहा, "लंकेश, सीता विदेहराज जनक की पुत्री है। मैंने सुना है कि जब राम वन जाने के लिए तैयार हुआ था तब राजा दशरथ के गुरु वशिष्ठ ने राम की अनुपस्थिति में सीता को अयोध्या के सिंहासन पर आरूढ़[17] करने का प्रस्ताव रखा था जिसे सर्वसम्मति से मान्यता भी प्राप्त हो गयी थी, किंतु सीता ने अयोध्या के समस्त वैभव, सत्ता, सिंहासन को ठुकराते हुए राम के साथ वनगमन करने के मार्ग को चुना। ऐसे निष्काम[18] भाववाली निर्लिप्त[19] स्त्री के हृदय में स्वर्ण-मृग के लिए आसक्ति उत्पन्न हो? यह सर्वथा असम्भव है।"

पशुओं के साथ जीवन व्यतीत करनेवाले मारीच के पास सभ्य समाज की इतनी महत्वपूर्ण सूचनाएँ हैं, यह सुनकर रावण चकित हो गया। उसने उपहासपूर्वक कहा, "वाह मामा! तुम्हें तो लंका साम्राज्य के गुप्तचर विभाग का प्रमुख होना चाहिए? जिन सूचनाओं को प्राप्त करने के लिए मुझे अपने गुप्तचरों पर आश्रित रहना होता है, वे सूचनाएँ तुम्हें इस निर्जन स्थान पर बिना प्रयास के ही मिल जाती हैं?"

मारीच ने अत्यंत शुष्क स्वर में कहा, "लंकाधिपति, बहुधा[20] संसार में रहनेवालों को संसार की सही जानकारी नहीं होती, किंतु जो संसार में रहते हुए भी संसार से कटे रहते हैं, वे संसार को अधिक अच्छे से समझते हैं।"

रावण ने कठोरता से चेतावनी देते हुए कहा, "तो यह बात भी अच्छे से समझ लो मामा कि मेरी इच्छा की पूर्ति में सहायक न होने के कारण तुम्हें इसी क्षण अपने प्राण गँवाने पड़ सकते हैं।"

मारीच ने हँसते हुए कहा, "एक न एक दिन तो सभी को अपने प्राण गँवाने होते हैं। तब मारीच क्यों अपने भांजे रावण के हाथों अपने प्राण गँवाए? इससे हम दोनों की ही हानि है। तुम अपने मामा का वध करने के कारण ग्लानि और खिन्नता से भरे रहोगे और मैं भी अपने वंश,

---

17 बैठना

18 जिसमें कोई चाह न हो

19 जो किसी से लिप्त न हो

20 अक्सर

अपने समाज, अपने राष्ट्र के प्रति द्रोह के कारण कुंठा और अपराध बोध से भरा रहूँगा। इसलिए यदि मुझे अपने प्राण ही गँवाने हैं तो मुझे उसी राम के हाथों मृत्यु को प्राप्त होना चाहिए जिसने मुझे वर्षों पहले प्राणदान दिया था। इससे मैं, राम और अपने राष्ट्र, दोनों के ऋण से मुक्त भी हो जाऊँगा। तब सम्भवतः मेरी आत्मा को सद्गति प्राप्त हो?"

पल भर के विराम के बाद मारीच निर्द्वंद्व होते हुए बोला, "चलो दशानन, यदि मुझे अपने प्राण भी गँवाने पड़े तब भी मैं तुम्हें वचन देता हूँ कि मैं राम को ही नहीं, लक्ष्मण को भी पंचवटी से बहुत दूर ले जाऊँगा जिससे तुम अपने मन में बनाई हुई योजना का क्रियान्वयन सफलता पूर्वक कर सको। किंतु मेरी यह बात स्मरण रखना लंकाधिपति, किसी के धर्म को खंडित करके अपने धर्म की रक्षा नहीं होती। धर्म को ध्वस्त और खंडित करने के प्रयास में व्यक्ति स्वयं ही ध्वस्त और खंड-खंड हो जाता है, क्योंकि धर्म पक्षपाती नहीं होता। वह सूर्य की भाँति होता है। जिस प्रकार सूर्य पापी हो या पुण्यात्मा, सभी को समानता से प्रकाशित करता है, वैसे ही धर्म के लिए भी कोई अपना पराया नहीं होता। जिस प्रकार पृथ्वी पापियों और पुण्यात्माओं को समानता से साधे रखती है, उसी प्रकार धर्म भी समान रूप से सभी को आधार देता है। इसलिए किसी के धर्म पर किया गया प्रहार स्वयं की जड़ पर किये गये प्रहार के जैसा होता है। दशानन, तुम स्वयं ही प्रकांड विद्वान हो, इसलिए इस सत्य को जानते ही होगे कि धर्म शक्ति का नहीं, भक्ति का विषय होता है। धर्म का हरण नहीं किया जाता, उसका वरण किया जाता है। स्मरण रखना लंकेश, किसी के धर्म का हरण हमारे अशोभनीय मरण का कारण होता है।"

रावण को लगा कि जैसे मारीच बिना बताए ही उसकी योजना को समझ गया है! जैसे मारीच जानता हो कि रावण, राम और लक्ष्मण को पंचवटी से अलग करके सीता का हरण करने के लिए उद्धत[21] है।

तभी उसे मारीच का स्वर अपने कानों में सुनाई पड़ा। मारीच कह रहा था, "चलो दशानन, शीघ्रता करो। हमें अविलम्ब ही पंचवटी पहुँचना चाहिए जिससे मैं तुम्हें दिए गये वचन की पूर्ति करके अपने ऋण से मुक्त हो सकूँ।"

---

21 तैयार

·|| 7 ||·

·|| हनुमान ||·

•॥ 28 ॥•

श्रीराम अपनी पूरी सेना के साथ जब समुद्र के तट पर पहुँचे तब सामने क्षितिज[1] तक फैले हुए समुद्र को देखकर विचार में पड़ गये। उनके सामने सबसे बड़ी समस्या थी कि अपनी पूरी सेना के साथ इस महासागर को कैसे पार किया जाए? और यदि पार कर भी लिया तब विश्व के सर्वाधिक सक्षम, सामर्थ्यवान[2] रावण और उसकी सुप्रशिक्षित सेना से कैसे पार पाया जाए? श्रीराम के पास सीमित शक्ति थी किंतु उनका मुकाबला एक असीमित शक्तिसम्पन्न राजा और राष्ट्र से था।

श्रीराम को विचारमग्न देख उनके साथ आए ऋषियों में से एक ऋषि ने उनसे कहा, "श्रीराम, इस संसार में असाध्य[3] को साधने का एकमात्र सूत्र है कि आप पार्थिव शिवलिंग निर्माण कीजिए। महादेव शिव के पार्थिव स्वरूप का निर्माण, पूजन-अर्चन सभी मनोरथों को पूर्ण करनेवाला होता है। उनके इस पार्थिव[4] स्वरूप का महारुद्राभिषेक[5] आप महादेव के किसी सच्चे उपासक से सम्पन्न करवाइए। महादेव के प्रसन्न होते ही आपकी सभी बाधाएँ स्वयमेव ही समाप्त हो जाएँगी।"

एक हल्के से विराम के बाद उस ऋषि ने राम के नेत्रों में झाँकते हुए कहा, "श्रीराम, इस समय संसार में महादेव शिव का रावण से बड़ा कोई दूसरा भक्त नहीं है। यदि किसी तरह रावण आपके इस महायज्ञ के आचार्य

---

1 जहाँ आकाश धरती से मिलता हुआ दिखता है

2 शक्तिशाली

3 जिसे साधा न जा सके

4 मिट्टी का

5 भगवान शंकर का अभिषेक

हो जाएँ तो यह निश्चित है कि महादेव को प्रकट होना पड़ेगा। महादेव सब कुछ टाल सकते हैं किंतु रावण का आह्वान[6] नहीं।"

श्रीराम ने उपस्थित ऋषियों की ओर कौतुक[7] से देखते हुए कहा, "महात्मन, मेरा लक्ष्य रावण का नाश है तो क्या रावण स्वयं के विनाश हेतु किये जानेवाले महायज्ञ का आचार्य होना स्वीकार करेगा जो कि उसके परम शत्रु राम द्वारा सम्पन्न किया जा रहा है?"

ऋषि ने कहा कि रावण महादेव के पूजन के लिए अवश्य आएगा किंतु समस्या यह है कि आमंत्रक के आमंत्रण से रावण को संतुष्ट होना चाहिए। इसलिए किसी ऐसे व्यक्ति को उसके पास आमंत्रित करने के लिए भेजिए जो रावण को पूर्ण संतुष्ट कर सके।

ऋषि के कथन को सुन लक्ष्मण ने बेहद गर्व से कहा, "भैया, आप चिंता ना करें। मैं रावण को पूर्ण संतुष्ट करके उसे अपने साथ लेकर आऊँगा। आप पार्थिव शिवलिंग निर्माण आरम्भ कीजिए।"

श्रीराम को अपने छोटे भाई के स्वर में अहंकार सुनाई दिया। लक्ष्मण उनके भाई ही नहीं, भक्त भी थे। परमात्मा अपने सेवक के अहंकार को पुष्ट करते हैं किंतु अपने भक्त के अहंकार को वे नष्ट करते हैं। श्रीराम मुस्कुरा दिए और बोले, "भाई लक्ष्मण, तुम पक्का रावण को लिवा लाओगे ना?"

लक्ष्मण ने कहा, "प्रभु, आपको अपने भाई की क्षमता पर तनिक भी संदेह करने की आवश्यकता नहीं है। आप निश्चिन्त रहें।" और लक्ष्मण, श्रीराम का आशीर्वाद लेकर लंका की ओर बढ़ गये।

लक्ष्मण जब रावण के दरबार में पहुँचे तो रावण ने बेहद आत्मीयता से उनका स्वागत किया। लक्ष्मण को अपने समीप के आसन पर स्थान देते हुए कुशलक्षेम पूछने के बाद उसने उनसे पूछा, "लक्ष्मण, बताइए किस हेतु आपका इस लंका नगरी में आगमन हुआ? मैं आपका क्या हित साध सकता हूँ?"

---

6 बुलावा

7 जिससे आश्चर्य हो

लक्ष्मण को अपनी शक्ति पर तो पूर्ण विश्वास था किंतु रावण से इस सदव्यवहार की उन्हें बिलकुल भी आशा नहीं थी। वे पल भर के लिए विस्मयाभिभूत[8] हो गये।

रावण उनकी दशा देखकर मुस्कुरा दिया और बोला, "लक्ष्मण, आप अयोध्या के राजकुमार हैं। यदि यह दशानन, लक्ष्मण का कोई हित साध सकता है तो लक्ष्मण को निःसंकोच अपनी इच्छा प्रकट करनी चाहिए।"

रावण की सहृदयता[9] ने लक्ष्मण की शक्ति के मान को क्षण भर में ध्वस्त कर दिया। लक्ष्मण को लगा कि रावण के लिए उनका शक्तिशाली होना जैसे कोई मायने ही नहीं रखता। रावण उन्हें देखकर न तो विचलित है और न ही चिंतित। अपने शत्रु के प्रति सतर्कता के भाव का उसके हृदय में लेशमात्र भी स्थान नहीं है। लक्ष्मण रावण के बड़प्पन के आगे स्वयं को बहुत छोटा महसूस कर रहे थे। उन्होंने अपने कंठ को साफ करते हुए कहा, "हे लंकाधिपति, मेरे महान पराक्रमी भाई अयोध्या नरेश श्रीराम ने पार्थिव शिवलिंग निर्माण का आयोजन किया है, जिसका हेतु लंका विजय है। अतः आपसे निवेदन है कि आप स्वयं चलकर महादेव शिव का महारुद्राभिषेक कर उस महायज्ञ के पौरोहित्य[10] कर्म को सम्पन्न करें। संसार में आपसे बड़ा महादेव का कोई भक्त नहीं है। साथ ही, आप सभी वर्णों में श्रेष्ठ ब्राह्मण वर्ण के हैं। इस नाते आपका दायित्व बनता है कि आप आचार्य के पद पर प्रतिष्ठित होकर अपने यजमान के पुण्य मनोरथ[11] को पूर्ण करने में सहभागी बनें।"

रावण ने बेहद गहरी दृष्टि से लक्ष्मण को देखा और बोला "लक्ष्मण, मुझे महादेव का महारुद्राभिषेक करने में अतीव[12] सुख प्राप्त होगा, किंतु मैं सिर्फ उसी यजमान का आचार्य पद ग्रहण करता हूँ जो सपत्नीक हो। और इस समय रघुकुलभूषण राम विवाहित होते हुए भी पत्नीविहीन हैं। अब तुम

---

8 आश्चर्य में पड़ना

9 दूसरों के प्रति हृदय में कोमल भाव रखनेवाला

10 पुरोहित के

11 मन की कामना

12 बहुत ज्यादा

मुझे बताओ कि मुझे क्या करना चाहिए? राम की इच्छापूर्ति के लिए मुझे अपना व्रत भंग करना होगा। रावण सब कुछ कर सकता है लक्ष्मण, किंतु अपना व्रत भंग नहीं कर सकता। तुम जाओ और जाकर राम से पूछकर आओ, कि क्या राम चाहते हैं कि रावण उनकी पत्नी सीता को अपने साथ लेकर आए, जिससे राम का उद्देश्य भी पूरा हो सके और मेरे व्रत की रक्षा भी हो जाए?"

लक्ष्मण सोच में पड़ गये कि यदि वे रावण से माँ सीता को साथ ले चलने के लिए कहते हैं, तो यह श्रीराम के पुरुषार्थ,[13] उनके पराक्रम[14] का अपमान होगा। सम्पूर्ण जगत श्रीराम की लंका-विजय को रावण का दिया गया दान समझेगा। पापी और दुरात्मा होने के बाद भी रावण अपनी सहृदयता के कारण महादानी की श्रेणी में खड़ा कर दिया जाएगा जिसने अपने प्राण ही अपने बैरी को दान कर दिए।

संसार श्रीराम की विजय का कारण श्रीराम के पराक्रम, उनके पुरुषार्थ को नहीं, अपितु रावण के पौरोहित्य कर्म को मानेगा। और यदि वे कहते हैं कि नहीं, आप माता सीता को लेकर मत चलिए तो संसार कहेगा कि राम-लक्ष्मण ने अपने स्वार्थ की पूर्ति के लिए रावण की सहृदयता का दुरुपयोग करते हुए उसे संकल्पच्युत[15] होने के लिए विवश किया। रावण हठधर्म का उपासक है। वह किसी भी मूल्य पर अपने व्रत का उल्लंघन नहीं करेगा। अपने व्रत के कारण रावण आचार्य के पद को ग्रहण नहीं करेगा, परिणामस्वरूप प्रभु श्रीराम की इच्छा पूर्ण नहीं हो पाएगी।

लक्ष्मण समझ नहीं पा रहे थे कि उन्हें क्या करना चाहिए? अपने भाई की प्रत्येक इच्छा की पूर्ति ही लक्ष्मण का धर्म था और लक्ष्मण वचन देने के बाद भी आज पहली बार असमर्थता और असफलता के भाव से भरे हुए थे। उन्होंने दुखी होकर रावण को प्रणाम करते हुए कहा, "जो आज्ञा आचार्य, मैं प्रभु से पूछ कर आता हूँ।"

---

13 धर्म, अर्थ, काम और मोक्ष, ये चारों पुरुषार्थ हैं

14 बहादुरी

15 संकल्प से डिग जाना

लक्ष्मण को अपने सैन्य शिविर में अकेला देख श्रीराम ने उत्सुकता से पूछा, "प्रिय भाई, क्या रावण ने हमारा अनुरोध स्वीकार कर लिया? क्या कहा उसने, मुझे बताओ?"

अपराधबोध से भरे हुए लक्ष्मण श्रीराम से बोले, "भैया, मैंने उसे लगभग तैयार ही कर लिया था, किंतु उसका व्रत है कि वह पत्नीरहित यजमान का आचार्य नहीं बनता। चूँकि मातेश्वरी सीता इस समय अशोक वाटिका में उसके अधिकार में हैं, तो उसने मुझसे कहा कि मैं श्रीराम से पूछकर आऊँ कि क्या रावण इस महारुद्राभिषेक के विधिपूर्वक समापन के लिए जनकनंदनी को अपने साथ लेकर आए? प्रभु, प्रश्न आपके लिए था। रावण आपकी इच्छा जानना चाहता था। इसलिए मैंने उसे अपनी ओर से कोई भी उत्तर देना उचित नहीं समझा। आप मुझे अपनी इच्छा बतायें, मैं शीघ्र ही रावण को यहाँ उपस्थित कर दूँगा।"

श्रीराम ने अन्वेषक[16] दृष्टि से लक्ष्मण को देखा। बिलकुल वैसे ही, जैसे माँ अपने छोटे से बच्चे को स्नान कराते समय उसके सम्पूर्ण शरीर का सूक्ष्मता से निरीक्षण करती है। श्रीराम ने पाया कि लक्ष्मण असफलता से आहत अपने मन को, अपने ध्वस्त अहंकार को छिपाना चाहते थे। सो श्रीराम ने लक्ष्मण की इस चेष्टा में सहयोग करते हुए स्नेहसिक्त[17] गम्भीरता से कहा, "प्रिय भाई, जाओ और जाकर रावण से कहना कि वह सीता को साथ लेकर आए। राम अपने संकल्प की पूर्ति के लिए किसी अन्य को अपना संकल्प तोड़ने के लिए बाध्य नहीं करता।"

लक्ष्मण भावाभिभूत[18] होकर श्रीराम के चरणों में गिर पड़े। श्रीराम ने उन्हें उठाते हुए कहा, "लक्ष्मण, तुम्हारे भाई ने मर्यादा के पालन का व्रत लिया है। इसलिए चाहे प्रेमी हो या बैरी, मित्र हो या शत्रु—मैं सभी की मर्यादा का पालन करूँगा। मेरे लिए राम की रक्षा से अधिक महत्वपूर्ण मर्यादा की रक्षा करना है। इसलिए स्वस्थ मन से जाओ और रावण से मेरे आग्रह को निवेदित करो।"

---

16 खोजी

17 प्रेम से भरे

18 भाव में डूबकर

लक्ष्मण एक बार फिर रावण को लिवाने के लिए लंका की ओर बढ़ गये।

इस बार लक्ष्मण दोगुने उत्साह से लंका पहुँचे, क्योंकि प्रभु श्रीराम का स्पष्ट आदेश उन्हें मिल चुका था कि रावण से कहना कि माता सीता को साथ लेकर चलें।

लक्ष्मण जैसे ही रावण के सभाभवन के द्वार पर पहुँचे तो देखा रावण अपने भव्यतम[19] रथ पर आरूढ़[20] होकर कहीं जाने की तैयारी में था। उसके स्वर्ण निर्मित रथ के स्वर्ण दंड पर सफेद पताका फहरा रही थी और जिसपर वीणा का चिह्न अंकित था। उसके रथ में संसार की श्रेष्ठतम नस्ल के दस श्वेत घोड़े जुते हुए थे। वह स्वयं राजसी वस्त्रों में नहीं अपितु एक सुंदर-से जगमगाते हुए श्वेत अंगवस्त्र को धारण किये हुए था जिसमें उसके अलौकिक व्यक्तित्व की छटा अवर्णनीय[21] थी। वह ज्ञान के उच्च शिखर पर प्रतिष्ठित एक दिव्यपुरुष-सा भासित[22] हो रहा था।

लक्ष्मण के लिए रावण का यह रूप अकल्पनीय था। वे रावण की ओर बढ़ने की अपेक्षा ठिठक कर रह गये और तभी रावण की दृष्टि लक्ष्मण पर पड़ी। वह पैदल ही लक्ष्मण की दिशा में बढ़ा। उसके साथ अन्य सामंत[23] और उसके अंगरक्षक भी बढ़ने लगे जिन्हें रावण ने अपनी दृष्टि से रोक दिया और अकेला ही लक्ष्मण के पास पहुँचा।

अपने सामने महादेव के इस महान भक्त रावण को देख, जिसने महादेव को प्रसन्न करने के लिए अपने शीश को एक बार नहीं, बार-बार काट कर उनके चरणों में समर्पित कर दिया था, लक्ष्मण के हाथ स्वतः[24] ही प्रणाम की मुद्रा में जुड़ गये।

---

19 सबसे शानदार

20 सवार

21 जिसका वर्णन न किया जा सके

22 दिख रहा था

23 राजा के अधिकारी

24 अपने आप

रावण ने सस्वर उन्हें आशीर्वाद दिया, "यशस्वी भवः लक्ष्मण। बहुत शुभ बेला में तुम्हारा आगमन हुआ है। महादेव के संध्या-पूजन का समय है। आओ, उनकी अर्चना के बाद हम अपनी चर्चा करेंगे।"

लक्ष्मण, रावण के साथ रथ में बैठे हुए महादेव के मंदिर की ओर बढ़ रहे थे। रावण की सात्विक[25] ऊर्जा के प्रभाव में लक्ष्मण सोच में पड़ गये कि कैसे यह व्यक्ति इतना घृणित कर्म कर सकता है? स्वयं महादेव जिसके गुरु हों उसे पुण्य के आकाश पर आलोकित[26] होना चाहिए, किंतु यह कैसी विसंगती है कि यह रावण पाप के रसातल में गिर पड़ा?

रावण बिना उनकी ओर देखे गम्भीर स्वर में बोला, *"अपने प्यारे राम को रीझ भजो या खीज, खेत पड़े बढ़ जात है उलटो सीधो बीज।"*

रावण जैसे उनके हृदय में बैठकर उनके मन में उठ रहे विचारों को पढ़ रहा था। "लक्ष्मण, कभी-कभी जिसे हम पाप समझते हैं वह पुण्य तक पहुँचने का मार्ग होता है। इसलिए मार्गी के मार्ग को देखकर उसकी मंजिल का अन्दाज नहीं लगाना चाहिए। कभी-कभी प्रकाशित मार्ग पर चलनेवाले अंधकार के गर्भ में समा जाते हैं तो कभी अंधकार में चलनेवाला प्रकाश को उपलब्ध हो जाता है। कर्म, सत् या असत नहीं होता, उसमें निहित उद्देश्य ही उसे सतकर्म या दुष्कर्म की श्रेणी में रखते हैं।"

लक्ष्मण को पता ही नहीं चला कि वे मंदिर के गर्भगृह में पहुँच चुके हैं। रावण महादेव की अर्चना में लीन[27] हो गया था और बेहद भक्ति भाव से स्वरचित[28] शिवस्तोत्र का पाठ कर रहा था। महादेव द्वारा प्रदत[29] वीणा पर रावण की उँगलियाँ ऐसे चल रही थीं जैसे रावण स्वयं ही वीणा हो गया हो। गर्भगृह में उठनेवाले अलौकिक दैवीय संगीत का प्रभाव ऐसा था जिसने संगीतकार को मिटाकर संगीत में रूपांतरित कर दिया था। लक्ष्मण को लगा कि जैसे वादक, वाद्य और श्रोता सभी समाप्त

---

25 सत्त का गुण

26 प्रकाशित

27 डूबा हुआ

28 अपने द्वारा रचे गये

29 दिये गये

हो गये हैं और वहाँ कुछ शेष है तो मात्र संगीत। द्वैत[30] भाव अद्वैत[31] में रूपांतरित हो चुका था। एक समय ऐसा आया जब संगीत का अस्तित्व भी समाप्त होकर परम शांति में रूपांतरित हो गया। वे निर्विकल्प[32] समाधि को उपलब्ध हुए थे।

अचानक उन्हें लगा कि जैसे कोई उन्हें पुकार रहा है। उन्होंने देखा कि उनके समीप बैठा हुआ रावण उनसे पूछ रहा है, "हाँ लक्ष्मण, मुझे बताओ राम क्या चाहते हैं? क्या वे मेरे धर्मसंकट का निवारण करेंगे?"

लक्ष्मण को लगा कि जैसे किसी ने उन्हें आसमान से उतारकर धरती पर पटक दिया हो। वे अनायास[33] ही बोल पड़े, "महात्मन, श्रीराम चाहते हैं कि आप अपने संकल्प से च्युत ना हों। आप माता सीता को अपने साथ लेकर चलिए।"

रावण ने बेहद गहरी दृष्टि से लक्ष्मण को देखा और कहा, "ठीक है, अब तुम मुझे बताओ कि मुझे किस सीता को अपने साथ लेकर चलना है?"

रावण का प्रश्न सुनकर लक्ष्मण सन्न हो गये। वे बोले, "आचार्य, मैं समझा नहीं कि किस सीता से आपका तात्पर्य क्या है? श्रीराम ने मुझे आपसे यही निवेदित करने के लिए कहा था कि मैं आपसे आग्रह करूँ कि आप सीता को अपने साथ लेकर चलिए। अब आप एक नया प्रश्न कर रहे हैं जो मेरी समझ-सीमा से बाहर है। संसार में मात्र एक ही सीता हैं जो श्रीराम की पत्नी हैं और वे इस समय आपके अधिकार में हैं। आप उन्हें साथ लेकर चलिए।"

रावण ने कहा, "नहीं लक्ष्मण, यह मेरे प्रश्न का उत्तर नहीं है। तुम फिर से जाओ और राम से पूछो कि वे किस सीता को साथ में लाने की बात कर रहे हैं? कहीं ऐसा ना हो कि तुम्हारे अज्ञान के कारण, जिसे तुम अपना ज्ञान समझ रहे हो और जिसके विश्वास पर तुम त्रिलोकविजेता दशानन

---

30 अलग-अलग होने का भाव

31 जिससे कुछ भी अलग न हो

32 जिसमें कोई विकल्प ही नहीं हो

33 बिना प्रयास के

रावण को लिवा ले जाने के दंभ[34] से भरे हुए हो, वह राम और रावण, दोनों को अपने संकल्प से च्युत करने का कारण बने। लक्ष्मण, यदि तुम किसी की संकल्पपूर्ति में सहायक नहीं हो सकते, तो तुम्हें किसी को संकल्पच्युत करने का अधिकार भी नहीं है। स्मरण रखो, किसी को अपने अज्ञानजनित अहंकार से संकल्पच्युत करना घोर पाप की श्रेणी में आता है। तुम्हारी अस्पष्ट मानसिकता, संकल्पों के पर्याय राम और रावण, दोनों के पतन का कारण होगी। मैं तुम्हारे उत्तर से संतुष्ट नहीं हूँ। तुम्हारे आवेशित,[35] भ्रमित चित्त के कारण मैं संकल्पमूर्ति राम को संकल्पच्युत नहीं कर सकता। रावण का जन्म राम के संकल्पों को पूरा करने के लिए हुआ है। मैं दशानन रावण, राम के उद्देश्यों का साधक हूँ, बाधक नहीं। इसलिए वापस जाओ। राम ने तुम्हें भ्रम के निवारण[36] के लिए भेजा है, भ्रम का कारण बनने के लिए नहीं।"

लक्ष्मण को लगा कि जैसे उनका अस्तित्व चूर-चूर हो गया हो। रावण के कथन ने उनके अहंकार को ध्वस्त[37] कर दिया था। लक्ष्मण अभी तक स्वयं को श्रीराम का सहायक मान रहे थे। वे श्रीराम के लिए अपने सेवाभाव को समर्पण का पर्याय[38] मान बैठे थे। रावण ने श्रीराम को संकल्पमूर्ति कहा था। मात्र जीवन के लक्ष्यों को नहीं, जन्म के ध्येय को पूरा करनेवाली चेतना ही संकल्पमूर्ति कहलाती है और लक्ष्मण स्वयं को श्रीराम के लक्ष्यों की पूर्ति में सहायक होने के कारण स्वयं को श्रीराम की ध्येय पूर्ति का कारक समझ बैठे थे। उन्हें लगा कि वे मात्र साधन हैं जो श्रीराम के अशर्त प्रेम के कारण स्वयं को साध्य समझ बैठे थे। वे एक बड़ी व्यवस्था के बहुत छोटे-से अंग थे जो श्रीराम की करुणा,[39] उनके प्रेम को प्राप्त करने के कारण भूलवश स्वयं को ही व्यवस्था और व्यवस्थापक समझ बैठे थे। जिस रावण को वे अभी तक श्रीराम का बाधक समझ रहे थे, वह तो श्रीराम की ध्येयपूर्ति का सबसे बड़ा साधक

34 घमंड

35 उत्तेजित

36 हल निकालने/दूर करने

37 मटियामेट

38 जो एक ही चीज का बोध कराते हों

39 दया

है। त्रिलोकविजेता, सृष्टि के समस्त ज्ञान को सिद्ध करनेवाले लंकाधिपति दशानन रावण को जीतकर ही तो श्रीराम अपने विस्मृत[40] नारायणत्व को प्राप्त करेंगे।

जो नर को नारायण में रूपांतरित करने का कारक हो वह बाधक नहीं, साधक ही होता है। कुछ मित्र होते हुए भी शत्रुवत व्यवहार करते हैं तो कुछ शत्रु होते हुए भी मित्रवत परिणामों के कारक होते हैं। कितनी समानता है श्रीराम और रावण के चिंतन में! श्रीराम जहाँ रावण को संकल्पच्युत नहीं होने देना चाहते, वहीं रावण, श्रीराम के संकल्प को लेकर सजग है। वह घोर शत्रुता में भी उनके संकल्प की रक्षा करना चाहता है।

अपने मन को निर्द्वंद्व[41] करनेवाले विचारों से भरे हुए लक्ष्मण अश्रुपूरित[42] नेत्रों से श्रीराम के चरणों में गिर पड़े। उनका समस्त अहंकार आँसुओं के रास्ते पिघलकर श्रीराम के चरणों में समा गया था, किंतु आश्चर्य इस बात का था कि असफल होने के बाद भी लक्ष्मण अवसाद से नहीं, आनंद से भरे हुए थे।

श्रीराम ने बिना कुछ बोले लक्ष्मण को अपने हृदय से लगा लिया। दोनों भाई रो रहे थे, किंतु ये दुख के नहीं, आनंद के अश्रु थे। लक्ष्मण को लगा कि जैसे श्रीराम के हृदय की धड़कनें उनसे कह रहीं हों कि मेरे प्राण प्रिय भाई, हमारे दुख का कारण हमारी असफलताएँ नहीं, हमारा अहंकार होता है। अहंकार से भरा हुआ चित्त सफलताओं के शिखर पर खड़े होने के बाद भी हमें आनंदित नहीं, अवसादित ही करता है। मुझे इस बात की प्रसन्नता है कि तुम्हारे अहंकार के विसर्जन ने तुम्हें सृजन के मार्ग पर लाकर खड़ा कर दिया।

श्रीराम के सभी सभासदों की आँखें दोनों भाइयों को अश्रुपूरित देख सजल[43] हो गयीं थीं। वे सभी लक्ष्मण की असफलता से चिंतित हो गये थे। उन्हें लगा कि श्रीराम के पार्थिव शिवलिंग का संकल्प अब पूरा नहीं

---

40 भूले हुए

41 द्वंद्व रहित

42 आँसू से भरे हुए

43 जल से भरी

हो पाएगा। किंतु एक वानर एक कोने में इस पूरी स्थिति से अप्रभावित निश्चिन्त खड़ा हुआ था।

श्रीराम ने लक्ष्मण के कंधों पर हाथ रखते हुए प्रेमपूर्वक उसे आवाज दी, "हनुमान, क्या तुम इस कार्य को सम्पन्न कर सकते हो?"

हनुमान ने हाथ जोड़ते हुए कहा, "आपकी कृपा है प्रभु।"

श्रीराम ने कहा, "क्या तुम रावण को एक बार में ही तैयार करके यहाँ ला सकते हो?"

हनुमान ने श्रीराम के चरणों को अपलक[44] देखते हुए कहा, "आपकी कृपा है प्रभु।"

हनुमान के उत्तर से श्रीराम ने परम संतोषी मुस्कान के साथ हनुमान को आदेश दिया, "पवनपुत्र, जाओ और महान शिवभक्त आचार्य रावण को शीघ्र ही यहाँ लेकर आओ जिससे यह शुभ कार्य सम्पन्न हो सके।"

हनुमान ने श्रीराम को दण्डवत प्रणाम किया और श्री राम, जय राम, जय-जय राम कहते हुए लंका की ओर उड़ गये।

प्रबिसि नगर कीजे सब काजा।
हृदय राखि कोसलपुर राजा
गरल सुधा रिपु करहिं मिताई।
गोपद सिंधु अनल सितलाई

अपने हृदय में श्रीराम को धारण किये हुए जैसे ही हनुमान ने लंका के सिंहद्वार पर कदम रखा, द्वार पर तैनात सुरक्षाकर्मियों में हड़कंप मच गया। वे हनुमान को देखते ही पहचान गये कि यह वही वानर है जो कुछ दिन पूर्व ही लंका को तहस-नहस कर भाग गया था, जिसे जलाकर राख कर देने की चाह में राक्षसों ने स्वयं ही अपने घर जलवा लिए थे। अब यह फिर से लंका के द्वार पर खड़ा होकर गुर्रा रहा है। पता नहीं, इस बार ये कौन-सा नया बखेड़ा खड़ा कर दे?

---

44 बिना पलक झपकाये

वे भागते हुए राज दरबार में पहुँचे और भयभीत स्वर में रावण को सूचित करते हुए बोले, "हे लंकाधिपति, अशोक वाटिका को नष्टकर; लंका में आग लगाकर भाग जानेवाला वह विशालकाय जीव; लंका का बैरी, वह विकट वानर एक बार फिर लंका में दृष्टिगोचर हुआ है प्रभु। आप युवराज इंद्रजीत को आदेश दीजिए लंकाधिपति कि वे तुरंत ही उसे अपने ब्रह्मपाश में जकड़ लें अन्यथा बहुत अनर्थ हो जाएगा।"

सुरक्षाकर्मी गुहार लगा ही रहे थे कि तब तक हैमशैलाभदेहम[45] वाले हनुमान राजसभा के मुख्य द्वार पर पहुँच गये। सभाद्वार पर लंका में उत्पात मचाकर भाग जानेवाले कपि[46] को देखकर, जो अपने बायें कंधों पर अतिविशाल गदा को धारण किये हुए था, सनसनाहट फैल गयी। युद्ध की आशंका से मेघनाथ सहित सभी योद्धा युद्धक मुद्रा में आ गये।

हनुमान, जो ज्ञानीनामग्रगण्यम[47] हैं, इस बात को बहुत अच्छे से जानते थे कि किसी राजा की राजसभा में शस्त्र के साथ प्रवेश करना उस राजा के अपमान की श्रेणी में आता है और यह सर्वविदित सत्य है कि अपमान की भूमि पर आग्रह और सम्मान की अट्टालिकाएँ खड़ी नहीं होती। वे श्रीराम के दूत हैं और दूत का दायित्व होता है कि वह शस्त्र नहीं, शास्त्र का आश्रय ले।

उन्होंने तुरंत अपनी गदा को सभाद्वार पर उपस्थित रक्षक के हाथ में दे दिया व द्वार से ही विनम्रतापूर्वक रावण को प्रणाम करते हुए कहा, "लंकाधिपति दशानन रावण को रामदूत, रामदासानुदास हनुमान प्रणाम करता है व आपसे आपकी माननीय सभा में प्रवेश करने की अनुमति चाहता है।" निवेदन करने के बाद पवनपुत्र हाथ जोड़कर द्वार पर ही खड़े होकर रावण के आदेश की प्रतीक्षा करने लगे।

दूत के व्यवहार ने सभा में व्याप्त हलचल को शांत कर दिया। राजनीति में दूत की भाषा ही नहीं, उसकी भंगिमा[48] का भी विशेष महत्व होता है। इस बात को राजनीति का प्रकांड पंडित त्रिलोकविजेता

---

45 सोने के पर्वत के समान चमकती देह

46 बंदर

47 ज्ञानियों में अग्रणी

48 अदा

रावण बहुत अच्छे-से समझता था। वह देख रहा था कि राम का यह दूत कुशाग्र[49] बुद्धि ही नहीं, नीतिनिपुण भी है। इसने बहुत चतुराई से वातावरण की युद्धक मानसिकता को 'अयोध्या' में बदल दिया। अयोध्या का अर्थ होता है जहाँ युद्ध की सम्भावना भी ना हो, जहाँ सशस्त्र योद्धा स्वयमेव ही निःशस्त्र हो जाते हैं और शास्त्र को प्रमुख बना देते हैं। हनुमान पहले व्यक्ति थे जिन्होंने रावण की उपस्थिति में बिना युद्ध लड़े रावणराज्य को रामराज्य में परिवर्तित कर दिया था।

इस बात का रावण पर बहुत प्रभाव पड़ा। उसने अपने आसन पर बैठे-बैठे ही जवाब दिया, "महाबली, महादेव के कृपापात्र दशानन रावण की सभा में तुम्हारा स्वागत है कपि।"

लोकाचार[50] का पालन करते हुए हनुमान ने सर्वप्रथम रावण के आराध्य देवाधिदेव महादेव की जय-जयकार करते हुए हर हर महादेव कहा। उसके बाद अपने प्रभु श्रीराम के नाम का जयघोष करते हुए अपना दाहिना पैर रावण की सभा में रखा और रावण के सिंहासन की ओर बढ़ने लगे। उनकी चाल में रावण के प्रति पूर्ण सम्मान था। सिंहासन से एक मर्यादित[51] दूरी बनाकर वे खड़े हो गये। सबसे पहले रावण को प्रणाम करने के बाद उन्होंने सभा में उपस्थित वृद्धजनों, महामंत्री व अन्य सभी पदाधिकारियों का अभिवादन किया।

हनुमान के राजनयिक शिष्टाचार से रावण को रोमांच हुआ। वह लक्ष्मण और हनुमान के व्यवहार के बीच अनायास ही तुलना करने लगा कि लक्ष्मण, जो रावण को पौरोहित्य कर्म के लिए आमंत्रित करने आया था, वह अपने धनुष-बाण सहित सभा में प्रविष्ट हुआ था, और दूसरी तरफ यह कपि अपने शस्त्र को रावण के रक्षकों के सुपुर्द करके सभा में प्रवेश की अनुमति लेकर आया है। लक्ष्मण की चाल में अधीरता व आवेश था, तो इसकी चाल में धीरता और आस्था है। लक्ष्मण को मात्र

49 अति तीक्ष्ण

50 सामाजिक संबंध बनाये रखने के लिए किया जानेवाला व्यवहार

51 एक निश्चित सीमा तक

राजा से मतलब था, किंतु इसे राजा ही नहीं, मेरी राजसभा से भी मतलब है। राम का यह दूत मात्र शस्त्रनिपुण ही नहीं, शास्त्रनिपुण भी प्रतीत होता है। यह अच्छे से जानता है कि राजा के मन को तैयार करने का काम राजा के सभासद करते हैं, इसलिए सभासदों का मन जीतना भी दूत के लिए आवश्यक होता है। लक्ष्मण मेरे व्यवहार से चमत्कृत हो रहा था, किंतु यह वानर अपने व्यवहार से मुझे चमत्कृत कर रहा है। लक्ष्मण लंकाधिपति को राजी करना चाहता था किंतु यह महावीर समूची लंका को राजी करना चाहता है। लक्ष्मण के पूरे व्यवहार में राजा की भावना के प्रति मान था किंतु यह कपि राज्य की भावना, उसकी मर्यादा के प्रति सम्मान के भाव से भरा हुआ है। यह जानता है कि राजा से अधिक महत्वपूर्ण राज्य होता है।

रावण ने हनुमान को विचलित करने के लिहाज से हल्की-सी उपेक्षा से कहा, "बोल कपि, तेरे स्वामी वनवासी राम ने किस हेतु तुम्हें महाराजाधिराज रावण के पास भेजा है?"

जब उपेक्षा अपेक्षित हो तब वह व्यक्ति को विचलित नहीं, सुचलित करती है। हनुमान जान गये कि रावण उनके साथ मनोवैज्ञानिक युद्ध कर रहा है। वह उनके प्रभु को अपमानित करने के लिहाज से वनवासी कह रहा है जिससे उनके दूत का चित्त भ्रमित और शंकालु हो जाए। किंतु जिसके हृदय में राम का वास होता है वह विचल नहीं, अचल हो जाता है। राम जिसके आधार हों उसके हृदय में शंका का नहीं, संकल्प का उदय होता है।

हनुमान जानते थे कि रावण परम ज्ञानी है। अपने इस कृत्य से वह यह जानने का प्रयास कर रहा है कि दूत के मस्तिष्क में राम का वास है या दूत के हृदय में राम विराजे हैं? अपने इस व्यवहार से रावण यह जानना चाहता है कि दूत अपनी उपेक्षा से अधिक पीड़ित हो रहा है या अपने स्वामी का अपमान उसके कष्ट का कारण है? किंतु रावण से यहाँ चूक हो गयी क्योंकि रावण यह नहीं जानता कि हनुमान या कोई अन्य, श्रीराम के मान की रक्षा नहीं करते, अपितु वे श्रीराम ही हैं जो सबके मान और मर्यादा की रक्षा करते हैं।

हनुमान ने विचार किया कि प्रभु श्रीराम ने उन्हें रावण के अहंकार को नष्ट करने के लिए नहीं, उसे तुष्ट और संतुष्ट करने के लिए भेजा है। नीति कहती है कि अहंकारी के अहंकार को नष्ट नहीं, पुष्ट करना चाहिए, क्योंकि अहंकार के पुष्ट होते ही अहंकारी स्वयं ही नष्ट हो जाता है।

हनुमान ने बेहद भक्तिभाव से कहा, "हे समस्त विद्याओं के स्वामी; त्रिलोकविजेता; संसार की समस्त निधियों को अपने प्रताप से स्वयं के अधीन करनेवाले; शिव के परमभक्त; आचार्यों में सर्वश्रेष्ठ, लंकाधिपति रावण! सर्वप्रथम मैं, वन में विचरने वाले सिंहपुरुष; मर्यादा और पराक्रम के पर्याय; जिन्होंने वनों में सुप्त पड़ी हुई मानवीय चेतनाओं को अपने सम्पर्क मात्र से जागृत कर दिया; जिनके स्पर्श मात्र से मृण्मय[52] भी चिन्मय[53] में रूपांतरित हो जाता है, ऐसे वनवासी मर्यादा पुरुषोत्तम श्रीराम का दूत हनुमान आपको प्रणाम करता हूँ।"

रावण, हनुमान की राम के प्रति अच्युत आस्था, विनम्रता और बुद्धिमत्ता से आनंदित हो गया क्योंकि हनुमान ने रावण के मान और उसकी बात को खंडित किये बिना राम के गौरव, पराक्रम और सामर्थ्य का परिचय उसकी सभा में प्रस्तुत कर दिया था। रावण ने मुस्कुराते हुए हनुमान से कहा, "तुम सौ योजन[54] समुद्र पार करके अपने स्वामी का संदेश लेकर मेरे पास आए हो। निश्चित ही तुम थक गये होगे, इसलिए आसन ग्रहण करते हुए स्वयं को विश्राम दो।"

हनुमान ने हाथ जोड़ते हुए कहा, "लंकाधिपति, यह आपकी सहृदयता है जो आप जन-जन के हृदय सिंहासन पर विराजे जनवादी श्रीराम के दूत हनुमान को विश्राम करने का अवसर प्रदान कर रहे हैं, किंतु आचार्य, मेरा संकल्प है कि जब तक मेरे प्रभु की इच्छा पूर्ण नहीं होगी मैं सनद्ध[55] ही रहूँगा—*राम काज कीजे बिना मोहि कहाँ विश्राम।*"

---

52 मिट्टी का

53 पूर्ण ज्ञानी

54 2, 4 या 8 कोस की दूरी

55 तैयार

"ऐश्वर्य[56] के अधिपति मेरे प्रभु वनवासी श्रीराम ने महादेव शिव के, जो समस्त ऐश्वर्य, ज्ञान-विज्ञान के स्रोत हैं और जो आपके गुरु हैं, पार्थिव स्वरूप के महारुद्राभिषेक के लिए आपको सविनय आमंत्रित किया है। सो आप पधारकर इस शिवकार्य को सम्पन्न कर हमें अनुग्रहीत[57] कीजिए, ताकि पुरुषोत्तम का यह शिवसंकल्प निर्विघ्न पूर्ण हो सके।"

रावण ने हनुमान की शब्दावली पर गौर किया। हनुमान ने पूरे आयोजन को शिवकार्य, शिवसंकल्प के रूप में प्रस्तुत किया था। अपने हृदय की प्रसन्नता को छिपाते हुए रावण बोला, "कपि, राम की पत्नी सीता इस समय मेरे अधिकार में है। मैं पत्नीविहीन पुरुष का आचार्य नहीं बनता।"

हनुमान के हृदय में रामधुन बज रही थी सो सहज ही उनके मुख से निकल गया, "तो फिर माता सीता को साथ लेकर चलिए दशानन।"

रावण ने कहा, "ठीक है कपि, सीता को साथ लेकर चलता हूँ लेकिन कौन-सी सीता को लेकर चलूँ? मेरी इस दुविधा का निवारण[58] कर सको, तो मैं चलता हूँ।"

हनुमान ने पल भर अपने प्रभु को भजा और बोले, "महाराज रावण, यदि आप मुझे बता सकें कि आपके पास कितनी सीता हैं तो निश्चित ही प्रभु श्रीराम की कृपा से आपकी इस दुविधा का निवारण हो जाएगा।"

हनुमान का यह प्रश्न सुनकर रावण चौंक पड़ा। उसे बिलकुल भी आशा नहीं थी कि महादेव शिव के सिवा कोई और उसके हृदय को इतनी गहराई से जान सकता है।

अब उसने पहली बार हनुमान के नेत्रों में स्थिरता से झाँका। उसे लगा जैसे महादेव स्वयं उसके सामने कपि के वेश में उपस्थित हैं। वह यंत्रचलित[59]-सा अपने सिंहासन से कब उठ खड़ा हुआ—उसे पता ही नहीं चला। हनुमान के नेत्रों में अपलक देखते हुए बोला, "मेरे पास दो सीता हैं। एक वे, जो लौकिक जगत में राम की पत्नी के रूप में जानी जातीं हैं

---

56 वैभव

57 जिस पर कृपा की गयी हो

58 रोकथाम करना/दूर करना

59 यंत्र के समान चलता हुआ

जो इस समय अशोक वाटिका में स्थित हैं, और दूसरी वे, जो जगदम्बा स्वरूप मेरे हृदय में वास करती हैं। कपिश्वर, मुझे बताइए मैं इनमें से किसे अपने साथ लेकर चलूँ जिससे मैं राम के शिवसंकल्प को पूरा कर सकूँ।"

हनुमान ने निमिष[60] भर को अपने नेत्र बंद किये व अपने चित्त में सदैव वर्तमान श्रीराम को प्रणाम किया और उच्च स्वर में बोले, "रावण, जिन्हें तुम बलात[61] उठाकर लाए हो, जो प्रभु श्रीराम की पत्नी के रूप में जानी जाती हैं उनकी चिंता तुम मत करो, उन्हें तो श्रीराम स्वयं ही तुम्हें भूलुंठित[62] करने के बाद लंका से ले जाएँगे। अभी तो तुम अपने हृदय में विराजमान मातृस्वरूपा जगदम्बा सीता को साथ लेकर चलो क्योंकि किसी भी माता के लिए यह गौरव की बात होती है कि उसका पुत्र शुभ कार्य हेतु किये जानेवाले यज्ञ में आचार्य बने, और यह उस पुत्र का भी परम सौभाग्य होता है कि उसकी माँ की प्रेरणा से मातृकल्याण, जनकल्याण के लिए किये जानेवाले महान यज्ञ के पौरोहित्य कर्म के लिए संसार ने उसके पुत्र को सुयोग्य और उपयुक्त समझकर यह सुअवसर प्रदान किया।"

रावण, हनुमान की बात सुनकर अनहद[63] आनंद से भर गया और सभासदों को वहीं बैठा छोड़ अपने हृदय में विराजमान जगदम्बा स्वरूप माता सीता को साथ लेकर हनुमान के साथ तत्काल ही राम के शिविर की ओर बढ़ गया।

•॥ 29 ॥•

हनुमान को रावण के साथ आता देख श्रीराम की सम्पूर्ण सेना ने हर्ष से हर हर महादेव का जयघोष किया। राम की सम्पूर्ण सेना महादेव शिव का भजन, पूजन, स्मरण, कीर्तन कर रही थी जिसे सुनते ही महादेव के परम भक्त रावण का रोम-रोम पुलकित[64] हो गया।

60 जितना समय पलक झपकाने में लगता है

61 जबरदस्ती

62 जमीन पर गिरा मृत शरीर

63 बिना घात से उत्पन्न

64 प्रेम/खुशी से रोएँ खड़े होना

श्रीराम और रावण, महादेव के पार्थिव स्वरूप की उपस्थिति में पहली बार एक दूसरे को देख रहे थे। श्रीराम ने बहुत भाव से रावण को प्रणाम किया। रावण ने उन्हें आशीर्वाद दिया। पार्थिव शिवलिंग निर्माण महायज्ञ के यजमान के रूप में राम को संकल्प दिलाया और स्वयं इस महानतम यज्ञ के आचार्य के रूप में संकल्प लिया। फिर अपने हृदय में विराजमान मातृस्वरूपा सीता के जगदम्बा स्वरूप को, जो स्वर्ण से भी अधिक शुद्ध थीं, जो पीतवर्णी[65] अग्नि से भी अधिक पावन थीं, नमन करते हुए भक्तिभाव से स्मरण किया। यह रावण की सच्ची भक्ति, अच्युत निष्ठा और पूर्ण एकाग्रता का ही प्रताप था कि रावण द्वारा उच्चारित प्रत्येक ऋचा[66] में, श्लोक में संसार को निराकार ब्रह्म भी साकार प्रतीत हो रहा था।

रावण सस्वर मंत्रों का गायन करने लगे। उनके कंठ से निकलनेवाले प्रत्येक शब्द में श्रीराम ही नहीं, उपस्थित जनसमुदाय व समस्त सेना को महादेव शिव के साक्षात दर्शन हो रहे थे। महारुद्राभिषेक करते समय श्रीराम को लगा कि जैसे, स्वर्ण-सी शुद्ध और अग्नि से अधिक पवित्र उनकी प्राणप्रिय सीता उनके वामांग[67] में उपस्थित होकर देवाधिदेव महादेव शिव से राम के इष्ट और अभीष्ट पूर्ति की प्रार्थना कर रही हैं।

हनुमान देख रहे थे कि रावण ने दिए गये वचन के अनुसार अपने हृदय में स्थित मातृस्वरूपा सीता की स्वर्ण के जैसी विशुद्ध भावप्रतिमा को साक्षात प्रकट करके अपने संकल्प की रक्षा कर ली।

महारुद्राभिषेक की समाप्ति के बाद रावण ने राम से कहा, "राम, इस अखिल ब्रह्माण्ड में महादेव शिव ही समस्त मनोरथों को पूर्ण करनेवाली एक मात्र शक्ति हैं। शिव से संरक्षित[68] शक्ति का क्षरण मात्र शिव ही कर सकते हैं। इस जगत के प्रत्येक कण में शिव ही आलोकित होते हैं। उनकी उपस्थिति ही 'शव' को 'शिव' की गरिमा प्रदान करती है। संसार की समस्त इच्छाएँ—चाहे रक्षण हो, क्षरण हो या मरण-शिव इच्छाएँ ही होती

---

65 पीले रंग की

66 वेद मंत्र/स्त्रोत

67 बायें अंग

68 जिसकी अच्छे से रक्षा की गयी हो

हैं। जो संसार को साधना चाहते हैं उन्हें शिव को साधना चाहिए। शिव के साधते ही संसार स्वयमेव ही सध जाता है।”

फिर हनुमान की तरफ कनखियों से देखते हुए रावण बोला, “राम, मैं महादेव शिव का भक्त ही नहीं, उनका दास भी हूँ। मुझे मात्र महादेव ही प्रिय हैं, किंतु मैं देख रहा हूँ कि मेरे आराध्य महादेव तो तुम्हारे भक्त हैं और उन्हें तुम अतिप्रिय हो। मेरे निदान के लिए उन्होंने तुम्हारा चयन किया है राम, क्योंकि महादेव अपने इस हठी, दुराग्रही, अतिप्रिय शिष्य को मृत्यु नहीं, मुक्ति प्रदान करना चाहते हैं। जिस राम के नाम को स्वयं महादेव ने अपने कंठ में धारण करके कालकूट[69] विष का शमन किया हो, वह राम मृत्युदाता नहीं, मुक्तिदाता ही हो सकता है। तुम्हारे सदाचार की एक चिंगारी मेरे सभी अनाचारों को पल भर में ख़ाक कर देगी। राम, किसी भी राजा के ऊपर अपने बंधु, बाँधव व प्रजा के पाप पुण्य की जिम्मेदारी होती है इसलिए यह राजा का कर्तव्य होता है कि वह अपने आश्रितजनों को निर्भार[70] करे। मुझे, मेरे परिवार व समूची प्रजा को तारने के लिए महादेव ने तुम्हारा चुनाव किया है, इसलिए मैं, रावण तुम्हारे हाथों सबको अपने गंतव्य तक पहुँचाने के बाद ही इस जगत से प्रयाण[71] करूँगा।”

श्रीराम ने कहा, “महात्मन! यह सब कुछ आप राम से मित्रता करके भी प्राप्त कर सकते थे, फिर मेरे प्रति आपके शत्रु भाव का कारण क्या है?”

यह सुनकर रावण मुस्कुराते हुए बोला, “राम तुम्हारी मित्रता मुझे ज्ञान से भर देती, किंतु रावण को ज्ञान नहीं, ज्ञान से मुक्ति चाहिए थी। राम, मैं सिर्फ महादेव के प्रति ही मित्रता के भाव से भरा हुआ हूँ। महादेव के अलावा किसी भी अन्य का मेरे मित्र भाव में प्रवेश निषिद्ध[72] है, फिर वह भले ही महादेव को ही क्यों ना प्रिय हो, इसलिए तुम्हें कभी भी रावण की मित्रता नहीं मिलती। मन को त्राण[73] से मुक्त करनेवाला मित्र होता है

---

69 समुद्र मंथन से निकला एक जहर

70 भार मुक्त

71 प्रस्थान

72 वर्जित

73 संकट से मुक्त करने की क्रिया

और शंकाओं के त्राण से मुक्त करनेवाला शत्रु होता है। मुझे मन का नहीं, शंकाओं का शमन[74] अपेक्षित है क्योंकि ज्ञान, बल, शक्ति, सत्ता आदि जब अपने चरम पर होतीं हैं तब वे शंकाओं से प्रदूषित आकाश का सृजन करतीं हैं। इस संसार में शंका से बड़ा शत्रु कोई नहीं है। महादेव जानते हैं कि राम का सम्पर्क किसी भी भाव से क्यों ना हो, वह व्यक्ति को निःशंक कर देता है। राम, *"शिव समान दाता नहीं विपद निवारण हार, लज्जा मोरी राखियो वरदा के असवार।"*

"मैं पुलस्त्यवंशी रावण, महादेव शिव का दास, उनका कृपापात्र तुम्हें स्वस्थ मन से आशीर्वाद देता हूँ कि तुम्हारे सभी शिवसंकल्प पूरे हों। असुरराज रावण को पराभूत कर तुम सुरराज की ख्याति को उपलब्ध हो। महादेव शिव तुम्हारे विस्मृत नारायणत्व को संसार की चिरस्मृति में स्थान दें।" और श्रीराम को विजयी भवः का आशीर्वाद देकर आचार्यश्रेष्ठ, ज्ञानपुंज, विद्याविशारद, त्रिलोकविजेता, शिवभक्त, दशानन रावण लंका की ओर चल दिए।

74 दबाना

·॥ 8 ॥·

विजयपर्व

·॥ कुम्भकर्ण ॥·

•॥ 30 ॥•

कुंभकर्ण के धराशायी[1] होते ही युद्ध विराम हो गया था। लंका के सैनिक कुंभकर्ण की मृत देह को लंका की प्राचीर[2] के अंदर ले गये थे।

कुम्भकर्ण का अवसान[3] लंका युद्ध में रावण की सबसे बड़ी क्षति थी। कुम्भकर्ण विकट योद्धा ही नहीं, एक महान वैज्ञानिक भी था। रावण के समस्त प्रयोगों, वैज्ञानिक सूत्रों, आविष्कारों को मूर्त रूप प्रदान करने का कार्य कुम्भकर्ण किया करता था। उसके द्वारा किये जा रहे भीषण वैज्ञानिक आविष्कारों को संसार से गुप्त रखने के लिए रावण ने संपूर्ण जगत में यह प्रचारित कर दिया था कि उसका भाई कुम्भकर्ण वर्ष में छः मास निद्रामग्न रहता है। कुम्भकर्ण की एकाग्रता, उसके अध्ययन, उसकी साधना में किसी भी प्रकार का कोई व्यवधान न उत्पन्न हो इसके लिए रावण ने एक राजाज्ञा भी पारित कर दी थी कि कुम्भकर्ण की निद्रा में व्यवधान पहुँचानेवाले व्यक्ति को मृत्युदंड दिया जाएगा। किंतु दोनों भाइयों का एक-दूसरे के साथ सतत[4] सम्पर्क बना रहता था। रावण इस सत्य को जानता और मानता भी था कि रावण यदि मस्तिष्क है तो कुम्भकर्ण उसकी भुजा। कुम्भकर्ण की उपलब्धियाँ, उसका ज्ञान, उसका सामर्थ्य इतना विशाल था कि संसार को उसका व्यक्तित्व पर्वत के जैसा विशाल दिखाई देता था, जिससे जगत में यह किंवदंति[5] व्याप्त हो गयी थी कि कुम्भकर्ण

---

1 जमीन पर गिरा मृत शरीर

2 किला/नगर की रक्षा हेतु बनायी गयी ऊँची दीवार

3 अंत

4 लगातार

5 जनश्रुति/अफवाह

की देह छः सौ बाँस[6] लम्बी और सौ बाँस चौड़ी है। एक लाख हाथियों का बल उसकी भुजाओं में है। ऐसे महान पराक्रमी भाई को राम ने सरलता से समाप्त कर दिया, यह तथ्य रावण के अंतस[7] को उद्विग्न[8] कर रहा था।

रावण की इच्छा को अपनी इच्छा माननेवाले कुम्भकर्ण की पार्थिव[9] देह के समक्ष खड़ा हुआ रावण निर्विकार भाव से कुम्भकर्ण के मुख को देख रहा था। उसके मस्तिष्क में दोनों भाइयों के मध्य युद्ध में जाने से पूर्व हुआ संवाद मुखर हो गया। रावण के मुख पर दृष्टि पड़ते ही कुम्भकर्ण ने पूछा था, "किस गहन सोच में हैं भ्राता?"

क्षण भर कुम्भकर्ण के नेत्रों में देखने के बाद रावण ने कहा, "लंका के द्वार पर भीषण संग्राम हो रहा है भाई। एक-एक करके हमारे सभी बंधु, बाँधव, पुत्र, पौत्र इस युद्ध की वेदी पर चढ़कर काल के गाल में समा गये हैं। मैं, तुम और पुत्र मेघनाद को छोड़कर हमारे वंश का अब कोई भी योद्धा लंका में शेष नहीं है।"

कुम्भकर्ण ने व्यग्र[10] होकर पूछा, "क्या भाई विभीषण भी युद्ध में खेत रहा?"

"नहीं, वह विश्वासघाती निकला। उसने मेरा और लंका का त्याग करते हुए शत्रु की शरणागति[11] स्वीकार कर ली है। वह शत्रु का मार्गदर्शक बना हुआ है। उसी कुलघाती[12] के कारण सामान्य-सा शत्रु सौ योजन समुद्र पर सेतु बनाकर आज लंका के सिंहद्वार पर खड़ा होकर लंका को ललकार रहा है। भाई, अब मुझे तुम्हारी बुद्धि ही नहीं, तुम्हारे बल, तुम्हारे पराक्रम, तुम्हारे रण कौशल की आवश्यकता आन पड़ी है।"

कुम्भकर्ण ने बहुत धैर्यपूर्वक रावण को देखते हुए कहा, "भ्राता, मेरा तो सम्पूर्ण जीवन ही आपकी इच्छा को कार्यरूप में परिणत करने का साधन

---

6 सवा तीन गज लंबा माप

7 मन

8 विचलित

9 मिट्टी का

10 व्याकुल

11 शरण में आना

12 जिसने कुल का नुकसान किया हो

मात्र है, इसलिए विषाद त्यागो और मुझे स्पष्ट कहो कि भूमंडल में ऐसा कौन रणधीर है जिसने परमप्रतापी रावण को अधीर कर दिया है?"

"उसका नाम राम है। वह अयोध्या के राजा दशरथ का पुत्र है। दशरथ ने उसे अपने राज्य से निष्कासित करते हुए चौदह वर्ष का वनवास दिया था। राम अपनी पत्नी सीता और अपने भाई लक्ष्मण के साथ हमारे दंडकारण्य में निवास कर रहा था। पहले उसने हमारी बहन शूर्पणखा के नाक कान-काट दिए, उसे अपमानित किया तत्पश्चात् उसने महाबली खर, दूषण और त्रिशरा का वध करके दंडकारण्य के हमारे सैनिक स्कंधावार[13] को पूर्णतः नष्ट कर दिया। तब मैंने राम को उचित दंड देने के उद्देश्य से उसकी पत्नी सीता का हरण कर लिया और उसे हानि पहुँचाए बिना ससम्मान लंका की अशोक वाटिका में बंधक बनाकर छोड़ दिया। सीता के हरण से संतप्त[14] होकर राम समुद्र की लहरों पर अपना शीश पटककर प्राण त्याग देता, किंतु तभी विश्वासघाती विभीषण लंका के राज्य के लोभ में उससे जा मिला। विभीषण के सहयोग ने राम में साहस का संचार किया और उसने किष्किन्धा के राजा सुग्रीव और रीछराज जामवन्त की सेना के साथ लंका पर चढ़ाई कर दी। अब तुम मुझे बताओ भाई कि क्या तुम भी विभीषण की भाँति मेरा त्याग करना चाहते हो या मैं इस कुसमय में तुमसे सहयोग की अपेक्षा कर सकता हूँ?"

कुम्भकर्ण ने बहुत ममत्व[15] से रावण को देखते हुए कहा, "भ्राता दशानन, मैंने जीवनपर्यंत तुम्हारी अमूर्त कल्पनाओं को मूर्तरूप प्रदान करने का कार्य किया है, तो आज भी वही करूँगा जो तुम चाहोगे। किंतु भ्राता, तुम्हारे द्वारा प्रस्तुत किये गये सभी तथ्यों पर यदि विचार करूँ तब यह कहूँगा कि राम के साथ हो रहा यह युद्ध निश्चित ही हमारा अंतिम युद्ध होगा। किसी भी साम्राज्य का अंत बाहरी आघातों से नहीं, भीतरी घात से होता है। अरिजन[16] के द्रोह से अधिक घातक परिजन का विद्रोह होता है। विभीषण एक धर्मनिष्ठ व्यक्ति था किंतु माता और मातृभूमि का त्याग भले ही कल्याण की भावना से क्यों ना किया जाए, वह अधर्म की श्रेणी में आता है। भ्राता, जब राजा

13 छावनी/पड़ाव

14 जिसका मन बहुत दुखी हो

15 ममता

16 दुश्मन जन

या राजा का कोई परिजन धर्म के मार्ग को छोड़कर अधर्म के मार्ग पर चल पड़े तो उसका मूल्य सम्पूर्ण राष्ट्र को चुकाना पड़ता है। महाराजाधिराज रावण मेरी बात को अन्यथा मत लीजिएगा किंतु किसी एकनिष्ठ, चरित्रवान स्त्री का बलपूर्वक या छलपूर्वक हरण करना, उसका मान मर्दन करना हमारे मरण का कारण होता है। भ्राता, मैं तुमसे हुए इस अधर्म के दुष्परिणामों को रोक तो नहीं सकता किंतु उन्हें भोग अवश्य सकता हूँ, इसलिए मैं तुम्हें वचन देता हूँ कि मेरे जीवित रहते हुए स्वयं परमात्मा भी लंका या लंकाधिपति का अहित नहीं कर सकते। मैंने जीवन भर धर्म में तुम्हारा साथ दिया है तो अब इस घोर अधर्म में भी तुम्हारा साथ नहीं छोड़ूँगा। कुम्भकर्ण और रावण का संबंध धर्म-अधर्म, मान-अपमान, न्याय-अन्याय पर नहीं, अशर्त प्रेम पर आधारित है। तुम निश्चिन्त रहो भ्राता, कल मैं अकेला ही रण में उतरूँगा और अपने पराक्रम से राम व उसकी सेना में हाहाकार मचा दूँगा। राम के सैनिकों के आर्तनाद[17] को सुनकर तुम्हारे हृदय में आनंद का संगीत फूटे, यह मेरी इच्छा है, जिससे मेरे बाद जब तुम युद्ध क्षेत्र में उतरो तब तुम्हारे हृदय में हत मनोबल या विषाद का नहीं, उत्साह और संकल्प का सूर्य जगमगा रहा हो।"

यह कहकर कुम्भकर्ण ने रावण के चरण स्पर्श किये और विनीत भाव से हाथ जोड़कर निवेदन किया, "मुझे आशीर्वाद दीजिए भाई, कि मैं आपको दिए गये अपने वचनों की पूर्ति कर सकूँ। अब कुम्भकर्ण तभी युद्ध-क्षेत्र छोड़ेगा जब या तो विजय तुम्हारे चरणों में होगी या वीरगति मेरा वरण करेगी।"

अगले दिन जब कुम्भकर्ण रणक्षेत्र में उतरा तब वह लंका के सिंहद्वार से नहीं, लंका की प्राचीर लांघते हुए अकेला ही निकला। वह मनुष्य के जैसे दिखाई देनेवाले अपने अत्याधुनिक लौहयंत्र में सवार था। उस यंत्र को देखने पर ऐसा प्रतीत होता था जैसे कोई अत्यंत विशाल पर्वत के आकारवाला लौह मनुष्य धरती पर पैर पटकते हुए चल रहा है। उसके चलने से भूमि में कम्पन होता था।

युद्धभूमि में उतरते ही उसने सर्वप्रथम भयंकर घनगर्जना करते हुए अपने नाम का तीव्र उद्घोष किया और सुग्रीव को ललकारते

---

17 पीड़ा में होने पर निकली आवाज

हुए युद्ध आरम्भ की घोषणा की। मनुष्य के जैसी आकृतिवाले उस भीमकाय लौह-दानव को देखते ही वानर सेना के छक्के छूट गये। वे सभी कुम्भकर्ण के भय से भयभीत होते हुए भाग कर सुग्रीव के पार्श्व में एकत्रित हो गये। सुग्रीव उस अति विशाल लौह दानव को देखकर अचम्भित से खड़े थे। उन्हें समझ ही नहीं आ रहा था कि इस पर्वताकर लम्बे-चौड़े कुम्भकर्ण से कैसे पार पाया जाए?

कुम्भकर्ण ने युद्ध क्षेत्र में आते ही कोहराम मचा दिया। वह अपने विशालकाय हाथों से वानरों को चींटी के जैसा पकड़कर मसलने लगा; उन्हें हवा में इधर-उधर फेंकने लगा, अपने पर्वत जैसे पैरों से वह सामने पड़ने वाले शत्रु सैनिकों को कुचलने लगा। उसने सुग्रीव को पकड़कर तिनके की भाँति हवा में उछाल दिया। सुग्रीव कुछ पलों के लिए मूर्छित हो गये। जामवन्त, अंगद, नल, नील, द्विविद आदि ने क्रुद्ध होकर एक साथ उस पर भयंकर आक्रमण किया किंतु कुम्भकर्ण ने अत्यंत सरलता से उनके आक्रमण को बच्चों की क्रीड़ा समझकर क्षण मात्र में ही निरस्त कर दिया। वे कुम्भकर्ण की रण कुशलता से कुंठित होते हुए असहाय से खड़े होकर लक्ष्मण की ओर सहायता के लिए देखने लगे। लक्ष्मण स्वयं भी अचम्भित थे। उन्होंने जीवन में पहली बार ऐसा विलक्षण दानव देखा था जो लौहयंत्र की भाँति दिखाई देता था। उन्होंने तीव्रता से विभिन्न बाणों से उसपर प्रहार करना आरम्भ किया किंतु कुम्भकर्ण रूपी उस महा भयानक दानवी यंत्र ने एक निपुण योद्धा के समान लक्ष्मण के सभी तीरों को तिनके की भाँति तोड़कर फेंक दिया।

एक मात्र हनुमान ही थे जो जैसे-तैसे कुम्भकर्ण के शीर्ष पर चढ़ गये और उन्होंने अपने भीषण प्रहारों से कुछ क्षणों के लिए उसकी गति को बाधित भी किया किंतु कुम्भकर्ण का निदान उनके पास भी नहीं था। पर उन्होंने अपने इस प्रयास में महाराज सुग्रीव को कुम्भकर्ण के चंगुल से सुरक्षित निकाल लिया था।

वानर सेना द्वारा चलाए जा रहे शूल, बाण, तोमर, पत्थर कुम्भकर्ण से टकराकर निष्प्रभावी होकर धरती पर गिर रहे थे। हा राम! हा राम! की ध्वनि से पूरा रणक्षेत्र गुंजित हो रहा था।

रणक्षेत्र के दूसरे छोर पर सनद्ध खड़े राम, कुम्भकर्ण की रण कुशलता, उसकी सारी शारीरिक चेष्टाओं को बहुत ध्यान से देख रहे थे, जिससे उनके मन में यह स्पष्ट हो गया था कि जिस अतिविशाल मानवी रूप को उनके सभी योद्धा कुम्भकर्ण समझकर प्रहार कर रहे हैं वह वस्तुतः कुम्भकर्ण नहीं है अपितु एक प्रकार का लौहयंत्र है, रथ है जिसमें बैठकर कुम्भकर्ण रण किया करता है।

तभी सुग्रीव भयभीत होकर राम के पास पहुँचे और दीन स्वर में उनसे प्रार्थना करने लगे, "श्रीराम, कुम्भकर्ण महाकाल की भाँति हमारी सेना का संहार कर रहा है। लक्ष्मण सहित हम सभी ने अपनी क्षमता भर उसे निरस्त करने का प्रयास कर लिया किंतु प्रभु, वह महादानव प्रबल प्रभंजन[18] की भाँति हमें ध्वस्त करता हुआ बहुत वेग से आगे बढ़ रहा है। हे राम, यदि समय रहते उसे समाप्त नहीं किया गया तो विश्वास कीजिए, हम में से कोई भी शेष नहीं बचेगा।"

राम ने सुग्रीव के काँधे पर स्नेहपूर्वक हाथ रखा और उन्हें आश्वस्त करते हुए बोले, "धैर्य धारण कीजिए महाराज सुग्रीव। यंत्र में अपरिमित शक्ति होती है किंतु तब भी वह मानवीय चेतना से बड़ा नहीं होता क्योंकि यंत्र की एक सीमा होती है। उस सीमा के बाद शक्तिशाली से शक्तिशाली यंत्र भी अशक्त हो जाता है किंतु मानवीय चेतना असीमित होती है, इसलिए मनुष्य को आविष्कारक और यंत्र को आविष्कार कहा जाता है। जिस भीमकाय लौह मानवाकृति को आप कुम्भकर्ण समझने की भूल कर रहे हैं, मुझे लगता है वह कुम्भकर्ण नहीं, अपितु उसका रथ है, जिसमें बैठकर कुम्भकर्ण हमारी सेना का संहार करना चाहता है। यदि आप शांत चित्त से विचार करेंगे तो पाएँगे कि वास्तव में उसने हमारी सेना की उतनी हानि नहीं की जितना उसने भय का संचार करते हुए हमारे चित्त को सर्वनाश की दुष्कल्पना से भर दिया है। सर्वनाश के भय और कुम्भकर्ण के अकल्पनीय वज्ररूप तथा आकार ने हमारे सोचने-समझने की शक्ति का क्षरण कर दिया, इसलिए हमारे सैनिक बिना विचारे ही अकुशल योद्धाओं की भाँति उस पर आक्रमण कर रहे हैं।"

---

18 बहुत तेज हवा

अब राम ने बहुत कौतुक से कुम्भकर्ण को देखते हुए सुग्रीव से कहा, "मित्र सुग्रीव देखिए, कुम्भकर्ण अपने सामने के शत्रुओं पर कुशलता से आक्रमण करता है किंतु पीछे से होनेवाले आक्रमण का उसे ज्ञान ही नहीं होता। उसका वृहद आकार उसकी शक्ति है किंतु वही उसका सबसे क्षीण पक्ष भी है। वह जितनी गति से आगे की ओर वार करता है, वहीं उसे पीछे घूमने, दाएँ-बाएँ झुकने में असुविधा होती है। गजराज किसी सिंह को तो सरलता से पछाड़ सकता है किंतु छोटी-छोटी चींटियाँ उसे पस्त कर देतीं हैं।"

"इसलिए आप निश्चिन्त रहिए। जो राम आपके परम पराक्रमी भाई बाली का निदान कर सकता है जिसने रावण को छह मास तक अपनी काँख में चपेट कर रखा हुआ था, वह राम इस कुम्भकर्ण का निदान भी अवश्य करेगा।" यह कहते हुए राम ने अपने पार्श्व में खड़े हुए विभीषण की ओर देखा। विभीषण विस्मयाभूत[19] से राम को देखते हुए बोले, "राम, आपका अनुमान पूर्णतः सत्य है। यह वास्तविक मनुष्य के जैसा दिखनेवाला लौहयंत्र कुम्भकर्ण का अपना आविष्कार है। यह कुम्भकर्ण नहीं, एक लौहयंत्र है, जिसके अंदर बैठकर कुम्भकर्ण इसे संचालित करता है। किंतु इस अति विशाल मानवयंत्र में वह कहाँ बैठता है, इसकी जानकारी उसके प्राणप्रिय भाई राक्षसराज रावण को भी नहीं है। राम, यह यंत्र वे सारी गतिविधियाँ करता है जो कोई जीवित मनुष्य कर सकता है। इसके मात्र हाथ-पैर ही गतिमान नहीं होते, इसके कंठ से स्वर भी निकलते हैं। यह सामान्य मनुष्यों की भाँति बातचीत भी करता है। कुम्भकर्ण मात्र अपनी प्रयोगशाला के गर्भगृह में ही अपने सामान्य रूप में रहता है, किंतु जब भी वह अपनी प्रयोगशाला से बाहर निकलता है तब वह इसी यंत्र में प्रतिष्ठित होता है, जिससे सामान्य जगत में उसके बारे में यह भ्रांति प्रचलित हो गयी है कि वह छः सौ बांस लम्बा और सौ बाँस चौड़े शरीरवाला अत्यंत दीर्घाकार दानव है। चूँकि उसके कृतित्व उसकी देह से बहुत बड़े हैं इसलिए जगत ने सरलता से इस भ्रांति[20] को सत्य मान लिया।"

---

19 आश्चर्य में पड़ा हुआ

20 धोखे

राम ने विभीषण से कहा, "लंकाधिपति विभीषण, इसका अर्थ हुआ कि यह यंत्र स्वचालित नहीं है। किंतु क्या इस यंत्र में मनुष्य की भाँति विचार करने की, स्वतंत्र निर्णय लेने की क्षमता भी है?"

"नहीं राम, इसका मस्तिष्क स्वयं कुम्भकर्ण है। वही इसके अंदर बैठकर सारे निर्णय लेता है। आप इसे कुम्भकर्ण द्वारा दिए गये निर्देशों के अनुसार कार्य का सम्पादन करनेवाला एक दुर्धर्ष[21] यंत्र कह सकते हैं।"

राम ने उस अति विशाल पर्वताकार यंत्र का अत्यंत सूक्ष्मता से अवलोकन करते हुए विभीषण से पूछा, "इसका अर्थ है कि इस यंत्र को निष्क्रिय करने के लिए कुम्भकर्ण का निष्प्राण होना परम आवश्यक है?"

राम देख रहे थे कि कुम्भकर्ण के निष्प्राण होने की बात को सुनकर विभीषण बुझ से गये थे। विभीषण ने निराश स्वर में कहा, "जी राम, किंतु कुम्भकर्ण को निष्प्राण करना अत्यंत दुष्कर है क्योंकि वह इतने विशाल यंत्र के किस भाग में बैठकर इसे संचालित करता है, यह किसी को भी नहीं पता। और फिर इस यंत्र का लौह आवरण इतना दृढ़ है कि इसे बाण या किसी अन्य अस्त्र से भेद पाना कठिन ही नहीं, असम्भव है।"

राम ने बहुत ध्यान से यंत्र को देखा कि यंत्र के हाथ, पैर, कटि, मुख, मस्तक, ग्रीवा, नेत्र सभी सामान्य मनुष्य की भाँति सक्रिय हैं, चलायमान[22] हैं। मात्र धड़ का भाग गतिहीन रहते हुए स्थिर है। राम की सहज बुद्धि में विचार आया कि रथ को गति में रखने के लिए रथी का स्थिर होना आवश्यक होता है। रथी की स्थिरता ही रथ को मनचाही गति प्रदान करती है। हो ना हो कुम्भकर्ण यंत्र के वक्षवाले कक्ष से ही इस दानवी यंत्र को संचालित कर रहा है। वह भूमि से अत्यधिक ऊँचाई पर स्थित होते हुए सम्पूर्ण युद्ध क्षेत्र पर बहुत सरलता से दृष्टि रख सकता है और इतनी ऊँचाई पर सामान्यतः धनुर्धारियों के बाण पहुँच नहीं पाते और पहुँच भी जाएँ तो उनका वेग क्षीणप्रायः हो जाता है। तब उन बाणों में उतनी शक्ति नहीं बचती कि वे दृढ़ लौह आवरण को भेदकर कुम्भकर्ण की जीवनलीला समाप्त कर सकें। राम का मन कुम्भकर्ण की

21 जिसका दमन करना कठिन हो

22 जो चल रहा हो

वैज्ञानिक क्षमता, उसकी मेधा[23], उसकी प्रतिभा के लिए साधुवाद से भर गया। वे विभीषण की ओर देखते हुए बोले, "लंका नरेश, आपके भाई कुम्भकर्ण सत्य ही विलक्षण प्रतिभा, के धनी हैं। किंतु दुख इस बात का है कि उन्होंने अपनी प्रतिभा, अपने ज्ञान का उपयोग जगत के कल्याण के लिए नहीं अपितु अकल्याण में सहभागी होने में किया।"

समर भूमि में साक्षात काल के प्रतिरूप अपने शत्रु कुम्भकर्ण के लिए राम के आदर और अभिनंदन से भरे हुए वक्तव्य को सुनकर विभीषण चमत्कृत और चकित-से राम को देखते हुए विचारने लगे, "कैसा अनुपम व्यक्तित्व है राम का! ये अपना तिरस्कार करनेवाले अपने घोर शत्रु के गुणों के प्रति भी सत्कार और सराहना के भाव से भरे हुए हैं! सत्य ही राम समदर्शी हैं। मित्र हो या शत्रु, वे उसके गुणों को मुक्तकंठ से सराहने में चूक नहीं करते।" विभीषण को लगा कि राम ने जैसे सभी कुछ जीता हुआ है, किंतु तभी रावण और कुम्भकर्ण की शक्ति और सामर्थ्य ने उनके चित्त को आशंका से ग्रस्त कर दिया और वे द्वंद्व में पड़ गये कि क्या राम अपने सीमित साधनों से विश्व विजेता रावण और महान कुम्भकर्ण जैसे महाबली योद्धाओं को पराजित कर पाने में सक्षम हैं?

राम विभीषण के मनोभावों को बहुत अच्छे से समझ रहे थे। विभीषण के हृदय में राम के लिए प्रेम तो अगाध[24] था किंतु कुम्भकर्ण की विकरालता के समक्ष राम के सामर्थ्य के प्रति उनका विश्वास डगमगा रहा था। विभीषण के डगमगाते हुए विश्वास को दृढ़ता प्रदान करने के लिए उन्होंने अत्यंत शांति से कहा, "मित्र विभीषण, जिसे आप सत्कार-सराहना मान रहे, वह सराहना नहीं शोध है, क्योंकि भीषण शत्रु क्रोध का नहीं शोध का विषय होता है। शत्रु को समाप्त करने के लिए उसके सामर्थ्य का शोध शांत चित्त से करना कल्याणकारी होता है।"

अपने मन में चल रहे द्वंद्व को राम के मुख से सुनकर विभीषण राम की दिव्यता पर मोहित हो गये। वे हाथ जोड़कर मुस्कुराते हुए बोले, "श्रीराम, आप जननायक ही नहीं, मननायक भी हैं। जहाँ हम जैसे सामान्य

---

23 बुद्धि

24 जिसकी गहराई का पता न चले

जन स्वयं के मन को ही पढ़ नहीं पाते, वहीं आप किसी व्यक्ति के मन को पढ़ ही नहीं, गढ़ भी लेते हैं।"

राम ने बहुत मधुरता से विभीषण को देखते हुए कहा, "मित्रवर, आपका अपने भाई कुम्भकर्ण के लिए असीम स्नेह है। इस सत्य को मैं जानता हूँ। आपके उसी स्नेह के कारण कुम्भकर्ण अभी तक जीवित है। राम स्वयं की विजय के लिए अपने सहयोगी मित्र लंकानरेश विभीषण को विषाद से नहीं भर सकता। विश्वास कीजिए लंकेश, जिस क्षण आप मुझे आदेश करेंगे और मुझे लगेगा कि मेरे परममित्र विभीषण के हृदय में अपने भाई के लिए प्रेम की अपेक्षा संसार के कल्याण की कामना का भाव अधिक प्रबल हो गया है, उसके अगले ही क्षण मैं कुम्भकर्ण की जीवनलीला समाप्त कर दूँगा। आपके बड़े भाई रावण जहाँ तंत्र की शक्ति में विश्वास रखते हैं, वहीं कुम्भकर्ण यंत्र की शक्ति का पक्षधर है, और यंत्र को शक्ति से नहीं, युक्ति से निरस्त व नियंत्रित किया जाता है।"

"आपने सत्य कहा राम, प्रकृति का रक्षण करनेवालों को ही रक्ष संस्कृति का वाहक माना जाता है किंतु मेरे इन दोनों बड़े भाइयों ने प्रकृति का रक्षण करने के स्थान पर उसका भक्षण किया, इसलिए आज संसार इन्हें राक्षस कह कर बुलाता है। रावण और कुम्भकर्ण ने महादेव शिव से प्राप्त शक्तियों का दुरुपयोग किया है। उनकी अनुकम्पा का अनुचित लाभ उठाया है। इसलिए इन्हें प्राणदंड मिलना ही चाहिए।" विभीषण दोनों हाथ जोड़ते हुए राम से बोले, "मेरी आपसे विनती है राम कि आप कुम्भकर्ण की जीवनलीला समाप्त करते हुए संसार को इनके त्राण से मुक्त कीजिए।"

विभीषण की सहमति मिलते ही राम ने अपने मन में लिये हुए निर्णय का क्रियान्वयन आरम्भ कर दिया। वे निश्चित कर चुके थे कि कैसे कुम्भकर्ण को निष्क्रिय करना है। उन्होंने अपने धनुष कोदंड पर चुम्बकीय क्षमतावाले वज्रलोहक चुंबक बाण को चढ़ाया और कुम्भकर्ण के दाहिने पैर को लक्ष्य करके छोड़ दिया। विभीषण ने देखा कि वह बाण कुम्भकर्ण के पैर से टकराते ही एक तंतु की भाँति उसके दाहिने पैर में लिपट गया। तब तक राम ने उसी प्रकार का दूसरा बाण उसके बाएँ पैर

को लक्ष्य करके छोड़ दिया। वह बाण भी तंतु की भाँति उसके बाएँ पैर से जाकर लिपट गया।

विभीषण, सुग्रीव, नल, नील अचम्भित से देख रहे थे कि वज्रलोहक के लौह तंतु जैसे ही कुम्भकर्ण के पैरों में लिपटे, वैसे ही कुम्भकर्ण के दोनों पैर बहुत तीव्रता से एक-दूसरे से विपरीत दिशा में फिंकने लगे।

यंत्र के अंदर बैठे हुए कुम्भकर्ण का संतुलन डगमगाने लगा। कुम्भकर्ण को लगा कि जैसे उसके दोनों पैरों को एक दूसरे से भिन्न दिशा में भयंकर बलशाली योद्धाओं द्वारा खींचा जा रहा है। उसके लिए आगे बढ़ना तो दूर अपितु भूमि पर ठीक से खड़े रहना भी कठिन हो रहा था। वह अपनी पूरी युक्ति लगाकर स्वयं को धराशायी होने से बचाने का प्रयास करने लगा।

कुम्भकर्ण को इसी बात की आशंका थी क्योंकि वह इस वैज्ञानिक सत्य को बहुत अच्छे से जानता था कि लोहा विद्युत का सबसे अच्छा सुचालक होता है। लोहे में विद्युत के प्रवाह से अत्यंत सरलता से चुम्बकीय क्षमता उत्पन्न की जा सकती है इसलिए वह निरंतर किसी अन्य धातु की खोज में लगा हुआ था जिससे वह अपने इस यंत्र को पूर्णतः दोष मुक्त कर सके। कुम्भकर्ण अपने पैरों में लिपटे हुए वज्रलोहक को निकालने के लिए झुकने ही वाला था कि तभी राम ने भयंकर चुम्बकीय क्षमता वाले दो आकर्ष बाणों को उसके दोनों हाथों पर छोड़ दिया जिसके प्रभाव से उसके दोनों हाथ परस्पर एक दूसरे से चिपक गये।

रणक्षेत्र में मृत्यु के साक्षात प्रतीक कुम्भकर्ण को यकायक एक अवश खिलौने में बदलता देख सभी वानर योद्धा आश्चर्यचकित-से राम के रण कौशल को देख रहे थे। सुग्रीव ने अचम्भित स्वर में राम से पूछा, "श्रीराम, यह कैसा चमत्कार है? मृत्यु के देवता कुम्भकर्ण को, जो अभी तक भयंकर सक्रिय था, आपने उसे बिना किसी प्रयास के ही निष्क्रिय यंत्र में परिवर्तित कर दिया? जिसके सामने मैं और मेरी सेना के महाबली योद्धा ठीक से खड़े नहीं रह पा रहे थे, वह कुम्भकर्ण स्वयं के संतुलन को बनाए रखने के लिए स्वयं से ही घोर संघर्ष कर रहा है? राम, आप विलक्षण हैं। आप-सा योद्धा इस समस्त भूमंडल में वर्तमान नहीं हैं।"

राम निस्पृह[25] भाव से विनम्रतापूर्वक सुग्रीव से बोले, "मित्र सुग्रीव, जैसा मैंने कहा था और मेरे उस कथन की पुष्टि लंकापति मित्र विभीषण ने भी की थी कि यह अतिविशाल लौह मनुष्य कुम्भकर्ण नहीं, उसके द्वारा निर्मित लौहरथ है—एक यांत्रिक दानव। हम चाहें तो विद्युत के प्रवाह से लोहे में चुम्बकीय शक्ति उत्पन्न कर सकते हैं। किसी भी चुम्बक में उत्तरी और दक्षिणी ध्रुव होते हैं। जब किसी वज्रलोहक के दो समान ध्रुव एक दूसरे के सामने आते हैं तब उनमें परस्पर विकर्षण[26] होता है। मैंने कुम्भकर्ण के दोनों पैरों को वज्रलोहक के प्रहार से चुम्बक में परिवर्तित करते हुए उसके दोनों पैरों में चुम्बक की धनशक्ति उत्पन्न कर दी इसलिए उसके पैर एक-दूसरे से विकर्षित हो रहे हैं। परिणामस्वरूप वह भूमि पर ठीक से खड़ा नहीं रह पा रहा है और उसके दोनों हाथों में मैंने आकर्ष के प्रभाव से चुम्बक के धन और ऋण को उत्पन्न किया है जिससे वे एक-दूसरे के प्रति आकर्षित होकर आपस में चिपक गये हैं।"

"मित्र, आप सेना को आदेश दीजिए कि वह कुम्भकर्ण से पर्याप्त दूरी बना ले क्योंकि अब कुछ ही क्षणों में यह भूमि पर गिरेगा। वह प्रयास करेगा कि वह अपने अतिविशाल लौहरूप के साथ हमारी सेना पर गिरे जिससे वह बिना लड़े ही हमारी सेना की अधिक से अधिक हानि कर सके।"

सुग्रीव और अंगद ने तीव्रता से सेना में यह संदेश प्रसारित किया किंतु तब तक कुम्भकर्ण अपने भीमकाय स्वरूप को लेकर भूमि के फट जाने की अत्यंत तीव्र ध्वनि के साथ धरती पर गिर पड़ा था।

राम पूरी एकाग्रता से यंत्र पर दृष्टि जमाए हुए थे। उन्हें पूरा विश्वास था कि यंत्र के धराशायी होने के बाद भी कुम्भकर्ण पूर्णतः सुरक्षित होगा और अब वह इस यंत्र से बाहर निकलकर युद्ध करने का प्रयास करेगा। राम देख रहे थे कि कुम्भकर्ण ने गिरते हुए भी अपने विशालकाय शरीर की चपेट में ढेर सारे वानर सैनिकों को लेते हुए उनके प्राण हर लिए थे।

---

25 इच्छा से रहित

26 विपरीत दिशा में खींचना

धरती पर गिरते ही यंत्र के अंदर उपस्थित कुम्भकर्ण ने स्वयं के बचाव के लिए यंत्र में निर्मित आपातकालीन द्वार से अपना शीश निकाला ही था कि राम का नाराच बाण उसके कंठ को भेदते हुए आर-पार हो गया। राम ने यंत्र को निष्क्रिय करने के पश्चात कुम्भकर्ण को यंत्र में ही निष्प्राण[27] कर दिया था। कुम्भकर्ण के मरते ही सम्पूर्ण वानर सेना ने अत्यंत उच्च स्वर में हर्ष के साथ श्रीराम का जय घोष किया।

वानरों के तीव्र जय घोष ने लंका की प्राचीर को हिला दिया था। अपने भाई कुम्भकर्ण की मृत देह के समक्ष खड़े हुए रावण की विचार तंद्रा टूटी। उसने अपने पार्श्व में खड़े हुए अपने पुत्र मेघनाद को देखा। मेघनाद ने पिता को आश्वस्त करते हुए बहुत धीमे स्वर में रावण के कान से लगते हुए कहा, “पिताश्री आप निश्चिन्त रहें। मैं आज रात्रि में निकुंभिला देवी का यज्ञ करूँगा। यज्ञ की समाप्ति के बाद संसार की कोई भी शक्ति मुझे परास्त नहीं कर सकेगी। मैं कल प्रातः ही हमारे घोर शत्रु राम और लक्ष्मण का सदा के लिए अंत कर दूँगा। बस! आपसे इतनी प्रार्थना है कि आप यज्ञ के समय मेरी सुरक्षा की व्यवस्था कर दीजिए जिससे मैं यज्ञ को निर्विघ्न[28] सम्पन्न कर सकूँ, क्योंकि इस यज्ञ का विधान है कि यज्ञ कर्ता को यज्ञ की समाप्ति तक पल भर के लिए भी यज्ञासन नहीं छोड़ना चाहिए। यज्ञ में किसी भी प्रकार का व्यवधान हमारे अमंगल का कारण होगा।”

रावण ने मेघनाद की ओर देखे बिना अत्यंत मद्धिम स्वर में कहा, “ठीक है पुत्र, मैं हर सम्भव प्रयास करूँगा कि तुम्हारा यज्ञ निर्विघ्न सम्पन्न हो सके।”

जीवन में पहली बार मेघनाद को रावण के स्वर में स्वयं के सामर्थ्य के प्रति अविश्वास प्रतिध्वनित हुआ। उसने बहुत ममत्व से अपने पिता की ओर देखते हुए दोनों हाथ जोड़कर कहा, “मुझे आशीर्वाद दीजिए पिताश्री, यह जीवन आपका ही दिया हुआ है तो आपको ही समर्पित है।”

रावण ने बहुत स्नेह से मेघनाद के सिर पर अपना हाथ रखते हुए कहा, “यशस्वी भवः पुत्र। आज अपने मन का एक ऐसा सत्य कहता हूँ

---

27 जिसमें प्राण न हो

28 बिना बाधा के

जिसका ज्ञान संसार में सम्भवतः किसी को नहीं है। संसार इस सत्य को तो जानता है कि रावण का पहला प्रेम महादेव शिव हैं किंतु वह इस सत्य को नहीं जानता कि मेरा अंतिम प्रेम मेरा पुत्र मेघनाद है। पुत्र, तुम्हारे आने के बाद रावण को किसी से भी प्रेम नहीं हुआ। मेरे हृदय में प्रेम की निर्झरिणी[29] के उद्गम[30] महादेव शिव हैं, तो पुत्र मेघनाद उसका अंत।"

यह कहते हुए रावण ने मेघनाद को अपने अंक में भर लिया व बहुत स्नेह से उसके मस्तक को सूंघते हुए कहा, "महादेव से आरम्भ होनेवाली मेरी जीवन यात्रा मेघनाद पर समाप्त होती है।"

मेघनाद की आँखों में चंचलता से झाँकते हुए रावण बोला, "संसार तुम्हारे पिता को त्रिकालदर्शी, परमज्ञानी, महापंडित और जाने कितने विशेषणों से सज्जित करता है, किंतु पुत्र कभी-कभी अपने भविष्य का ज्ञान होना भी हमारे कष्ट का कारण हो जाता है।"

"तुम्हारा पिता रावण मात्र भविष्यवक्ता, भविष्यदृष्टा ही नहीं था, वह भविष्यसृष्टा भी था। इसलिए मैंने भविष्य में आनेवाली सभी बाधाओं का समय रहते निराकरण कर लिया। विभिन्न वैज्ञानिक आविष्कार किये। प्रयोगों के माध्यम से प्रकृति के रहस्यों का उद्घाटन करते हुए विभिन्न सूत्रों को सिद्ध किया किंतु पुत्र, तीन अतिआवश्यक कार्यों के तोड़ अभी तक मुझे नहीं मिले और अब लगता है कि अपने पुरुषार्थ, अपनी बुद्धि, अपनी प्रतिभा, अपने कौशल, अपने हठ से सब कुछ सिद्ध करनेवाला रावण इन तीन कार्यों की अपूर्णता की ग्लानि से भरा हुआ ही अपने जीवन को पूर्ण करनेवाला है।"

मेघनाद, रावण के दीर्घ निःस्वास को सुन रहा था। उसने भावुक होते हुए पूछा, "पिताश्री, आप उचित समझें तो वे तीनों कार्य मुझसे कहें। यदि सम्भव हुआ तो अपना जीवन शेष रहते हुए मैं उन कार्यों को चरितार्थ करने का प्रयास करूँगा।"

रावण ने बहुत प्रेम से अपने पुत्र को देखते हुए कहा, "मैं अग्नि से धुँआँ समाप्त करना चाहता था, मैं स्वर्ग तक सीढ़ी लगाना चाहता था

29 किसी झरने से निकली नदी

30 उत्पत्ति के स्थान

जिससे कोई भी अपनी देह के साथ स्वर्ग तक पहुँच सके, और तीसरा एक ऐसा कार्य है जिसे कहते हुए भी मेरा हृदय विदीर्ण[31] होता है पुत्र।"

मेघनाद ने बहुत स्नेह से अपने पिता के हाथों को अपने हाथ में लेते हुए निवेदन किया, "आप वह भी कहिए पिताश्री। मैं इस गौरवानुभूति से भरना चाहता हूँ कि ब्रह्मांड से भी अधिक रहस्यपूर्ण, संसार की उच्चतम चेतना महान रावण के हृदय में व्याप्त उस रहस्य को, जिसे संसार में कोई नहीं जानता, उस रहस्य को मात्र आपका पुत्र मेघनाद जानता है।"

रावण ने पल भर विचार किया और स्थिर नेत्रों से मेघनाद की आँखों में देखते हुए कहा, "मैं चाहता था कि मैं एक ऐसी व्यवस्था का निर्माण कर सकूँ जिससे पिता से पहले उसके पुत्र का देहांत ना हो। अपने बल से मेरु पर्वत को उठानेवाला व्यक्ति भी अपने काँधों पर अपने पुत्र की मृत देह को नहीं उठा पाता। पुत्र की पार्थिव देह, पृथ्वी से भी अधिक भारी होती है पुत्र। संसार के घोर दुखों में सबसे भयंकर और गहन दुख यही होता है पुत्र, जब किसी पिता के काँधों पर उसके पुत्र की मृत देह हो।"

मेघनाद ने अपने पिता की आँखों में बहुत ममत्व से देखा। उसे लगा जैसे रावण उसकी भवितव्यता[32] की घोषणा कर रहा है कि उसका अंत निकट ही है। उसने किंचित मुस्कान के साथ अपने पिता को ढाढ़स बँधाते हुए कहा, "पिताश्री, जिस प्रकार इहलोक में मेरे आने से पूर्व आपका आगमन हुआ, जिससे आप अपने पुत्र मेघनाद के लिए इस जगत को मनोरम और सुरम्य बना सकें, वैसे ही मैं भी परलोक में आपसे पूर्व पहुँचकर आपके गौरव के अनुकूल व्यवस्था बनाकर रखूँगा। जैसे पिता के धर्म से पुत्र को इहलोक में यश, प्रतिष्ठा और कीर्ति और ऐश्वर्य प्राप्त होता है, वैसे ही पुत्र के कर्मों से पिता का परलोक सुधारता है। जिस प्रकार आपने अपने कर्तव्यों का निष्ठापूर्वक पालन करते हुए मेरे जीवन को आनंद और गौरव प्रदान किया है, उसी प्रकार अब यह मेरा दायित्व है कि मुझे भी आपके आगमन से पूर्व परलोक में उपस्थित रहना चाहिए, जिससे जब आप वहाँ पहुँचें, तब मुझे वहाँ देखकर आपको अनुपम सुख और अप्रतिम आनंद मिल सके।"

---

31 छलनी

32 जो अवश्य होने को हो/भाग्य

·॥ 9 ॥·

विजयपर्व

·॥ विभीषण ॥·

•॥ 31 ॥•

विभीषण को अपने गुप्तचरों द्वारा सूचना मिल चुकी थी कि मेघनाद आज रात्रि राक्षसों की कुलदेवी माँ निकुंभिला को प्रसन्न करने के लिए गुप्त गुफा में यज्ञ करनेवाला है। विभीषण इस सत्य से परिचित थे कि यदि कहीं मेधनाद इस यज्ञ को निर्विघ्न सम्पन्न करने में सफल हो गया तब संसार में किसी के लिए भी उसे पराजित कर पाना सम्भव नहीं होगा। वे चिंतातुर-से राम के शिविर की ओर बढ़ गए और प्रवेश से पूर्व अनुमति लेने के सामान्य-से शिष्टाचार की उपेक्षा करते हुए धड़धड़ाकर शिविर में प्रविष्ठ हो गये।

उनके इस व्यवहार से राम ने सहज ही विभीषण की व्यग्रता[1] का अनुमान लगा लिया और बहुत सहजता से अपने आसन से उठते हुए मुस्कुराकर उनका स्वागत किया।

"शिष्टाचार की अवहेलना[2] करने के लिए क्षमा चाहता हूँ राम। विषय अत्यंत गम्भीर है इसलिए मुझसे यह धृष्टता हो गयी। आशा है आप इसे अन्यथा नहीं लेंगे?" विभीषण ने हाथ जोड़ते हुए चिंतित स्वर में कहा।

राम ने गम्भीरता से उनके मुख को देखते हुए उनके कंधे पर अपना दाहिना हाथ रखते हुए कहा, "लंकाधिपति मित्र विभीषण, राम आपसे प्रेम ही नहीं करता, राम आपका सम्मान और विश्वास भी करता है। इसलिए ग्लानि मुक्त होते हुए अपने मन की चिंता को प्रकट कीजिए जिससे आपका यह वनवासी मित्र आपके मन को त्राण से मुक्त करते हुए अपने मित्र धर्म का पालन कर सके।"

---

1 बेचैनी

2 उल्लंघन

"श्रीराम! मेघनाद, निकुंभिला देवी को प्रसन्न करने के लिए आज रात्रि यज्ञ कर रहा है, यदि वह इसमें सफल हो गया तब कल उसे परास्त कर पाना हमारे लिए सर्वथा असम्भव होगा। उसने निकुंभिला की आराधना करके उन्हें प्रसन्न किया हुआ है। देवी ने उसे वरदान दिया है कि जब भी वह उन्हें आपातकाल में स्मरण करेगा, उन्हें प्रसन्न करने के लिए निर्विघ्न यज्ञ करेगा, तब वह उसे एक ऐसा युद्धक रथ प्रदान करेंगी जिसपर सवार होने के बाद वह अपराजेय रहेगा। जब तक वह उस रथ पर आरूढ़ रहेगा, संसार की कोई भी शक्ति उसके प्राण नहीं ले सकती। राम, उस यज्ञ के समाप्त होने से पूर्व ही हमें मेघनाद का निदान करना होगा अन्यथा विजय के तट पर खड़े होते हुए भी हम पराजय के गर्त में चले जायेंगे।"

राम ने देखा कि सूचना सुनते ही शिविर में उपस्थित जामवन्त, सुग्रीव, अंगद, नल, नील, लक्ष्मण सभी विचलित हो गए। एकमात्र हनुमान ही पूर्णतः निश्चिन्त मन से द्वार पर खड़े हुए अपने प्रभु राम को आनंद और श्रद्धा से देख रहे थे। हनुमान की अपने प्रति निश्चिन्तता, विश्वास, आस्था, श्रद्धा और समर्पण से राम के हृदय में आनंद और विश्वास का संचार होता था। राम मन ही मन विचार करने लगे कि उनके जीवन की समस्त उपलब्धियाँ उनके आत्मीयजनों के उनके प्रति अखंड विश्वास का ही परिणाम है। अपने सहयोगियों, मित्रों की श्रद्धा और विश्वास ही मनुष्य की संकल्पशक्ति को परिष्कृत और विस्तारित करने का कार्य करती है। कितना अनुपम है हनुमान का भाव! वह मुझे लेकर निश्चिन्त है, मेरे प्रति पूर्णतः समर्पित है किंतु वह मुझ पर निर्भर नहीं है। बहुधा हम जिसके प्रति समर्पित होते हैं उसके सामर्थ्य, उसकी शक्ति पर हम निर्भर हो जाते हैं, परिणामस्वरूप अपने सहयोगियों, अपने अनुयायियों की निर्भरता नायक की कर्मणाशक्ति का क्षरण करती है किंतु जब हमारी शक्ति और सामर्थ्य पर विश्वास करनेवाले हमारे आत्मीयजन हमारे प्रति पूर्णतः समर्पित रहते हुए हनुमान के जैसे आत्मनिर्भर होते हैं तब उनका यह भाव नायक में अपार शक्ति का संचार करता है और तब नायक के हृदय में दायित्वबोध का भाव पहले की तुलना में अधिक घना हो जाता है किंतु तब यह दायित्वबोध नायक के लिए भार के जैसा नहीं

होता अपितु वह नायक को निर्भार करते हुए उसमें अपार ऊर्जा, शक्ति और सामर्थ्य का संचार करता है।

तभी उनके कानों में विभीषण का चिंतातुर स्वर सुनाई पड़ा, "राम हमारे पास समय बहुत कम है। हमें तत्काल ही इस समस्या के समाधान के लिए उद्यम करना होगा।"

राम निर्णय ले चुके थे कि इस कार्य को उन्हें विभीषण के नेतृत्व में ही सम्पन्न करना चाहिए, क्योंकि वे वन में निवास करने की पितृ-आज्ञा के अधीन होने के कारण लंका नगर में प्रवेश नहीं कर सकते थे और विषय लंका का था जिसके भूगोल की जानकारी विभीषण से अधिक उनकी सेना में किसी अन्य को नहीं थी। किंतु वे इस सत्य से भी परिचित थे कि विभीषण नीति-निपुण[3] अवश्य हैं किंतु रण-निपुणता का उनमें अभाव है। वे किसी भी मूल्य पर मेघनाद का सामना करने में सक्षम नहीं हैं। उनकी सेना में विभीषण के अलावा हनुमान, अंगद और लक्ष्मण ही हैं जो इससे पूर्व लंका गमन कर चुके हैं। हनुमान हर प्रकार से सक्षम हैं मेघनाद का निदान करने के लिए किंतु मेघनाद द्वारा अपने किये गए शक्ति प्रहार के बाद से लक्ष्मण में एक प्रकार की कुंठा का जन्म हुआ है। लक्ष्मण को कुंठा मुक्त करने के लिए यह आवश्यक है कि वे स्वयं ही मेघनाद का वध करें।

उन्होंने आग्रह के स्वर में विभीषण से कहा, "लंकाधिपति, आप महाबाहु लक्ष्मण, महाबली हनुमान और अंगद का मार्गदर्शन करते हुए इन्हें उस स्थान तक ले जाइए जहाँ रावणपुत्र मेघनाद यज्ञ कर रहा है। इसके बाद का कार्य ये वीर योद्धा सहजता से सम्पन्न कर देंगे।"

लक्ष्मण पल भर के लिए चौंक गए क्योंकि किसी भी यज्ञ में विघ्न उपस्थित करना मानवीय नहीं, दानवीय प्रकृति का सूचक होता है। उन्होंने विनम्रतापूर्वक राम से निवेदन किया, "भैया, क्या किसी के यज्ञ में विघ्न उत्पन्न करना धर्म विरुद्ध नहीं है?"

राम ने आधिकारिक स्वर में कहा, "प्रिय लक्ष्मण, समस्त चराचर जगत के कल्याण, उसके मंगल की कामना के लिए किया जानेवाला कर्म ही धर्म

---

3 कुशल

कहलाता है। किसी के अमंगल की कामना से प्रेरित होकर किए जानेवाले यज्ञ, हवन, पूजा-पाठ आदि धर्म की श्रेणी में नहीं आते। मन में निहित उद्देश्य की हीनता, उसकी अपवित्रता शुभ कार्य को भी अशुभ में रूपांतरित कर देती है। इसलिए धर्माधर्म के द्वंद्व से मुक्त होते हुए निश्चिन्त मन से मेघनाद का संहार करो। मेघनाद द्वारा किए जानेवाले इस यज्ञ को तुम धार्मिक कृत्य नहीं, युद्ध नीति का ही एक अंग मानो। वह निकुंभिला देवी को प्रसन्न करके अपने लिए श्रेष्ठतम आयुध प्राप्त करना चाहता है जिससे वो अपने शत्रुओं का समूल नाश कर सके। युद्ध में अपने शत्रु को नष्ट करना यदि युद्ध धर्म है तो अपने शत्रु से नीतिपूर्वक स्वयं की रक्षा करना भी युद्ध धर्म ही कहा जाता है। जाओ लक्ष्मण, लंका के अपराजेय दुर्ग में प्रविष्ट होकर इंद्र को जीतनेवाले मेघनाद इंद्रजीत को अपने शौर्य, अपने पराक्रम का ऐसा कौतुक दिखाओ कि मेघनाद जब तुम्हारे बाणों पर आरूढ़ होकर स्वर्ग की ओर यात्रा कर रहा हो तब उसके मस्तिष्क में से संसार की सभी स्मृतियाँ धूमिल हो जाएँ, उसे मात्र लक्ष्मण के युद्ध कौशल, उसकी वीरता, उसकी शक्ति, उसका सामर्थ्य और उसके ब्रह्मचर्य से पूर्ण व्यक्तित्व की ही स्मृति शेष हो। विजयी और यशस्वी भवः भाई! महादेव शिव तुम्हारे सहायक हों।"

लक्ष्मण का मुख दोगुने उत्साह से आलोकित होने लगा। उन्होंने अपने गुरु अपने भाई श्रीराम के चरणस्पर्श किए और जाने के लिए उद्धत हुए तभी उन्हें राम का आदेश सुनाई दिया। राम कह रहे थे, "प्रिय हनुमान, प्रिय अंगद, प्रिय लक्ष्मण मैं अपने परम हितैषी मित्र विभीषण को अपनी धरोहर के रूप में तुम्हें सौंप रहा हूँ। वे अपने घोर बैरी[4] रावण के राज्य में मात्र मेरे आग्रह पर तुम लोगों का मार्गदर्शन करने के लिए प्रस्तुत हुए हैं। इसलिए यदि अपने प्राण देकर भी तुम्हें इनकी रक्षा करनी पड़े तो भी करना, किंतु मुझे मित्र विभीषण किसी भी मूल्य पर सप्राण चाहिए होंगे।"

हनुमान ने एक बार अंगद और लक्ष्मण की ओर देखा। उसके बाद वे राम के चरणों की ओर देखते हुए संकल्पपूर्वक बोले, "आपकी कृपा से सदैव सबल और सुरक्षित रहनेवाले हम, आपके सेवक, आपके अनुचर

---

4 दुश्मन

आपको वचन देते हैं प्रभु, कि साक्षात काल भी यदि आपके मित्र, आपकी धरोहर महाराज विभीषण का स्पर्श भी करना चाहेगा तो नहीं कर सकेगा।"

इसके बाद राम, विभीषण की ओर देखते हुए बोले, "मित्र विभीषण, मुझे पूरा विश्वास है परमप्रिय हनुमान, अंगद और लक्ष्मण के सामर्थ्य और शक्ति पर। इनके होते हुए राम आपको दिए गए वचन की पूर्ति करते हुए शीघ्र ही लंकाधिपति के रूप में आपका राज्याभिषेक करेगा।" इसके बाद राम ने हर्षोल्लास के साथ उच्च स्वर में विभीषण के नाम का जयकार किया, "लंकाधिपति मित्र विभीषण की जय।"

जामवन्त देख रहे थे कि राम ने विभीषण के नाम का जयकार इतने तीव्र स्वर में किया जिससे उनकी वानरसेना में उत्साह का संचार हो और सभी सैनिक उत्साहित होकर राम के स्वर से स्वर मिलाते हुए विभीषण की जयकार का घोष इतना तीव्र करें जिससे विभीषण का नाम लंका के राजमहल में बैठे हुए रावण के कानों में स्पष्ट सुनाई पड़े। और हुआ भी वही।

जामवन्त राम की बुद्धिमत्ता और दूरदर्शिता से चकित-से खड़े हुए विचारने लगे, "विभीषण को अपनी धरोहर बताकर राम ने विभीषण के हृदय में व्याप्त मृत्यु की आशंका को क्षण भर में ध्वस्त कर दिया। उसका चित्त रावण के शत्रुओं को अपने साथ लेकर लंका में प्रवेश करने से बुरी तरह भयभीत था—वह भी उस अभियान में जो रावण के प्राणप्रिय पुत्र मेघनाद के विरुद्ध हो रहा है। कितने दूरदर्शी हैं राम! उन्होंने विभीषण को इस अभियान का मुखिया बनाकर उसके नाम का जयकार करके विभीषण के लंका लौटने की सम्भावना को पूर्णतः समाप्त कर दिया। मानवीय हृदय की इस भावनात्मक दुर्बलता से राम कितने अच्छे से परिचित हैं! उन्हें इस बात की आशंका होगी कि अपने कुल, कुटुम्ब, अपने भाई, अपने राज्य और अपने नागरिकों के दुख हताशा और विषाद से कहीं विभीषण का हृदय विगलित ना हो जाए? और यदि कहीं भावावेश में विभीषण लंका की ओर पुनः मुड़ गए तब राम और उनकी सेना को भयंकर संकट का सामना करना पड़ सकता है। जब विभीषण जैसे परिजन का विद्रोह लंका जैसे सर्वसमर्थ राष्ट्र को राम जैसे साधनहीन वनवासी के समक्ष कुंठित कर

सकता है, तब बीच युद्ध में विभीषण का पुनः लंका की ओर मुड़ना राम और पूरी वानरसेना के सर्वनाश का कारण ही होता। मेघनाद के संहार के लिए विभीषण को मुखिया बनाकर राम ने उसकी लंका वापसी के सभी मार्गों को बंद कर दिया। अब विभीषण चाहकर भी रावण की दया, उसकी कृपा और उसके स्नेह का पात्र नहीं बन सकता अपितु मात्र विभीषण ही है जो रावण के क्रोध और कोप का एक मात्र अधिकारी होनेवाला है।

पहले विभीषण का राम के पक्ष में खड़े रहना राम के ऊपर उसकी कृपा का प्रमाण था किंतु अब राम के पक्ष में खड़े रहना विभीषण की विवशता भी है और आवश्यकता भी है। जामवन्त ने अत्यंत भक्ति भाव से राम को प्रणाम करते हुए मन ही मन बुदबुदाते हुए कहा, "हे रघुनंदन! तुम धन्य हो।"

•॥ 32 ॥•

मेघनाद के वध के उपरांत लंका में होनेवाला युद्ध अपने अंतिम चरण में था। सुग्रीव, अंगद, नल, नील, मयंद, जामवन्त आदि सभी सेनापति प्रसन्न मुद्रा में निश्चिन्त दिखाई देते थे किंतु राम जानते थे कि रावण के वर्तमान रहते हुए यह युद्ध का सबसे अधिक भीषण चरण होनेवाला है। श्रीराम के नेतृत्व में लड़ रही वानर सेना की भारी हानि हो चुकी थी किंतु इस हानि के बाद भी श्रीराम के शिविर में विषाद का वातावरण नहीं था। अपने सेना नायकों के साथ बैठे श्रीराम ने निस्तब्धता[5] को तोड़ते हुए कहा, "प्रिय महाराज सुग्रीव, रावण की तुलना में हमारे पास बहुत सीमित शक्ति थी, यदि अनुपातिक दृष्टि से देखा जाए तो हमारी क्षति रावण की अपेक्षा कहीं बहुत अधिक हुई है, फिर भी मैं देख रहा हूँ कि रावण के सेनानायकों के हृदय में हमारी अपेक्षा कहीं अधिक विषाद है।"

सुग्रीव ने बहुत भावुक नेत्रों से श्रीराम की ओर देखा और बोल पड़े, "प्रभु, हम एक नायक के नेतृत्व में लड़ रहे हैं और लंका की सेना एक राजा के अधीन लड़ रही है। हमारी सेना का संबंध श्रीराम के संकल्प से है और

5 सन्नाटा

रावण की सेना का संबंध अपने राजा की इच्छा से है। संकल्पनिष्ठ सेना को अपनी हानि में भी लाभ दिखाई देता है और इच्छाधीन सेना को अपने लाभ में भी हानि ही प्रतीत होती है। हमारे पास विकल्प का अभाव है इसलिए हम निश्चिन्त हैं और उनके पास संकल्प का अभाव है इसलिए वे चिंतित हैं।"

सुग्रीव के विवेकपूर्ण कथन को सुनकर श्रीराम आनंद से भर गये। उन्होंने बहुत करुणा से सुग्रीव की ओर देखा और फिर अंगद को मुस्कुराते हुए देखने लगे। अंगद को लगा जैसे श्रीराम उनका मंतव्य भी जानना चाहते हैं, तो स्वतः ही उसके मुख से निकल पड़ा, "प्रभु, महाराज सुग्रीव का कथन पूर्णतः सत्य है। लंका के युद्धक्षेत्र में लड़ा जानेवाला यह युद्ध राम और रावण के बीच नहीं, संकल्प और इच्छा के बीच हो रहा युद्ध है, यह नायकत्व और राजत्व के बीच का संघर्ष है।"

श्रीराम ने मुस्कुराते हुए कहा, "क्या तुम इन दोनों मानसिकताओं के बीच के अंतर को रेखांकित कर सकते हो अंगद?

अंगद ने बहुत विनम्रता से कहा, "प्रभु, नायक अपने सैनिकों को अपना सहयोगी मानता है, इसलिए वह अपने साथ रहनेवाले प्रत्येक सैनिक के संकल्प को अपना संकल्प बना लेता है। उनके कल्याण में ही नायक को अपना कल्याण दिखाई देता है। और दूसरी ओर राजा अपने सहयोगी तो छोड़िए, अपने परिजनों को भी अपना भृत्य मानता है।" यह कहते हुए अंगद की दृष्टि यकायक विभीषण से टकरा गयी। विभीषण की आँखों में उसे अपने कथन से सहमति दिखाई दी तो उसने बोलना जारी रखा, "राजा सदैव अपने कल्याण की सोचता है और वह चाहता है कि उसके लोग राजा के कल्याण को ही अपना कल्याण मानें। नायक जन की प्रतिष्ठा के लिए लड़ता है तो राजा अपने मन की प्रतिष्ठा के लिए अड़ जाता है। हम अपने प्रण की रक्षा करना चाहते हैं प्रभु, और रावण अपने प्राण की रक्षा करना चाहता है। रावण के सैनिक अपनी वृति[6] के लिए अपने प्राण गँवा रहे हैं और राम के सैनिक अपनी भक्ति के कारण अपने प्राणों का उत्सर्ग[7] कर रहे हैं। हे पुरुषोत्तम,

6 पेशे

7 न्यौछावर

गँवाने का भाव रखनेवाले तो सदैव अवसादग्रस्त ही होते हैं, और जो उत्सर्ग, समर्पण और चढ़ाने के भाव से भरे हुए होते हैं, वे आनंद में मस्त रहते हैं।

तभी वयोवृद्ध[8] जामवन्त अपनी धीर-गम्भीर वाणी में बोलने लगे, "प्रभो, रावण के नेतृत्व ने यज्ञभूमि को भी युद्धभूमि बना दिया था, किंतु राम का नेतृत्व युद्धभूमि को भी यज्ञभूमि में रूपांतरित कर देता है क्योंकि राम राजा नहीं, नायक हैं। राजा का कोई मित्र नहीं होता और नायक का कोई शत्रु नहीं होता। नायक की शत्रुहीन दृष्टि युद्ध को भी यज्ञ बना देती है इसलिए हम किसी युद्ध का नहीं, एक यज्ञ का हिस्सा हैं। मानवता के कल्याण के लिए किये जानेवाले यज्ञ का। और इस यज्ञ में हम साकल्य[9] की हविष्य नहीं डाल रहे हैं। इसकी समिधा[10] तो हमारे स्वयं के प्राण हैं।"

"प्रभु, रावण और उसकी सेना हमें हरा देने के भाव से भरी हुई है, जबकि हम लंका को जीत लेने के भाव से प्रेरित हैं। इसलिए हमें अपने अनिष्ट में भी इष्ट दिखाई देता है और रावण को साक्षात इष्ट भी अनिष्ट दिखाई दे रहा है।"

हनुमान बहुत ध्यान से चुपचाप सभी बातों को सुन रहे थे किंतु वे देख रहे थे कि विभीषण इस पूरे वार्तालाप को सुनकर उद्विग्न हो रहे हैं। विभीषण की उद्विग्नता का कारण भी हनुमान को समझ आ रहा था। विभीषण रावण का भाई है, वह रावण के रण सामर्थ्य को बहुत अच्छे से जानता है। वह रावण के तप और ताप, दोनों की तीव्रता से भलीभाँति परिचित है। वह जान रहा है कि कल सूर्य उदय से आरम्भ होनेवाला युद्ध अभी तक हुए युद्ध से सौ गुनी अधिक तीव्रता से होगा। रावण अपने सम्पूर्ण पराक्रम का परिचय देना आरम्भ करेगा। विभीषण, राम से कुछ कहना चाहते हैं लेकिन सम्भवतः वे अपनी चिंता को क्लांत सेनानायकों के सामने नहीं रखना चाहते। इससे क्लांत सेना में भय का वातावरण निर्मित हो जाएगा।

श्रीराम, विभीषण के मनोभावों को समझ रहे थे। उन्होंने सुग्रीव सहित सभी सेना नायकों को विनम्रतापूर्वक आदेश देते हुए कहा, "अब आप सब भी कुछ समय के लिए विश्राम करें।"

---

8 अधिक उम्रवाले

9 समग्रता

10 हवन/यज्ञ की सामग्री

सेनानायकों के जाते ही लक्ष्मण ने शिविर में प्रवेश किया। श्रीराम ने उनकी ओर एक गम्भीर दृष्टि डाली। लक्ष्मण ने अभिवादन के बाद बोलना शुरू किया, "भैया, दोनों पक्षों के मृत सैनिकों का विधिविधान से दाह संस्कार कर दिया गया है। लंका की सेना की तुलना में हमारी अधिक क्षति हुई है। मेघनाद ने हमारी हानि जो की सो की, किंतु कुंभकर्ण ने मरते-मरते हमारी सबसे अधिक हानि की थी। वह अपने विशालकाय शरीर के साथ हमारी पैदल सेना के उस भाग पर गिरा था जो हमारे सुप्रशिक्षित योद्धाओं का विशेष दल था। वह दल कुंभकर्ण के पर्वताकार शरीर के नीचे दबकर ध्वस्त हो गया। जीवित बचे हुए घायलों को विशल्यकर्णी[11] औषधियों के लेप लगा दिए गये हैं, किंतु उनमें से आधे ही कल प्रातः के युद्ध के लिए तैयार हो पाएँगे।"

श्रीराम ने स्नेह से लक्ष्मण को देखते हुए कहा, "ठीक है प्रिय भाई, अब तुम भी विश्राम करो। कल हमें रणभूमि में ब्रह्मांड के महान योद्धा, सभी विद्याओं में दक्ष, त्रिलोकविजेता, विद्याविशारद, महान शिवभक्त रावण के साक्षात दर्शन होंगे। कल लंका के आकाश में अभी तक का सबसे प्रखर सूर्य प्रकाशित होनेवाला है जिसके प्रकाश की आभा, जिसका युद्ध कौतुक[12] हमारे नेत्रों को ही नहीं, हमारी बुद्धि को भी विस्मय से भर देगा।"

लक्ष्मण अभिभूत से अपने भाई को देख रहे थे। जहाँ मनुष्य अपना सामान्य-सा अहित करनेवाले व्यक्ति के प्रति भी वैमनस्य, घृणा, और क्रोध के भाव से भर जाता है वहीं मर्यादा की प्रतिमूर्ति श्रीराम अपनी श्री, अपनी शक्ति, अपने शील का हरण करनेवाले अपने घोर शत्रु रावण के प्रति भी आदर के भाव से भरे हुए हैं!"

लक्ष्मण ने विनीत भाव से कहा, "भैया, आप सत्य ही पुरुषोत्तम हैं। रावण के दुष्चरित्र में भी आप उसके कलंक को नहीं, उसके गुणों को ही देख रहे हैं?"

राम ने गम्भीरता से लक्ष्मण को देखते हुए कहा, "लक्ष्मण, शत्रु के हीन पक्ष को देखनेवाला व्यक्ति शत्रु को समाप्त करने के प्रयास में स्वयं भी हीनता को प्राप्त होता है, इसलिए हमें सदैव अपने शत्रु के गुणों, उसके

11 दर्द को मिटानेवाली

12 ऐसी चीज जिसे देखकर आश्चर्य हो

उज्ज्वल पक्षों को ही ध्यान में रखना चाहिए, जिससे हमारा परिष्कार हो सके। शत्रु का संपर्क हमें उत्कृष्ट भी बना सकता है और निकृष्ट भी। विजय का अर्थ किसी का वध करके उसे परास्त करना ही नहीं होता अपितु स्वयं के चित्त, चरित्र और चिंतन का परिष्कार भी होता है। शत्रु के गुणों को देखने, समझने, सराहने की दृष्टि हमारी उन्नति में सहायक होती है व उसके गुणों के प्रति तिरस्कार का भाव हमारी अवनति का कारण होता है। अपने इसी दृष्टिकोण के कारण हम बहुधा अपने शत्रुओं को समाप्त करते-करते शत्रु के जैसे ही हो जाते हैं।"

लक्ष्मण अभिभूत से राम को देखते हुए विचारने लगे, "इतनी विराट दृष्टि, इतना अमल चित्त क्या किसी मनुष्य का हो सकता है? क्षमा, दया, करुणा, समदर्शिता ये सब तो उस अनदेखे ईश्वर के गुण होते हैं, जिन्हें लक्ष्मण अपने भाई राम में वर्षों से देख रहे हैं। लक्ष्मण सत्य ही परम सौभाग्यशाली हैं जो उन्हें इस नश्वर जगत में राम जैसे भाई की सेवा और सान्निध्य का सुख प्राप्त हुआ।"

अब तक चुप खड़े विभीषण ने अपने दोनों हाथ जोड़कर कहा, "राम, यदि आपकी आज्ञा पाऊँ तो मैं कुछ निवेदन करना चाहता हूँ?"

राम ने आश्वस्त करती हुई मुस्कुराहट के साथ सम्मानपूर्वक स्वर में कहा, "लंकाधिपति विभीषण को अपने मित्र राम से कुछ कहने के लिए आज्ञा लेने की आवश्यकता नहीं है। आप प्रसन्न मन से अपनी बात कहिए मित्र लंकेश। राम आपके मुख से निकलनेवाले कल्याणकारी वचनों को सुनने के लिए उत्सुक है।"

"यह आपकी सहृदयता है जो आप मुझ अनाथ को लंकाधिपति कहकर मुझे संबल प्रदान करते हैं, किंतु प्रभु वास्तविकता यह है कि आप रावण की शक्ति, भक्ति, युक्ति उसके शौर्य, उसके पराक्रम से अनभिज्ञ[13] हैं। हे दशरथनंदन, कल सूर्योदय के साथ ऐसा भीषण संग्राम होगा जिसकी आपने कल्पना भी नहीं की होगी। संसार के श्रेष्ठतम अस्त्रों-शस्त्रों से युक्त महापराक्रमी रावण समस्त विद्याओं का ज्ञाता ही नहीं, निर्माता भी

---

13 अनजान

है। रावण के पास जो आयुध[14] हैं, वे देवताओं के पास भी नहीं हैं। जिस रथ पर सवार होकर वह समर भूमि में भ्रमण करता है, वह पूरा का पूरा एक अतिविशाल आयुधागार है। और दूसरी ओर आप हैं जिसके पास सामान्य रथ तो छोड़िए, पैरों में पहनने के लिए पदत्राण तक नहीं है। आप धरती पर खड़े होकर युद्ध करते हैं और रावण आकाश में खड़े होकर आप पर आयुधों की वर्षा करेगा। प्रभु, यह असमानता के धरातल पर लड़ा जानेवाला युद्ध है। मेरे मन में आपके बल, आपके रण-कौशल के प्रति तनिक भी संदेह नहीं है, किंतु आपके प्रति मेरे हृदय में अपार प्रेम और श्रद्धा है जिस कारण मेरे चित्त में भय और चिंता ने अपना साम्राज्य बना लिया है। हे बलवीर, आप किस विधि से उस महाबलि पर विजय प्राप्त करेंगे?"

विभीषण के कथनों को सुनकर लक्ष्मण का हृदय रोष से भर गया। उनके मन में आया कि वे विभीषण को इसी क्षण शिविर से बाहर का मार्ग दिखा दें। जब श्रीराम पर संदेह करने का समय था तब तो ये अपने राक्षसराज भैया पर विश्वास प्रकट कर रहे थे, और जब श्रीराम को पूर्ण विश्वास की आवश्यकता है तब ये अपनी प्रीति की दुहाई देकर उनके सामर्थ्य पर संदेह प्रकट कर रहे हैं! युद्ध निर्णायक मोड़ पर पहुँच चुका है तब किसी मित्र द्वारा मनोबल तोड़नेवाली ऐसी चर्चा नीतिपूर्ण नहीं होती। अपने विचारों को कार्यरूप में परिणत[15] करने से पहले उन्होंने एक बार श्रीराम के मुख को देखा। राम की मुद्रा देखकर लक्ष्मण एक बार पुनः चकित हुए। कोई अन्य व्यक्ति होता तो इस प्रकार की चर्चा को अपना असामर्थ्य मान कर विचलित हो जाता। किंतु श्रीराम के मुख पर मानो विभीषण के कथनों का कोई प्रभाव ही नहीं था। वे पूर्ण आश्वस्ति के साथ मुस्कुराते हुए विभीषण को देख रहे थे, मानो कह रहे हों कि भीषण-प्रतिकूल परिस्थितियों में अपने मन की सभी शंकाओं, चिंताओं को यदि हम अपने मित्र के समक्ष स्पष्टता से नहीं रखेंगे, तो फिर किसके समक्ष रखेंगे? मित्र का अर्थ ही होता है, "मन को त्राण[16] से मुक्त करनेवाला। मित्र हमारे कष्टों के कारक नहीं, निवारक होते हैं।"

---

14 हथियार

15 जिसमें परिवर्तन हुआ हो

16 विपत्ति से बचाना/सहायता करना

श्रीराम ने बहुत स्नेह से विभीषण के कंधे पर हाथ रखा और उन्हें अपने साथ लेकर रणभूमि में पहुँच गये। अमावस्या के गहन अंधकार में बहुत दूर लंका के अजेय दुर्ग की प्राचीर दिखाई दे रही थी। उस नीरवता में विभीषण को श्रीराम का उल्लास से पूर्ण किंतु गहन गम्भीर स्वर सुनाई दिया। वे कह रहे थे, "मित्र विभीषण, जिस रथ से युद्ध जीते जाते हैं वो वह नहीं है जो रावण के पास है। ऐसे रथ तो लकड़ी और लोहे से बने हुए साधन मात्र कहलाते हैं जिनका उपयोग रावण जैसे योद्धा रणभूमि में विचरने के लिए करते हैं। वह रथ कुछ और ही है जो हमें जीवन संग्राम में विजयश्री दिलाता है।"

विभीषण ने चिंतातुर नेत्रों से श्रीराम की ओर देखते हुए पूछा, "जिस रावण को देवता, यक्ष, गंधर्व जैसी परम पराक्रमी साधन सम्पन्न जातियाँ पराजित नहीं कर पायीं, उस महापराक्रमी रावण के विरुद्ध छिड़नेवाले संग्राम के लिए आप किस रथ का उपयोग करेंगे, यह मेरी समझ में नहीं आ रहा है? वह कौन-सा रथ है राम, जिसकी आप चर्चा कर रहे हैं? वह मुझे दिखाई क्यों नहीं देता?"

"लंकाधिपति विभीषण, साधनों के मध्य रहनेवाले बहुधा[17] साधना के महत्व को विस्मृत कर देते हैं। उनकी मति पर भ्रम का आवरण चढ़ जाता है। परिणामस्वरूप उनकी दृष्टि इस लौकिक जगत में विद्यमान अलौकिक शक्तियों को देख पाने में असमर्थ हो जाती है।"

राम शून्य में देखते हुए बोल रहे थे। विभीषण को लगा जैसे राम दृश्यमान संसार के शून्य को नहीं, अपितु स्वयं में व्याप्त अदृश्य ब्रह्मांड को ध्यानस्थ होकर देख रहे हों। उनका स्वर अत्यंत गम्भीर और गहरा ध्वनित हो रहा था। राम ने अपनी दृष्टि की कोर से विभीषण को देखते हुए कहा, "मित्र विभीषण, मेरा जीवनरथ शौर्य और धैर्य के दो पहियों पर चलता है। शौर्य को आप मात्र शूरता या वीरता मानने की भूल मत कीजिएगा। शौर्य का अर्थ होता है, औदार्य[18] से पूर्ण शक्ति अर्थात जिस व्यक्ति का चित्त कभी ना डिगनेवाली आस्था, दया और धैर्य की

17 अधिकतर अवसरों पर

18 उदारता

शक्ति से सम्पन्न हो। यह तभी सम्भव है जब हम अपने शंका रूपी शत्रु का समूल नाश धैर्यपूर्वक यानी धर्म में स्थिर रहते हुए कर देते हैं और तब हमारी देह का प्रत्येक रोम शौर्य की आभा से आलोकित होने लगता है।"

"स्मरण रखिए लंकेश, शंकित चित्त से किया गया कोई भी कार्य हमें असफलता और अवसाद के भाव से भर देता है, इसलिए लौकिक शत्रु का नाश करने से पूर्व हमें अपने हृदय में विराजमान शंकाओं का समूल नाश करना चाहिए और यह तब ही सम्भव होता है जब हम विचलित हुए बिना धर्म में स्थिर रहें।"

"धर्म से आपका तात्पर्य क्या है राम? क्योंकि इस जगत में विभिन्न मत-मतांतर हैं। सभी की अपनी पद्धतियाँ हैं, इन्हीं पद्धतियों और प्रक्रियाओं की भिन्नता के कारण ही धर्म, जिसको धारण करके हमें निर्द्वंद्व होना चाहिए, हमारे आपसी द्वंद्व का कारण बना हुआ है। धर्म का स्वरूप तो अत्यंत व्यापक होता है..." विभीषण का संदेह और अधिक घना हो गया था।

राम ने क्षण भर के लिए विभीषण के नेत्रों में देखा और मुस्कुराते हुए बोले, "हे धर्मप्राण महाराज विभीषण! मन, कर्म, वचन से समस्त चराचर जगत के कल्याण की कामना ही धर्म का एक मात्र हेतु है। इस विश्व के प्रत्येक कण, गण, प्रण, प्राणी और प्राण के मध्य समरसता, सद्भाव, सामंजस्य का भाव ही धर्म होता है। प्रकृति के सुर से सुर मिलाकर ना चलनेवाले असुर को निरस्त और निष्क्रिय करना ही किसी धार्मिक व्यक्ति का कर्तव्य होता है, जिससे प्रकृति की लय से लय मिलाकर ना चलने के कारण यह जगत प्रलय के दंश से मुक्त रह सके।"

"मित्र विभीषण, जगत को जीतने से अधिक कठिन स्वयं पर विजय प्राप्त करना होता है। इसलिए जगत को जय करनेवाले अधिकतर विजेता स्वयं के अंदर वर्तमान काम, क्रोध, मद, लोभ, मोह, माया, अहंकार से पराजित हो जाते हैं किंतु जो चराचर जगत ही नहीं, स्वयं पर भी विजय प्राप्त कर लेते हैं उनके जीवनरथ पर सत्य और शील[19] की ध्वजा पताका फहरा रही होती है।"

19 नैतिक आचरण और व्यवहार

विभीषण ने पुनः प्रश्न किया, "राम, इस जगत में जन्म लेनेवाली प्रत्येक आत्मा का अपना सत्य होता है। हम सभी अपने-अपने सत्य के मार्ग पर चलते हैं तब आप किस सत्य की बात कर रहे हैं?"

राम ने स्नेह से विभीषण की ओर देखते हुए कहा, "सत्य को समझने से पहले असत्य और मिथ्या के भेद को समझना आवश्यक है लंकेश। जो ना पहले था, ना आज है और ना ही कल रहेगा, उसे असत्य कहा जाता है। जो पहले नहीं था, किंतु आज है लेकिन आगे अस्तित्व में नहीं रहेगा, उसे मिथ्या कहा जाता है, जैसे हमारी वर्तमान देह। यह पहले नहीं थी किंतु आज है लेकिन आगे नहीं रहेगी।"

"लेकिन जो पहले भी था आज भी है और कल भी रहेगा, अर्थात जो तीनों कालों में परिवर्तित हुए बिना सदा वर्तमान रहे उसे ही सत्य कहा जाता है, यानी परमब्रह्म। इसलिए हमारे मनीषियों ने *ब्रह्म सत्यं जगत मिथ्या* कहा है, *ब्रह्मं सत्यं जगत असत्यं* नहीं कहा। जहाँ रावण परम ज्ञानी, पराक्रमी होते हुए भी इस नश्वर मिथ्या जगत में विश्वास करता है, वहीं राम अनश्वर ब्रह्म की शक्ति के अस्तित्व का उपासक है। वे परमब्रह्म ही मेरे जीवनरथ की ध्वजा और पताका हैं।"

"रावण कल की चिंता से ग्रस्त होकर युद्ध कर रहा है और मैं परमब्रह्म के बल, विवेक और विश्वास के सहारे लड़ रहा हूँ। रावण को अपने बल का मद है तो राम में उसके मद को नष्ट करने का दम है। रावण अपने बल का उपयोग स्वहित की पूर्ति के लिए करता है तो राम की पूरी शक्ति परहित के लिए समर्पित है। मित्र विभीषण, राम के जीवनरथ में बल, विवेक, दम और परहित के अत्यंत शक्तिशाली घोड़े जुते हुए हैं।"

"रावण दंड की शक्ति का पक्षधर है और मैं क्षमा की शक्ति में विश्वास रखता हूँ। रावण कृपाण[20] के बल पर अपने युद्ध लड़ता है किंतु राम कृपा की शक्ति के सहारे समर भूमि में उतरता है। वह सामाजिक विषमता में विश्वास करता है और मैं सामाजिक समता का पक्षधर हूँ। मेरे जीवनरथ को गति देनेवाले बल, विवेक, दम, और परहित रूपी घोड़े क्षमा, कृपा और समता की रास से बँधे हुए हैं।"

---

20 तलवार

राम किंचित मुस्कान के साथ चंचलता से विभीषण की ओर देखते हुए बोले, "अब आप सोच रहे होंगे कि मेरे इतने विलक्षण रथ का सारथी कौन है? तो लंकाधिपति विभीषण, ईश्वर का भजन अर्थात विश्व के कल्याण, उसके शुभत्व की कामना का निरंतर चिंतन, मनन, स्मरण, उद्यम ही मेरे इस अप्रतिम रथ का सारथी है।"

"शत्रु के प्रतिघातों से स्वयं की रक्षा के लिए किसी भी योद्धा के पास ढाल होनी चाहिए महाराज विभीषण, क्योंकि किसी भी योद्धा की पराजय का सबसे बड़ा कारण शत्रु के अस्त्र-शस्त्र नहीं, अपने प्रतिपक्षी के घात-प्रतिघात से चित्त में उत्पन्न होनेवाली व्याकुलता, राग, अनुराग होता है।"

"मित्र विभीषण! जय-पराजय, मान-अपमान, सफलता-विफलता मेरे चित्त और चिंतन को प्रभावित नहीं करती। मेरा वैराग्य से पूर्ण चित्त ही मेरी ढाल है। जीवन की विषम से विषम परिस्थिति में भी मेरे मन में असंतोष का भाव उत्पन्न नहीं होता। मैं परमात्मा के प्रति रोष से नहीं, संतोष के भाव से भरा रहता हूँ। मेरा यही संतोष रण क्षेत्र में कृपाण का कार्य करता है जिससे मैं प्राप्ति-अप्राप्ति से उत्पन्न होनेवाले हर्ष और विषाद का, प्रसन्नता और खिन्नता का सरलता से शमन कर देता हूँ। इसलिए आप निश्चिन्त रहें, महाबली रावण के लिए मुझे परास्त व निरस्त कर पाना सर्वथा असम्भव है।"

"जिसके अंदर अपनी शरण में आए हुए प्राणी को विद्यादान से लेकर अभयदान और प्राणदान देने की क्षमता होती है, वह संसार में सर्वाधिक शक्तिशाली होता है, क्योंकि यह गुण उसी व्यक्ति के पास होता है जिसके पास विवेकयुक्त बुद्धि होती है। और विवेकयुक्त बुद्धि प्रचंड शक्ति के जैसा श्रेष्ठतम अस्त्र होता है। ब्रह्मांड में व्याप्त आत्मा के गूढ़तम रहस्यों का विशिष्ट ज्ञान ही विज्ञान कहलाता है मित्र विभीषण। दान, बुद्धि, विज्ञान–ये ही मेरे अस्त्र-शस्त्र हैं। जहाँ रावण धनुष की शक्ति से अपने शत्रुओं को निरस्त करने का उद्यम करता है, वहीं मैं धनुर्धारी होने के बाद भी धैर्य की शक्ति से, धैर्यपूर्वक उनका संहार करता हूँ।"

"महाराज विभीषण! शत्रुओं के ही नहीं, अपितु अपने मित्रों द्वारा भी अपमानित, तिरस्कृत किये जानेवाले व्यवहार और वचनों को सुनकर

जिसका हृदय मलीनता से ना भरे, अमल[21] और अचल रहे, उसी के पास समता, यम, नियम जैसे सिद्ध और प्रचंड अस्त्र होते हैं जिनसे वह संसार के महानतम योद्धाओं को पराभूत करते हुए जीवन संग्राम में अपनी विजय पताका फहरा सकता है। मित्र विभीषण, समर्थ गुरु निराकार ईश्वर का साकार स्वरूप होते हैं। गुरु यदि चाहें तो वे ईश्वर के विधान को भी पलटने का सामर्थ्य रखते हैं। गुरु की कृपा से बड़ा और अभेद कवच इस संसार में कोई दूसरा नहीं है। साक्षात काल भी गुरुकृपा से संरक्षित व्यक्ति के प्राण नहीं ले सकता। जो अपने गुरु व विप्रजनों की सेवा करता है, उनका पूजन अर्चन करता है, उसे सहज ही यह अभेद कवच प्राप्त हो जाता है। राम और रावण के मध्य होनेवाले इस महासंग्राम में यही कृपाकवच मेरी रक्षा करेगा।"

"मित्र विभीषण, ये सारी ऐसी शक्तियाँ और अस्त्र-शस्त्र हैं जिन्हें प्राप्त करके मनुष्य अहंकार से उन्मत्त हो सकता है इसलिए ऐसे योद्धा को चाहिए कि वह शालीनता और मर्यादापूर्वक अपने जीवन का निर्वाह करे, क्योंकि वह शील ही होता है जो इन शक्तियों से उत्पन्न होनेवाले विकारों से हमारी रक्षा कर सकता है।"

राम ने बहुत विश्वास के साथ विभीषण के बायें काँधे पर अपना दायाँ हाथ रखते हुए कहा, "हे लंकाधिपति विभीषण, जिनके पास ऐसा धर्ममय रथ, ऐसे दिव्यास्त्र[22] होते हैं, उसे कोई भी शत्रु जीत नहीं सकता। इसलिए आप निश्चिन्त मन से कल से युद्ध भूमि में मेरे पार्श्व में उपस्थित रहते हुए राम और रावण के मध्य होनेवाले युद्ध का आनंद लीजिए।"

विभीषण चमत्कृत से खड़े हुए राम के विराट व्यक्तित्व को देख रहे थे। उन्हें लगा जैसे राम ने पल भर में उनकी समस्त चिंता का हरण करते हुए उन्हें पूर्णतः निश्चिन्त कर दिया है।

---

21 साफ

22 देवताओं द्वारा दिये गये हथियार

·॥ 10 ॥·

विजयपर्व

·॥ रावण ॥·

•॥ 33 ॥•

रावण के समरभूमि में प्रवेश करते उसके अतिप्रभावशाली दिव्य रूप को देखकर लंका के उत्तरी द्वार पर सनद्ध खड़े राम अभिभूत हो गए। उन्होंने अपने पार्श्व में खड़े हुए विभीषण की ओर देखते हुए कहा—लंकाधिपति विभीषण, कितना तेजोमय[1] रूप है आपके भ्राता रावण का! जैसे आकाश में प्रखरता से प्रकाशित होनेवाले सूर्य को देखते हुए मनुष्य के नेत्र चौंधिया जाते हैं वैसी ही दशा त्रिलोकविजेता रावण के मुखमंडल को देखकर होती है। जितने गुण आपके भाई में हैं, मुझे नहीं लगता उतने गुण इस भूमंडल पर अन्य किसी व्यक्ति में हों? किंतु तप, तपस्या, साधना, पराक्रम में अप्रतिम होने के बाद भी रावण का आचरण निश्चित रूप से घोर निंदा के योग्य है। उनके उसी निंदनीय आचरण ने उन्हें सत्कार योग्य होते हुए भी तिरस्कार का पात्र बना दिया।

दूसरी ओर, अपने युद्धक रथ पर आरूढ़ रावण का मुखमंडल संकल्प की आभा से चमक रहा था। उसने निर्णय ले लिया था कि वह आज किसी भी मूल्य पर राम तक पहुँचकर उन्हें युद्ध भूमि में निरस्त करेगा। उसने अपने सारथी को आदेश देते हुए कहा, "रथ को पूरी गति के साथ उस विश्वासघाती विभीषण की दिशा में ले चलो।" आदेश प्राप्त होते ही सारथी ने अश्वों को संकेत किया और रथ वायु की गति से राम की दिशा में बढ़ गया।

रावण को तीव्र झंझावात की भाँति राम की दिशा में बढ़ता देख नील ने अपनी पूरी शक्ति लगाते हुए रावण के मार्ग में अवरोध उत्पन्न कर दिया। उसने पास में पड़े हुए एक विशाल शिलाखंड को रावण के रथ पर दे मारा। रावण का हृदय रावण और राम के मध्य नील रूपी व्यवधान को

---

1 तेज से परिपूर्ण

देखकर खिन्नता से भर गया। उसने अपने धनुष का मुख नील की ओर मोड़ दिया। भीषण बाणों की वर्षा के बीच नील अपनी देह को एक कुशल नट की भाँति संचालित करते हुए भयंकर गर्जना करते हुए रावण पर प्रहार करने लगा। रावण एक के बाद एक नील को लक्ष्य करके लगातार प्रहार कर रहा था किंतु उसके सभी बाण व्यर्थ सिद्ध हो रहे थे। नील की चपलता उसकी फुर्ती देखकर युद्ध भूमि में भी रावण को रोमांच हो गया। वह नील के युद्ध से प्रसन्न होते हुए अहो! अहो! की ध्वनि से उसका अभिनंदन करने लगा। रावण जैसे महान पराक्रमी शत्रु के मुख से मिली सराहना ने नील के उत्साह में भयंकर वृद्धि करते हुए उसे उन्मत्त कर दिया। नील अपने दाँतों को किटकिटाते हुए उछलकर रावण के रथ पर चढ़ गया। रावण चाहता भी यही था कि नील उसके समीप आकर उसपर प्रहार करे क्योंकि नील की फुर्ती ने अभी तक रावण द्वारा किए गए प्रहारों को व्यर्थ सिद्ध कर दिया था। नील ने रावण को सम्मुख पाकर क्रोध से भरते हुए अपनी भयंकर गदा से उसके सिर पर घात करने के लिए जैसे ही अपनी गदा को उठाया वैसे ही रावण ने अपने बाँए हाथ की मुष्टिका का एक भरपूर प्रहार नील के वक्ष पर कर दिया। रावण का प्रहार इतना तीव्र था कि उसके आघात से नील वायु में उड़ता हुआ भूमि पर गिरा और मूर्छित हो गया।

•॥ 34 ॥•

लक्ष्मण, नील के रण कौशल, उसके दुस्साहस को देख रहे थे। उन्होंने जैसे ही नील को धराशायी होते देखा वैसे ही क्रोध से भरकर अपने धनुष पर प्राणघातक शक्ति चढ़ाकर रावण पर छोड़ दी। अपने प्रिय पुत्र मेघनाद के वधिक को अपने सम्मुख देख रावण प्रलयंकारी समुद्र की भाँति गर्जना करते हुए लक्ष्मण पर टूट पड़ा। लक्ष्मण के बाणों, शक्ति, मूसलों को वह सहजता से निरस्त करता जा रहा था। लक्ष्मण अपने धनुष पर बाण भी नहीं चढ़ा पाते थे तब तक रावण उनके धनुष की प्रत्यंचा काट कर फेंक देता था। क्षण प्रति क्षण रावण का आक्रमण तीव्र होता जा रहा था और लक्ष्मण की कुंठा बढ़ती जा रही थी। लक्ष्मण यह भी देख रहे थे कि युद्ध में जितना महत्व रावण ने नील के रण कौशल को दिया था, उतना ही कम महत्व रावण, लक्ष्मण की

युद्ध कुशलता को दे रहा है! उसकी दृष्टि में लक्ष्मण का जैसे कोई महत्व ही नहीं है! वह उन्हें एक बालक से अधिक मान नहीं दे रहा था। एक समय ऐसा आया कि रावण ने लक्ष्मण को अपने स्थान पर ही कीलित[2] कर दिया। लक्ष्मण अपने धनुष को छोड़कर कृपाण लेकर रावण की ओर बढ़े ही थे कि तभी रावण ने अपने धनुष पर भयंकर शक्ति चढ़ाकर उनके वक्ष को भेद दिया। लक्ष्मण मूर्छित होकर युद्ध भूमि में गिर पड़े।

लक्ष्मण को युद्ध भूमि में गिरता देख हनुमान पर रुद्र सवार हो गया। हनुमान जानते थे कि लक्ष्मण में उनके स्वामी राम के प्राण बसते हैं। उन्होंने क्रुद्ध होते हुए अपने साथ युद्ध कर रहे वज्रदंत नाम के अत्यंत दीर्घाकार दानव को उसके पैरों से पकड़कर घुमाते हुए पूरी शक्ति से रावण के रथ पर दे मारा। रथ से टकराते ही वज्रदंत के प्राण पखेरू उड़ गए व प्रहार की तीव्रता से रावण के रथ का संतुलन डगमगा गया। रावण कुछ समझ पाता इससे पहले ही हनुमान ने उसके रथ का रथदंड अपने दोनों हाथों में पकड़ लिया और उसके रथ को चक्र की भाँति हवा में घुमाते हुए घोड़ों सहित दूर फेंक दिया। जैसे कोई अट्टालिका भरभराकर गिरती है वैसे ही रावण अपने रथ सहित भूमि पर गिरा। रावण भूमि पर अचंभित-सा खड़ा हुआ हनुमान की अतिविचित्र रण शैली को देख रहा था। तब तक हनुमान उछल कर रावण के समीप पहुँच गए। उन्होंने रावण के रथ में जुते हुए एक घोड़े की ग्रीवा पकड़कर झटके से उसे अपने हाथों में उठा लिया और उतनी ही तीव्रता से दूसरे घोड़े पर दे मारा। उन्होंने रावण के रथ पर लगी राजकीय ध्वजा को उखाड़ लिया और उसी से रावण पर प्रहार करने लगे। किंतु अब तक रावण सँभल गया था। उसने पूरी दक्षता से हनुमान के प्रहार को रोकते हुए उनके वक्ष पर पूरी शक्ति से प्रहार किया। प्रहार इतना शक्तिशाली था कि उसने हनुमान जैसे महाबली को भूमि पर घुटने टेकने हेतु विवश कर दिया। हनुमान को लगा कि जैसे वे मूर्छित होकर भूमि पर गिर पड़ेंगे? किंतु इसके बाद भी हनुमान ने रावण के राजकीय मुकुट को अपने धक्के से भूमि पर गिरा दिया।

तब तक रावण के सारथी ने रावण के लिए दूसरा रथ बुला लिया था। हनुमान के साथ हुए इस अपरम्परागत युद्ध के कारण रावण का हृदय

---

2 जड़

क्रोध और कुंठा से ग्रस्त हो गया। उसने संसार भर के प्रशिक्षित-अप्रशिक्षित सभी योद्धाओं से विभिन्न शैलियों में युद्ध किया है, किंतु जिस आदिम शैली में आज हनुमान ने उसके साथ युद्ध किया वह निश्चित रूप से उसकी बुद्धि को कुंठित और हतोत्साहित करनेवाला था।

राम ने रावण के भीषण प्रहार से हनुमान को भूमि पर घुटने टेकते देखा तो उनके हृदय की समस्त करुणा प्रलयंकारी क्रोध में रूपांतरित हो गयी, क्योंकि राम के लिए हनुमान उनकी प्राणवायु के जैसे थे। सीता के हरण के पश्चात उन्हें समस्त संसार की सद्भावना तो प्राप्त हुई थी किंतु महाबली रावण के विरुद्ध जिस सहयोग, समर्पण, सान्निध्य, और शक्ति की आवश्यकता व अपेक्षा उन्हें थी वह उनको हनुमान से ही प्राप्त हुई थी। वे हनुमान ही थे जो उनकी व वानरराज सुग्रीव की मित्रता के कारण बने थे; वे हनुमान ही थे जिन्होंने सीता का संधान करते हुए उन्हें सूचित किया था कि उनकी प्राणप्रिया सीता रावण की अशोक वाटिका में सुरक्षित हैं किंतु शोक और संताप से ग्रस्त रहते हुए अपने प्रभु अपने पति राम की धैर्यपूर्वक प्रतीक्षा कर रहीं हैं; वे हनुमान ही थे जिन्होंने संताप की अग्नि में जलती हुई सीता के हृदय को संतोष और साहस प्रदान किया था अन्यथा सीता अधीर होकर और अवसाद से ग्रस्त होते हुए अपने प्राण भी त्याग सकती थीं; वे हनुमान ही थे जिन्होंने लंका को जलाकर राक्षसराज रावण को राम के सहयोगियों की शक्ति का परिचय दिया था; वे हनुमान ही थे जो रावण को रुद्राभिषेक के लिए समुद्र तट पर लेकर पहुँचे थे, वे हनुमान ही थे जिन्होंने उनके प्राणप्रिय भाई लक्ष्मण को मृत्यु के मुख से निकालकर जीवित रणक्षेत्र में खड़ा कर दिया था। जैसे सीता के बिना राम श्रीहीन-शक्तिहीन है, वैसे ही हनुमान के बिना राम सामर्थ्य विहीन है। सीता यदि राम की श्री और शक्ति हैं तो हनुमान राम की भक्ति और युक्ति हैं और जो व्यक्ति अपनी भक्ति व युक्ति का क्षरण नहीं रोक सकता, जिसकी भक्ति और युक्ति नकारात्मक चेतनाओं द्वारा हत-आहत, कुंठित, व निष्क्रिय कर दी जाए, वह व्यक्ति युगों-युगों तक श्री और शक्तिहीन रहते हुए अपमानित, प्रवंचित जीवन जीने के लिए बाध्य होता है। हनुमान मेरे इष्ट और अभीष्ट की पूर्ति का हेतु भी है और सेतु भी है।

राम क्षुब्ध वनराज की भाँति दहाड़ उठे और उन्होंने एक के बाद एक अपने भीषण बाणों से रावण को भेदना आरम्भ कर दिया। रावण, राम द्वारा किए जा रहे प्रहारों का उचित प्रत्युत्तर दे रहा था। दोनों योद्धा अपने चरम पर प्रतिष्ठित होते हुए अपने शौर्य, अपने शस्त्र ज्ञान, अपने पराक्रम का परिचय दे रहे थे।

राम का ऐसा विकराल रूप आज तक किसी ने नहीं देखा था, उपस्थित सभी योद्धाओं को लगा कि जैसे राम विक्षुब्ध[3] समुद्र की भाँति आज सभी कुछ लील लेना चाहते हों?

लक्ष्मण की चेतना वापस आ चुकी थी। विभीषण, सुग्रीव अंगद, नल, नील, जामवन्त व दोनों पक्षों के सभी योद्धा अपने-अपने रण को छोड़कर अवाक, अविचल खड़े हुए दोनों रणधीरों का अप्रतिम युद्ध कौशल देख रहे थे। राम और रावण के मध्य चलनेवाले अस्त्रों दिव्यास्त्रों की गति इतनी अधिक तीव्र थी कि उपस्थित सेना को उन दोनों द्वारा छोड़े जा रहे अस्त्र दिखाई देने बंद हो गए थे। उनके कान अस्त्रों द्वारा वायु को चीर देनेवाली भीषण ध्वनि को सुन रहे थे जिससे सभी के हृदय कम्पित हो रहे थे।

तभी रावण ने राम के पार्श्व में खड़े हुए आपातकाल में रावण का त्याग करनेवाले अपने भाई विभीषण को क्रोध से भरकर देखा और उसे लक्ष्य करते हुए प्राणघातक शक्ति से उस पर वार कर दिया। राम ने देखा कि इस शक्ति के आघात को विभीषण झेल नहीं पाएँगे, विभीषण की जीवनलीला इसी क्षण समाप्त हो जाएगी। उन्होंने तत्काल विभीषण को अपनी ओट में लेते हुए रावण द्वारा चलाई गयी शक्ति को अपने वक्ष पर झेल लिया जिसके आघात से राम को एक क्षण के लिए लगा कि वे भूमि पर गिर जाएँगे, किंतु उन्होंने युद्ध भूमि में ही ध्यानस्थ होते हुए अपनी सम्पूर्ण चेतना को अपनी आत्मशक्ति पर केंद्रित किया और निर्विकार भाव से अविचलित खड़े रहे।

राम को अचल खड़ा देख रावण विस्मय से भर गया! इस भीषण शक्ति के घात से जीवित बच जाना किसी असाधारण योद्धा के लिए भी सम्भव नहीं है। रावण विमोहित-सा अपने रथ पर खड़ा हुआ विचार करने

---

3 जिसमें क्षोभ उत्पन्न हुआ हो

लगा—तो क्या राम असाधारण ही नहीं अतिमानवीय चेतना है? किंतु इसी बीच रावण का रथ अर्राकर टूटने लगा। उसके रथ में जुते हुए सभी घोड़ों के बंधन राम ने अपने वाणों से काटकर अलग कर दिए। वे घोड़े भीषण ध्वनि को सुनकर रावण के रथ को छोड़कर रणक्षेत्र में भाग खड़े हुए। रावण के रथ के पहिए, उसके रथ पर लगी लंका साम्राज्य की ध्वजा को राम ने काट कर फेंक दिया। उसने स्वयं की रक्षा करते हुए रथ से छलाँग लगा दी और अपनी चन्द्रहास को लेकर सिंह की भाँति राम पर झपटने ही वाला था कि राम ने उसके सिर पर सुशोभित उसके राजमुकुट को काट कर फेंक दिया, उसकी चन्द्रहास के टुकड़े-टुकड़े कर दिए। विक्षुब्ध रावण ने अपने दूसरे हाथ में पकड़े हुए शूल को पूरी शक्ति से राम की ओर फेंका किंतु वह यह देखकर चमत्कृत रह गया कि राम ने उसके महाअस्त्र शूल को अपने बाणों से धूल में परिवर्तित कर दिया! राम की युद्धक मुद्रा, उनका शस्त्र लाघव देखकर रावण को लगा कि जैसे महादेव शिव ही रणक्षेत्र में रण तांडव कर रहे हैं। राम ने रावण की रक्षा करनेवाले उसके कवच को काटकर उसकी देह से अलग कर दिया।

रावण रण भूमि में निःशस्त्र, निःकवच खड़ा हुआ था। राम ने उसे अवश और क्लांत देखकर कहा, “आप बहुत क्लांत हो गए हैं लंकाधिपति व निःशस्त्र भी हैं इसलिए जाइए, लंका जाकर अपनी देह को विश्राम दीजिए। राम किसी थके हुए निःशस्त्र योद्धा का वध नहीं करता।”

•॥ 35 ॥•

अगले दिन रावण जब समरभूमि में उतरा तब उसने अपने पराक्रम से युद्ध की दिशा और दशा ही बदलकर रख दी। वह विद्युत की गति से रण क्षेत्र में विचरण कर रहा था। उसका लक्ष्य मार्ग में अवरोध बन रही वानरसेना को शीघ्रातिशीघ्र समाप्त करते हुए राम तक पहुँचना था।

राम के सैनिकों को पूरे रणक्षेत्र में यत्र-तत्र-सर्वत्र एक मात्र रावण ही दिखाई दे रहा था। रावण का वेग इतना प्रबल था कि जैसे एक साथ उनचासों मारुत अपने वेग से सम्पूर्ण धरा को उड़ा ले जाना चाहते हों।

किंतु अंगद और सुग्रीव ने अपनी भुजाओं के बल पर उस प्रबल प्रभंजन के वेग को जैसे रोक ही लिया था। अपने मित्र बाली के भाई सुग्रीव और बाली के पुत्र अंगद को अपने भाई और पिता के हत्यारे राम के पक्ष में पूरे मनोयोग से और निष्ठापूर्वक लड़ता देख रावण की कुंठा क्रोध में रूपांतरित हो गयी। उसने निर्णय ले लिया कि इन दोनों मूर्ख विश्वासघातियों को वह युद्ध भूमि से जीवित घसीटते हुए लंका ले जाएगा और लंका में सार्वजनिक रूप से इन्हें भयंकर दंड देगा जिससे लंका के प्रत्येक नागरिक तक ही नहीं, भ्रातृद्रोही विभीषण तक भी यह संदेश पहुँच जाए कि रावण सब कुछ क्षमा कर सकता है किंतु विश्वासघातियों के लिए उसके हृदय में तनिक भी दया नहीं है। रावण ने अपने तीव्र प्रहारों से अपने मार्ग की सबसे बड़ी बाधा महाप्रतापी अंगद और सुग्रीव को कुंठित और हतोत्साहित ही नहीं, उन्हें मूर्छित भी कर दिया था। अपने राजा सुग्रीव और राजकुमार अंगद को मूर्छित देखकर वानर सेना में हड़कम्प मच गया। रावण को सुग्रीव व अंगद की मूर्छित पड़ी हुई देह की ओर बढ़ता देखकर वानर सेना भाग खड़ी हुई।

अपनी सेना को कुंठित देखकर व सुग्रीव और अंगद की जीवन रक्षा के लिए जामवन्त ने अपने प्राणों की परवाह किए बिना अपनी पूरी शक्ति से रावण पर सीधा आक्रमण किया। उनका आक्रमण इतना भीषण था कि एक बार को रावण को लगा कि इस वृद्ध रीछराज को विजित करना कैलाश को उठाने के जैसा दुष्कर है। जामवन्त अपनी पूरी शक्ति से रावण के सभी प्रहारों को निरस्त करते हुए प्रतिपल रावण की ओर बढ़ रहे थे। रावण ने सुग्रीव और अंगद की मूर्छित देह को रणभूमि से उठा ले जाने के लोभ का संवरण करते हुए पहले जामवन्त को ही निरस्त करने का निर्णय ले लिया।

किंतु आज जामवन्त को रोक पाना रावण के लिए जैसे सम्भव ही नहीं था। जामवन्त अपना युद्ध कौतुक दिखाते हुए उसके रथ पर चढ़ गए और उसके रथ दंड पर खड़े होकर उन्होंने रावण के शीश पर पूरी शक्ति से प्रहार किया। रावण अपने रथ में ही मूर्छित हो गया, इससे पहले कि जामवन्त रावण पर दूसरा प्राणघातक प्रहार करते, रावण के सारथी ने अपने

सारथ्य कर्म की कुशलता दिखाते हुए अपने रथ को चक्र की भाँति जगह पर ही बहुत तीव्रता से घुमा दिया। जामवन्त अपना संतुलन खोते हुए भूमि पर गिर पड़े। आपातकाल को समझते हुए रावण के सारथी ने अपने रथ का मुख लंका के द्वार की ओर मोड़ दिया और अपने स्वामी रावण की मूर्छित देह के साथ सुरक्षित लंका के दुर्ग में प्रवेश कर गया।

•॥ 36 ॥•

राम के सैनिक शिविर में सन्नाटा पसरा हुआ था। जामवन्त, सुग्रीव, अंगद, नल-नील, मयंद, द्विविद सहित सभी योद्धा चिंतित-से बैठे हुए थे किंतु सबसे अधिक निराश विभीषण थे। राम की देह पर विभिन्न घावों को देखकर उनका हृदय बैठा जा रहा था। उन्हें लगने लगा था कि रावण की शक्ति से पार पाना राम के लिए अत्यंत दुष्कर है। यह सत्य है कि राम के नेतृत्व में इन सभी प्रतापी योद्धाओं ने लंका की सेना को लगभग समाप्त ही कर दिया है, किंतु इसके बाद भी रावण मारे नहीं मरता था। विगत नौ दिनों में रावण को हत करने के सभी प्रयास व्यर्थ हुए हैं और दूसरी ओर रावण ने अपने दिव्यास्त्रों के दम पर राम की देह को घावों का आगार बना दिया है! वे तो राम विकट जीवटवाले पुरुषार्थी योद्धा हैं जो अपनी आत्मशक्ति के बल पर रणक्षेत्र में डटे हुए हैं अन्यथा यह युद्ध कब-का समाप्त हो चुका होता?

राम बहुत अच्छे से विभीषण के मनोभावों को समझ रहे थे। उन्होंने मुस्कुराते हुए विभीषण की ओर देखा और बोल पड़े, “लंकाधिपति विभीषण, योद्धा की देह पर घाव तो उसके आभूषण होते हैं। जैसे किसी स्त्री का सोलह शृंगार उसके प्रेमी के चित्त को प्रसन्नता से भर देता है, वैसे ही किसी योद्धा की देह पर होनेवाला ये शस्त्र-शृंगार उसके बैरी के चित्त को आनंद से पूरित करता है।” राम हलके हास्य से भरते हुए बोले, “आपके मित्र राम के पास मात्र आनंद की ही सम्पदा है लंकाधिपति, इसलिए मेरे सम्पर्क में आनेवाला मेरा प्रेमी हो या बैरी, उसे आनंद ही प्राप्त होता है।”

इस भीषण विकट परिस्थिति में भी राम का हृदय चिंता से शून्य है, इस सत्य ने विभीषण को और अधिक विचलित कर दिया। राम के चित्त,

चिंतन और व्यवहार को समझ पाना कभी-कभी विभीषण के लिए अत्यंत कठिन हो जाता था। अधीर कर देनेवाली परिस्थितियों में नायक की धीरता उसके सहयोगियों और साथियों में व्याकुलता, आकुलता और आक्रोश के भाव को जन्म देती है। विभीषण हल्की-सी खिन्नता और आक्रोश से भरे हुए बोले, "क्षमा चाहता हूँ राम, हम तपोभूमि में नहीं रणभूमि में खड़े हुए हैं। हमें अपने घोर शत्रु रावण के आनंद उसकी तुष्टि, तृप्ति पर ही नहीं, अपितु रावण की युक्ति, शक्ति और मुक्ति पर विचार करना होगा। रावण मात्र एक दुर्धर्ष योद्धा ही नहीं है, उसकी नाभि में अमृतकुंड भी है। अमृत के वर्तमान रहते संसार की कोई भी शक्ति रावण के प्राण नहीं ले सकती। इस सत्य को जानने के बाद भी आप उसके निराकरण का कोई उपाय नहीं कर रहे हैं! यह मेरे लिए घोर आश्चर्य का विषय है।"

राम ने देखा कि विभीषण के वक्तव्य से लक्ष्मण और अंगद की उत्तेजना बढ़ रही है। यदि उन्होंने समय रहते स्थिति को नियंत्रण में नहीं लिया तो उनके शिविर में ही खंड-मंड हो जाएगा। राम अत्यंत आदर और आत्मीयता से पूर्ण स्वर में विभीषण की ओर देखते हुए बोले, "लंकाधिपति विभीषण, अमृत का अर्थ होता है जिसे धारण करने से हम मरें नहीं। जिन कामनाओं, वासनाओं, इच्छाओं को हम अपनी मृत्यु का कारण मानते हैं वस्तुतः वे ही हमें जीवित रखतीं हैं। जब तक लेशमात्र भी इनका अस्तित्व हमारे अंदर वर्तमान रहता है तब तक हम जीवित रहते हैं। हमारी कामनाएँ, वासनाएँ, इच्छाएँ, हमारा पुरुषार्थ, हमारा ध्येय ही है जो हमें मरने नहीं देता। जिसे आप रावण की नाभि में वर्तमान अमृतकुंड कह रहे हैं, वे रावण की वही अतृप्त इच्छायें, वासनाएँ हैं जो तृप्त होना चाहती हैं जिससे रावण स्वयं को रिक्त करते हुए इस संसार से मुक्त हो सके। विगत नौ दिनों से यह वनवासी राम वे सारे उद्यम कर रहा है जिससे रावण अपने अंदर वर्तमान ईर्ष्या, द्वेष, प्रतिहिंसा, काम, क्रोध, मद, लोभ, मोह, माया, मत्सर[4] रूपी सभी वासनाओं से मुक्त हो सके। हमारी देह में सात चक्र होते हैं जो हमारे मन, बुद्धि, आत्मा और देह को संचालित करते हैं। रावण समस्त साधना, तप तपस्या के बाद भी अपनी नाभि में स्थित मणिपुर चक्र तक की यात्रा

---

4 द्वेष/क्रोध/ईर्ष्या से उत्पन्न मानसिक स्थिति

ही सम्पन्न कर पाया है। यही वह अमृतकुंड है जहाँ रावण की समस्त कामनाएँ, वासनाएँ प्रखरता के साथ प्रज्ज्वलित हो रहीं हैं। नाभि का यही अमृतकुंड रावण को संसार भर में अपना प्रभुत्व स्थापित करने के लिए प्रेरित करता है। यही वो अमृतकुंड है जो अभी तक रावण को जीवित रखे हुए है। ऐसे साधक कर्मयोगी माने जाते हैं। वे इस नश्वर जगत में अपनी प्रभुसत्ता स्थापित करने के लिए संसार के किसी भी कार्य को करने के लिए सदैव तत्पर होते हैं। इस चक्र के सक्रिय होने से तृष्णा, ईर्ष्या, लज्जा, भय, घृणा, मोह रूपी कषाय-कल्मष दूर होते हैं। यह चक्र दस कमल पंखुड़ियों से युक्त है अर्थात् दस प्राणवाला होता है। इसलिए आपके भाई रावण के बारे में यह कहा जाता है कि उनके दस मुख हैं, उनमें दस मनुष्यों की शक्ति है। इस चक्र के देवता विष्णु और लक्ष्मी हैं इसलिए रावण सहज रूप से श्री, शक्ति, लक्ष्मी की ओर आकर्षित होते हैं। वे उनका हरण करके विश्व के प्रत्येक अणु में प्रकाशित होनेवाली चेतना लक्ष्मी के स्वामी विष्णु को सिद्ध करना चाहते हैं, किंतु विष्णु को सिद्ध करने के लिए आत्मवान होना आवश्यक है। और आत्मवान होने के लिए अनुभव करना आवश्यक होता है कि हम देह नहीं, आत्मा हैं। विगत नौ दिनों से अपनी देह पर रावण के सभी आघातों को सहते हुए अपने चित्त को अमल और अचल रखते हुए मैं रावण को यही सब अनुभव करा रहा हूँ कि आत्मज्ञान, आत्मशक्ति, और आत्मसम्मान की आभा से प्रकाशित साधक के लिए जीवन का कोई भी लक्ष्य दुर्लभ नहीं होता।"

राम क्षण भर के लिए रुके और अत्यंत गम्भीरता से विभीषण को देखते हुए बोले, "वासनाओं से मुक्त होने के लिए उनका दमन नहीं, शमन अनिवार्य होता है लंकाधिपति। अपने बैरी राम की उपस्थिति ने रावण को उसकी वासनाओं के चरम पर प्रतिष्ठित कर दिया है। जब हम पूर्ण रूप से जागृत रहते हुए अपनी वासनाओं के चरम पर पहुँचते हैं तब ही उनका अंत हो पाता है। स्मरण रखिए मित्र विभीषण, वासना का अंत ही उपासना का आरम्भ कहलाता है। यदि साधक सजग रहते हुए अपनी ऊर्जा को ऊर्ध्वमुखी कर ले तो वासनाएँ परमात्मा से तोड़ने का नहीं, जोड़ने का कार्य करती हैं। आपके भाई रावण भक्ति मार्गी नहीं, ज्ञान मार्गी हैं। भक्ति मार्गी

व्यक्ति परमसत्ता के समक्ष पहले समर्पण करता है उसके बाद उसे समझता है, और ज्ञान मार्गी पहले समझता है उसके बाद समर्पण करता है। इन दोनों की कार्यपद्धति भिन्न होने के बाद भी इनका उद्देश्य एक ही होता है। दोनों ही भावसागर से भवसागर को पार करना चाहते हैं। पिछले नौ दिनों से रावण समझने की प्रक्रिया में रत है। कल दसवाँ दिन है, दशमुख की समाप्ति का दिन। कल रावण समर्पण के भाव से भरा हुआ समर भूमि में प्रवेश करेगा। आप निश्चिन्त रहिए रावण अब मुक्त होना चाहता है।"

विभीषण अवाक से राम को देख रहे थे। रावण का अमृतकुंड जो संसार के लिए एक गहन रहस्य का विषय था उस रहस्य को राम ने कितनी सरलता से हल कर दिया। वे चमत्कृत होते हुए बोले, "श्रीराम, जिस रावण को मैं उसका सगा भाई होने के बाद भी नहीं समझ पाया उस रावण को आपने अपना शत्रु होने के बाद भी समझ लिया?"

राम ने एक मनोहारी मुस्कान से विभीषण को देखते हुए कहा, "मित्र विभीषण, रावण मेरा शत्रु नहीं, मेरा बैरी है।"

विभीषण पुनः अचम्भित से राम को देखते हुए बोल पड़े, "ये दोनों तो एक ही होते हैं राम।"

"नहीं महाराज विभीषण, जो अंतर अर्पण और समर्पण में होता है वही अंतर शत्रु और बैरी में होता है। शत्रु अपने सम्पूर्ण भावों में से कुछ अपने पास बचा कर रख लेता है किंतु बैरी अपने हृदय में संचित भावों को पूरा का पूरा अपने प्रतिपक्षी को समर्पित कर देता है। अर्पण में प्राप्ति की इच्छा होती है और समर्पण में समाप्ति का भाव, इसलिए समर्पण के भाव से भरे हुए मनुष्य का जीवन मृत्यु को नहीं, अंत को प्राप्त होते हुए अनंत में विलीन हो जाता है।"

राम के कथन को सुनकर अंगद को रोमांच हो गया। उन्हें राम का वह कथन याद आ गया जो उन्होंने युद्ध आरम्भ होने से पूर्व अंगद को लंका भेजते हुए कहा था–अंगद, रावण से कहना कि रावण वह कार्य करे जिससे राम का कार्य भी सिद्ध हो जाए और रावण का हित भी हो सके।

राम का कार्य क्या है? अपने सम्पर्क में आनेवाले प्रत्येक व्यक्ति को सभी संशयों से मुक्त करना। अंगद चमत्कृत से राम को देखते हुए विचार करने लगे—अद्भुत हैं श्रीराम। जो राम का कार्य है उसी में तो रावण का हित भी छिपा हुआ है—समस्त संसार को मुक्ति ही तो अपेक्षित होती है—मुक्ति माता सीता के लिए भी और लंकाधिपति रावण के लिए भी। माता सीता 'भाव-सागर' से उबरना चाहती हैं, तो रावण 'भवसागर' से छुटकारा पाना चाहता है। माया और मायावी दोनों ही मायापति से मिलने को आतुर हैं। अंगद आह्लाद से भरे हुए विचार रहे थे—तो क्या राम मायापति हैं? अंगद के विवेक ने उन्हें चेताते हुए कहा, "जो माया के पीछे चले वह मायावी होता है और जो माया के आगे चले वो मायापति होता है। राम निश्चित ही मायापति हैं तभी तो संसार की कोई भी माया उन्हें भ्रमित नहीं करती।"

देह में व्याप्त संदेह ही तो इस नश्वर[5] जगत की माया है, और जिसका सम्पर्क हमारी देह में सदैव वर्तमान उस विदेह से हमें जोड़ दे, उस अनश्वर परमसत्ता की जागृति से हमें भर दे जो समस्त चराचर जगत का आधार है उसे ही तो ईश्वर कहा जाता है। अंगद का हृदय श्रीराम की अलौकिकता के प्रति भक्ति भाव से भर गया कि तभी अंगद को राम का स्वर सुनाई दिया। श्रीराम, विभीषण से कह रहे थे, "महाराज विभीषण, कल शुक्लपक्ष की दशमी है। मैं सीतापति राम आपको वचन देता हूँ कि कल संध्या काल तक मैं, रावण सहित मुझ पर आश्रित सभी सज्जनों के हृदय में व्याप्त समस्त संशयों का अंत करते हुए इस युद्ध को समाप्त कर दूँगा। कल आपको लंका के गौरवशाली सिंहासन पर प्रतिष्ठित करने के बाद ही लंका के पूर्व महाराजाधिराज रावण की अंतिम क्रिया विधि सम्पन्न की जाएगी।"

राम की घोषणा को सुनकर विभीषण सिहर गए और दीनता धारण करते हुए बोले, "हे रघुकुलभूषण, आप मेरी बात को अन्यथा ना लें। मुझे आपके बल विक्रम पर तनिक भी संदेह नहीं है, यह मेरे अपने हृदय की

---

5 नष्ट होनेवाले

भीरूता ही है जो रावण को सम्मुख पाते ही मुझे सभी कुछ क्षीण, हीन प्रतीत होने लगता है।”

राम विभीषण के भावनात्मक द्वंद्व को बहुत अच्छे से समझ रहे थे। एक ओर विभीषण का विवेक रावण जैसे दमनशील शासक का अंत देखना चाहता था तो दूसरी ओर उनका हृदय अपने बड़े भाई रावण के लिए प्रेम और सहानुभूति से भरा हुआ था। विभीषण का मन संसार के कल्याण और भाई के प्रति द्रोह के परस्पर विरोधी विचारों की ग्लानि से ग्रस्त होकर उन्हें त्रस्त कर रहा था। विभीषण प्रजा के कल्याण के लिए लंका का राज्य तो चाहते थे किंतु राष्ट्रद्रोही-भ्रातृद्रोही की कुख्याति से लब्ध भी नहीं होना चाहते थे। राम ने बहुत आत्मीयता से विभीषण के कंधे पर हाथ रखते हुए कहा, “महाराज विभीषण, आपकी किसी भी बात को अन्यथा लेने का प्रश्न ही नहीं उठता। यह तो राज्य संचालन की अनिवार्य प्रक्रिया है कि किसी राजा के मरणोपरांत उस राज्य के सिंहासन को रिक्त नहीं रखा जाता। नए राजा के राज्याभिषेक के बाद ही निवर्तमान राजा की पार्थिव देह का अंतिम संस्कार किया जाता है, यही नीति है। मैं आपकी इच्छा, आपकी भावनाओं को समझ सकता हूँ किंतु राज्य के कल्याण के लिए राजा को अपनी भावनाओं की आहुति देनी ही पड़ती है। किसी भी योग्य शासक के लिए स्वयं की छवि के निर्माण से अधिक महत्वपूर्ण समाज के चरित्र का निर्माण होता है और समाज के चरित्र निर्माण के लिए यदि राजा को लांछन, धिक्कार रूपी विष भी स्वीकार करना पड़े तो उसे धैर्यपूर्वक स्वीकार करना चाहिए। इसलिए अपने हृदय के सभी संशयों और संतापों से मुक्त होते हुए स्वच्छ मन से लंका के नवनिर्माण का शुभारंभ कीजिए। कल संध्या काल तक त्रिलोकविजेता, विद्याविशारद, महापराक्रमी, अपने तप और ताप से तीनों लोकों में अपना आधिपत्य स्थापित करनेवाले राक्षसराज रावण का अंत निश्चित है। महादेव शिव सबका कल्याण करें।”

विभीषण सहित उपस्थित सभी सेनानायक देख रहे थे कि श्रीराम का मुख संकल्प की आभा से मेष के प्रखर सूर्य की भाँति दमक रहा था।

•|| 37 ||•

•|| अंतिम दिन ||•

युद्ध को आरम्भ हुए तेरासी दिन हो चुके थे। इन तेरासी दिनों में मात्र विभीषण को छोड़कर रावण के सभी पुत्र, भाई, बंधु, बाँधव, सेना और सेनापतियों का नाश हो चुका था। स्वयं रावण को भी राम से प्रत्यक्ष युद्ध करते हुए आज नौ दिन समाप्त हो चुके थे किंतु इस सर्वनाश के बाद भी रावण आज अप्रत्याशित रूप से शांत था। वह स्वयं के अंदर एक ऐसी शांति को अनुभूत कर रहा था जैसी शांति किसी साधक को निर्विकल्प समाधि के पश्चात् प्राप्त होती है। युद्ध हो या शांति, रावण ने जीवनपर्यंत युक्ति-मुक्ति-शक्ति के दाता अपने आराध्य, महादेव शिव के पूजन, अर्चन, रुद्राभिषेक के अपने व्रत का पालन निष्ठापूर्वक सम्पन्न किया था। आज युद्ध में जाने से पूर्व रुद्राभिषेक के लिए उसने अपनी पत्नी मंदोदरी से भी प्रेमपूर्वक उपस्थित होने का आग्रह किया था। रावण तन्मय होकर स्वरचित शिवस्तोत्र का गायन कर रहा था। मंदोदरी देख रही थी कि आज रावण के व्यक्तित्व में ना तो आनंद फूट रहा है और ना ही अवसाद के कोई चिह्न दृष्टिगोचर हो रहे हैं! महादेव का पूजन करते समय रावण सदैव आनंद में मग्न रहता था किंतु आज रावण का चैतन्य हर्ष और विषाद से मुक्त होते हुए समभाव पर था। आज पहली बार उसे रावण के पूजन में कामना के स्थान पर कृतज्ञता का भाव दिखाई दे रहा था। रावण का रोम-रोम शिवमय होते हुए शिवस्वरूप ही भासित हो रहा था!

रुद्राभिषेक के सम्पन्न होने के बाद रावण ने मंदोदरी की ओर देखते हुए कहा, "हृदय से धन्यवाद मंदा, मुझे जस का तस सम्मानपूर्वक स्वीकार करने के लिए, मेरे जीवन की प्रत्येक परिस्थिति में मेरे साथ दृढ़तापूर्वक खड़े रहने के लिए।"

रावण के स्वर में मंदोदरी को राग, अनुराग, विराग नहीं, वैराग्य ध्वनित हो रहा था। उसने तनिक चिंता से पूछा, "स्वामी, महादेव का सान्निध्य आपमें सदैव आनंद का सृजन करता है किंतु आज आपमें एक तटस्थता का भाव भासित हो रहा है?"

रावण ने निर्विकार भाव से मंदोदरी को देखते हुए कहा, "जब तक किसी परम चेतना के सान्निध्य का भाव हमारे मन में होता है तब तक उस चेतना के साथ हमारा द्वैत भाव बना रहता है मंदोदरी। यह द्वैतभाव हमारे समर्पण का नहीं, हमारी अर्पण की वृत्ति का सूचक होता है। और यह अर्पण की भावना ही हमारे आनंद या विषाद का कारण होती है। किंतु जब हम सान्निध्य की स्थिति को पार करके उस परम चेतना में समाप्त हो जाते हैं तब हमारा द्वैत भाव अद्वैत में रूपांतरित होकर हमें अर्पण से समर्पण की ओर ले जाता है और समर्पण की प्रकृति होती है कि वह हमें आनंद और विषाद से मुक्त करके समभाव में स्थापित कर देता है।"

"राम मात्र एक चतुर नायक ही नहीं हैं वे परम चैतन्य को उपलब्ध चेतना हैं। उन्होंने इन नौ दिनों में मेरी समस्त दमित कामनाओं, इच्छाओं, ऐष्णाओं का मुझसे साक्षात्कार करवाया; मुझसे ही उनका शमन करवाया; मुझे संतुष्ट करते हुए शांत किया व मुझे अर्पण से समर्पण की भावदशा में प्रतिष्ठित करके शिव के प्रति मेरे द्वैत भाव को समाप्त कर अद्वैत में रूपांतरित करते हुए मुझे शिवमय कर दिया। उन्होंने मेरी वानर वृत्ति को बिडाल वृत्ति में परिवर्तित कर दिया।"

मंदोदरी को रावण के स्वर में हताशा या निराशा नहीं अपितु एक निश्चिन्तता ध्वनित हो रही थी। उसने रावण के मुख को देखते हुए कहा, "क्या आप अपने इस अनुभव को मुझसे साझा कर सकते हैं स्वामी, जिससे आपका यह अनुभवजन्य सत्य मेरे जीवन को भी निर्देशित कर सके?"

रावण ने परम संतोष के भाव से भरते हुए कहा, "देवी, बिल्ली का बच्चा भीषण परिस्थितियों में भी उस स्थान को नहीं छोड़ता जहाँ उसकी माता ने उसे छोड़ा हुआ होता है, क्योंकि वह इस सत्य को जानता है कि उसका रक्षण, उसका कल्याण उसकी माता का कर्तव्य है। उसे इस सत्य पर विश्वास होता है कि जिन परिस्थितियों में, जिस स्थान पर उसकी माता ने उसे छोड़ा हुआ है वही उसके लिए सर्वथा सुरक्षित और उपयुक्त स्थान है। वह जानता है कि वह भले ही इस समय मरणांतक परिस्थिति में एकाकी है किंतु इस आपद में भी उसकी माता उस तक अवश्य पहुँचेगी व उसके

कल्याण के लिए उद्यम करेगी इसलिए वह निर्भय रहते हुए समर्पित भाव से वहीं पड़ा रहता है। ये बिडाल वैदती ही भक्ति कहलाती है।"

"और दूसरी ओर वानर वैदती होती है जिसमें वानर का बच्चा अपनी माता को पकड़ने का कार्य करता है। वह पूरी शक्ति लगाकर अपनी माता की पीठ पर या उसकी छाती से चिपका रहता है। उसे माता का सामीप्य तो चाहिए होता है किंतु उसे अपनी माता की शक्ति की अपेक्षा स्वयं की शक्ति पर अधिक विश्वास होता है, इसलिए वह अपनी माता की पकड़ में नहीं, अपितु माता को अपनी पकड़ में रखना चाहता है। इसलिए मार्ग में यदि बच्चे की पकड़ ढीली हो जाती है और वह गिर जाता है तब माता अपने गिरे हुए, छूटे हुए बच्चे की रक्षा करने का प्रयास नहीं करती। तब वह धैर्यपूर्वक प्रतीक्षा करती है कि बच्चा स्वयं ही उद्यम करते हुए अपनी माता तक पहुँचे। इस वृत्ति को आध्यात्मिक जगत में ज्ञानमार्गी कहा जाता है।"

"वानर के बच्चे आनंद और कष्ट, दोनों ही स्थितियों में धूम मचाते रहते हैं, बहुत उछल कूद करते हैं परिणामस्वरूप वे स्वयं के साथ-साथ कभी-कभी अपने पालक के लिए भी संकट का कारण बन जाते हैं। मंदोदरी, परमात्मा या गुरुतुल्य सत्ता से संबंधों का आधार अर्पण नहीं, समर्पण होना चाहिए, अन्यथा शिष्य ही अपने संकटमोचक गुरु के संकट का कारण हो जाते हैं।

एक हल्के से विराम के बाद रावण ने स्थिरता से मंदोदरी के नेत्रों में झाँकते हुए कहा, "सत्य और धर्म एक नहीं होते देवी। धर्म, सत्य तक पहुँचने का मार्ग अवश्य हो सकता है किंतु उसे सत्य नहीं कहा जाता। उस परम सत्य तक पहुँचने के दो मार्ग हैं। पहला भक्ति—जिसमें उपासना और समर्पण का महत्व होता है और दूसरा ज्ञान जिसमें साधना और श्रम महत्वपूर्ण होता है किंतु असाध्य श्रम के बाद भी ज्ञानमार्गी व्यक्ति तभी उस परमसत्य तक पहुँच पाता है जब उसका श्रम समाप्त होकर समर्पण में रूपांतरित हो जाता है। इसलिए अधिकतर भक्तिमार्गी उपासक की अपेक्षा ज्ञानमार्गी साधक सत्य तक पहुँचने के प्रयास में मार्गच्युत होकर बहुधा संदेह से भर जाते हैं।"

मंदोदरी देख रही थी कि त्रिलोकविजेता, महाज्ञानी रावण का स्वर किसी भी प्रकार के पूर्वाग्रह, आग्रह से मुक्त होते हुए अनुग्रह के भाव से भरा हुआ था। रावण बोल रहा था, "यह मेरा परम सौभाग्य है देवी, जो महादेव की अनुपम कृपा से मुझे राम जैसी विलक्षण चेतना का सम्पर्क प्राप्त हुआ जिसने मेरे समस्त संदेहों, शंकाओं, जिज्ञासाओं, प्रश्नों और प्रयासों को समाप्त करते हुए मुझे शून्य में स्थापित कर मुझे प्रशांत कर दिया। इसलिए मैं राम के प्रति क्रोध या द्वेष से नहीं अपितु उनके व्यक्तित्व की दिव्यता, अलौकिकता के प्रति अनुग्रह के भाव से भरा हुआ हूँ।"

रावण ने अत्यंत गम्भीरता से मंदोदरी के नेत्रों में झाँकते हुए कहा, "देवी, अपने समस्त युद्धक अनुभवों के आधार पर कहता हूँ कि राम एक सामर्थ्यवान, विकट विलक्षण योद्धा हैं। यदि वे चाहते तो युद्ध के पहले ही दिन मेरा वध कर सकते थे, किंतु उन्होंने ऐसा नहीं किया क्योंकि तब रावण की मात्र मृत्यु होती, उसे मुक्ति नहीं मिलती और राम इस सत्य को जानते थे कि रावण को मृत्यु नहीं, मुक्ति अपेक्षित है। विगत नौ दिनों में राम ने मेरे साथ घोर युद्ध करके मेरे हृदय में व्याप्त समस्त अमर्ष को, कषाय-कल्मष को रिक्त करने का अवसर प्रदान किया जिससे मैं स्वयं को कामना, वासना रूपी बंधन से मुक्त कर सकूँ।"

मंदिर के गर्भ गृह से निकलकर रावण मंदोदरी को साथ लेकर अपने शस्त्रागार में पहुँच चुका था। उसने मंदोदरी को बहुत स्नेह से देखते हुए कहा, "मंदा मैं चाहता हूँ कि आज मेरा युद्धक शृंगार तुम करो।"

मंदोदरी ने कौतुक से रावण की ओर देखा। रावण ने अपने हृदय की समस्त निर्मलता अपने नेत्रों में उड़ेलते हुए कहा, "यह तो ऋण हैं मंदा, जो हमें उतारने होते हैं। जैसे विवाह की प्रथम रात्रि में पति अपनी पत्नी के अवगुंठन की सभी ग्रंथियों को खोलकर उसे मुक्त करते हुए अपने प्रेम में बाँध लेता है वैसे ही जीवन के अंतिम दिवस पर पत्नी अपने पति को सभी बंधनों से मुक्त करने के लिए उसकी देह पर कुछ ग्रंथियों को बाँधने का कार्य करती है।"

रावण के कथन को सुनकर मंदोदरी के नेत्रों से अश्रुधारा प्रवाहित होने लगी। उसने भावों से वशीभूत होकर रावण को अपने आलिंगन में बद्ध कर लिया। रावण ने बहुत शांति से मंदोदरी को स्वयं से परे किया और उसके कपोलों पर उतर आए अश्रुओं को बहुत कोमलता से पोंछते हुए कहा, "देह के प्रति आसक्ति प्रेम का नहीं, हमारे मोह का प्रमाण होती है मंदा। प्रेम हमें सांसारिक बंधनों से मुक्त करता है और मोह हमें बंधनों से युक्त करता है। मोह हमारी भोग दृष्टि है और प्रेम हमारी योग दृष्टि। प्रेम जुड़ने में विश्वास करता है तो मोह जकड़ लेने का पक्षधर होता है। जहाँ सच्चा प्रेम घटित होता है वहाँ प्रेमी किसी प्राणी की देह से नहीं, उसके प्राणों से जुड़ जाता है। जीवन का यह कल्याणकारी सूत्र मुझे राम और सीता के परस्पर संबंधों को देखकर ही समझ में आया। देखो ना, सीता और राम दैहिक रूप से एक दूसरे से दूर होने के बाद भी एक दूसरे से जुड़े हुए हैं और मैं रावण अपने परिवार के समीप रहते हुए भी अपने परिजनों से कटा रहा!"

"राम ने अत्यंत कुशलता से मुझे बता दिया कि देह को शक्ति भोजन से नहीं, भजन से मिलती है, तभी तो कंद मूल फल खानेवाले राम और उनकी सेना ने संसार के श्रेष्ठतम माँस का भक्षण करनेवाली रावण की अत्यंत शक्तिशाली सेना का नाश कर दिया।"

"राम ने मुझे दिखा दिया कि औषधियों में मात्र दैहिक विकारों के दमन की क्षमता होती है, उनका संबंध स्वास्थ्य से नहीं होता। स्वास्थ्य औषधियों में नहीं अच्युत आस्था में होता है तभी तो राम और लक्ष्मण ब्रह्मास्त्र, नागपाश जैसी भीषण शक्तियों के प्रहार से बार-बार मूर्छित होने के बाद भी जीवित हो उठे।"

"राम ने मुझे सिखा दिया कि शास्त्रों का संबंध सूचनाओं से होता है, ज्ञान से नहीं होता। ज्ञान, ग्रंथों को पढ़कर नहीं, अपने मन की ग्रंथियों से जुड़कर ही प्राप्त किया जाता है, तभी तो संसार के सभी शास्त्रों को कंठस्थ करनेवाले प्रकांड पंडित रावण को अपने ही अहंकार का ज्ञान नहीं हो पाया।"

"राम ने मुझे समझा दिया कि सुख धन में नहीं, मन में होता है, तभी तो विपुल धन के बीच रहते हुए भी रावण असंतोष और दुख की अग्नि

में जलता रहा और राम वन में रहते हुए भी संतोष और सुख से अपनी जीवन यात्रा पूरी कर रहे हैं।"

रावण ने भावाभिभूत होते हुए कहा, "मंदा, यह मेरे आराध्य महादेव शिव की मुझ पर अनुपम कृपा और मेरे लिए अनन्य प्रेम का प्रमाण है जो उन्होंने अपने इस हठी शिष्य को राम जैसे व्रती से जोड़ दिया। राम से जुड़ना मेरे जीवन की श्रेष्ठतम उपलब्धि है।"

मंदोदरी ने चकित होते हुए कहा, "स्वामी, समस्त संसार इस सत्य को देख रहा है कि आप राम के घोर बैरी हैं; उनसे लड़ रहे हैं, उन्हें समाप्त कर देना चाहते हैं। तब आप स्वयं को राम से जुड़ा हुआ कैसे कह सकते हैं, क्योंकि जुड़ना तो सृजन का कारक होता है, विध्वंस का नहीं?"

रावण ने अपने रहस्यमयी नेत्रों को मंदोदरी के नेत्रों में गड़ा दिया और चंचलता से मुस्कुराते हुए बोला, "देवी, कुछ लोग जुड़कर लड़ते हैं, तो कुछ लोग लड़कर जुड़ जाते हैं। किसी से जुड़कर लड़ना विनाश का कारण होता है किंतु किसी से लड़कर जुड़ना विसर्जन से सृजन की यात्रा का सूचक होता है। रावण का विसर्जन ही राम के सृजन का कारण है। रावण को परास्त करके ही तो राम नर से नारायण की प्रतिष्ठा को प्राप्त करेंगे। महारानी, किसी का समाप्त हो जाना उसके अंत की सूचना नहीं, उसके अनंत हो जाने का उद्घोष होता है। कुछ लोग सत्ता को प्राप्त करने के प्रयास में समाप्त हो जाते हैं किंतु जो राम के सम्पर्क में आते हैं वे समाप्त होकर परमसत्ता को प्राप्त कर लेते हैं। मंदोदरी तुम्हारा पति यह राक्षसराज रावण परम सौभाग्यशाली है जिसे बैर करने के लिए राम जैसा सर्वसमर्थ बैरी मिला। अब राम का ऊर्जा क्षेत्र मेरे नाम को काल की सीमाओं से निकालकर इस जगत में सदा के लिए वर्तमान कर देगा। इसलिए तुम निश्चिन्त मन से मुझे विदा करो। तुम्हारे पति रावण ने अपने जीते जी राम को अपनी नगरी लंका की सत्ता में प्रवेश नहीं करने दिया किंतु महादेव का अनन्य भक्त रावण राम के जीते जी ही उस परमसत्ता में प्रवेश करने जा रहा है जिसके प्रहरी, जिसके प्रतिनिधि स्वयं राम हैं।"

रावण ने पल भर का विराम लिया और मंदोदरी के नेत्रों में अपलक देखते हुए कहा, "विदा महारानी, कल्याणमस्तु।"

मंदोदरी राजमहल के गृहपृष्ठ पर खड़ी हुई देख रही थी कि महान शिवभक्त त्रिलोकविजेता लंकाधिपति रावण ने सर्वप्रथम अपने युद्धक रथ की परिक्रमा की व उसे बहुत श्रद्धापूर्वक प्रणाम किया फिर अपने दाहिने पैर को रथपीठिका पर रखते हुए वह प्रसन्न मन से अपने युद्धक रथ पर आरूढ़ हो गया। रावण के रथारूढ़ होते ही एक साथ सभी युद्धक वाद्य बजने लगे किंतु आज उन वाद्ययंत्रों से योद्धाओं को उत्साहित और भयाक्रांत करनेवाले भयानक स्वर नहीं फूट रहे थे अपितु उन वाद्ययंत्रों से मंगलगान-सी ध्वनि निकल रही थी जिसे सुनकर मंदोदरी को लगा कि जैसे रावण किसी युद्ध यात्रा पर नहीं, किसी मंगलयात्रा के लिए प्रयाण कर रहा हो।

रावण अपनी सेना सहित लंका के दुर्ग से बाहर निकल चुका था किंतु द्वार रक्षकों ने दुर्ग के द्वारों को बंद नहीं किया था। सुरक्षा की दृष्टि से मंदोदरी द्वारों को बंद करने का आदेश देने ही वाली थी कि तभी उसे लगा कि जैसे लंकाधिपति रावण उसके सम्मुख खड़ा होकर उससे कह रहा है, "जहाँ राम होते हैं वहाँ असुरक्षा का प्रश्न ही नहीं उठता मंदा। रावणराज्य की समस्त असुरक्षा को राम ने अपने हृदय में लोप कर रामराज्य की सुरक्षा में परिवर्तित कर दिया है। राम की उपस्थिति भय के साम्राज्य को नष्ट करके चित्त को निर्भयता प्रदान करती है। राम एक ऐसी चेतना हैं जिनकी उपस्थिति मात्र से महल ही नहीं, मन के बंद कपाट भी खुल जाते हैं। रावणराज्य में स्वर्ण की नगरी के नाम से जानी जानेवाली ये लंका रामराज्य में स्वर्ग-सी नगरी लंका के नाम से जानी जाएगी। इसलिए निश्चिन्त रहो और मेरे महाप्रयाण का प्रसन्न मन से स्वागत करो क्योंकि रावण का तेजपुंज आज सदा के लिए राम के हृदय में विलीन होनेवाला है।

·॥ 11 ॥·

·॥ सीता परित्याग ॥·

•॥ 38 ॥•

राजसभा में अंधकार था। सभाकक्ष में जलनेवाले सभी दीपक बुझा दिए गये थे। मात्र उस दीपक के जो सिंहासन के पीछे स्थित सूर्य की प्रतिमा, जो इस गौरवशाली वंश का प्रतीक चिह्न थी, के स्तम्भ पर टिमटिमा रहा था। इस सिंहासन की नींव वैवस्वत मनु के पुत्र राजा इक्ष्वाकु ने रखी थी।

इस सिंहासन ने इक्ष्वाकु से लेकर भरत, दिलीप, सगर, भगीरथ जैसे महान राजाओं का तप भी देखा था और उनका ताप भी। फिर इस सिंहासन पर इन्हीं के वंशज राजा रघु के बैठते ही यह उनके प्रताप का साक्षी बन गया। तब से संसार इस सिंहासन को प्रतापी रघुकुल के नाम से जानने लगा।

किंतु तप, ताप और प्रताप को देखनेवाले इस सिंहासन ने आज जो देखा वह त्याग का दारुण[1] रूप था, जिससे उत्पन्न होनेवाली असहनीय मर्मांतक[2] पीड़ा को सहन कर पाना उसके लिए असम्भव-सा जान पड़ता था।

रात्रि की नीरवता में एक छाया उस प्रतापी सिंहासन के हत्थे को पकड़कर उसमें अपना मुँह छिपाए धरती पर बैठी हुई-सी प्रतीत हो रही थी। उस अतिविशाल सभागार के मद्धिम से प्रकाश में उस छाया के अलावा यदि कुछ था तो वह सन्नाटा था, जो सम्भवतः चीख कर बोल पड़ना चाहता था।

तभी उस सभा भवन को महल की ओर से जोड़नेवाला द्वार खुला। द्वार को हल्का-सा खोलने के बाद वह व्यक्ति द्वार पर ही ठिठक गया। उसके पीछे से आते हुए प्रकाश के कारण भूमि पर पड़ी हुई उसकी छाया उसके अस्तित्व से कहीं बहुत बड़ी होकर सभाभवन के फर्श पर फैल गयी थी।

---

1 घोर/भीषण

2 मर्म तक चोट करनेवाली

कुछ देर द्वार पर खड़े रहने के बाद वह व्यक्ति द्वार बंद करते हुए सिंहासन की ओर बढ़ने लगा। उस अंधकार में मात्र उसकी पगध्वनि ही सुनाई दे रही थी, जो निरंतर सिंहासन की दिशा में बढ़ रही थी। लगता था कि जैसे वह व्यक्ति अपने शरीर को लगभग घसीट रहा है।

वह व्यक्ति सिंहासन के नीचे निश्चेष्ट[3] पड़े हुए व्यक्ति के पास आकर खड़ा हो गया। उस व्यक्ति को लगा कि सिंहासन की जद में पड़े हुए व्यक्ति को उसकी उपस्थिति का भान[4] ही नहीं है। खड़े हुए व्यक्ति ने बेहद धीमे स्वर में पुकारा, "भैया...।" ध्वनि बता रही थी कि व्यक्ति अपनी भावुकता को नियंत्रित करने का प्रयास कर रहा है।

अपनी ध्वनि को निष्प्रभावी[5] होते देख वह व्यक्ति उस व्यक्ति के चरणों के पास बैठ गया और धीरे-से उसके चरणों का स्पर्श करते हुए पहले की अपेक्षा तनिक अधिक शक्ति से बोला, "भैया, आपके आदेश का अक्षरशः पालन हो गया है। माता, वन स्थित महर्षि वाल्मीकि के आश्रम में सुरक्षित पहुँचा दी गयीं हैं।"

अयोध्या नरेश राजाराम ने भावशून्य[6] नेत्रों से उस व्यक्ति की ओर देखा...अरे हाँ, यह तो लक्ष्मण है, जिसे उन्होंने आज ही अपनी गर्भवती पत्नी सीता को जंगल में छोड़ आने की राजाज्ञा दी थी।

राम सोचने लगे, "मेरे भाई, बंधु, राज्य अधिकारी कितने कर्तव्य कुशल हैं! ये अपने राजा राम से कितना प्रेम करते हैं। इनके राजा की कितनी भी कठोर आज्ञा क्यों न हो, ये उसका पालन पूरी निष्ठा[7] के साथ करते हैं। इन्हें राजा की भावना से नहीं, मात्र राजा की आज्ञा से मतलब होता है।"

लक्ष्मण ने देखा कि उसका यह परम पराक्रमी भाई, जिसने ताड़का, मारीच, सुबाहु, खर-दूषण, त्रिशरा, बाली से लेकर अपने प्रताप से तीनों लोकों को चौंसठ चौकड़ी तक अपने अधीन रखनेवाले कुंभकर्ण और

3 जो कोई चेष्टा न कर रहा हो

4 ज्ञान

5 जिसका प्रभाव न पड़ा हो

6 जिसमें कोई भाव न हो

7 मन का वह भाव जो भक्ति की सीमा तक पहुँचता हो

दशानन रावण जैसे महाबलियों को धराशायी कर उनका नामोनिशान मिटा दिया था, आज इस सिंहासन की मर्यादा की रक्षा करते हुए स्वयं ही भूमि पर पड़ा हुआ दर्द से कराह रहा है।

लक्ष्मण ने राम को इतना निरीह[8] कभी भी नहीं पाया था। जन-जन के हृदय में व्याप्त अंधकार को दूर कर प्रकाश से आलोकित करनेवाले मर्यादा पुरुषोत्तम आज स्वयं को जैसे अंधकार में समाहित[9] कर देना चाहते थे। लक्ष्मण की आँखों से अविरल[10] अश्रुधारा प्रवाहित हो रही थी। वे सशब्द फूट कर रोना चाहते थे, किंतु वे जानते थे कि मर्यादा के व्रत का पालन करनेवाले धर्मज्ञ राजा राम के किसी अधिकारी का राजसभा में रुदन राजाज्ञा की मर्यादा का उल्लंघन माना जाता है, सो निःशब्द सुबकते रहे।

राम ने अंधकार में देखते हुए ही लक्ष्मण से कहा, "रघुकुलभूषण राजाराम राजाज्ञा के प्रति तुम्हारे समर्पण का अभिनंदन करता है...यात्रा में सीता को कोई कष्ट तो नहीं हुआ लक्ष्मण? आशा है वन्य मार्गों से निकलते हुए तुमने उसकी गर्भावस्था को ध्यान में रखते हुए रथ की गति को संतुलित रखा होगा?"

लक्ष्मण लगभग बुदबुदाते हुए से बोले, "जी महाराज..." और चुप खड़े हो गये।

राम ने उन्हें सभाभवन से जाते न देख पूछा, "कुछ और कहना चाहते हो? कोई संदेश...सीता का?"

लक्ष्मण बोले, "महाराज, उन्हें आश्रम में व्यवस्थित करने के बाद मैंने उन्हें राजाज्ञा की सूचना दी कि माता, अयोध्या नरेश राजाराम चाहते हैं कि अब से आप अपना सम्पूर्ण जीवन इसी वन्यप्रदेश में व्यतीत करें। उन्होंने आपका त्याग कर दिया है।"

सुनकर माता जोर से हँसते हुए बोलीं, "पुत्र लक्ष्मण! पूरा जीवन अपने भाई के साथ बिताने के बाद भी तुम उनके हृदय को न जान

---

8 इतना सज्जन कि किसी का बुरा न करता हो

9 एक जगह जमा किया हुआ

10 बिना रुके

पाए? सर्वप्रथम तो श्रीराम किसी को सहज ही स्वीकार करते नहीं हैं और यदि एक बार वे किसी को स्वीकार लें तो फिर वे उसे छोड़ते नहीं हैं।"

"तुम्हारी भाभी सीता ने राम को नहीं अपितु तुम्हारे भाई राम ने सीता को पकड़ा हुआ है। एक बार यदि राम किसी को थाम लें तो फिर वे उसे कभी भी नहीं छोड़ते, पुत्र। इसलिए स्वस्थ मन से जाओ और अयोध्यापति श्रीराम से नहीं, सीता के हृदय सम्राट सीताराम से कहना कि सीता की सम्पूर्ण सृष्टि पर मात्र उन्हीं का अधिकार है।"

"सीता, राम की नियति नहीं, उनकी निर्मिति है। कोई भी रचनाकार स्वयं से अधिक अपनी रचना के मान, सम्मान और उसकी प्रतिष्ठा को लेकर सनद्ध रहता है। इसका प्रमाण यह है लक्ष्मण कि राम ने सदैव ही अपने नाम के आगे मेरे नाम को रखा और श्रीराम से 'सीताराम' हो गये।"

"मेरी प्रतिष्ठा को अक्षुण्ण बनाए रखने के लिए जो सर्वाधिक उपयुक्त होगा, वही भूमिका महाबाहु[11] ने मुझे सौंपी है। जब वे मेरी प्रतिष्ठा, मान मर्यादा की रक्षा के लिए अपने प्राण तक तजने के लिए तैयार हैं, तो उनकी वामांगिनी होने के नाते सीता का भी दायित्व है कि वह उनकी मर्यादा और मान की रक्षा करे। राम से कहना कि अबतक उनके सामने रहनेवाली सीता अब से उनमें ही समाहित हो गयी है। राम के इस परम कर्म ने हमारी द्वैत की लीला का समापन करके सीता और राम को अद्वैत में रूपांतरित कर दिया है। जाओ वत्स! सुखी रहो।"

लक्ष्मण की बात समाप्त होने के बाद राम आदेश देते हुए बोले, "तुम जा सकते हो लक्ष्मण...तुमने आज ऐसे भीमकार्य को सम्पन्न किया है जिसे सम्भवतः तुम्हारा भाई राम भी नहीं कर सकता था। जाओ और जाकर विश्राम करो।"

अपने भाई की प्रत्येक आज्ञा का पालन करनेवाले लक्ष्मण को लगा कि वह उनके इस आदेश का उल्लंघन कर दें...किंतु तभी श्रीराम ने एक बेहद विचित्र बात कही जिसे सुनकर वहाँ रुके रहना उनके लिए अब सम्भव नहीं था।

---

11 शक्तिशाली

श्रीराम बोले, "लक्ष्मण, अपने बड़े भाई और भाभी के मध्य हो रहे अंतरंग[12] वार्तालाप को सुनना भ्रातधर्म की मर्यादा का उल्लंघन होता है। तुम देख रहे हो कि मैं इस समय वैदेही के साथ हूँ। स्मरण रहे, हमारे एकांत में कोई बाधा न पहुँचे।"

लक्ष्मण ने देखा कि श्रीराम ने यह बात अनमनस्कता[13] में नहीं अपितु पूर्ण चैतन्य[14] अवस्था में कही थी। वे इस सत्य को भलीभाँति जानते थे कि माता सीता के रोम-रोम में बसनेवाले श्रीराम के प्रत्येक श्वास[15] में सीता का वास है। वे तत्काल ही सर झुकाकर राम को अकेला छोड़ वहाँ से चले गये।

श्रीराम धीरे-धीरे चलते हुए सभागार के उस स्थान पर पहुँचे, जहाँ आज सुबह दुर्मुख नाम का वह धोबी अपनी पत्नी के साथ खड़ा होकर भरी सभा में अपनी पत्नी द्वारा अपने ऊपर लगाए गये आरोप का उत्तर दे रहा था, "जी महाराज! मैंने इसे पीटा, क्योंकि यह मेरी आज्ञा लिए बिना, मेरी जानकारी के बिना पूरे चौबीस घंटे घर से बाहर रही।" मेरे द्वारा पीटे जाने पर यह कुलटा मुझसे कहने लगी कि, "तुम श्रीराम से अधिक बड़े, अधिक समझदार और अधिक सक्षम तो नहीं हो? उनकी पत्नी भी उनकी जानकारी के बिना एक दिन नहीं, बल्कि पूरे एक साल उनसे दूर रहीं। इसके बाद भी उन्होंने बिना किसी प्रतिवाद के उसे ससम्मान स्वीकार कर लिया। प्रजा का धर्म है कि वह अपने राजा के आचरण को अपनाकर अपने परिवार में शांति का वातावरण निर्मित करे। राजआचरण के विरुद्ध व्यवहार करना राष्ट्रद्रोह के जैसा जघन्य[16] अपराध है। मूर्ख दुर्मुख!"

"राजा का आचरण ही प्रजा का धर्म होता है। अपने राजा के आचरण के अनुरूप व्यवहार न करके तू मुझपर संदेह कर मुझे प्रताड़ित कर रहा है? दुरात्मा! यदि पत्नी का एक दिन घर से बाहर अपने पति से दूर रहना अधर्म या पापाचार की श्रेणी में आता तो क्या धर्म और

12 निजी

13 अनमनेपन

14 सजग

15 साँस

16 बहुत ही निंदनीय और बुरा

मर्यादा के प्रतीक सम्राट राम अपनी पत्नी सीता को स्वीकार करते? तू उनसे बड़ा धर्मात्मा हो गया है? मैं तेरे विरुद्ध राजसभा में अभियोग[17] प्रस्तुत करूँगी।"

"उसकी अनीतिपूर्ण बात सुनकर महाराज मुझे बहुत क्रोध आया। मैंने उसे और अधिक पीटा। मैंने यह कहा महाराज कि मैं राम नहीं हूँ जो अपनी आँखों से देखी मक्खी को निगल जाऊँ। राजा के दुर्गुणों, उसकी कमजोरियों को स्वीकार न करना यदि राजद्रोह है तो मैं राजद्रोही ही हूँ। मैं राम नहीं हूँ जो संसार भर के मैल को सहजता से स्वीकार कर लेते हैं। मैं धोबी हूँ जो लोगों के वस्त्रों पर जमे मैल को पटक कर निकालता हूँ।"

"क्षमा कीजिए महाराज! स्त्री परिवार का आभूषण होती है। वह कुल की मान-मर्यादा का प्रतीक होती है। उसके चरित्र का शंका के दायरे में आना पूरे कुल को कलंकित कर देता है। अपनी वासना की पूर्ति के लिए कलंक को स्वीकार करना राम का धर्म हो सकता है किंतु आवश्यक नहीं कि वह उनके राज्य का धर्म भी हो जाए? अपने आचरण से प्रजा को सदमार्ग पर लाना राजा का धर्म होता है, न कि अपने आचरण से प्रजा को कुमार्ग की ओर प्रेरित करना।"

"मेरी स्त्री आपके और महारानी सीता के आचरण का अनुकरण[18] कर, उसे ही धर्म माने, यह मेरे लिए अधर्म की श्रेणी में आता है। इसलिए मैं अब इसे स्वीकार नहीं कर सकता। मैं इसका त्याग करता हूँ।"

"राजा यदि अधर्म को ही अपना धर्म मान ले तो इसका यह अर्थ तो नहीं हो जाता कि प्रजा को अपने धर्म का पालन करने और उसपर चलने का कोई अधिकार ही नहीं है? महाराज! आपसे आपकी प्रजा को न्याय अपेक्षित है। मेरी पत्नी का बिना बताए घर से बाहर रहना और उसके चारित्रिक पतन का कारण आपका सीता को रावण के यहाँ एक वर्ष रहने के बाद भी सहजता से स्वीकार कर लेना है। बड़े लोगों के आचरण को ही

---

17 आरोप

18 किसी दूसरे के आचरण के समान अपना आचरण करना

हम सामान्यजन अपना आचरण बना लेते हैं। आपको प्रजा पर राज करने का अधिकार है महाराज, उसमें अराजकता फैलाने का नहीं।"

"आपको चाहिए कि आप सीता का त्याग करें जिससे समाज के अन्य वर्गों में इस व्यवहार की प्रवृत्ति का उदय न हो। ऐसा न करने की सूरत में आप समाज के चारित्रिक पतन के कारण होंगे। महाराज रघु का आचरण अयोध्या के प्रताप का कारण था। कहीं ऐसा न हो कि आपकी अपनी पत्नी के प्रति आसक्ति अयोध्या के पतन का कारण बने।"

भरी सभा में अपनी प्राणप्रिय सीता पर; जो तन-मन-वचन से पूर्णतः शुद्ध हैं; जिसे श्रीराम अपने प्राणों की गहराई से जानते हैं; जिसके लिए किसी भी प्रमाण की आवश्यकता नहीं थी, फिर भी जिसने अग्निपरीक्षा देकर अपनी शुद्धता और अपने सतीत्व[19] का प्रमाण दिया है, उसके धवल चरित्र पर इस अनर्गल आरोप से श्रीराम को मर्मांतक पीड़ा हुई। उनके भीतर का सिंहपुरुष, पति राम जो सिर्फ और सिर्फ एक ही स्त्री सीता से अपने सम्पूर्ण अस्तित्व से प्रेम करता था, इसी क्षण इस नीच दुर्मुख को मृत्यु के घाट उतार देना चाहता था।

अपनी प्राणवल्लभा सीता के चरणों पर चोंच मारने के अपराध में इंद्र के लड़के जयंत की जिस राम ने पल भर में आँख फोड़ दी थी; प्राणप्रिये वैदेही को बलात उठा ले जाने के अपराध में जिस श्रीराम ने *एक लाख पूत, सवा लाख नातीवाले* सर्वशक्तिमान रावण को उसके समूचे वंश सहित उसकी ही नगरी में मिट्टी में मिलाकर राख कर दिया था, ऐसे सर्वसमर्थ राम के सामने उनकी ही सभा में, उनकी ही प्रजा, उनकी ही प्रिया को प्रवंचित कर रही है और श्रीराम सिंहासन की मर्यादा में बँधे हुए अवश बैठे हैं! सिर्फ इसलिए कि उन्होंने जीवन भर मर्यादा के पालन करने का संकल्प लिया है।

राम, जो मन, वचन, कर्म से धर्म का पालन करते हैं, उसे अधर्म और सामाजिक पतन का कारण बताया जा रहा है, वह भी उनकी अपनी ही प्रजा द्वारा! निर्दोष, निष्कलंक जानकी को स्वीकार करने को उनकी अपनी अयोध्या एक विकार[20] के रूप में देख रही है? श्रीराम को समझ नहीं आ

---

19 पतिव्रता होने का भाव

20 खराबी

रहा था कि उन्हें क्या करना चाहिए? वे अपने प्राणों से अधिक अपनी जानकी के मान से प्रेम करते थे।

सभा में सन्नाटा छा गया था। श्रीराम को लगा कि वे अभी इसी क्षण इस दुर्बुद्धि नीच दुर्मुख का वध कर दें, जो धर्म, समर्पण, शुचिता[21] की साक्षात प्रतिमूर्ति उनकी प्रिया, उनकी प्रेरणा, उनकी पत्नी सीता के धवल चरित्र को कलंकित करने का कुत्सित कार्य कर रहा है। यह नीच अपने अधर्म का कारण सीता और राम के चरित्र को बता रहा है! यह शठबुद्धि किसी स्त्री के बलात हरण और स्त्री का स्वयं की इच्छा से निर्गमन[22] को एक जैसा बता रहा है?

स्त्री का अपनी इच्छा से बिना बताए घर के बाहर जाना क्षरण[23] की शंका को उत्पन्न करता है, किंतु किसी दुष्ट द्वारा स्त्री की इच्छा के विरुद्ध उसको बलपूर्वक अपहृत कर लिया जाना उस स्त्री के लिए मरण के जैसा होता है।

मरण की स्थिति में भी वह अपने चरित्र का क्षरण न होने दे, अपने मर्म और धर्म को अक्षुण्ण रखने, निष्कलंक रखने की इसी क्षमता के कारण परमात्मा ने स्त्री को अपनी श्रेष्ठतम रचना का गौरव प्रदान किया है। अपनी श्रेष्ठता को सीता ने अपने जीवन चरित से सदैव ही प्रमाणित किया है। अपने सतीत्व को भीषण अग्निपरीक्षा से प्रमाणित करने के बाद भी अयोध्या ने आज उसके मान का मर्दन कर अपनी असहिष्णु[24] और निर्दयी मानसिकता को प्रमाणित कर दिया।

माता और मातृभूमि तो सदैव ही प्राणी के कल्याण, परिष्कार और उद्धार के कारक होते हैं, किंतु यह कैसी विडम्बना है कि राम के लिए ये सदैव ही कंटक और तिरस्कार के मार्ग को प्रशस्त करती आ रही हैं!

क्रोध के आवेग में श्रीराम, दुर्मुख की जीवनलीला समाप्त करने के लिए सिंहासन से उठना ही चाहते थे कि अचानक उन्हें लगा कि जैसे

---

21 पवित्रता

22 निकासी

23 क्रमशः कम होते जाना

24 जो सहनशील न हो

किसी ने उन्हें चेताया हो, "राम...तुम किसी व्यक्ति की हत्या तो कर सकते हो किंतु उसके विचारों की नहीं। व्यक्ति का समाप्त हो जाना विचार का समाप्त होना नहीं होता, बल्कि व्यक्ति के मरते ही विचार और बलवती हो जाते हैं। फिर वे एक मुँह से नहीं, हजारों-हजार मुँह से ध्वनित होने लगते हैं। सत्यवचन बोलनेवाले की अपेक्षा असत्य भाषण करनेवाले व्यक्ति की हत्या उसके असत्य भाषण को सत्य की प्रतिष्ठा दिला देती है।"

"स्मरण रखो राम, असत्य जब सत्य की प्रतिष्ठा पाता है तब वह मात्र व्यक्ति का ही नहीं बल्कि समूचे राष्ट्र, संस्कृति, सभ्यता के क्षरण और मरण का कारक हो जाता है।"

"तुम्हारे हाथों, तुम्हारी ही सभा में इस दुराचारी दुर्मुख की हत्या प्रजा में इस सम्भावना को जन्म देगी कि कुछ तो सत्य कहा था दुर्मुख ने, जिसने सदैव अविचलित रहनेवाले राम को इतना विचलित कर दिया, कि जीवनभर मर्यादा का पालन करनेवाला राम अपनी ही राजसभा में अमर्यादित हो गया।"

"राम, राजसभा में शस्त्रों का नहीं, शास्त्रों का आश्रय लिया जाता है। इस दुष्टात्मा दुर्मुख ने सीता और राम के ऊपर शस्त्रों से नहीं, शब्दों से प्रहार किया है, जिसका प्रत्युत्तर यदि राम शस्त्र से देगा तो वह धर्मज्ञ होते हुए भी अधर्मी कहा जाएगा। संसार कहेगा कि राम की राजसभा में उसकी प्रजा को अपने विचार रखने की, बोलने की स्वतंत्रता नहीं है। राम अन्यायी ही नहीं, असहिष्णु भी है। इसलिए अपने क्रोध पर नियंत्रण रखो।"

श्रीराम को लगा कि सीताराम को पूजनेवाली अयोध्या आज राजाराम को घेर कर खड़ी है। राम को हत करके समरभूमि में गिरा देने का असम्भव कार्य, जिसे लंकाधिपति रावण भी नहीं कर पाया था, उस कार्य को आज उनके अपने प्यारे अयोध्यावासी कर रहे थे! ये राम को आहत ही नहीं, क्षत-विक्षत करके सभाभूमि में गिरा देना चाहते हैं?

राम देख रहे थे कि दुर्मुख के असत्य, अनर्गल प्रलाप का सभा में उपस्थित किसी भी सभासद या प्रजा के प्रतिनिधि ने प्रतिकार नहीं किया, जबकि ये सब बहुत अच्छे से इस सत्य को जानते हैं कि सीता, राम की

कर्मणाशक्ति हैं, उनका प्राण हैं, उनका गौरव हैं—सीता के बिना यह शिवस्वरूप राम, शवरूप राम हो जाएगा।

राम दुविधा में पड़ गये। यह वादी राम से न्याय चाहता है, किंतु इसने न्यायाधीश राम के ऊपर ही आरोप लगाते हुए, राम को ही दोषी बता दिया। इस स्थिति में राम द्वारा किया गया कोई भी न्याय संदिग्ध ही माना जाएगा। राम को लगने लगा कि आज राम द्वारा दिया गया कोई भी फैसला राम के विरुद्ध ही होनेवाला था।

दशानन रावण ने भी सीता को राम से अलग करने का प्रयास किया था, परिणामस्वरूप राम ने रावण के अस्तित्व को समाप्त कर उसे धूल में मिला दिया था किंतु आज अयोध्या ने ही जैसे रावण का रूप धर लिया है और राम से रावण की हत्या का प्रतिकार लेने के लिए राम के विरुद्ध होकर उन्हें घेर कर खड़ी हो गयी है। आज रावण की लंका नहीं, राम की अपनी अयोध्या ही सीता और राभ को एक दूसरे से अलग कर देना चाहती है।

रावण शक्ति के बल पर सीता को राम से छुड़ा कर ले जाना चाहता था और अयोध्या अपनी भक्ति की दुहाई देते हुए उन्हें सीता को छोड़ने के लिए बाध्य कर रही है। राम की चरण पादुकाओं को पूजनेवाली अयोध्या आज राम के ही आचरण को प्रदूषित मान रही है! तो क्या अयोध्या के इस दुष्कृत्य के लिए राम को अपनी अयोध्या को ही उखाड़कर फेंक देना चाहिए?

राम अपमान की अग्नि में जल रहे थे। उन्होंने तय कर लिया कि सीता को त्यागने से कहीं अधिक अच्छा होगा कि वे अपनी प्रियतमा, अपनी निर्दोष पत्नी सीता को साथ लेकर इस अयोध्या का ही त्याग कर दें। एक बार पिता के मान, उनके संकल्प की रक्षा के लिए उन्होंने अयोध्या का त्याग किया था, तो इस बार पत्नी के सम्मान, उसके सतीत्व की रक्षा के लिए वे अयोध्या का त्याग करेंगे।

राम ने अपने आराध्य[25] महादेव शिव का स्मरण किया। महादेव के स्मरण मात्र से राम प्रकृतिस्थ हो गये। उन्होंने निर्विकार भाव से संपूर्ण सभा को देखा। वे सिंहासन से उठकर अयोध्या को त्यागने की

25 पूजनीय

घोषणा करने ही वाले थे कि उन्हें ऐसा प्रतीत हुआ जैसे उनके अंदर समाधिस्थ महादेव शिव अपनी समाधि को भंग कर उनके सामने खड़े हुए हैं। अपने इष्ट शिव को अपने सामने देखकर श्रीराम ने अपने दोनों हाथ जोड़कर उनको प्रणाम किया और महादेव भी अपने इष्ट श्रीराम को देखकर शीश झुकाते हुए उनसे निवेदन करते हुए बोलने लगे, "प्रभु...अपनी माता और मातृभूमि से तप्त, संतप्त, प्रताड़ित, पीड़ित, प्रवंचित, अपमानित होने के बाद भी अपनी माता और मातृभूमि का त्याग नीतिपूर्ण नहीं होता है। साधु पुरुष माता और मातृभूमि से अपार कष्ट मिलने की बाद भी उनका त्याग कर उनके कष्ट के कारण नहीं बनते, अपितु स्वयं नष्ट होकर भी उनके अभीष्ट की पूर्ति के कारक होते हैं।"

"पिता के मान की रक्षा के लिए जब आपने अयोध्या छोड़ी थी उस समय महाराज दशरथ जीवित थे। अयोध्या सनाथ थी, किंतु इस समय आपका अयोध्या को त्यागना उसे अनाथ बना देगा, जो अयोध्या में भीषण अराजकता का कारण बनेगा। अयोध्या का जगदम्बा सीता और आप पर अनर्गल आरोप लगाना अयोध्या के क्षरित होते चरित्र का संकेत है। अयोध्या रोग से पीड़ित हो रही है प्रभु। रोगग्रस्त अवस्था में माता और मातृभूमि का त्याग जघन्य पाप की श्रेणी में आता है।"

"प्रभु! आप परिस्थितियों से पलायन करनेवाले राम नहीं हैं, आप तो पतितपावन सीताराम हैं...जो संसार के समस्त पापों को स्वयं ग्रहण कर पतित को पावन बना देते हैं।"

•॥ 39 ॥•

महादेव की दूर से आती हुई ध्वनि को सुनते हुए राम जैसे आत्मलीन हो गये थे। उन्हें अपनी दुविधा का अंत दिखाई नहीं दे रहा था। और तभी अचानक श्रीराम को लगा कि जैसे दुविधा की इस घड़ी में सदैव उनकी सुविधा का मार्ग प्रशस्त करनेवाली उनकी वैदेही हृदय में बैठकर मुस्कुराते हुए बोलने लगीं, "राजीवलोचन, आप अयोध्या के सम्राट हैं किंतु जब मैं और आप राजभवन में माताओं के साथ होते हैं उस समय आप अपने

किस रूप की मर्यादा का पालन करते हैं, सम्राट राम की? या पुत्र राम की? या पति राम की?"

राम ने कहा, "जानकी माताओं के समक्ष राजभवन में संसार का कोई भी सम्राट पुत्र ही होता है इसलिए उस समय सम्राट या पति की मर्यादा का पालन अनीतिपूर्ण है। वहाँ तो पुत्र धर्म का निर्वाह ही कल्याण और सुख का हेतु होता है।"

वैदेही की आँखों में उनके जवाब से प्रसन्नता उत्पन्न हुई। वे बहुत लालित्य[26] भाव से उनकी ओर देखते हुए बोलीं, "हे महाबाहु! पौरुष के प्रतीक मेरे प्राणवल्लभ! जब आप अपने शयनकक्ष में मेरे साथ होते हैं तब आप सम्राट राम, पुत्र राम या प्रेमी राम में से किस मर्यादा का पालन करते हैं?"

राम प्रेम में पगे हुए से बोले, "प्राणवल्लभा! उस समय यह सम्राट मात्र तुम्हारा दास, तुम्हारा प्रेमी होता है।"

जानकी उनके इस उत्तर को सुनकर उन्हें स्त्रियोचित[27] मान से देखते हुए बोलने लगीं, "कमलनयन! जब आप अपने मित्र सुग्रीव की प्राण रक्षा के लिए सनद्ध थे, उस समय आपने बिना किसी द्वंद्व के संसार के सारे धर्मों को एक तरफ रखते हुए सिर्फ मित्र की मर्यादा का पालन किया। आपने तनिक भी नहीं सोचा कि बाली को पेड़ के पीछे खड़े होकर उसका वध करने के कारण संसार आपके पुरुषार्थ को, आपके बल और रणकौशल को संदेह से देखने लगेगा। आपको संसार अन्यायी कहेगा। तब आपने किसी बात की चिंता नहीं की और सुग्रीव को दिए वचन के अनुसार बाली का वध कर अपने मित्रधर्म की मर्यादा का पालन किया।"

राम बोले, "तुमने ठीक कहा प्रिये, वचन की पूर्ति कर वचन की मर्यादा का पालन करना ही तो रघुकुल का आधारभूत[28] मंत्र है।"

सीता ने उत्फुल्लता[29] से कहा, "प्रिय राम, आपके प्रति मोहग्रस्त महाराज दशरथ जब आपका राज्याभिषेक कर माता कैकई को अपने वचन से

---

26 मनोहर

27 जो स्त्रियों के लिए उचित हो

28 सबसे महत्वपूर्ण

29 खिले मन

पलट जाना चाहते थे, तब आपने पुत्र की मर्यादा का पालन करते हुए अपने पूज्य पिता को वचन भंग के महापातक से बचाया और पिता के वचन को स्वयं का संकल्प बना लिया। आपने राजा और प्रजा, दोनों की अनिच्छा के बाद भी वनगमन किया, जबकि आप जानते थे कि आपका वनवास महाराज दशरथ के लिए मरणांतक पीड़ा का कारण हो सकता है। तब आपने मुझसे कहा था कि वैदेही! जब पिता अपने पुत्र मोह के कारण अपना वचन भंग करना चाहते हों तब यह पुत्र का कर्तव्य होता है कि वह अपने पिता की वचन पूर्ति का साधक हो, न कि बाधक, क्योंकि वचन के निर्वाह से मिली हुई मृत्यु, वचन भंग करके मिले हुए जीवन से अधिक कल्याणकारी होती है।"

"पुत्र का कर्तव्य अपने पिता को नर्क से तारना होता है न कि उन्हें नर्क में डालना। यदि मैं आज महाराज दशरथ के मोह से वशीभूत होकर राज्याभिषेक के लिए तैयार हो गया, तो महाराज जीवनपर्यन्त माता कैकई व अपनी प्रजा से आँखें न मिला पाएँगे। वे वचनभंग की ग्लानि में जलते हुए नारकीय जीवन की यातना को भोगते रहेंगे।"

सीता के कथनों को राम जैसे अपने हृदय में लोप रहे थे। सीता बोलीं, "हे रघुकुलभूषण, आप जब अकेले ही वन जाने की तैयारी करने लगे तब मैंने आपके साथ वन चलने का हठ किया। आपने मुझे स्पष्ट शब्दों में कहा था कि जनकदुलारी, आप मेरे साथ वन नहीं चलेंगी। आप सुख पूर्वक अयोध्या में वास करें। आपका कर्तव्य है मेरी अनुपस्थिति में माता-पिता की सेवा करना। परिस्थितिवश जिन कर्तव्यों का निर्वाह मैं नहीं कर पा रहा हूँ, उन्हें मेरी वामांगिनी होने के नाते आप पूरा करते हुए मेरे संकल्प की पूर्ति में सहायक हों। माता कैकई के वचन में मात्र राम के लिए चौदह वर्ष के वनवास का आग्रह है। तब मैंने आपको उपालंभ[30] देते हुए धिक्कारा था कि अपने संकल्प की पूर्ति के लिए आपको मेरे संकल्प का क्षरण करने का अधिकार किसने दिया राम?"

"विवाह की सप्तपदी[31] में मैंने यह संकल्प लिया था कि मैं अपने पति का साथ उसके जीवन की प्रत्येक परिस्थिति में दूँगी। वे जिस स्थिति

30 उलाहना

31 विवाह में अग्नि को साक्षी मानकर वचन देने की क्रिया

में होंगे, मैं सदैव उनके साथ सनद्ध रहूँगी। तब आपने कहा था कि मैं आजीवन एक पत्नी व्रत का पालन करूँगा, सीता। तुम्हारे प्राण, तुम्हारे मान की रक्षा करना राम का दायित्व है और आज आप मुझे मेरे संकल्प से च्युत होने के लिए विवश कर मेरे मान को भंग करने की चेष्टा कर रहे हैं! मर्यादा पुरुषोत्तम राम, स्मरण रखिए, वैदेही सीता को अपने प्राणों से अधिक अपना मान प्रिय है। इसलिए आपसे निवेदन है कि आप मेरी संकल्पपूर्ति में सहायक बनें और मुझे अपने साथ वनवास करने की अनुमति प्रदान करें। तब आपने अपनी अनिच्छा के बाद भी सहज ही प्रसन्न मन से मेरे संकल्प को स्वयं का संकल्प बना लिया था।"

राम अपनी पत्नी सीता द्वारा अपने प्रति प्रकट किये गये भावों से परम संतोष की अनुभूति से भरे हुए थे, क्योंकि किसी भी पति-पत्नी के लिए इस बात का सबसे अधिक महत्व होता है कि वे दोनों एक दूसरे के विषय में क्या सोचते हैं। धर्मनिष्ठ पति-पत्नी इस बात की परवाह नहीं करते कि संसार उनके संबंधों की क्या और कैसी व्याख्या करता है।

सीता बोलीं, "राम, जिस सीता ने संसार का समस्त वैभव त्याग दिया था, वही सीता वनवास काल में एक स्वर्णमृग को देख आसक्त हो गयी और आपसे हठ कर बैठी कि मुझे यह मृग चाहिए। अनासक्त सीता की मृग में आसक्ति को देख आप आश्चर्य से भर गये थे। आपको याद है, तब आपने मुझसे क्या कहा था?"

राम को जैसे इस पूरे वार्तालाप में अब आनंद आने लगा था। राम बोले, "हाँ...मैंने कहा था, सीते यह मृग नहीं 'मृग-मरीचिका'[32] है। अकल्पनीय का साक्षात स्वरूप ही माया कहलाता है। वनवासी राम की अनासक्त भार्या सीता की, माया में आसक्ति मर्यादा का अतिक्रमण है सीते। हमें स्मरण रखना चाहिए सीता, कि मर्यादा का अनावश्यक उल्लंघन हमारे कष्ट का कारण हो सकता है।"

सीता हँसते हुए बोलीं, "जी प्रिय राम! आप बिलकुल सही थे। मर्यादा के उल्लंघन के दुष्परिणामों को सीता से अधिक कोई नहीं जानता।

---

32 रेगिस्तान में जल दिखना

आपकी वर्जना[33] के बाद भी मैंने आपसे हठ किया था कि संसार आपको मायापति और मुझे माया कहता है, तो माया की 'माया में आसक्ति' होना कोई अन्यथा बात तो नहीं है?"

"मैं देखना चाहती हूँ कि मायापति, जो सदैव माया के आगे चलते हैं, आज अपने से आगे चलनेवाली माया को, इस मायामृग को कैसे नियंत्रित करते हैं?"

राम अतीत के उस दुर्भाग्यशाली क्षण को स्मरण करते हुए विषाद से भर गये और करुणा से देखते हुए बोले, "मुझे अच्छे से स्मरण है सीते, उस समय मैंने तुमसे कहा था, सीते, मायापति का माया के पीछे भागना घोर अनर्थ का कारण होता है। मायापति से आगे भागती हुई माया नियंत्रित नहीं, निष्प्राण होती है।"

राम ने बेहद गहरी दृष्टि से सीता की आँखों में देखते हुए कहा, "सम्भवतः परमात्मा चाहता है कि राम अपनी प्रिया की इस अनुचित इच्छा की पूर्ति के लिए मर्यादा को भंग करके मर्यादा के महत्व को समझे, किंतु प्रिये, जब तक मैं वापस न आऊँ तुम अपने आश्रम की मर्यादा में ही रहना। राम तुम्हारा पति, तुम्हारा प्रेमी है सो तुम्हें आदेश देने की धृष्टता नहीं कर सकता, मात्र आग्रह ही कर सकता है। आशा है तुम अनिश्चित लक्ष्य के पीछे भागते हुए इस वनवासी राम के आग्रह को स्वीकार कर उसका पालन करोगी?"

सीता ने कहा, "जी! उस समय न मैंने आपके आग्रह का पालन किया और न ही मैं लक्ष्मण रेखा की मर्यादा में रही। अपने इष्ट राम के अनिष्ट की चिंता ने मुझे विचलित ही नहीं, भ्रमित भी कर दिया था।" फिर बेहद ममत्व से मुस्कुराती हुई बोलीं, "किंतु प्रभु, भ्रम और विचलन तो माया का सहज स्वभाव होता है। माया मात्र मायापति की उपस्थिति में ही अभ्रमित और अविचलित रहती है।"

"उस समय मेरे भ्रमित, शंकालु चित्त का अनुमान आप इसी बात रो लगा सकते हैं कि मैंने अपने पुत्र सदृश्य लक्ष्मण से ऐसे कटुवचन कहे थे

---

33 मनाही

जिसकी कल्पना से मैं आज भी ग्लानि से भर जाती हूँ। जिस लक्ष्मण ने मन-कर्म-वचन से मुझे माता माना है, उसके निष्कलंक चित्त को मैंने अपनी चिंता के कारण कलुषित कर दिया था। मेरे द्वारा अपमानित, प्रताड़ित, प्रवंचित होने के बाद भी मेरा लाड़ला लक्ष्मण अपनी माता सीता से रोते हुए निवेदन करके गया था कि हे माता, पुत्र अपनी माता को आदेश तो नहीं दे सकता किंतु प्रार्थना कर सकता है कि आप इस समय निपट अकेली हैं इसलिए कृपया अपने आश्रम की सीमा का उल्लंघन मत कीजिएगा। आपकी आशंका का निवारण करने के लिए, आपके आदेश के पालन के लिए यह लक्ष्मण आज पहली बार अपने भाई के आदेश का उल्लंघन करने का महापाप कर रहा है। माता, श्रीराम आपकी सुरक्षा का दायित्व मुझे सौंप कर गये हैं सो मेरे निवेदन को धृष्टता या स्वयं की अवज्ञा की श्रेणी में मत रखिएगा। इस समय मात्र मेरे द्वारा निर्धारित रेखा का पालन ही आपका एक मात्र धर्म है। इसके अलावा अन्य किसी भी धर्म का निर्वाह अधर्म की सृष्टि कर सकता है।”

“राम, कितना सही कहा था मेरे पुत्र ने! एक साधु को अपने आश्रम के दरवाजे पर भिक्षा का निवेदन करते देख मैं अपने पति और अपने पुत्र की वर्जना के बाद भी उस निर्धारित धर्म का पालन नहीं कर सकी। उसका उल्लंघन कर बैठी। राम! सत्य ही, धर्म का अतिक्रमण ही तो अधर्म की सृष्टि करता है। मैं आज इस बात के महत्व को समझती हूँ कि सीमाओं का पालन हमारे अधिकारों का हनन नहीं होता। वर्जनाएँ सदैव हमारी प्रताड़ना का कारण नहीं होतीं, वे हमारे परिष्कार में भी सहायक होती हैं, किंतु हम बहुधा वर्जनाओं को अपने स्वा के अधिकार का हनन मानते हैं। हमारा यही अज्ञान हमारे हरण, क्षरण और मरण का कारण होता है। किसी अन्य के द्वारा निर्धारित वर्जना और अपने अनन्य[34] द्वारा निर्धारित वर्जना के बीच बारीक भेद को न समझ पाने के कारण हम जीवनपर्यंत द्वंद्व की पीड़ा से पीड़ित रहते हैं।”

अपने अतीत के सर्वाधिक अप्रिय प्रसंग को स्मरण करते हुए सीता बहुत भावुक हो गयीं थीं। राम ने जैसे उन्हें अपने अंक में भर लिया। वे

---

34 जिसका संबंध किसी और से न हो

सीता के बुद्धिचातुर्य[35] और उनकी साहसिक स्वीकारोक्ति से उनके प्रति श्रद्धा से भर गये थे। सीताराम जानते थे कि स्वयं की त्रुटियों को स्वीकार करना संसार का सबसे कठिन कार्य होता है। यह व्यक्ति के निरहंकारी चित्त की घोषणा होती है।

अपनी पत्नी को पूर्व की ग्लानि से मुक्त करने हेतु राम मुस्कुरा दिए और बोले, "यह परस्पर भाव है जानकी! मायापति भी तो अपनी प्रिया माया के आग्रह को पूरा करने के लिए मायामृग के पीछे दौड़ने लगे थे और वहाँ जाकर पता चला कि यह स्वर्ण-मृग नहीं बल्कि सत्य ही मृगमरीचिका है—मायावी मृग में मारीच की काया।"

सीता, राम की संवेदनशीलता और उनकी बुद्धिगत्ता पर स्वयं को हारती हुई-सी बोलीं, "आप अद्भुत हैं। क्षण भर में व्यक्ति के शोक का, अज्ञान का हरण कर आप उसे हर्ष और ज्ञान से भर देते हैं। कितनी सरलता से आपने मृगमरीचिका का अर्थ स्पष्ट कर दिया!"

"हे आनंदनंदन, सदा दूसरों के संकल्प को स्वयं का संकल्प बना कर पूरा करनेवाले; मित्र और शत्रु के अभीष्ट को निष्पक्ष भाव से पूर्ण करनेवाले, बाधक और साधक को समान महत्व देनेवाले; अपने सम्पर्क में आनेवाले प्रत्येक अपूर्ण व्यक्ति को पूर्णता से भरने वाले, हे पूर्ण ब्रह्म, आप आज अनायास ही इतने व्याकुल क्यों हो गये?"

तभी सभा में हल्का-सा कोलाहल हुआ जिसे सुनकर श्रीराम की तंद्रा टूटी। उन्होंने देखा कि महामंत्री सुमन्त्र उनसे कुछ निवेदन करना चाह रहे हैं। उन्होंने भावशून्य दृष्टि से महामंत्री की ओर देखते हुए बोलने की आज्ञा प्रदान की।

महामंत्री ने संकोचसहित उच्च स्वर में बोलना आरम्भ किया जिससे सारी सभा में उनका निवेदन स्पष्ट सुनाई दे, "रघुकुलभूषण मर्यादा पुरुषोत्तम श्रीराम! सभा में उपस्थित सभासद चाहते हैं कि आप अपना कोई भी निर्णय घोषित करने से पहले साम्राज्ञी सीता को सभा में बुलाकर उन्हें अपना अभिमत स्पष्ट करने का अवसर प्रदान करें, जिससे वे दुर्मुख

---

35 बुद्धि की चतुराई

व उसकी पत्नी सौभाग्यवती दुर्मति द्वारा उनके चरित्र के ऊपर लगाए गये लांछन का उचित प्रतिकार सप्रमाण प्रस्तुत कर स्वयं को शुद्ध सिद्ध कर सकें। सभा का मत है कि दोनों पक्षों को बराबरी से सुनने के बाद ही सम्राट अपना निर्णय घोषित करें।"

महामंत्री के कथन को सुनकर श्रीराम सन्न रह गये। उन्हें लगा कि उनके शरीर का सम्पूर्ण रक्त जैसे बहुत तेजी के साथ उनके मस्तिष्क में भर गया हो। वे अपमान की ज्वाला में धधकने लगे। महामंत्री का सुझाव उन्हें शूल[36] जैसा चुभ रहा था।

न्याय के नाम पर अयोध्या अपनी साम्राज्ञी, एक स्त्री की अस्मिता के साथ बहुत घिनौना खेल खेलने की तैयारी में है। शालीनता, समानता के नाम पर वह भरी सभा में सीता के पति, उसके गुरुजनों, उसके परिजनों के सामने उसके शील की धज्जियाँ उड़ाकर उसका शीलहरण करना चाहती है! अपनी सीता के मान की आजीवन रक्षा का संकल्प लेनेवाला राम, क्या आज अपनी पत्नी के शील को ध्वस्त कर उसके चरित्रहरण के इस कुत्सित प्रयास से उसके शील, उसके सतीत्व, उसके गौरव की रक्षा कर पाएगा?

श्रीराम को लगा कि जैसे वे मूर्च्छित हो रहे हैं। उन्हें लगा कि जैसे सीता ने गिरते हुए राम को सहज ही अपने अंक में सहेज लिया हो। इस कठिन समय में वह उनकी सच्ची सहधर्मिणी का धर्म निभाते हुए अचल खड़ीं थीं। अपने पति की राजमर्यादित विवशता का जैसे उन्हें पूरा भान[37] था। वे देख रहीं थी कि राम अपमान की अग्नि में जल रहे हैं।

सीता ने राम के प्रति अपनी सम्पूर्ण निष्ठा को अनावृत[38] करते हुए कहा, "राम इस समय आप रघुवंश की राजसभा में उसके गौरवशाली राजसिंहासन पर प्रतिष्ठित राजाराम हैं और राजा का कर्तव्य होता है कि वह अपनी प्रजा के संताप का, उसकी शंकाओं का पूर्ण शमन करे। प्रजा के सुख और संतोष के लिए यदि राजा को स्वयं असंतोष की अग्नि में

---

36 काँटे

37 ज्ञान

38 जिस पर से पर्दा हटा दिया गया हो

जलना पड़े तब भी उसे प्रजा को संतोष प्रदान करना चाहिए। राजा के लिए अपने प्रियजन, परिजनों से कहीं अधिक महत्वपूर्ण व सर्वोपरी उसके प्रजाजन होते हैं। इस समय मात्र राजा की मर्यादा का पालन करना ही आपका एकमात्र धर्म है।"

"मैं आपके हृदय के इस सत्य को भलीभाँति जानती हूँ कि आपकी प्राणप्रिय सीता पर यह अभियोग यदि इस दुष्ट दुर्मुख ने राजभवन में या अन्य किसी स्थान पर लगाया होता तो अब तक श्रीराम ने इस नीच का सर धड़ से अलग कर दिया होता। परम पुरुषार्थी मर्यादा पुरुषोत्तम श्रीराम को इस तरह विचलित होने का अधिकार ही नहीं है। आप प्रसन्न मन से अपनी सीता को अयोध्या की राजसभा में अपनी शुद्धता, अपने सतीत्व को प्रमाणित करने का आदेश दीजिए।"

सीता के इस प्रस्ताव को सुनकर राम ने अपने दोनों कानों को पूरी शक्ति से अपने हाथों से मूँद लिया जैसे वे इस प्रस्ताव को सुनना तो दूर, इस पर विचार भी नहीं करना चाहते थे। और सम्राट के आधिकारिक स्वर में बोल पड़े, "अनर्गल, निराधार आरोपों से पैदा होनेवाला अपमान अग्नि में जलने के जैसा होता है सीता। लंका विजय के बाद आप ऐसे ही अनर्गल, असत्य, अप्रिय, अपमानजनक अभियोग की अग्नि में प्रवेश करके स्वयं को निर्दोष, निष्कलंक प्रमाणित कर चुकी हैं।"

"वहाँ पर उपस्थित समस्त जनसमुदाय के सभी प्रश्नों, शंकाओं, अनुमानों का आपने सार्वजनिक रूप से उचित प्रतिकार कर अपने निर्विवाद सतीत्व को प्रमाणित कर दिया था। प्रजा परमात्मा का रूप होती है इसलिए उसे सर्वोच्च न्यायालय कहा जाता है। जब आप अपने ऊपर लगाए गए इन्हीं आरोपों को जनता-जनार्दन की सर्वोच्च अदालत में एक बार अनर्गल, मिथ्या, अप्रामाणिक सिद्ध कर चुकी हैं, तब फिर से उन्हीं आरोपों का खंडन करना, आपकी गरिमा, आपकी अस्मिता, आपके मान का अपमान ही नहीं, अपितु अन्यायपूर्ण भी है।"

"राम अपनी मर्यादा के पालन के लिए, अपनी प्रजा के संतोष के लिए उसकी संतुष्टि के लिए अपनी पत्नी को बार-बार अग्निपरीक्षा देने

हेतु विवश करें, यह राम को स्वीकार नहीं है। अपनी ही अयोध्या द्वारा प्रज्ज्वलित अपमान की अग्नि में इस बार राम की पत्नी सीता नहीं, स्वयं राम प्रवेश करेगा। यह सीता की अग्निपरीक्षा नहीं है, यह 'सीता के राम' की अग्निपरीक्षा है।"

श्रीराम का मुख संकल्प के गौरव से दमक रहा था। वे सीता की ओर विश्वासपूर्ण दृष्टि से देखते हुए बोले, "सीता, तुम्हारे पति, तुम्हारे प्रेमी, तुम्हारे परममित्र राम का तुम्हें वचन है कि सीता के लिए उत्पन्न होनेवाली संसार की समस्त शंकाओं के शमन होने तक राम अपमान की इस धधकती हुई ज्वाला में बैठा रहेगा। सीता के धवल चरित्र की ओर आनेवाले संदेह, अपमान के प्रत्येक बाण का आघात रघुवंशी राम सहर्ष अपने वक्ष पर धारण करेगा। जिस राम की निष्कलंकता की रक्षा के लिए तुमने अपना सर्वस्व न्योछावर कर दिया, वह राम, सीता की निष्कलंकता के प्रमाण के रूप में, स्वयं को कलंकित करते हुए सृष्टि के अंत तक इस सृष्टि पर वर्तमान रहेगा।"

सीता ने देखा कि राम के नेत्रों में जैसे कोई ज्वालामुखी धधक रहा है। राम ने स्थिर नेत्रों से सीता की ओर देखते हुए कहा, "सीता, मैंने अभी तक अपनी प्रजा की समस्त शंकाओं का निवारण किया है। इनकी समस्त समस्याओं का समाधान दिया है किंतु आज तुम्हारा पति राम तुम्हें वचन देता है प्रिये, कि मैं सीतापति राम आज स्वयं खंडित होकर तुम्हारी अखंड अस्मिता की रक्षा करूँगा। तुम्हें धिक्कारने, तुम्हारे चरित्र पर लांछन लगाने के महापाप का दंड, सीता को राम से अलग मानते हुए राम को पूजनेवाली इस प्रजा को निश्चित ही भोगना होगा। मैं, मर्यादा पुरुषोत्तम राम यह घोषणा करता हूँ कि भेद दृष्टि से सीता और राम को अलग-अलग देखनेवाले ये प्रजाजन अपने आराध्य, अपने ईश्वर राम की भक्ति करते हुए भी सदैव शंका, चिंता और अविश्वास के भाव से भरे रहेंगे। इनके हृदय में संकल्प का नहीं, विकल्प का उदय होगा, इसलिए ये निर्द्वंद्व नहीं, सदैव द्वंद्व की पीड़ा से ग्रसित रहेंगे। राम और सीता जो द्वैत नहीं, अद्वैत हैं, उनको एक दूसरे से अलग करके देखनेवाले, हमारी अखंड अस्मिता[39] को खंडित करनेवाले, ये सब, जन्मों-जन्मों तक खंडित जीवन जीने के दंश से भरे रहेंगे।"

---

39 अहंभाव

राम के इस प्रलयकारी संकल्प की घोषणा ने सीता को अंदर तक कँपा दिया, किंतु श्रीराम अविचलित-से उन्हें देखते हुए बोले, "मान, सम्मान, यश, प्रतिष्ठा, कीर्ति, राज-पाठ, वैभव, ऐश्वर्य को तो मन, कर्म, वचन से त्यागा जा सकता है सीते, क्योंकि ये सभी हमारे अर्जन हैं, हमारी उपलब्धियाँ हैं। किंतु स्वयं के अस्तित्व, स्वयं की पूर्णता का त्याग करना परमात्मा के लिए भी असम्भव है, क्योंकि पूर्ण से पूर्ण को अलग करने पर भी वह पूर्ण ही रहता है। सीता राम की उपलब्धि नहीं उसका अस्तित्व है।"

"जैसे आत्मा हमारा स्वामी होता है किंतु इसके बाद भी वह हमें दिखाई नहीं देता। परिणामस्वरूप, हम दिखाई देनेवाले शरीर को ही अपना मूल अस्तित्व मान बैठते हैं, और शरीर के स्वागत, सत्कार, संस्कार, परिष्कार में जुट जाते हैं। उस समय हम अपनी आत्मा के परिष्कार, उसके सत्कार को विस्मृत कर देते हैं।"

"सीते, काल की गति का प्रभाव हमारे शरीर पर पड़ता है हमारी आत्मा पर नहीं। आप राम की आत्मा हैं। सीता रूपी आत्मा को अपने अंतरंग में धारण करनेवाला राम रूपी यह शरीर ही आज से समस्त रोग, शोक, विषाद को भोगता रहेगा, किंतु अपनी आत्मा का क्षरण नहीं होने देगा। अपने शरीर को कष्ट देकर मैं अपनी आत्मा सीता का परिष्कार करते हुए यह निश्चित करूँगा कि उसे अपने इष्ट की, अभीष्ट की उपलब्धि हो। सीता का गौरव और उसका मान अक्षुण्ण रहे इसलिए मैंने आपको इस पूरे परिदृश्य से हटाने का निर्णय कर लिया है।"

"सीता, जो समाज मर्यादित जीवन जीनेवाले अपने राजा राम की उपस्थिति में आप जैसी एकनिष्ठ, सदचरित्र पतिव्रता स्त्री के चरित्र पर संदेह कर उसे अपमानित करने का दुष्कृत्य कर सकता है, तो यदि आज राम ने आपको इस अप्रिय परिदृश्य से अलग नहीं किया तो यही समाज सृष्टि के अंत तक आपके धवल चरित्र पर लांछन लगाता रहेगा और इतना ही नहीं, वह आपके गर्भ से जन्म लेनेवाली हमारी अपनी संतान को भी वैध-अवैध की कसौटी पर कसता रहेगा।"

•॥ 40 ॥•

सम्राट श्रीराम ने निःशंक दृष्टि से सभी सभासदों की ओर देखा। उनके चेहरे से मानो एक दैवीय कांति[40] फूट रही थी। श्रीराम ने स्थिर नेत्रों से सभा की ओर देखते हुए स्पष्ट और गम्भीर स्वर में कहा, "पूज्य गुरुदेव, आदरणीय महामंत्री, उपस्थित सभासद...मैंने दुर्मुख के सम्पूर्ण पक्ष और उसे पुष्ट करनेवाले उसके द्वारा प्रस्तुत किए गए सभी तर्कों को बहुत धैर्यपूर्वक सुना। मुझे इस बात की प्रसन्नता है कि रघुवंशी राम के राज्य में उसकी प्रजा बिना किसी भय के अपने सम्राट के विरुद्ध भी सभा भवन में अपने पक्ष को रख सकती है। यह इस बात का प्रमाण है कि राम अयोध्यावासियों के मात्र भूखंड का ही नहीं, उनके भावखंड का भी रक्षक है।"

"यदि माननीय सभा मुझे अनुमति दे, तो अपना निर्णय देने से पहले मैं दुर्मुख से कुछ तथ्यों का स्पष्टीकरण चाहता हूँ?"

महामंत्री सुमन्त्र ने अपने आसन से खड़े होते हुए कहा, "सम्राट, न्याय की संदिग्धता समाप्त करने के लिए न्यायाधीश को अपने सभी संशयों का निवारण करना अनिवार्य होता है। अतः इसके लिए आपको सभा से अनुमति लेने की आवश्यकता नहीं है।"

श्रीराम सुमन्त्र को धन्यवाद देते हुए बोले, "दुर्मुख, तुम्हारा यह अभियोग साम्राज्ञी सीता के विरुद्ध है, सम्राट राम के विरुद्ध है या पति-पत्नी सीताराम के विरुद्ध?"

सत्ता जब समाज को महत्वपूर्ण मानती है तब समाज सहज ही स्वयं को सत्ता के समकक्ष मान लेता है। दुर्मुख ने अहंकारजनित स्वर में कहा, "सम्राट, दुर्मुख का अभियोग गृहस्थ धर्म का पालन करनेवाले सामान्य से सीताराम पर नहीं है और ना ही उस साम्राज्ञी सीता पर जो मात्र विवाह की सप्तपदि की रस्मों को पूरा करके साम्राज्ञी के पद पर आसीन हैं। दुर्मुख का अभियोग सम्राट श्रीराम के विरुद्ध है, क्योंकि सम्राट और समाज, दोनों ही एक दूसरे के प्रतिबिम्ब होते हैं।"

---

40 रोशनी

श्रीराम ने बेहद गहरी दृष्टि से दुर्मुख को देखते हुए कहा, "दुर्मुख, किसी सम्राट के अधिकार क्षेत्र में बिना किसी असुविधा के प्रेम पूर्ण जीवन जी रहे किसी पति को अपनी पत्नी का त्याग करने के लिए विवश करना नहीं आता। अतः सम्राट राम, गृहस्थ धर्म का मर्यादापूर्वक पालन करनेवाले राम को अपनी पत्नी को त्यागने का आदेश देकर सम्राट पद की मर्यादा का उल्लंघन नहीं कर सकता। किंतु सम्राट राम अपनी प्रजा के संतोष के लिए अपनी साम्राज्ञी का परित्याग अवश्य करता है।"

"स्वयं के संतोष और संताप के निवारण के लिए किसी को मन, कर्म, वचन से सदा के लिए तजना 'त्याग' कहलाता है, किंतु 'पर' (दूसरे) के अरांतोष और असुनिधा के निवारण के लिए किसी का त्याग करना 'परित्याग' की श्रेणी में आता है। मैं सम्राट राम, सीता को स्वयं में धारण करते हुए प्रजा के असंतोष को समाप्त करने के लिए उनका त्याग नहीं, परित्याग करता हूँ।"

"साथ ही एक सदगृहस्थ के नाते संकल्प लेता हूँ कि मैं सीताराम जीवनपर्यंत अपना सम्पूर्ण जीवन उसी स्थिति में व्यतीत करूँगा, जिस स्थिति में मेरी धर्मनिष्ठ पत्नी सीता रहेंगी।"

"मैं अयोध्या के समस्त वैभव के बीच रहते हुए जीवनभर वनवासी के धर्म का पालन करूँगा। आज से मैं सुख-शैया पर नहीं, अपितु कुश के संस्तर[41] को भूमि पर बिछा कर अपने जीवन के अंतिम क्षणों तक उस पर शयन करूँगा। जिस प्रकार वन में रहनेवाले वनवासी दिवस में एक बार ही अन्न ग्रहण करते हैं उसी प्रकार मैं भी अब से मात्र एक ही बार अन्न ग्रहण करूँगा।"

"मैं सम्राट राम, राजकुमार लक्ष्मण को आदेश देता हूँ कि वे साम्राज्ञी सीता को मेरे ही राज्य में स्थित महर्षि वाल्मीकि के आश्रम में व्यवस्थित करने के कार्य को संपादित करें, जिससे वे पितातुल्य महर्षि वाल्मीकि के ज्ञानपूर्ण सान्निध्य में रहकर पठन-पाठन, अध्ययन-अध्यापन करते हुए उनके गर्भ में पल रहे राष्ट्र के भविष्य को शिक्षा और संस्कार की निधि से

41 घास-फूस की चटाई/बिछौना

सम्पन्न कर अपने मातृधर्म की पूर्ति करते हुए राष्ट्र के निर्माण में अपना सहयोग प्रदान कर सकें।"

इस घोषणा के साथ ही सभाभवन *श्रीराम की जय* के जयकारों से गूँज गया। लोग जयकारे लगा रहे थे—*रामराज्य अमर रहे...मर्यादा पुरुषोत्तम श्रीराम की जय।*

•॥ 41 ॥•

सभा भवन के गहरे अंधकार में अकेले खड़े हुए श्रीराम का क्रंदन प्रजा के वंदन पर भारी पड़ रहा था। आज मर्यादा की विजय के लिए पुरुषोत्तम को परास्त होना पड़ा था। तभी उस गहरे अंधकार में उन्होंने देखा कि संसार को विष के ताप से मुक्त करने के लिए अपने कंठ में हलाहल को धारण करनेवाले नीलकंठ महादेव शिव प्रणाम की मुद्रा में खड़े हुए उन्हें निहार रहे हैं। महादेव परम श्रृद्धा से भरे हुए बोलने लगे, "प्रभु, जिस समाज के लिए स्त्री भावना नहीं, मात्र भोग्या है; जहाँ स्त्री आस्था का नहीं, मात्र अधिकार का विषय है; जहाँ स्त्री को मात्र सत्ता और सम्पत्ति के जैसा देखा जाता है, सभ्यता और संस्कृति के जैसा नहीं; जो समाज स्त्री को व्यक्ति नहीं, मात्र वस्तु सदृश्य मानता है, उस पतित समाज से अपनी पत्नी की पवित्रता, उसके मान की रक्षा करना आपके अद्वितीय पराक्रम का प्रमाण है। हे श्रीराम, मैं आपकी बुद्धि, आपके विवेक, आपके साहस, आपकी सहनशक्ति को प्रणाम करता हूँ। आपने कितनी कुशलता से मातेश्वरी सीता और उनके गर्भ से उत्पन्न होनेवाली अपनी संतान के गौरव और मान की रक्षा कर ली! आपका प्रत्यक्षतः अन्यायपूर्ण दिखाई देनेवाला यह निर्णय कितना न्यायपूर्ण है! आपने अपने एक निर्णय से माता सीता के धवल चरित्र की ओर आनेवाले सभी शंका, संदेह, कलंक के बाणों को अपनी ओर मोड़कर स्वयं को ही भेद लिया और उनके सम्पूर्ण चरित्र को सृष्टि के अंत तक निष्कलंक रहने की व्यवस्था बना दी! राम, आपके इस निर्णय से अब समस्त संसार सीता के चरित्र पर नहीं, आपके निर्णय पर प्रश्नचिह्न लगाते हुए आपके निर्मल चरित्र को दुर्मुख की

भाँति धूमिल करने का उद्यम करता रहेगा किंतु ये दुर्मुख और दुर्मति रूपी स्त्री-पुरुष इस सत्य को नहीं जानते कि संसार का समस्त मल भी सीता और राम की निर्मलता को नष्ट नहीं कर सकता। जिस राम के नाम को अपने कंठ में धारण करने मात्र से कालकूट विष भी मुझ शिव को शव में परिणित नहीं कर पाया, ऐसे विलक्षण राम को संसार का कोई भी कलंक, कलंकित करना तो दूर, उनका स्पर्श भी नहीं कर सकता।"

महादेव शिव बहुत भावपूर्ण नेत्रों से श्रीराम को देखते हुए बोले, "माता सीता को अयोध्या के दूषित होते वातावरण से निकालकर महर्षि वाल्मीकि के आश्रम में भेज देने का आपका यह निर्णय अत्यंत कल्याणकारी है प्रभु। आपने उन्हें शंकालुओं के बीच से निकालकर संत का सान्निध्य प्रदान कर दिया। यह आपकी दिव्यता और दूरदर्शिता का प्रमाण है। दुर्मुख-दुर्मति जैसे क्षीण चित्त और चरित्रवाले कभी भी इस सत्य को नहीं समझ पाएँगे कि स्त्री का निःशंक चित्त ही संसार की शुभता का, सौहार्द का, समरसता का, समस्त सृजन का कारण होता है और राम इस सत्य को जानते हैं कि शंकाओं का अंत करने की शक्ति मात्र सच्चे संत में ही होती है। इसलिए सीता जैसी सर्वोच्च चेतना को पतित होते हुए समाज के मध्य नहीं, पुनीत और पावन संत के सान्निध्य में रहना चाहिए।"

"किंतु जो स्वयं के जीवन को ही अच्छे से संचालित नहीं कर सकते; जो किसी अन्य के संकल्पों को तो छोड़िए स्वयं के संकल्पों को ही पूर्ण नहीं कर सकते; जो स्वयं के प्रति ही निष्ठावान नहीं हैं; जो स्वयं के स्वार्थ को ही समाज और परिवार के प्रति अपनी निष्ठा के नाम से प्रचारित करते हैं; जो क्षण में रुष्ट और क्षण में तुष्ट हो जाते हैं, ऐसी क्षीण-चित्त आत्माएँ जीवन भर यह प्रलाप करते हुए आपके सम्पूर्ण कृतित्व पर प्रश्नचिह्न लगाती रहेंगी कि राम ने अपनी गर्भवती पत्नी का त्याग दुर्मुख जैसे सामान्य व्यक्ति के कहने पर कर दिया, जो ठीक नहीं है।"

"आप धन्य हैं राम! जैसे मैंने संसार के कल्याण के लिए हलाहल को स्वीकार किया था वैसे ही आज आपने सीता के कल्याण, उनके गौरव,

मान की रक्षा के लिए अपमान, प्रवंचना, तिरस्कार, आरोप, प्रत्यारोप के गरल को सहज ही स्वीकार कर लिया।"

"प्रभु, यदि देखा जाए तो यह आपके द्वारा किया गया सच्चा प्रायश्चित है जो माता के एक बार अग्निपरीक्षा देने के एवज में आप आज स्वयं ही सदा-सदा के लिए अग्नि में बैठ गए।"

•|| जय श्री सीताराम ||•

•|| हर हर महादेव ||•